Der Mann, der das Richtige tat.

Eine Romanze

Harry Johnston

Writat

Diese Ausgabe erschien im Jahr 2024

ISBN: 9789359940014

Herausgegeben von
Writat
E-Mail: info@writat.com

Inhalt

KAPITEL I ....- 1 -

KAPITEL II ....- 13 -

KAPITEL III ....- 26 -

KAPITEL IV ....- 35 -

KAPITEL V ....- 45 -

KAPITEL VI ....- 51 -

KAPITEL VII ....- 69 -

KAPITEL VIII ....- 87 -

KAPITEL IX ....- 99 -

KAPITEL X ....- 116 -

KAPITEL XI ....- 135 -

KAPITEL XII ....- 152 -

KAPITEL XIII ....- 160 -

KAPITEL XIV ....- 176 -

KAPITEL XV ....- 186 -

KAPITEL XVI ....- 201 -

KAPITEL XVII ....- 223 -

KAPITEL XVIII ....- 236 -

KAPITEL XIX ....- 251 -

KAPITEL XX ....- 269 -

KAPITEL XXI ....- 278 -

KAPITEL XXII ....- 292 -

KAPITEL XXIII ....- 308 -

KAPITEL XXIV ....- 326 -

KAPITEL I

DIE BAINESES

Es war in der letzten Juniwoche 1886, und im 19. Jahrhundert gab es tatsächlich warme Frühsommer.

In der kleinen Kapelle war es während des Morgengottesdienstes so eng und heiß gewesen, dass es trotz des Interesses, das Lucy Josling an diesem Anlass empfand, der erste Auftritt ihres Verlobten John Baines als Prediger an seinem Heimatort und die Übergabe von war Seine Abschiedspredigt vor dem Aufbruch nach Afrika – sie konnte einen Seufzer der Erleichterung nicht unterdrücken, als sie sich von der schwitzenden Menge der Gläubigen löste und einige Momente im hellen Sonnenlicht stand und den Duft ferner Heufelder einatmete.

„Du siehst ein wenig blass aus, Lucy", sagte Mr. Baines, Senior, ein untersetzter Mann mit rotem Gesicht, hellblonden Haaren und einer langen Oberlippe. „Es ist herrlich warm, schätze ich." Du bist John wird wieder zusammen gehen wollen? Nun, lassen Sie das Abendessen nicht warten, denn das macht mich immer wütend. Na dann, Sarah, komm mit: Es ist zu heiß, um darüber zu klatschen. Lasst uns so schnell wie möglich nach Hause kommen.

Mrs. Baines, eine hagere, dünne Frau mit einem langen pergamentfarbenen Gesicht und kalten grauen Augen, sah ihren Mann empört an, als er vom Klatschen sprach, sagte aber nichts, nahm seinen Arm und ging weg.

Lucy stellte ihren Sonnenschirm auf und lehnte sich gegen das hässliche Eisengeländer, das zwischen den staubigen Kapellenfenstern und dem Bürgersteig lag. Die Gemeinde hatte sich nicht alle zerstreut. Zwei oder drei unbeholfen aussehende junge Männer standen in einer Gruppe auf der Straße und warfen, während sie vorgaben, ein scherzhaftes Gespräch untereinander zu führen, verlegene Blicke auf Lucy, die im Umkreis von zehn Meilen als Schönheit galt. Offensichtlich spielten sie in den Witzen, die sie austauschten, auf sie an, so dass sie ihren Blickwinkel einschränken musste, um zu verhindern, dass ihre Blicke ihren Blick trafen, wenn sie ihre beleidigende Existenz ignorieren wollte. Mrs. Garrett, die Frau des Lebensmittelhändlers, die sich bei Miss Simons, der kleinen lahmen Schneiderin, erkundigt hatte – warum waren Dorfschneiderinnen dieser Zeit, im Leben und in der Literatur, fast immer lahm? –, wie es ihrer verheirateten Schwester nach einer Entbindung ergangen sei, ging spazieren zu Lucy und sagte:

„Nun, Miss Josling, und wie gefällt Ihnen die Idee, sich von Ihrem jungen Mann zu trennen? Nein Hast du Angst davor, dass er so weit weggeht , und auch unter Wilden und wilden Tieren, genau wie er es erzählt hat ? Es ist in Ordnung und angemessen, wie er den nackten Schwarzen die Botschaft des Evangeliums verkünden soll, aber wie ich zu Garrett sage, sage ich: „Er sollte nicht hingehen und sich darauf einlassen. " vor und zu einem Mädchen, das vielleicht nie wieder heiraten wird und die besten Jahre seines Lebens damit verbringen wird, zu warten , zu warten und zu weinen , bis seine Augen nutzlos sind .' Aber das geht mich nichts an, und ich nehme an , Sie haben jetzt Ihr Herz auf mich gerichtet und werden mir nicht dafür danken, dass ich so offenherzig bin ...?

ganz der Gentleman aus London zurückgekommen ist , und Gott! ‚Wie stolz hat seine Mutter *geschaut* , während er predigte . Und' e *kann* auch predigen! „Für mich waren die Worte, die sie verwendeten, griechisch ... Nehmen wir an , sie *waren* griechisch, wenn es darauf ankommt" – sie lachte fett – „Obwohl der Allmächtige Griechisch und Latein besser mögen sollte als einfaches Englisch, oder sogar „ Ebrew" ist etwas, was ich nie verstehen konnte....

daran erinnere, bin ich , wie es mir neulich vorkommt, heimlich hereingekommen, um in unserem Laden eine Portion Zuckerbonbons zu kaufen. Wird Mutter nie gemocht, isst sie zwischen den Mahlzeiten? Und er hat immer gesagt, er solle ein Stück Süßigkeiten in seiner Tasche behalten, bis er außer Sichtweite sei ... Ich für meinen Teil frage mich bestimmt, *wie* sie es mitbringen kann. Sie hat sich entschieden, sich von mir zu trennen , sie ist ihr einziger Sohn , und sie hat ihn auch so gern. Aber dann hat sie immer darauf geachtet, dass sie ein Gentleman ist, und gibt mir ein gutes Lob eddication .... ' Ow's Vater und Mutter?... "

„ Oh , ganz gut, danke", antwortete Lucy und fragte sich, warum John so lange aufhörte und sie dieser ermüdenden Geschwätzigkeit und der Abscheulichkeit aussetzte, dass ihre privaten Angelegenheiten zugunsten der Sonntagsspaziergänger von Tilehurst in lautem Ton besprochen wurden. „Sie wären aus Aldermaston herübergekommen, um Johns Predigt zu hören, aber Vater kann es nicht ertragen, den Blick vom Heu abzuwenden, bis alles getragen ist, und Mutter ist jetzt allein, weil meine Schwestern weg sind ... Ich bin gerade alleine zu den Baines gekommen ' für den Tag....

„Und, Mrs. Garrett", fuhr Lucy fort, während ihre Wange leicht errötete, „ich glaube, Sie verstehen meine Verlobung mit John Baines nicht ganz. Ich – ich – bin überhaupt nicht zu bemitleiden. Das sollten Sie lieber tun." um mir zu gratulieren. Erstens, weil ich ihn sehr – ähm – mag und stolz darauf bin, dass er sein Leben einem solchen Werk gewidmet hat, und zweitens, weil es keine Frage gibt, dass ich jahrelang warten muss, bis ich heirate. John geht diesen Monat raus, und ich werde sechs oder sieben Monate später folgen – nur um ihm Zeit zu geben, unser Zuhause fertig zu machen. Wir werden dort draußen heiraten, an einem Ort namens Unguja, wo es ein Konsulat gibt ..."

Lucy blieb abrupt stehen. Sie wollte gerade noch andere gute Gründe für ihre Verlobung nennen, als ein leichtes Gefühl von Stolz es ihr verbot, sich weiter bei Mrs. Garrett zu entschuldigen – der Frau eines Lebensmittelhändlers! Und sie selbst ist eine nationale Schullehrerin! Es konnte keine Gemeinschaft zwischen ihnen geben. Sie verstummte daher und blickte weg von Mrs. Garretts rotem Gesicht und der blauen Haube über die weiße Sandstraße, die in der Mittagssonne glänzte, zu den Häuserfronten auf der gegenüberliegenden Seite, mit ihren kleinen Läden geschlossen, die Jalousien heruntergelassen und alles, was die respektable Leblosigkeit anzeigte des Sabbats ... In dieser unangenehmen Pause trat John Baines aus der Sakristeitür der Kapelle, Mrs. Garrett nickte gutmütig und ging ihres Weges.

John war ungefähr vierundzwanzig – in Lucys Alter. Er war etwas überdurchschnittlich groß, aber ungelenk, mit eher hängenden Schultern, langen Armen, großen Händen und Füßen; ein Gesicht mit nicht wohlgeformten Gesichtszügen; Nase grob, fleischig, stumpfe Spitze; Der Mund war breit, mit der langen Oberlippe seines Vaters, auf der sich die Anfänge eines flachsfarbenen Schnurrbarts befanden, dessen zahme Enden sich nach unten kräuselten, um dem nach oben gerichteten Wachstum des jungen Bartes zu entsprechen. Er hatte eine Unterlippe, die lediglich ein Band rosafarbener Haut um den Mund herum war, ohne eine nach innen gerichtete Kurve, die die Verbindung mit dem breiten Kinn hätte unterbrechen können. Seine Zähne waren kräftig und weiß, aber unregelmäßig in der Stellung, und die Eckzähne waren aus ihrer Position herausgedrückt. Seine Augen waren blaugrau und nicht ohne ein angenehmes Funkeln. Das Haar war zu lang für Ordnung, nicht lang genug für exzentrische Heiligkeit. Es war gelbbraun und setzte sich von einem Ohr zum anderen in einem seidenen Bart über die Wangen fort, dem wirren, ungepflegten, ungepflegten Bart eines jungen Mannes, der sich nie rasiert hat. Sein frischer, rosa-weißer Teint war hier und da von Pickeln und Flecken der Jugend übersät. Lucy fand ihn jedoch gut anzusehen; er wollte sich nur ein wenig schicker machen, und sie versprach sich, ihm das bei ihrer Hochzeit zukommen zu lassen. Er sah aus wie er war: ein gutherziger, einfältiger, intellektueller Engländer, ein Angelsachse, mit einem großen Appetit auf einfaches Essen, einer Vorliebe für Cricket, der ohne große Schwierigkeiten in allen Dingen keusch und nüchtern bleiben würde; langsam zum Zorn, aber wenn er wirklich gegen die Wand gedrückt wird, kann er Berserkerwut zeigen.

Nachdem er eine religiöse Laufbahn eingeschlagen hatte, hatte er sich eine gewisse Wichtigtuerei angeeignet, die seinem Knabentum schadete; Er musste sich in den Pausen von Spielen, Volkstänzen oder Flirts daran erinnern, dass er für das Werk des Herrn eingesetzt worden war. Aber er wäre ein ausgezeichneter Ehemann. Seine Klasse hat den besten Kolonistentyp im Ausland hervorgebracht.

John reichte Lucy schweigend seinen Arm, die ihn mit einer Geste der Zuneigung ergriff und ihn ein- oder zweimal mit ihrer behandschuhten Hand tätschelte, was John als liebevolle Demonstration eher feierlich akzeptierte. Als sie die sonnige Hauptstraße hinaufgingen, gab es kaum Gespräche zwischen ihnen, aber als sie eine alte, schattige Straße entlanggingen, die zwischen mit Efeu und Oxford-Gras bewachsenen roten Backsteinmauern verlief und hinter der sich der Turm von St. Michael's und die hohen Bäume erhob Ihr gutes Benehmen entspannte sich und John schaute nach unten, und als er Lucys frisches, hübsches Gesicht aufblickte und mit einem hastigen Blick um sich herum bemerkte, dass niemand in Sicht war, bückte er sich und küsste sie: Danach sah er ziemlich albern aus und eilte weiter mit großen Schritten.

„Geh nicht so schnell, John, mein Lieber. Du ziehst mich ziemlich mit. Wir müssen uns nicht so beeilen. Sag mir, wie hast du deine letzten Tage in London verbracht?"

„Am Mittwoch ging ich zum Ausstatter, um das Packen meiner Kisten zu überwachen; am Donnerstag verabschiedete ich mich von allen meinen Freunden im Bayswater College. Am Abend gab es einen Abschiedsgottesdienst in der Edgware Road Chapel, als Thomas, Bayley , Anderson und ich wurden für die Ostafrika-Mission bestimmt. Am nächsten Tag, Freitag, ging ich morgens los, um zu sehen, wie meine Kisten sicher an Bord der *Godavery* in den Albert Docks lagen; und ich wählte auch meinen Liegeplatz – ich teile eine Kabine mit Anderson. Am Nachmittag gab es dann eine große öffentliche Versammlung in Plymouth Hall. Sir Powell Buckley war Vorsitzender, und Brentham , der Afrikaforscher, sprach, ebenso wie viele andere, und die Versammlung endete mit Gebeten und Hymnen. Der Reverend Paul Barker, ein sehr alter afrikanischer Missionar, der als erster Abeokuta betrat, überbrachte den Segen. Jeder schüttelte uns die Hand und wünschte uns viel Glück.

„Danach begaben sich die drei für die Mission vorgesehenen Brüder und ich natürlich zusammen mit Brentham , dem Entdecker, Mr. Barker und einigen anderen von der Plattform zu Sir Powell Buckley, wo wir Tee tranken. Hier sind wir, vier neue Missionare." wurden der alten Frau Doland vorgestellt , dieser Dame, die unter Gottes Führung so großzügig zur

Unterstützung der Ostafrikanischen Mission beigetragen hat … Und auch Kapitän Brentham , der gerade von der Ostküste zurückgekehrt ist …

„Ich gestehe, ich mochte *ihn nicht* … überhaupt nicht … Tatsächlich kann ich nicht *ganz* verstehen, warum er kam und bei dem Treffen sprach, denn ich konnte es sofort an der Art erkennen, wie er sich währenddessen umsah In den Hymnen war er im Herzen keiner von uns. In seiner Rede in Plymouth Hall betonte er vor allem die Vorteile, die die Zivilisation mit sich brachte, wenn ein Land durch Missionare erschlossen wurde, wie wir den Menschen Berufe beibrachten und so weiter. Es gab keine Anspielung auf den unschätzbaren Segen für die Eingeborenen, das Heilige Evangelium und die Verheißungen im Alten Testament bekannt zu machen …

„In der Tat – gehe ich zu schnell? Aber Vater wird wütend sein, wenn wir zu spät zum Abendessen kommen – tatsächlich dachte ich, Brentham neigte dazu, sich über uns lustig zu machen. Es heißt, er wolle eine Ernennung zur Regierung und mache Sir Powell Buckley wieder gut …“ —

„Dann kam ich am Samstag – gestern – hierher und – ähm – nun ja! Hier sind wir! Hörst du zu?“

Lucy drückte Johns Arm zur Beruhigung liebevoll, doch an diesem seltenen Junitag lag etwas in der stillen, heißen Luft voller Heuduft, das ihre Gefühle beruhigte und sie vergessen ließ, dass sie sich Sorgen über den Weggang ihrer Verlobten machte . Sie hatte vorübergehend viele kleine Dinge vergessen, die sie ihm sagen wollte, und ärgerte sich über ihre eigene Schweigsamkeit. Doch ihr Spaziergang war zu Ende und sie standen vor Johns Haus.

Mr. John Parker Baines, der Vater des designierten Missionars, war ein Hersteller von kohlensäurehaltigen Getränken und Apfelwein, dessen Firmengelände auf der Westseite von Tilehurst lag und die Schönheit der Landschaft und des verstreuten Dorfes mit einem Fleck kompromissloser Vulgarität trübte Grellheit. Die Manufaktur selbst hatte einen einfachen Architekturstil: ein rechteckiges Gebäude aus rotem Backstein mit zwei hohen, rauchgeschwärzten Schornsteinen und mehreren kleineren. „John Baines and Co., Hersteller von kohlensäurehaltigen Getränken“ war in großen Buchstaben auf die Backsteinfassade gemalt.

Es herrschte eine Sabbatstille, die durch die rauchfreien Schornsteine und die geschlossene Tür noch verstärkt wurde. Nur ein Köter lag in der Sonne, und einige schmutzige Enten spritzten das Wasser in einen schmutzigen Graben, der den Abfluss der Fabrik zu einem benachbarten Bach leitete .

Nicht weit vom Hauptgebäude entfernt befand sich die Wohnung des Eigentümers, Mr. Baines, der das Geschäft vom Vater seiner Frau geerbt und auf seinen eigenen Namen übertragen hatte. Obwohl dieses Haus der Familie Baines vom selben Architekten entworfen wurde, wurde seine anfängliche Hässlichkeit durch zahlreiche oberflächliche Verbesserungen verändert. Ein üppiger Efeumantel überwucherte einen Teil der roten Backsteinmauern und umgab den hässlichen Stuckportikus. Die Fensterscheiben waren glänzend poliert und verliehen dem Haus durch ihre schimmernden Licht- und Schattenreflexe eine Lebendigkeit. Durch sie konnte man die grünen Jalousien der Wohnzimmer und die unpolierten Rückseiten der Spiegel und die sauberen weißen Musselinvorhänge der Schlafzimmer sehen. In dem kurzen Streifen des Vorgartens befanden sich Beete mit scharlachroten Geranien, die für eine angenehme, leuchtende Farbnote sorgten .

An der gemaserten Eingangstür wartete eine Katze darauf, hereingelassen zu werden, mit einer Miene um sich, als sei auch sie etwas verspätet aus der Kirche oder Kapelle zurückgekehrt. Ein starker, intensiver Geruch von Roastbeef erfüllte die Luft und übertönte den Duft von Heufeldern. Dies verstärkte das Gefühl vulgärer Behaglichkeit, das das Haus durchdrang, als Mr. Baines senior die Tür öffnete, und steigerte die fromme Befriedigung der Katze, die ihren schwarzen Körper wölbte und sich schüchtern an der Sonntagshose ihres Herrn rieb.

„Natürlich sind Sie zu spät", schnappte Mr. Baines. „Ich wusste, dass du es sein würdest. Hier ist Mutter, so wütend wie zwei Stöcke."

Mrs. Baines, die aus dem Speisesaal in den engen Flur gestolpert war, begrüßte sie nicht, sondern rief Eliza lediglich zu, sie solle das Abendessen servieren, als Mr. John und Miss Josling angekommen waren.

Für Lucy war das keine angenehme Mahlzeit. Mrs. Baines war eine dieser unsympathischen Personen, die ihr den Appetit raubten. Sie war in der Wertschätzung ihrer Nachbarn eine durchaus gute Frau , streng fromm, streng ehrlich, eine tüchtige Hausfrau und eine strenge Mutter. Doch ihre künftige Schwiegertochter hatte sie längst als völlig unliebenswürdig eingestuft. Das einzige zärtliche Gefühl, das sie zum Ausdruck brachte, war ihre leidenschaftliche, wenn auch unauffällige Hingabe an ihren einzigen Sohn. Auch wenn dies in den Augen eines unbeteiligten Beobachters ihr langweiliges Aussehen verschönern konnte, wirkte es sich in ihrem Umfeld nicht immer positiv auf sie aus. Für John war es oft der Grund für eine grausame Ohrfeige gewesen, als er noch ein Kind war und sich einer kleinen kindischen Sünde schuldig gemacht hatte; Für ihren Mann war es der Vorwand für lästige Sparmaßnahmen, die zwar die für die Ausbildung seines Sohnes aufgewendeten Mittel nicht wesentlich erhöhten, aber häufig sein persönliches Wohlergehen beeinträchtigten.

Mrs. Baines' Liebe zu John zeigte sich Lucy zusätzlich durch eine eifersüchtige Kritik an ihrer Rede und ihren Taten; denn wie die meisten

Mütter eines einzigen Sohnes ärgerte sie sich zwangsläufig darüber, dass er einem geliebten Menschen seine Zuneigung entgegenbrachte, und war entschlossen, unzufrieden mit demjenigen zu sein, den er für diese ehrenvolle Position auswählte .

Obwohl Lucy hübsch und relativ gut ausgebildet war, ihren Lebensunterhalt bereits als Lehrerin einer Nationalschule verdiente , die Tochter eines hochgeschätzten Bauern war und der Familie Baines schon fast seit ihrer Kindheit bekannt war, fand Mrs. Baines einen Fehler mit ihr, nur weil sie bei John Gunst gefunden hatte . Lucy war „Kirche" und sie waren „Kapelle". Sie war eitel und weltgewandt und für die Frau eines Missionars völlig ungeeignet. Die Faszination der Weltlichkeit wurde nicht geleugnet. Der Teufel wusste, wie er seine Fallen anlocken konnte. Durch weltlichen Einfluss wurde man dazu gebracht, Romane über den Sabbat zu lesen und den biblischen Bericht über die Schöpfung anzufechten.

Es stimmt, Lucy hatte sich weder über Genesis lustig gemacht, noch leichtfertig über die Arche Noah gesprochen, noch war man gesehen worden, wie sie an einem Sonntag Belletristik las; aber das spielte keine Rolle. Mit ihrer Behauptung, sie interessiere sich für Botanik, ihren Reden über Astronomie und die Entfernungen der Fixsterne und dergleichen, die wie Blödsinn aussahen, war sie durchaus in der Lage, in die Untreue zu verfallen. Und was ihre Einhaltung des Sabbats anging, war es einfach eine Schande. Natürlich war ihr Vater daran schuld, dass er ihr ein schlechtes Beispiel gegeben hatte, und auch ihre Mutter, die arme Seele, war viel zu nachsichtig mit ihren Töchtern. Aber wenn man bedenkt, dass Lucy so viel mit John zusammen war, ganz zu schweigen von dem Beispiel, das Johns Eltern gegeben haben, hätte man meinen können, dass sie zu diesem Zeitpunkt vielleicht schon gelernt hätte, wie der Tag des Herrn begangen werden sollte.

Es war dieser letzte Punkt, der die Beziehungen zwischen Mrs. Baines und Lucy an diesem besonderen Sonntag belastete. Lucy hatte John gebeten, mit ihr am Nachmittag spazieren zu gehen. Es wäre ihre letzte Gelegenheit für ein ruhiges Gespräch vor seiner Abreise. Obwohl John Baines die sabbatistischen Skrupel seiner Mutter geerbt hatte, stimmte er Lucys Vorschlag zu, teils weil er in sie verliebt war, teils weil sein Aufenthalt in London seine Ansichten unmerklich erweitert hatte. Ausnahmsweise war der Einfluss seiner Mutter machtlos, um seine Entscheidung zu ändern, und so hatte sie von weiteren Auseinandersetzungen Abstand genommen. Aber dieser erste Test ihrer Herrschaft über ihren Sohn hatte ihre Gefühle erheblich verdorben.

Darüber hinaus glaubte Mrs. Baines ehrlich gesagt, ihren Erkenntnissen zufolge – denn wie alle Millionen ihrer Klasse und Zeit wusste sie absolut nichts über Astronomie, Geologie, Ethnologie und Geschichte –, dass der

Schöpfer des Universums es vorzog, dass Sie den Sonntagnachmittag zu Hause verbringen sollten in einem kleinen, stickigen Hinterzimmer mit halb heruntergelassenen Jalousien die Bibel oder Baxters Predigten lesen (oder, wenn der spirituelle Appetit sehr schwach war, eine illustrierte Ausgabe von *Pilgrim's Progress*) und diese Demütigung von Fleisch und Geist bis zur Teezeit fortsetzen (es sei denn, Sie in der Sonntagsschule unterrichtet). Anschließend sollten Sie den Ruhetag mit Abendkapelle, Abendessen, weiterer Predigtlesung und Bettruhe ausklingen lassen.

Der einzige Mensch, der während des Essens gesprächig war, war John Baines der Jüngere. Seine Mutter, die immer betrübt war, neigte mehr denn je zum Schweigen. Lucy fühlte sich durch ihr kühles Verhalten bedrückt und ließ nur wenige Bemerkungen zu, außer denen, die aus Höflichkeit geboten waren. Was Baines senior betrifft, so war er einer dieser kurzhalsigen, fleischigen Männer, die geborene Fresser sind, und seine Aufmerksamkeit war zu sehr auf sein Essen konzentriert, als dass er sich während seines Sonntagsessens an der Unterhaltung beteiligen konnte. Als Gegenmaßnahme gegen den Verzicht auf Alkohol war er außerordentlich gierig, und sein großer Appetit bereitete ihm ständig Leid, denn seine Frau hatte ein grimmiges Vergnügen daran, ihn zu stillen. Nur sonntags durfte er sich ohne ihr Eingreifen satt essen. Mrs. Baines schnitzte immer und half bei allem, sogar beim Gemüse, das neben dem Braten vor ihr platziert wurde. Die Magd für alles, Eliza, bediente den Tisch und war offensichtlich die Sklavin im Auge ihrer Herrin. Das Familienessen am Sonntag blieb in seinen Grundzügen nahezu unverändert, sofern die Umstände es zuließen. Auf eine gut gebratene Runde Rindfleisch mit Ofenkartoffeln und Yorkshire-Pudding folgte ein Apfel- oder Siruppudding und ein Dessert mit Früchten oder Nüssen der Saison. An einer Sache mangelte es nicht und der Vielfalt war reichlich vorhanden: spritzige, alkoholfreie Getränke: Ginger Beer, Ginger Ale, Gingerade; Limonade, Citronade, Orangeade; Phosphozone , Hedozone , Pyrodone , Sparkling Cider und Perry Champagne: alle Getränke, die aus Kohlensäure, Weinsäure, Zitronensäure, Zucker, Wasser, Apfel- und Birnensaft sowie Aromaessenzen bestehen .

Der Apfel-Champagner, den John galant in Lucys Glas goss, hellte ihre Stimmung nicht auf und lockerte ihre Zunge nicht. Was konnte sie diesem fressenden Vater sagen, dessen Gesicht und Hände immer dicht an seinem Teller waren, außer in den kurzen Pausen zwischen den Gängen, wenn er sich in seinen Stuhl zurückwarf, sich die Nase putzte, sich die fettigen Lippen abwischte und an ihm vorbeiging? Mit dem dicken Zeigefinger um die Ecken seines Zahnfleisches greifen, um die Essensstückchen zu entfernen, die dem Schlucken entgangen waren? Oder an die düstere Mutter, die ihr Essen mit mürrischem Keuchen verzehrte und, abgesehen von ein paar Anweisungen an den unterwürfigen Diener, keine Versuche unternahm, das Gespräch aufrechtzuerhalten, nur den geschwätzigen Beschreibungen ihres Sohnes zufolge ein gelegentliches schnippisches „Oh! in der Tat – ,“ „Hübsche Taten, wie ich sehe –“, „ *Daraus* kann wenig Gutes entstehen –“ und so weiter? Schließlich, als Johns Erlebnisse in London zu Ende waren und die beiden Gerichte mit Kirschen den Siruppudding ersetzt hatten, während der Diener in Gläsern unseren eigenen Sparkling Cider der Superlative herumreichte, räusperte sich Lucy und sagte: „Ich nehme an, John wird es tun.“ werde dich morgen früh sehr früh verlassen?

„Äh?“ antwortete Mrs. Baines und richtete ihre kalten grauen Augen auf Lucy. Sie hatte vollkommen gut gehört, hielt es aber für würdevoller, den Bemerkungen des Mädchens nicht allzu aufmerksam zuzuhören. Lucy wiederholte ihre Frage deutlicher.

„Du solltest *ihn besser* alles darüber fragen“, antwortete Johns Mutter. „Ich habe am Tag des Herrn noch andere Dinge zu bedenken als die Fahrpläne der Eisenbahnen.“

„Warum? Kommst du, um mich zu verabschieden, Lucy?“ fragte John.

„Na ja, das heißt, wenn es Mrs. Baines nichts ausmacht.“

" *Ich* denke?" rief die wütende Frau mit schriller Stimme. „Was habe *ich* damit zu tun? Ich nehme an, dass Bahnhöfe für jedermann kostenlos sind?“

„Ja“, sagte Lucy mit einem Schmerz in ihrem Hals und beinahe geneigt, ihre Verlobung zu lösen. „Aber ich dachte, dass du John am Ende vielleicht gerne ganz für dich allein hättest. Wenn du jedoch nichts dagegen hast, würde ich ihn gerne verabschieden, armer alter Kerl“ – und Lucy tätschelte liebevoll seine Hand mit den großen Knöcheln „Ich denke, ich schaffe das. Vater muss nach Theale kommen. Er wird mich am Bahnhof absetzen und wieder abholen, und die Schule beginnt erst um neun. Um wie viel Uhr fährt dein Zug, John?“

„Fünfundzwanzig nach sieben. Ich werde kurz nach neun in London ankommen. Nachdem ich zum Hauptquartier der Mission gegangen bin und meine letzten Anweisungen erhalten habe, werde ich direkt zu den Docks fahren und an Bord der *Godavery gehen* ... Die Der erste Ort, an dem wir anhalten, ist Algier, dann Malta, dann der Suezkanal und Aden. Ich gehe davon aus, dass *du genau das* tun musst, Lucy, wenn du im nächsten Frühjahr rauskommst.“

Lucy lächelte strahlend. Sie hatte sich nach und nach in ihre Verlobung hineingewachsen, als sie sich von der Mädchen- zur Frau entwickelte, eingeschränkt durch Johns milde Annahme, dass das Mädchen, das er auswählte, zwangsläufig seine Frau sein würde. Aber vielleicht war ihr Hauptanreiz sein fester Entschluss, Missionar zu werden, und ihre starke

Sehnsucht, „fremde Teile", die wunderbare und interessante Welt, zu sehen. Sie sammelte gerade ihren Mut, um eine lebhafte Antwort über Algier zu geben, als Mrs. Baines sich einschaltete und sagte, es gäbe für alles Grenzen, und wenn sie nicht den ganzen Tag des Herrn mit Essen, Trinken und Reden verbringen wollten, hätten sie es getan Es ist besser, aufzustehen und Eliza weggehen zu lassen. Als Mr. Baines diese Worte hörte, drehte er die letzten Kirschen auf seinen Teller, biss sie hastig ab, warf die Kerne weg und schob seufzend seinen Stuhl zurück. Dann erhob er sich schwerfällig, stolperte in den Sessel neben dem Kamin und bereitete sich auf ein Nickerchen vor. Das Dienstmädchen begann aufzuräumen und sehnte sich danach, zu ihrem Sonntagsessen und ihrer versteckten Novelle zurückzukehren. Lucy ging, um ihren Hut aufzusetzen; John gähnte und trommelte mit den Fingern auf die Fensterscheibe; und Mrs. Baines setzte sich steif in den Sessel ihrem satten Mann gegenüber, mit einer großen braunen Bibel auf dem Schoß und zwei oder drei Broschüren, die mit kleingedruckten Hinweisen auf die Heilige Schrift bedeckt waren.

Als John Lucy die Treppe hinunterstolpern hörte , ging er ihr entgegen und spürte instinktiv, dass ihr Wiederauftauchen im Esszimmer einen bitteren Kommentar seiner Mutter hervorrufen würde. Er zog hellwach seinen Filz an, nahm einen kräftigen Stock und schlug bald die Haustür auf eine Art und Weise gegen sich selbst und seine Liebste, dass Mrs. Baines einen Schauer über den Rücken jagte, die sich mit einem ungeduldigen Seufzer des Ekels an ihn wandte ein düsterer Teil des Alten Testaments.

Wäre John geblieben, um ihr Gesellschaft zu leisten, hätte sie wahrscheinlich keinen Versuch unternommen, ihn zu unterhalten; aber sie hätte sich mit echtem Interesse der Bibelexegese gewidmet. Das Wenige an Romantik und Intellektualität, das sie aus ihrer Klasse und ihrer Zeit besaß, wurde in das Bibelstudium gesteckt. Sie glaubte, dass die Briten – so degeneriert sie auch in Bezug auf die Einhaltung des Sabbats erscheinen mögen – von den zehn verlorenen Stämmen abstammten, die vom Propheten Jeremia in einem unnötigen Energieschub nach Irland geführt worden waren und dann in Korakeln in das begünstigtere Großbritannien zurückgekehrt waren , Jeremia – das Alter spielte keine Rolle, wenn es um den göttlichen Vorsatz ging –, der eine Tochter des irischen Königs zur Frau genommen hatte –

Aber ... die Undankbarkeit ihres einzigen Sohnes, der seinen letzten Sonntagnachmittag in England nicht der Gesellschaft seiner Mutter überlassen konnte! Sie erstickte vor Tränen und las Vers für Vers des ersten Teils von Jeremia, ohne ein Wort zu verstehen, obwohl ihr in ihren Flugblättern gesagt wurde, dass sich die Schmähreden besonders auf England in der zweiten Hälfte des 19. Jahrhunderts bezogen ... Nein, Der Gedanke daran, dass John mit Lucy durch die Heufelder wanderte – denn natürlich würde dieses Mädchen ihn in die Heufelder führen, ihn vielleicht mit Heu bewerfen –, stieg ihr ständig in den Sinn, und ein- oder zweimal trübten ein paar heiße Tränen ihre Sicht … . „Der Herr sagte auch zu mir in den Tagen des Königs Josia: Hast du gesehen, was das abtrünnige Israel getan hat ?… "

Sie hatte alles Geld, was sie sparen konnte, alle Zeit, die sie übrig hatte, für die Erziehung dieses Jungen aufgewendet. Sie hatte ihn aufs College geschickt und ihn zu einem Gentleman gemacht. Sie hatte ihre Pflicht ihm gegenüber als Mutter erfüllt, und das war die Antwort, die er zurückgab. Er verbrachte seinen letzten Sonntagnachmittag lieber damit, mit einem federköpfigen Mädchen durch das Land zu tummeln, statt es ruhig an der Seite seiner Mutter zu verbringen, wie er es früher getan hatte … Vielleicht hatten sie sogar ein gemeinsames Gebet gesprochen. Normalerweise war Mrs. Baines keine Frau, die zu lautstarken Frömmigkeitsausbrüchen außerhalb der Kapelle ermutigte, aber bei einem Anlass wie diesem … würde sie ihn vielleicht erst in fünf Jahren wiedersehen …

„Und ich sagte, nachdem sie das alles getan hatte: Wende dich zu mir um. Aber sie kehrte nicht zurück." – Jetzt war es für einen erwachsenen Mann, einen Missionar, der am Morgen auf der Kanzel der Salem-Kapelle gesessen hatte, angebracht, zu gehen nachmittags mit einer jungen Frau über die Wiesen galoppieren? Was würde jemand aus der Gemeinde sagen, der ihn sah? Ein schönes Schauspiel, gewiss ! – „Und der Herr sagte zu mir: Das abtrünnige Israel hat sich mehr gerechtfertigt als das verräterische Juda …" „Lass mich sehen", überlegte Mrs. Baines und versuchte, ihre Aufmerksamkeit darauf zu lenken ihre Lesung: „Juda repräsentiert die Kirche von England, und Israel ist … Israel ist … Baines! Um Himmels willen. " *Um Himmels willen* , schnarche nicht so. Du solltest dich schämen! *Wie* man es mit seinem Gewissen in Einklang bringen kann, jeden Sonntag beim Abendessen wie ein Schwein zu fressen und dann den Rest des Nachmittags mit Schnarchen und Dösen zu verbringen, anstatt die Bibel zu lesen, weiß *ich* nicht."

Mr. Baines' blutunterlaufene, grünliche Augen betrachteten seine Frau einige Sekunden lang mit benommenem Staunen. Dann senkten sich ihre roten Lider und ein sanftes Atmen kündigte die Wiederaufnahme seines Schlafes an. Für einige Augenblicke widmete Mrs. Baines ihre Aufmerksamkeit wirklich dem dritten Kapitel von Jeremia; Doch als der Atem ihres Gatten wieder einmal zu lautem Schnarchen ausartete, verlor sie jegliche Geduld mit ihm und legte ihre Bibel und ihre Broschüren weg. Sie konnte nicht länger im Haus bleiben. Es war erlaubt, Kranke am Sabbat zu besuchen. Sie würde die alte Mrs. Gannell in Stebling's Cottages besuchen und ihr einige Traktate vorlesen. Also schüttelte sie imaginäre Krümel von ihren Röcken, ging nach oben, um ihre Sonntagshaube aufzusetzen, und ließ

ihren Mann – obwohl er sich dieses Privilegs nicht bewusst war – ein paar
Stunden lang ungestraft schnarchen, kichern, faseln und schnarchen.

KAPITEL II

JOHN UND LUCY

John und Lucy schritten schnell durch die Außenbezirke des Dorfes, vorbei an den neugierigen Augen, die über den Rand der Fensterläden blickten, in das stille Land, das im verschleierten Sonnenschein schlief; denn die Wärme der Junisonne hatte einen leichten Dunst im Flusstal erzeugt, und Menschen und Tiere schienen vom konzentrierten, unzerstreuten Geruch des frisch geschnittenen Heus schläfrig zu sein. Sie überquerten einen kleinen Bach auf einer Holzbrücke, kletterten zwei Holme hinauf – Lucy fröhlich, John verschämt, als fürchtete er, dass seine neugeborene Würde als Prediger dadurch leiden könnte – und gingen etwa eine Viertelmeile eine dicht schattige Gasse hinunter, wo die Hochebene lag Hecken waren mit blassrosa Heckenrosen mit gelben Staubblättern gesprenkelt , und dort, wo das Geißblatt sein einfaches hellgrünes Laub hinter sich herzog und seine schlanken Fäuste gelber Finger ausstreckte, gelangte es zu einer offenen Fläche und einer breiten Landstraße. Diesem folgten sie, bis sie zu einem weißen Tor kamen, auf dem in schwarzen Buchstaben stand: „To Englefield. Private." Ohne zu zögern, wie es seit langem üblich ist, hoben sie den Riegel und betraten den dichten Schatten eines dicht bewaldeten Waldes, wobei sie hier und da, durch die Baumstämme hindurch, einen Blick auf offenes Wasser erhaschen konnten.

Lucy seufzte erleichtert und erfreut, als das weiße Tor hinter ihr aufschwang und sie auf einem mit Rasen bedeckten Weg im Schatten großer Buchen ging. Obwohl ihr die Szene bekannt vorkam, jubelte sie über ihre Schönheit. John wischte sich fleißig das Gesicht, wischte die Fliegen weg, putzte sich die Nase und wischte die Krempe seines Hutes ab. „Ja, ja", antwortete er und schaute nach, ob seine Stiefel sehr staubig waren oder ob an den Säumen seines Gehrocks Grassamen klebten. „Canterbury-Glocken, nennen Sie sie so? Ja, dieses Jahr scheint es viele zu geben. Hier ist ein schöner, sauberer Baumstamm. Lasst uns zusammensitzen und uns unterhalten …"

„Oh, nicht hier, John. Es ist zu mittelmäßig . Wir gehen weiter zu The View: Dort ist ein Sitzplatz."

also dem breiten, rasenbewachsenen Weg, der an der Flanke eines Abhangs hinaufführte. Zur Rechten ragten die großen Bäume immer höher in den Himmel; auf der linken Seite fiel das Gelände bis zum Niveau des kleinen Sees mit seinen Schwänen und Seerosen ab; und der Rasen in der Nähe war dunkelblau und purpurgrün mit dem blühenden Signalhorn. In den ansteigenden Wäldern wuchsen hohe Reihen rot-lila Fingerhüte. Hier hatte der Besitzer des Parks zur Freude aller, die die Schönheit der Landschaft liebten, einen großen Holzsitz aufgestellt.

John warf sich mit schwerer Hingabe auf die grauen Planken. Wäre er allein gewesen, hätte er sicherlich seine Stiefel ausgezogen, um seine heißen und eingeengten Füße zu beruhigen, aber ein Instinkt sagte ihm, dass seine Verlobte die Aktion vielleicht nicht für angebracht hielt. Lucy stand einige Augenblicke da und blickte auf die Aussicht über das Kennet- Tal, dann setzte sie sich neben ihn.

„Wie furchtbar du schwitzt, mein armer John", sagte sie und blickte auf die nasse rote Hand, die die Lehne des Sitzes umklammerte.

„Ja. Schon das geringste Laufen macht mich heiß."

„Na ja, aber wie wirst du Afrika aushalten können?"

„Oh, da ist es eine andere Hitze, glaube ich. Außerdem muss man nicht in einem schwarzen Mantel, einer Weste und einem gestärkten Hemd herumlaufen; außer vielleicht zur Gottesdienstzeit am Sonntag."

„Wie schade, dass schwarze Kleidung für die Heiligkeit notwendig zu sein scheint!" – (dann sieht er ein Stirnrunzeln auf seinem Gesicht) „Ich frage mich, ob wir *da* draußen so etwas Schönes sehen werden?"

„So schön wie was? Oh! Die Aussicht. Nun ja, das vermute ich . Ich glaube, dass es in der Nähe des Ortes, an dem ich leben soll, einige hohe Berge und viel Wald gibt."

"Was ist sein Name?"

„ Hangodi , glaube ich – so in etwa. Bayley sagt, es bedeutet ‚der Ort des Feuerholzes'."

„Oh, *das* hört sich überhaupt nicht schön an; als ob dort nichts als tote Stöcke herumliegen würden. Ich hatte gehofft, dass es viele Palmen und die Dinger gäbe, die man auf den Bildern afrikanischer Reisebücher sieht – mit großen, breiten Blättern – Kochbananen? Ist es ein Dorf?"

„ Hangodi ? Ich glaube schon. Ich denke, der Hauptgrund für die Wahl ist, dass es hoch oben auf einem Berg und in der Nähe von Wasser liegt."

„Oh, John", sagte Lucy nach einer Schweigeminute, „ich freue mich *wirklich* darauf, dich in Afrika zu begleiten. Ich wollte schon immer reisen, seit ich in der Schule einen Geographiepreis gewonnen habe. Denken Sie nur daran, was für wundervolle Dinge wir sehen werden." . Elefanten und Löwen und Tiger. Wird es Tiger geben? Natürlich *nicht* . Ich hätte daran denken sollen, dass es sie nur in Indien gibt. Aber auf jeden Fall wird es wunderschön gefleckte Leoparden und nachts brüllende Löwen und Flusspferde in der

Gegend geben Flüsse und Antilopen in den Ebenen. Und Strauße? Glaubst du, dass es Strauße geben wird, John?"

„Meine Liebe, woher soll *ich* das wissen? Außerdem fahren wir nicht nach Afrika, um nach Straußen und Löwen zu suchen, Lucy", sagte John ziemlich feierlich. „Wir haben ein großes Werk vor uns, ein *großes* Werk. Es gibt eine gewaltige Ernte für den Herrn."

„Natürlich, John, natürlich", beeilte sich Lucy zu antworten, „ich weiß, was das eigentliche Ziel Ihrer Mission ist, und ich möchte Ihnen helfen, so gut ich kann, nicht wahr?" (Er schob eine Strähne seines glatten braunen Haares zurück, die ihm über die Stirn fiel – denn er hatte die heiße, hellwache Kleidung abgelegt.) „Aber das hindert mich nicht daran, gerne wilde Tiere und andere seltsame afrikanische Dinge zu sehen; und ich sehe darin auch keinen Schaden ..."

„N – nein, natürlich ist das nicht *falsch* . Diese Dinge gehören zu den wunderbaren Werken des Allmächtigen, und es ist richtig, dass wir sie an ihrem richtigen Platz bewundern sollten. Gleichzeitig neigen sie dazu, zu einer Falle zu werden." „Sie führt uns von der Betrachtung heiliger Dinge in vergebliche Auseinandersetzungen über die Wissenschaft. Ich weiß mehr über diese spirituellen Gefahren als du, Lucy", fuhr John aufgrund des hervorragenden Status seiner dreijährigen Ausbildung in London fort, „und ich warne dich davor." der Götzendienst des Intellekts" (sie drückte ihre kleine, mit Ziegenleder behandschuhte Hand, um seine Feierlichkeit mit der Geste eines Liebhabers zu mildern). „Ich kannte einmal einen sehr netten Kerl in London. Er hatte in Krankenhäusern Medizin studiert und kam zum Bayswater College, um sich für die Ostafrikanische Mission zu qualifizieren; denn er hatte vor, als medizinischer Missionar auszugehen. Er war der Sohn eines Pfarrers, auch, und sein Vater genoss großes Ansehen. Aber er verbrachte seine Freizeit immer in diesem neuen Naturkundemuseum und las Darwin und andere ungläubige Schriftsteller. Nun, das Ergebnis war, dass er begann, die Genauigkeit der Genesis in Frage zu stellen, und *natürlich* musste er jeden Gedanken an einen Beitritt zur Mission aufgeben. Ich weiß nicht, was aus ihm wurde, aber ich gehe davon aus, dass es ihm danach schlecht ging. Ich für meinen Teil bin dankbar, sagen zu können, dass ich nie von Zweifeln geplagt wurde . Der biblische Schöpfungsbericht ist für mich gut genug und sollte es auch für alle anderen sein."

"John *John* !" rief Lucy und schüttelte seinen Arm, „du bist genauso schlimm wie deine Mutter, die mich beschuldigt, der Bibel nicht zu glauben, weil ich an einem schönen Sonntagnachmittag gerne einen Spaziergang mache. Wie du doch *weiterläufst* ! Ich habe nur gesagt, ich wollte es sehen." Elefanten und Löwen in Afrika, und Sie beschuldigen mich direkt aus „Anbetung meines Intellekts" oder ähnlichem Blödsinn. Wissen Sie nicht, dass der Hauptgrund, warum ich Ihnen versprochen habe, Sie zu heiraten, darin bestand, dass ich es für so edel von Ihnen hielt, nach Afrika zu gehen? Die armen Eingeborenen lehren? Nun gut, wenn Sie glauben, dass afrikanische wilde Tiere eine Schlinge für meine Seele sein werden, werde ich der Versuchung nicht widerstehen und Sie sollen eine schwarze Frau heiraten, deren Ohren bis zu ihren Schultern reichen und die einen Ring durchziehen Nase auch, und überhaupt keine Zweifel an irgendetwas.

„Lucy! Ich finde dich sehr leichtfertig."

„John! Ich finde, Sie sind viel zu scheinheilig! Sie sind viel zu gut für mich, und Sie sollten sich lieber eine ernstere Person suchen als mich – Miss Jamblin zum Beispiel."

„Ann Jamblin ? Und auch ein sehr nettes Mädchen. Oh! Du magst sie vielleicht verspotten. Sie ist nicht hübsch, glaube ich, aber sie kommt zu allen Gebetstreffen, sagt Mutter, und sie hat eine schöne Begabung für heilige Poesie."

„Ja, *ich* kenne ihre Verse – fadenscheinige Dinger! Nur Hymnen und Wasser nenne *ich* sie. Sie hat eine Reihe von Standardreimen und sie klingelt darauf ab. Das könnte jeder . Außerdem habe ich sie erwischt." Ich habe mir oft ganze Zeilen aus alten und modernen Hymnen ausgeliehen, die meiner Meinung nach für Kapellenbesucher nicht gut genug sind, also müssen sie unbedingt ihre eigenen Hymnen erfinden. Und was die Gebetstreffen betrifft, ist es nur der Tee und Kuchen, die *sie anziehen. Gott segne dich! Ich war mit Ann* Jamblin in der Schule und weiß, was für ein Schwein dieses Mädchen ist ... Aber wenn du denkst, dass sie als Ehefrau besser zu dir passen würde, zögere nicht, deine Einstellung zu ändern Denken Sie daran. Ihre Mutter würde sich *freuen* . Und ich habe gehört, dass Anns Onkel, der den Schinken- und Rindfleischladen in Reading betreibt, ihr sein ganzes Geld hinterlassen will. Ann Jamblin wird sich kaum um wilde Tiere kümmern , das kann *ich Ihnen versprechen! Ich erinnere mich an eine Zeit, als die Schule in der Nähe von Reading spazieren ging und wir einen tanzenden Bären trafen, der mit seinem Wärter vorbeikam. Sie brach in so lautes Schreien und Weinen aus, dass die jüngste Miss Calthrop sie sofort* mitnehmen musste ."

„Nun, *Lucy* ! *Ist* es nett, mit mir zu streiten, kurz bevor ich gehe?" (Lucys unerwartete überwältigende Schönheit und die Andeutung, dass sie möglicherweise bereit wäre, die Verlobung zu lösen, hatten Johns latente Männlichkeit geweckt, und er verspürte nun das starke Verlangen, sie zu heiraten.)

„Mein *lieber* John, ich habe nicht *gestritten* , ich habe nichts, worüber ich mich streiten könnte. Ich habe dir nur vorgeschlagen, bevor es zu spät ist, deine Meinung zu ändern, dass Ann Jamblin dich zu einer passenderen Frau machen würde, als ich sollte – da, da !" (wehrt einen Kuss und den Versuch einer Umarmung ab) „Denken Sie daran, wo wir sind und dass jeder uns sehen und die Geschichte Ihrer Mutter erzählen könnte. Natürlich bin ich teilweise im Spaß. Ich weiß, dass es unfreundlich ist, dich zu ärgern, aber irgendwie kann ich *nicht* so ernst sein wie du… Lieber alter John" (der Versuch einer Umarmung und der Ausdruck des Verlangens in Johns Augen haben sie irgendwie besänftigt) „Ich wollte deine Gefühle nicht verletzen. … Habe ich? … Es tut mir sehr leid…. Gerade als du auch weggehst . "

Johns Lippen öffneten sich widerstrebend und zeigten sein blasses Zahnfleisch und die hervorstehenden Eckzähne.

„Was denkst du, John? … Lass uns aufstehen und zum Gartentor gehen, … was glaubst du, wird mein Onkel Pardew uns als Hochzeitsgeschenk geben? Ein Harmonium! Wird das nicht sein?" Schön? Ich werde es mitnehmen, und wenn du den Leuten dann beibringst, Hymnen zu singen – nur darfst du ihnen nicht die von Ann Jamblin beibringen –, kann ich die Begleitung spielen. Und abends, wenn du müde bist, werde ich versuchen zu spielen Etwas, das dich beruhigen wird. Ich habe das Harmonium noch nie ausprobiert, aber während du weg bist, möchte ich üben . Es ist wie Klavierspielen, nur dass du die Pedale ständig mit deinen Füßen betätigen musst, wie bei einer Nähmaschine. Onkel Pardew würde uns am liebsten ein Klavier schenken, aber ich habe ihm erzählt, was Sie über das schlechte Klima für sie gesagt haben. Also entschied er, dass ein Harmonium besser wäre. Ich frage mich, welche anderen Hochzeitsgeschenke wir bekommen werden? Ich kann es einem sagen Gewissheit, was deine Mutter uns geben wird.

"Was?"

„Nun, eine sehr große Bibel, gebunden in glänzendes braunes Leder, wie man sie in den Wartezimmern von Bahnhöfen findet, mit einem blauen Markierungsband und einem Dutzend silberner Löffel. Sechs große und sechs kleine. Ich weiß, dass sie keine Rücksicht auf mich nimmt der Löffel würdig, aber sie ist an die Sitten gebunden. Als sie verheiratet war, gab *ihre* Schwiegermutter *ihr* Löffel … Und dein Vater wird uns ein Tafelservice und einen Groschen Sekt geben …"

„Ich hoffe zum Glück, dass er es nicht tut. Die Kosten für den Transport ins Landesinnere würden meine Mittel bei weitem übersteigen. Ich werde es ihm sagen …"

„Und *mein* Vater", fuhr Lucy fort, „wird mir eine goldene Uhr und eine Kette schenken. Und Mutter, meine eigene süße kleine Mutter – woran hat sie wohl gearbeitet, John?"

„Das kann ich nicht sagen, da bin ich mir sicher."

„Na ja, die *ganze* Hauswäsche... Laken, Kissenbezüge, Tischdecken, Servietten und dergleichen. Sie hat sie seit meiner ersten Verlobung vorbereitet... John! Du musst *sehr* nett zu mir sein in Afrika."

„ *Nett* zu dir? Warum natürlich! Glaubst du, ich sollte etwas anderes sein?"

„Du weißt nicht, *wie* ich den Gedanken empfinde, mich von meiner Mutter zu trennen. Ich liebe sie mehr als irgendjemanden auf der Welt, besser als dich, John. Sie sagt nie etwas, aber ich weiß, dass sie schrecklich unglücklich über den Gedanken ist, mich zu trennen." Wir gehen so weit und für so lange weg. Aber dann, sage ich ihr, können wir nicht *alle* alte Jungfern sein. Vater ist nicht reich genug, um uns alle zu Hause zu halten, und ich möchte nicht weiter bei einem arbeiten Mein ganzes Leben lang habe ich die Nationalschule besucht ... Übrigens, wenn ich gerade von Mutter spreche, ich hatte Ihnen etwas so Angenehmes zu sagen. Was glauben Sie, was Lord Silchester getan hat? Wissen Sie, dass Mutter die Magd der alten Lady Silchester war ? Nun, wann Vater ging neulich zu Mr. Parkins wegen eines Tors , er traf seine Lordschaft, als er das Büro des Agenten verließ. Sie kamen ins Gespräch und Vater sagte ihm, dass ich nächstes Jahr ausgehen würde, um dich in Afrika zu heiraten. Und letzten Mittwoch bekam Mutter eine Von Lord Silchester selbst geschriebener Brief , in dem er sagte, er habe ihre treue Fürsorge für seine Mutter nicht vergessen und würde sie ihrer Tochter den beiliegenden Brief geben, aus dem sie ein Hochzeitsgeschenk kaufen könnte, etwas, das sie an Lord Silchester erinnern würde , wenn sie nach Afrika ging . Und in dem Umschlag befanden sich vier Fünf-Pfund-Noten. Mutter war so erfreut, dass sie förmlich *weinte* .

„Ja. Das war sehr freundlich von Seiner Lordschaft. Ich muss es meiner Mutter sagen, wenn ich heute Abend zurückkomme. Es wird sie vielleicht aufmuntern."

„Oh, alle waren sehr nett zu meiner Verlobung. Die Miss Calthrops, bei der ich in Reading zur Schule ging, erzählte mir, dass sie an einigen ästhetischen Kaminsimsen für unser Haus in Afrika arbeiteten ..."

„Kaminsimsränder! Na ja, wir sollen keine Kaminsimse haben!"

„Keine Kaminsimse? Keine Kamine?"

„Nur ein Feuer zum Kochen, in der Küche, und das wird draußen sein."

„Na ja, dann müssen wir sie anderweitig nutzen. Ich konnte ihre Gefühle nicht verletzen, indem ich sagte, wir wollten sie nicht."

„Lucy, du darfst dir nicht vorstellen, in einer Villa in Afrika zu leben. Unser Zuhause wird nur eine Hütte aus Bambus, Lehm und grob beschnittenen Baumstämmen sein, mit einem Stroh- oder Wellblechdach. Das tue ich nicht." Ich gehe nicht davon aus, dass es mehr als vier Räume enthalten wird – ein Schlafzimmer, ein Badezimmer, ein Wohnzimmer, einen Vorrat und eine Außenküche."

„Na ja, aber auch eine Blockhütte könnte innen hübsch gemacht werden, mit ein paar „Kunst"-Vorhängen und Kissen und ein paar japanischen Fächern. Ich möchte unser Zuhause so hübsch wie möglich machen. Sollen wir einen Garten haben?"

„Oh, ich wage zu behaupten – auf jeden Fall ein Küchengarten. Denn das Missionskomitee möchte den Gemüseanbau und sogar ein gewisses Maß an Landwirtschaft fördern, damit wir so viel wie möglich von lokalen Produkten leben können. Wir holen Spaten und Hacken hervor und reichlich Harken, einen kleinen Pflug, einen Brutkasten und jede Menge nützlicher Samen."

„Ich bin sicher", sagte Lucy, immer noch nachdenklich, „es sollte in Afrika schöne Wildblumen und auch wunderschöne Farne geben. Ich habe vor, einen eigenen kleinen wilden Garten zu haben, und ich werde die Blumen pressen und verschicken." an meine Mutter in meinen Briefen.

„Ich gehe davon aus, dass Sie dazu in der Lage sein werden, wenn Sie Ihre Hausarbeit erledigt und Ihren Unterricht in der Schule erledigt haben."

„In der Schule unterrichten?"

„Natürlich wirst du mir dabei helfen. Du musst die Mädchenklasse belegen, während ich die Jungenklasse besuche ."

„Oh, soll ich? Das ist ziemlich schrecklich. Ich hätte nicht gedacht, dass ich nach Afrika gehe, um zu unterrichten, genau wie zu Hause. Die Kinder der National School in Aldermaston sind ziemlich ermüdend genug. Wie werden kleine schwarze Mädchen sein? Ich wundere mich?"

„Mir wurde gesagt, dass sie sehr schnell lernen … Es tut mir leid", fuhr John ziemlich bedeutungsvoll fort, „dass Sie sich der Natur der Pflichten, die Sie übernehmen werden, nicht ganz bewusst zu sein scheinen. Ich liebe es." Liebe Grüße, Lucy" – und ein Zittern in seiner Stimme zeigte Aufrichtigkeit – „aber das ist nicht der einzige Grund, warum ich dich gebeten habe, zu mir nach Afrika zu kommen und meine Frau zu werden. Ich möchte eine Gehilfin, keine Spielkameradin; jemand, der mir helfen wird, diesen Heiden die Güte Gottes näherzubringen; keine müßige Frau, die nur daran denkt, wilde Blumen zu pflücken und ihr Haus zu schmücken. Schmoll nicht, mein Lieber. Ich möchte dir nur Enttäuschungen ersparen. Das bist du nicht Sie führen ein Leben voller Luxus, aber auch harter Arbeit. Außerdem wäre es der Mission gegenüber kaum fair, wenn Sie bestimmte Pflichten nicht auf sich nehmen würden, denn wenn ich verheiratet bin , erhöhen sie meinen Lohn auf zweihundertfünfzig Pfund ein Jahr."

„Was bekommt man, wenn man Single ist?"

„Einhundertachtzig. Sie sehen, ein verheirateter Mann bekommt einen Extralohn, weil immer davon ausgegangen wird, dass seine Frau ihre Arbeit zu seiner hinzufügt. Auch ein verheirateter Missionar hat mehr Einfluss bei den Eingeborenen."

„Trotzdem, John, werden wir uns manchmal die Zeit nehmen, uns alleine davonzuschleichen und ein nettes kleines Picknick zu machen, ohne dass einer dieser schrecklichen Schwarzen in unserer Nähe ist …"

„Schreckliche Schwarze, Lucy, haben unsterbliche Seelen …"

„Ich wage zu behaupten, aber das hindert sie nicht daran, schwarze Körper zu haben und wie Affen auszusehen. Ich wage jedoch zu behaupten, dass ich mich an sie gewöhnen werde. Und wenn ich es zunächst nicht tue … Übrigens, John, ich habe es vergessen fragen, aber ich wollte es, um Mutter zu beruhigen – sind das Kannibalen?"

„Was, die Leute von Hangodi ? Ich weiß es nicht, aber ich glaube kaum. Und wenn sie es wären, wäre es umso größer, wenn wir sie bekehren würden."

„Ja, aber angenommen, sie würden nicht auf die Bekehrung warten , sondern dich zuerst auffressen?"

„Das Wenige, was ich gelesen und gehört habe, zeigt mir, dass sie das niemals tun würden. Afrikanische Kannibalen scheinen ziemlich vorsichtig zu sein, wen sie essen. Im Allgemeinen nur ihre Kriegsgefangenen oder ihre alten Leute. Sie würden keinen friedlichen Fremden essen, a Weißer Mann. Allerdings sind die Neger auf der Ostseite Afrikas *keine* Kannibalen, ebenso wenig wie wir."

„Ist es nicht merkwürdig, John, darüber nachzudenken, welche unterschiedlichen Vorstellungen von richtig und falsch unter den Völkern der Welt vorherrschen? Hier, sagen Sie, gibt es einige Stämme in Afrika, die ihre eigenen Verwandten fressen. Nun, ich vermute, das ist gedacht eine ganz richtige und richtige Sache – da draußen –, so wie wir in England denken, dass die alten Leute gehegt und gepflegt und so lange wie möglich am Leben gehalten werden sollten. Stellen Sie sich nur vor, wie lustig es für uns klingen würde, wenn man es uns erzählte dass Mr. Jones ein sehr schlechtes Gewissen zeigte, weil er nicht mit seinem Bruder und seiner Schwester dabei war, die alte Tante Brown aufzufressen! Und doch wage ich zu behaupten, dass es das ist, was kannibalische Skandalmacher oft zueinander sagen. Ist es nicht wunderbar, wie viele Viele Menschen können so anders denken und handeln als andere; und doch ist jede Partei der Meinung, dass niemand Recht hat außer denen, die so glauben wie sie? Angenommen, eines Tages landen einige schwarze Missionare in England, gekleidet in große Ohrringe, Perlenketten und Taschentücher und sonst nichts, und versuchten uns davon zu überzeugen, irgendein abscheuliches Idol anzubeten und nicht mehr so viele Kleider zu tragen. Wie erstaunt wären wir ... und doch würden sie denken, sie täten das Richtige, so wie es unsere Missionare tun, die hinausgehen, um den Wilden das Evangelium zu lehren ...“

„Nun, ich gestehe, ich sehe keine Ähnlichkeit. Was wir predigen, ist die Wahrheit, die lebendige Wahrheit. Was *sie* glauben, ist eine Lüge des Teufels.“

wissen es nicht . Sie müssen denken, dass es die Wahrheit ist, sonst würden sie nicht Jahr für Jahr daran glauben. Als ich neulich Geographie unterrichtete, war ich ziemlich erstaunt, *in* dem zu finden Man geht davon aus, dass etwa *vier- oder fünfhundert Millionen* Menschen Buddhisten waren. Ist es nicht *schrecklich,* sich vorzustellen, dass sie alle Unrecht hatten und alle umsonst lebten? Gott wird sie in Zukunft bestimmt nicht dafür bestrafen?“

„Das ist schwer zu sagen. Wenn ihnen die Gnadenmittel angeboten würden und sie die Botschaft ablehnen würden , würde ich annehmen, dass er das tun würde. Aber das ist das Hauptziel unserer Auslandsmissionen, den Heiden die wahren Prinzipien des Christentums zu lehren und das Licht zu bringen.“ des Evangeliums an diejenigen, die in der Finsternis sitzen. Wenn dies auf der ganzen Erde geschehen ist, wird niemand mehr sagen können, er habe in Unwissenheit gesündigt, weil er den Weg des Lebens nicht kannte.

„Und doch, John, sehen Sie hier in England, welche unterschiedlichen Ansichten über Religion selbst gute Menschen haben. Vater geht in die Kirche; du gehst in die Kapelle; und jeder denkt, der andere sei auf dem falschen Weg zum Himmel.“

„Oh nein! Lucy, so weit würde ich nicht gehen. Natürlich glaube ich, dass unserer Verbindung eine besondere Offenbarung des Willens und der Absicht Gottes unter den Menschen zuteil geworden ist. Aber trotzdem bin ich mir sicher, dass so mancher Kirchenmensch kommt auf den Weg der Wahrheit, auch wenn es nach viel Trübsal sein mag. Nun, ich würde nicht leugnen, dass sogar *Katholiken* gerettet werden können, wenn sie ein gottesfürchtiges Leben geführt und sich nach ihren Maßstäben verhalten haben. Gleichzeitig diejenigen, die Wer die Wahrheit unter sich hat und vorsätzlich blind gegenüber ihrer Lehre ist, trägt eine schwere Verantwortung.“

„Dann denkst du, dass Vater eine geringere Chance hat, gerettet zu werden als du?“

„Nun ... ja ... das tue ich; denn in seiner Kirche verfügt er nicht über die gleichen Gnadenmittel, die unserer Verbindung gegeben sind."

„Aber er ist so gut, so freundlich zu jedem , so fair im Umgang ..."

„Gute Werke ohne Glauben reichen nicht aus, um einen Menschen zu retten."

„Nun, ich für meinen Teil kann nicht glauben, dass *jemand* verloren geht, weil er möglicherweise nicht der korrektesten Art von Religion folgt. Ich kann nicht glauben, dass Gott jemanden bestrafen wird , der nicht wirklich sehr, sehr böse ist. " . Er ist so groß; wir sind so klein ... Stellen Sie sich einmal vor: Angenommen, wir sehen eine Ameise, die etwas Unrechtes tut, würden wir uns dann gezwungen fühlen, sie zu verletzen oder zu verbrennen? Sollten wir nicht ziemlich amüsiert und bemitleidenswert sein? Und sollten wir das nicht tun? scheinst du Gott wie eine winzige Ameise zu sein?"

„Ah, Lucy! Der Glaube an die strengen Urteile des Allmächtigen ist eine grundlegende Wahrheit unserer Religion, und wenn Ihr Glaube daran *erschüttert* wird, wird alles verschwinden ... Aber das Thema ist zu ernst, um leichtfertig diskutiert zu werden , also lass uns über etwas anderes reden. Hast du meine Hausschuhe fertig?"

„Ja, und sie sind absolut *wunderschön* . Dunkelblau, mit JB-Stickerei aus weißer Seide. Ich werde sie morgen zum Bahnhof mitnehmen ... Nun, hier stehen wir vor den Toren des Gartens! *Wie* Wir sind gelaufen und *wie* wir geredet haben! Und sehen Sie, John", – er zog ihn davon ab, zu nahe an den Eisentoren zu stehen, „da ist Seine Lordschaft auf der Terrasse, und ich glaube wirklich, dass die junge Dame bei ihm die ist, die er ist." verloben Sie sich mit!"

John schaute in die Richtung, in die Lucy diskret den Kopf neigte, über die Triumphe der Teppiche hinaus zur Terrasse, die an der Südseite des großen Hauses lag. Und dort sahen sie als erste von mehreren Gruppen von Sonntagsbesuchern, die an kleinen Tischen Tee tranken, besonders hervorstechend eine Gruppe von drei Personen: ein hübsches Mädchen, das ziemlich auffällig nach der Mode von 1886 gekleidet war, eine alte Dame und einen älteren, großen Mann , ein wenig dazu geneigt, sich zu bücken, gekleidet in dunkles, locker sitzendes Tweed. Er hatte ein langes Gesicht mit einem massiven Kiefer und einer ziemlich großen Nase. Aber obwohl sie aus einer Entfernung von fünfzig Metern nicht sichtbar waren, bildeten sich um seine dunkelgrauen Augen freundliche Falten, als er sie plötzlich von den sitzenden Damen hob und über die Blumenbeete blickte, um zu sehen, wer ihn von der Außenwelt aus ansah.

Das war Lord Silchester ; und John, der seine Indiskretion nicht verlängern wollte, erhob sich hellwach und wandte sich mit seiner Verlobten ab. Er und Lucy gingen dann direkt nach Aldermaston , John ließ sie am Bahnhof zurück, wo er seinen Sabbatbruch vollendete, indem er einen Abendzug zurück nach Theale nahm und so für seine letzte Nacht zu seinem Haus in der Aerated Waters-Fabrik zurückkehrte sollte jemals dort vorbeikommen.

Am nächsten Morgen, pünktlich um sieben Uhr, stellte Lucys Vater seinen Wagen vor dem Schalterbüro des Bahnhofs Theale auf, ließ Lucy von einem Träger das Pferd festhalten, half ihm beim Abstieg und begleitete sie zum Bahnsteig, wo sie saßen fand die Familie Baines bereits versammelt: Mrs. Baines saß düster auf einer Bank, Mr. Baines las die alten Zeitungsplakate des geschlossenen Bücherstands und John war damit beschäftigt, seine zahlreichen Kartons zu beschriften.

„Hallo, Baines! – und Ma'am – ich hoffe, es geht Ihnen gut … ein bisschen niedergeschlagen, schätze ich? Aber es ist eine schöne Karriere, die er gerade beginnt … Trotzdem ist es immer ein Ärgernis. John" – streckte seine Hand aus – „Ich habe gerade angerufen, um Ihnen viel Glück *und* eine erfolgreiche Reise *und* auf Wiedersehen eine glückliche Rückkehr zu wünschen. Sorgen Sie dafür, dass es für mein kleines Mädchen dort draußen ein gemütliches Zuhause gibt! Mir wird es ungefähr genauso schlecht gehen wie Sie denken, Ma'am" (Mrs. Baines behielt während dieser Versuche des Mitgefühls ein völlig ausdrucksloses Gesicht und blickte den Sprecher nicht einmal an), „das nächste Mal – wann? März? – wenn ich mich von ihr scheide Lucy. Aber das Leben besteht aus Abschieden und Begegnungen, deshalb mag ich irgendwie keine Bahnhöfe. Jetzt kann ich nicht anhalten, und wenn ich könnte, würde ich nur im Weg sein. Muss weg sein zum Markt. Lass dich zurück, Lucy. Sie wird zu Fuß zurück zur Schule gehen. Auf Wiedersehen, John …"

Und Bauer Josling eilte aus dem Bahnhof und die Hufe seines Pferdes erklangen schnell hintereinander beim Aufstieg zur Hauptstraße. Lucy, die zurückgeblieben war, bedauerte tatsächlich, dass ihr Vater sie so rechtzeitig gebracht hatte, dass sie fünfundzwanzig Minuten oder länger unentschlossen um John gekümmert hatte. Als sie ihm die Pantoffeln überreicht hatte, drückte sie zwei- oder dreimal seine Hand und beschwor ihn, vom ersten Zwischenstopp aus zu schreiben und außerdem eine Postkarte aus London zu schicken, in der er sagte, dass er „alles in Ordnung" abreisen würde; hatte ein paar Vorschläge zu seinem Gepäck gemacht, die trotz der Großzügigkeit der Abreise zu aussichtslos waren, als dass sie beantwortet oder angenommen werden konnten; und hatte darauf bestanden, das Band seiner blauen Krawatte unter den Hemdknopf im Nacken zu schieben, damit es nicht über den Kragen hinausragte: Es schien, als gäbe es nichts mehr zu sagen oder zu tun. Der Bücherstand war noch nicht geöffnet, es gab also keine Papiere zu kaufen.

Sie hätte mit Mrs. Baines gesprochen, die sich in das kleine Wartezimmer zurückgezogen hatte und so tat, als würde sie dort eine große Rolle mit Texten in Großdruck lesen, die an einer der Wände hing. Aber schon bei ihrer ersten Bemerkung bemerkte sie, dass Mrs. Baines' Augenlider zitterten und dass ihre Unterlippe auf eine Weise zuckte, was darauf hindeutete, dass sie ein Opfer fast unkontrollierbarer Gefühle war. Obwohl sie die Blätter der Texte mechanisch umblätterte, konnten ihre Augen sie nicht fokussieren , und etwas schien sich in ihrer dürren Kehle auf und ab zu bewegen, was sie schließlich nicht herunterschlucken konnte. Sie antwortete auf Lucys Bemerkung nur mit einem unartikulierten Gurgeln und winkte ab. Es lag etwas so Mitleiderregendes in ihrer trostlosen Hässlichkeit, in ihren unbeholfen zurückgehaltenen Gefühlen, dass Lucy plötzlich Mitleid verspürte, als sie zum Bahnsteig zurückkehrte. Ihre Verlegenheit wurde durch den Tumult unterbrochen, den der herannahende Zug auslöste und der durch das Läuten der Bahnhofsglocke angekündigt wurde. Der Zug war voll und John musste eilig alle Abteile der zweiten Klasse passieren, um einen Platz zu finden, nicht nur für sich selbst, sondern auch für die amorphen Pakete, die er als zu zerbrechlich für den Wagen des Wachmanns erachtete. Als er sich und seine Pakete endlich an den hinderlichen Knien der etablierten Passagiere vorbeigequetscht hatte; er hatte gerade noch Zeit, sich umzudrehen, sich über den Schoß seiner mürrischen Nachbarn zu strecken und Lucys ängstlich ausgestreckte Hand zu drücken. Dann machte der Zug einen Ruck vorwärts und rutschte rückwärts, was dazu führte, dass er sich bei dem Versuch, sich von seinen Eltern zu verabschieden, fast die Zunge abbiss, und schließlich rollte er langsam aus dem Bahnhof, während die Gestalten von Vater, Mutter und Liebling auftraten Die auf dem Bahnsteig stehenden Personen gruppierten sich für einen Moment in einer Haltung stummen Abschieds, bevor der herannahende Zug sie aus seinem Blickfeld schnitt.

Die sich zurückziehende Wagenkette schloss sich wie ein Teleskop, und im Bahnhof herrschte wieder schläfrige Ruhe. Mrs. Baines' Emotionen konnten nun nicht mehr zurückgehalten werden. Sie taumelte in Richtung Wartezimmer, sank schwerfällig auf einen harten Holzsitz, würgte, bekam Schluckauf und schluchzte, und die Tränen rollten regelmäßig, eine nach der anderen, über ihre höhlenartigen Wangen. Lucy nahm ihre zitternden Hände und versuchte sie zu beruhigen; und dann verlor Mrs. Baines, besänftigt durch dieses Mitgefühl, den Rest ihrer Selbstbeherrschung und ließ sich schlaff auf Lucys Schulter fallen.

"Oh!" Sie keuchte, „Ich habe mich wütend von ihm getrennt – er ist weg! … Vielleicht werde ich ihn nie wieder sehen … Mein Junge … Mein einziger Sohn. Ich habe vor ihm nie ein freundliches Wort zu ihm gesagt Ich dachte, es würde noch Zeit sein . Aber ich würde ihm *alles* verzeihen , wenn er nur zurückkäme und mir *einen* Kuss gäbe ... mein Junge ...“

Aber John war auf dem besten Weg nach Reading und zum London Express, und alle verspäteten Klagen seiner Mutter konnten ihn nicht zurückrufen. Außerdem war er nicht scharfsinnig. Für ihn war das Verhalten seiner Mutter ganz normal gewesen; und er war sich sicherlich nicht bewusst, dass sie sich im Zorn von ihm getrennt hatte. In gewisser Weise mochte er sie, aber seit seiner Kindheit war er daran gewöhnt, dass sie sich immer über irgendetwas aufregte.

Lucy brachte ihre zukünftige Schwiegermutter wieder zur teilweisen Ruhe, rückte ihre Haube zurecht, band die Haubenschnüre wieder fest und ging mit ihr ein Stück zurück nach Tilehurst, während Mr. Baines unterwürfig hinter ihr herging. Für den Rest des Tages genoss er die uneingeschränkte Freiheit, zu tun, was er wollte. Er aß sich satt und rauchte sogar eine Pfeife im Wohnzimmer . Seine Frau, die ihre Fassung wiedererlangt hatte, hielt sich in stiller, steinerner Trauer von ihm fern.

Glücklicherweise begegnete Lucy dem Gastwirt von Aldermaston , der in einer Kutsche dorthin fuhr, und ließ sich fast bis zu ihrem Zuhause mitnehmen, einem stattlichen Bauernhof an der Mortimer Road , in der Nähe von Kirche und Schule. Dies ermöglichte es ihr, ihre Aufgaben pünktlich anzutreten. Sie unterrichtete ihre Mädchen und Jungen von neun bis zwölf und von zwei bis vier Jahren. Tagsüber dachte sie mit sanfter Melancholie an John und vergoss sogar ein oder zwei Tränen in der Nacht, wenn sie sich auf die Szenen des Abgangs ihres Verlobten konzentrierte, insbesondere auf die wilde Trauer seiner Mutter. Aber am nächsten Morgen, als sie vom Bauernhof zur Schule ging , summte sie tatsächlich ein fröhliches Lied, während sie einen Zweig wilder Rosen von der taufrischen Hecke pflückte und sie um ihren hellen Strohhut herum arrangierte. Gleichzeitig empfand sie einen Anflug von Reue wegen ihrer Vergesslichkeit – der arme John war zweifellos jetzt auf See und sah zu, wie England aus dem Blickfeld der Verbannten verschwand ; und sie zwang sich, vor ihren Schülern den Anschein verhaltener Trauer an den Tag zu legen.

Doch als Tag für Tag das Sommerwetter in ihrer Umgebung von vollkommener Schönheit verging, gestand sie sich, dass sie sich trotz der Abwesenheit ihres Schatzes selten so glücklich gefühlt hatte.

KAPITEL III

SIBYL IN SILCHESTER

Sie waren aus entgegengesetzten Richtungen hergeritten – er aus Farleigh Wallop in den Downs südlich von Basingstoke, sie aus Aldermaston im Kennet Valley: um sich an der Stelle des römischen Calleva zu treffen Atrebatum , das moderne Silchester . Das war Anfang Juli 1886. Die römische Stadt des frühchristlichen Großbritanniens war damals – und auch heute – nur durch zwei Drittel einer Umfassungsmauer aus rohem Mauerwerk gekennzeichnet, die von Efeu und gleichmäßigen Bäumen gekrönt war. Hinter grasbewachsenen Hügeln verbargen sich ein Forum, eine Basilika und ein paar Häuser. Ein gelegentliches Kapitell einer Säule oder offensichtliche Blöcke aus altem behauenem Stein, die hier und da im Gras verstreut waren, machten unabhängig von der Tradition deutlich, dass der Ort ihres Rendezvous eine bedeutungsvolle Vergangenheit hatte. Aber seine Gegenwart war von rein landwirtschaftlichem Interesse – wogende Felder mit grünem Weizen, Schafe, die auf den umzäunten Hügeln weideten, ein opulentes Gehöft – es sei denn, man war Landschaftsmaler der Birket-Foster-Schule: Dann schwärmte man von den strohgedeckten Cottages, der alten Kirche usw sein Kirchhof.

An diesem Julimorgen hatten Kapitän Roger Brentham und Sibyl Grayburn den unbebauten Teil des Geländes von Calleva Atrebatum ganz für sich. Dies war zweifellos der Grund, warum sie beschlossen hatten, sich dort zu treffen, um eine Erklärung zu erhalten, die der Mann seiner Meinung nach von der jungen Frau schuldete. Er kam natürlich zuerst an, aber Sibyl ließ nicht lange auf sich warten, bis sie aus der Richtung von Silchester Common auftauchte. Ein Stallknecht, der hinter ihr ritt, als er Kapitän Brentham sah , berührte seinen Hut und trottete davon ... Brentham band die beiden Pferde im Schatten der römischen Mauer fest.

Sibylle ließ sich anmutig auf einem Hügel nieder, der die Stelle einer römischen Behausung bedeckte, und arrangierte den langen Rock ihres Reitkleides so, dass die Reithosen und andere Andeutungen ihrer Gliedmaßen für das männliche Auge nicht zu offensichtlich waren.

Roger war ein Kapitän der indischen Armee, etwa achtundzwanzig oder neunundzwanzig, kräftig gebaut, gebräunter Teint, geschmeidige Figur, gutaussehend, scharfe Augen. Sibyl Grayburn war eine ausgesprochen hübsche junge Frau von fünfundzwanzig Jahren, die Tochter von Colonel Grayburn , der kürzlich von Aldershot nach Aldermaston gezogen war und versuchte, mit eher bescheidenen Mitteln das Leben eines Gentleman-Farmers zu führen. Die Brenthams und Grayburns der jüngeren Generation waren entfernte Cousins.

Roger (setzt sich auf den Hügel, nicht zu nahe bei Sibyl, und mustert sie aufmerksam): „Nun, du bist genauso hübsch wie vor fünf Jahren – vielleicht ein wenig üppiger ... Und *so* treffen wir uns." . Wie *ganz* anders als das, worauf ich mich gefreut hatte! Ich erinnere mich, *wie Sie geweint haben, als wir uns in* Farleigh verabschiedeten, und wie Sie in den ersten vier Jahren kaum eine Post verpasst haben ... Und Sie können nicht „*Ich*" sagen Ich habe nicht geschrieben – als ich die Gelegenheit dazu hatte ... Oder dass ich nicht wie ein Nigger gearbeitet habe, um eine Stelle zu bekommen, die ich mir zum Heiraten leisten konnte – und *jetzt höre ich von Maud, dass du* Silchester heiraten wirst . Um es dir zu sagen In Wahrheit war es kein völliger Schock. Ich habe Hinweise darauf in einer abscheulichen Gesellschaftszeitung gesehen, die mir jemand in Aden geschickt hat – ich nehme an, *Sie waren es* ! Und das nennen Frauen *Treue* !"

Sibyl (hält ihren Blick zunächst auf das Terrain gerichtet, blickt Brentham dann aber herausfordernd ins Gesicht): „Wenn Frauen in meinem Alter meinen Fall besprechen würden – und nicht nur romantische Schulmädchen – würden sie sagen, ich hätte mit gesundem Menschenverstand gehandelt." , und *sehr* uneigennützig. Ich bin, wie Sie wissen, fünfundzwanzig, und ich bin sicher, dass Sie für mehrere Jahre nicht genug zum Heiraten haben werden – ich sollte nie wieder eine solche Chance bekommen ... und ich mag *es* wirklich Lord Silchester , Sie wissen nicht , *wie freundlich er sein kann – und es kann Ihnen auch* nicht so viel ausmachen. Sie sind vor zwei Wochen in England angekommen und haben mir noch nicht einmal *geschrieben ...* "

Roger : „*Dieser Absatz in der Welt* hat mich zu sehr überrascht ... und Maud gab mir in dem Brief, den sie an meinen Club schickte, einen Hinweis. Außerdem musste ich in London anhalten, um das Auswärtige Amt und das Indien-Büro zu sehen." ... und ... und an einem Missionarstreffen teilzunehmen" (Sibyl stößt verächtlich aus: „ *Missionstreffen* !") „ und ein paar Klamotten zu besorgen ... Ich hatte nichts Passendes zum Anziehen, als ich landete ..."

Sibyl : „Nun, ich mache dir keine Vorwürfe. Ich meinte nur, wenn du so wahnsinnig in mich verliebt wärst, wie du vorgibst, wärst du runtergerannt, um einen Blick auf mich zu erhaschen, bevor du dich mit deinen Missionarsfreunden auf den Weg gemacht hättest ... oder sich Sorgen um die Kleidung gemacht haben. Ich wollte nicht, dass meine Verlobung für Sie ein Schock ist, also *habe ich* diese *Welt* an Sie gepostet und Gerry gebeten, sich darum zu kümmern – und ich habe es Maud gesagt, damit sie Sie vorbereiten kann. Aber *lassen Sie* es uns sein Seien Sie ruhig und vernünftig und verschwenden Sie keine Zeit mit unnötigen Vorwürfen. Ich *muss* wieder zum Mittagessen. Wir haben Tante Christabel vor uns – sie hat mitgeholfen, das Ganze herbeizuführen, wissen Sie." (Roger fügt ein: „ Verdammt !") „Sie hat *die* doppelte *Entschlossenheit einer* Mutter Ich bin bereit, mich auf die Aussicht, dich zu heiraten, einzulassen. (Hier blickten Sibyls Augen mit ein wenig Bedauern auf sein abgewandtes Gesicht mit der gebräunten Wange, dem festen Profil und dem nach oben geschwungenen dunklen Schnurrbart.) „Und Sie wissen, dass unsere ‚Verlobung' nur Spaß für Jungen und Mädchen war . Außerdem weiß ich jetzt mehr über die Dinge – ich war noch so jung, als du weggegangen bist –, ich bin nicht dafür, dass Cousinen heiraten … Sind ihre – ich meine, sind ihre … Kinder nicht taub und stumm oder? Angeborene Idioten oder etwas Unangenehmes? ... " (Und hier errötete Sibyl, passend zu der Zeit, in der sie lebte, tiefer als die Fahrt, die sie angesichts der Kühnheit, Kinder als Ergebnis der Ehe anzuspielen, hervorgerufen hatte.)

Roger : „Unsinn. Jede Menge Cousins und Cousinen heiraten und alles wird gut, wenn sie wie wir aus gesunder Abstammung stammen. Außerdem sind wir nur Cousins zweiten Grades. Aber das ist natürlich nichts weiter als eine Ausflucht. Du dachtest, du könntest es besser machen." für sich selbst, indem Sie einen älteren Kollegen geheiratet haben, und so haben Sie mich über Bord geworfen …"

Sibyl : „Nun! Das *habe ich* mir schon gedacht, und zwar *nicht* aus Egoismus. Da ist Papa, der mehr oder weniger in finanziellen Schwierigkeiten mit seiner Farm steckt … Da ist Mutter, die sich schlecht fühlt und versucht, über die Runden zu kommen … und Clara und Julia muss herausgebracht werden, und die Jungen müssen ausgebildet werden und in Berufe aufgenommen werden …" (weint ein wenig oder tut so, als ob sie es aus Selbstmitleid tun würden) „…Ich weiß, dass ich mich für meine Familie opfere , aber was soll ich tun? Ich werde bald eine alte Jungfer sein, und du wirst nicht mehr *so* lange heiraten können …"

(Roger murmelt: „Ich habe fünfhundert pro Jahr und …")

Sibylle : „Ja, aber was könnten wir dagegen tun? Der arme Papa könnte es sich leisten, mir nichts weiter zu geben als meine Aussteuer … Selbst mit siebenhundert im Jahr, *wenn* man ein Konsulat bekommt, könnten wir nicht zwei Haushalte verwalten, und ich bin mir völlig sicher, dass ich das afrikanische Klima nicht lange ertragen könnte und nach Hause zurückkehren müsste. Ich mag es *nicht* , wenn es rauer wird, ich sollte heiße Länder nicht *mögen* ; und ich *hasse* Schwarze ... Nein, Roger ... Liebling ... seien Sie vernünftig ... Wenn Sie in Afrika oder Indien eine großartige Karriere machen wollen, möchten Sie nicht mehrere Jahre lang mit einer Frau behindert sein; und dann ... werde ich es tun „Ich werde ein wirklich *nettes* Mädchen finden, das dich heiratet, jemanden mit etwas Geld. Und Silchester könnte dir enorm helfen. Sie werden ihn wahrscheinlich in die neue Regierung aufnehmen – bist du nicht froh, dass der *schreckliche* alte Gladstone *weg ist* ?“ Er Ich werde im Kolonialamt oder irgendwo in der Art sein und ich weiß, dass er nach unserer Hochzeit alles tun würde, worum ich ihn gebeten habe. Wenn du trotzdem nach Afrika zurück willst, wird er dafür sorgen, dass du zum Konsul oder Gouverneur oder was auch immer ernannt wirst Willst du …“ Aber Roger hatte nicht vor, sich so etwas Kaltblütiges anzuhören, auch wenn die ganze Zeit ein unterschwelliger Gedankengang über die Vorteile schwebte, die sich aus Sibyls *mariage de convenance ergeben könnten* . Er würde *gehängt werden, wenn er etwas von Lord* Silchester annehmen würde … Nach allem, was er getan hatte, hatte er sowieso Anspruch auf eine solche Ernennung. Aber dort hatte er jegliches Interesse am Leben verloren und wenn es ihm schlecht ging, wäre Sibyl schuld. Sein ganzes Interesse an einer afrikanischen Karriere hing damit zusammen, dass Sibyl sie teilte. Mit ihr an seiner Seite fühlte er sich allem gewachsen. Er würde ganz Äquatorialafrika erobern, den Mahdi von Süden her angreifen, Emin Pascha finden, ganz Äquatoria Königin Victoria zu Füßen legen, und in kürzester Zeit würde Sibyl Lady Brentham sein –

„Ja“, warf Sibyl ein, „und meine Gesichtsfarbe verlieren und vorzeitig alt werden, dir durch den Dschungel nachreiten oder dumm wie eine Graswitwe zu Hause leben …“

theatralisch aussprach, bemerkte sie ihn mit einem anerkennenden Blick. Sein Zorn und seine Extravaganz brachten eine gewisse Knabenhaftigkeit zum Vorschein und machten ihn, mit der Freiheit des Dschungels um ihn herum, noch zusätzlich körperlich attraktiv … Er sah auf jeden Fall gut aus und stand in der Blüte seiner Männlichkeit … sie seufzte … . die Erinnerung an Lord Silchesters blasses, etwas schlaffes Gesicht, seine leicht pedantische Art, seine Sorge um seine Gesundheit … Er ritt – ja – sie hatten bereits anständige Ausritte zusammen gemacht, aber sie stellte sich vor, dass sein Kolben vor dem Ritt welche gehabt hatte von der Frische, die ihm der Bräutigam entzogen hat …

Sibyl versuchte durch gebrochene Phrasen und halbausgesprochene Andeutungen den Gedanken zu vermitteln, dass Lord Silchester , da er fast sechzig – jedenfalls fast sechsundfünfzig – und nicht von guter Gesundheit war, möglicherweise nicht ewig leben würde ; Obwohl es ihr eigentlich nichts ausmachen würde, wenn *sie* zuerst sterben würde, waren Männer so vollkommen hasserfüllt, und Ihre Familie auch – wenn Sie eine Frau waren. Von Ihnen wurde erwartet, dass Sie alles für Ihre Familie tun, was Sie konnten, und Sie wurden obendrein noch von anderen missbraucht, die Sie an dumme Versprechungen gebunden hielten, die Sie gemacht hatten, als Sie noch ein Mädchen waren, das keine Ahnung von der Welt hatte. Dennoch bestand die Möglichkeit – nur eine Möglichkeit – denn waren wir nicht alle sterblich? – , dass sie eines Tages eine Witwe sein könnte, eine einsame Witwe … Roger hätte bis dahin eine große Karriere gemacht und wäre eine Art Sir

Samuel Baker geworden; er hätte Seen entdeckt und nach Königen benannt; dann könnten sie sich wiedersehen; und wer könnte das sagen? Wenn es um *die Liebe ginge*, würde sie sicherlich nicht leugnen, dass sie noch nie jemandem gegenüber dasselbe empfunden hatte *wie* gegenüber Roger …

Aber Roger widersprach solchen Philosophierungen grob und sagte, sie seien geradezu unanständig, woraufhin sie sich sehr verärgert äußerte. Dann führte Roger in augenzwinkerndem Schweigen die Pferde hinaus, half ihr beim Aufsteigen und schwang sich in den Sattel. Er begleitete sie schweigend zur Hauptstraße von Aldermaston, lüftete seinen Hut und ritt mit ernstem Gesicht und wütenden Augen die Mortimer Road entlang zurück nach Basingstoke.

Er blieb jedoch bei Tadley stehen, um dem Maiskolben seines Vaters, den er sich für den Tag geliehen hatte, etwas Futter und eine Pause zu gönnen. Seine Fahrt führte durch einen der schönsten Teile Englands jener Tage, bevor „Dora" Holz aus den Wäldern beschlagnahmt hatte – um es später wiederzufinden, weil sie es nicht mehr haben wollte –, bevor die Bauern die Ziegel oder das Strohdach ihrer Scheunen durch Wellblech und Holzkohle ersetzt hatten -à-bancs, Motorräder und Beiwagen mit goldhaarigen Flappern, Schulleckereien und Bohnenfeste hatten das Land laut, gefährlich und mit Papier übersät gemacht.

Unmerklich entspannte sich seine Stimmung während der Fahrt. Es war mehr als vier Jahre her, seit er zu Hause war. Obwohl er bis auf die Schule und das Militärcollege seine gesamte Jugend in diesem Land verbracht hatte, schien es, als hätten seine Augen noch nie zuvor den Charme englischer Landschaften wahrgenommen. Hier war England Anfang Juli von seiner schönsten Seite: Mohnblumen leuchteten im grünen Mais und weißlich-grüner Hafer, auf den Feldern lag immer noch Heu – grau auf grün –, Margeriten waren vollständig ausgebreitet, wilde Rosen blühten immer noch auf den Feldern Heckenreihen, Blauer Storchschnabel, Blaue Wicke und violettblaue Glockenblumen in den Gehölzrändern. Die dicken und ruhigen Kühe mit schwingenden Eutern, die sich so sehr von den hageren afrikanischen Rindern unterscheiden, deren Milch kaum sichtbar ist, die prächtigen Karrenpferde, die Schafe – sauber und ordentlich nach der Schur – die Fasanhähne, die über die Sonne laufen – und Schattenübersäte Straßen, krächzende Saatkrähen und gurrende Waldtauben, Gänse und Esel auf den Weiden. Hier und da, abseits der Hauptstraße, Parktore aus fein geschmiedetem Eisen mit einer hübschen, mit Geranien geschmückten Hütte und einem Ausblick auf eine bezaubernde Allee, die zu einem unsichtbaren großen Haus führt; Seitliche Abzweigungen, halb mit Rasen bewachsen, führen zu Dörfern mit malerischen Titeln. Einige der Details, die sein Auge, sein Ohr und seine Nase wahrnahmen – etwa das Kreischen von Drehorgeln am Rande eines unsichtbaren Jahrmarkts, auf einem ziemlich verbrannten und geschwärzten, von Zigeunern besudelten Gemeindeplatz; oder der Geruch von Schweineställen in einem Weiler oder großgedruckte Plakate, die um einen alten Baumstumpf oder auf einen alten Eichenzaun geklebt sind – es war irrational, es schön zu nennen. Aber zusammen bildeten sie England von seiner besten Seite, mit alten Kirchen voller englischer Geschichte, den so wohlhabenden kleinen Städten, den verstreuten Dörfern, schön, wenn auch unhygienisch, den Wegweisern mit ihren angenehmen angelsächsischen und normannischen Namen, die so angenehm für die Menschen sind Auge nach Jahren unberührter Wildnis; Der Postbote trottet in Rot und Schwarz seine Runde, der Wildhüter in Samt, die tapferen Arbeiter in Cord, mit blauen Hemden, nackten Armen und behaartem Oberkörper. Das alles war England. „Gab es ein fröhlicheres Land auf der Welt?" (Das gab es 1886 nicht.)

Und was Sibyl betrifft ... Wie anders sah er sie jetzt, nach vier Jahren! Hübsch wie Farbe, allerdings nach kurzer Fahrt etwas überhitzt; aber *wie* künstlich! Was für eine Täuschung, anzunehmen, dass eine solche Frau ein raues Leben in Afrika gewollt hätte. Warum sie auch nur geringschätzig über Indien sprach, ein Land voller Romantik, das weit über Afrika hinausgeht. Tatsächlich hatte er sich nur deshalb Afrika und den afrikanischen Problemen zugewandt, weil all die großen Karrieren, die man in Indien machen konnte, scheinbar vorbei waren ... Ohne starke Unterstützung gab es in Indien nichts zu tun ...

Unterstützung? Es war vielleicht albern, den Einfluss von Lord Silchester missachtet zu haben ... Es war schwierig, eine Konsularkommission in Ostafrika zu bekommen, es sei denn, man war mit ständigen Beamten oder Parlamentsmitgliedern verwandt. Warum sollte er sich nicht nach und nach – natürlich nach und nach – es würde nicht genügen, ihr zu schnell zu verzeihen – mit Sibyls Ehe abfinden und stattdessen seinem zweiten Wunsch nachgehen, einer großen Karriere in Afrika?

So war es ein vergleichsweise glücklicher Roger Brentham , der am späten Nachmittag dieses Tages die Straße zum Pfarrhaus in Farleigh Wallop hinauf galoppierte und mit seiner Schwester Maud in der Laube saß und einen guten englischen Tee genoss. Maud, eine junge Frau von dreißig Jahren mit freundlichem Gesicht, die einzige Schwester von drei treuen Brüdern, einer Soldat, ein anderer Seemann und der dritte beabsichtigte, Rechtsanwältin zu werden; Haushälterin ihres Vaters, eines zerstreuten Archäologen ; Man konnte sie nicht hübsch nennen, weil sie zu sehr einem jungen Mann von fünfundzwanzig Jahren ähnelte und fast die flache Figur eines jungen Mannes hatte, aber als Schwester war sie in jeder Hinsicht zufriedenstellend. Ihr Vater war auf einer archäologischen Streifzug, und sie war froh darüber, weil sie glaubte, Roger sei vielleicht mit einem Herzen zu ihr gekommen, das er heilen wollte. Zweifellos war er über Sibyls Abtrünnigkeit untröstlich. Sie sah ihn fragend an, während sie Tee einschenkte, wollte das Thema aber natürlich nicht ansprechen.

„Du warst schon lange mit dem Kolben unterwegs. Ich hoffe, du hast ihn nicht überlistet? Wo bist du hingegangen?"

„Nach Silchester und zurück; aber ich habe ihn in Tadley gelockt und ihm eine Stunde Ruhe in Basingstoke und eine weitere Stunde in Silchester gegeben . Ich bin ganz ruhig dahingejoggt und habe alte Orte aufgesucht – und – und ich habe Sibyl Grayburn gesehen ." Sie hat mir alles über ihre Verlobung erzählt.

„Sibyl? Dann – macht es dir nicht so viel aus? Ich wusste kaum, wie ich es dir beibringen sollte …"

Na *ja* , es *gab* eine Verlobung zwischen einem Jungen und einem Mädchen, einen Flirt zwischen uns, bevor ich wegging, wie Sie wussten. Aber Afrika hat das alles aus meinem Kopf verbannt. Außerdem, wie kann ich mit fünfhundert Jahren heiraten? Jahr? Ich wage zu behaupten, Sibyl hat sich gut geschlagen, und sie kommt voran. Mädchen können es sich nicht leisten, zu warten und sich umzusehen wie ein Mann. Übrigens, altes Mädchen, warum kommt nicht jemand vorbei und heiratet? *Du* ? Ich kenne keine bessere Frau als *du* ..."

Maud : „Danke, Roger, ich bin mir sicher, dass du es ernst meinst. Aber ich glaube nicht, dass ich jemals heiraten werde. Meine Aufgabe ist es, mich für den Rest seines Lebens um meinen Vater zu kümmern und dann die Tante aller zu werden. Das bin ich." wirklich sein Pfarrer, wissen Sie. Und sein Pfarrer und seine Gemeinde, sehr oft. Oh, ich bin ganz glücklich; bemitleide mich nicht; ich könnte keine netteren Brüder haben ... oder vielleicht ein schöneres Leben. Ich liebe Farleigh ———"

Roger (er bemerkt, wie ein Mann, den winzigen, winzigen Seufzer, der diesen Verzicht auf die Ehe begleitete): „Herrgott! Wie lustig das alles ist: Du hast recht. Wenn ich kein Mann wäre, würde ich wie du denken. Was?" Könnte man etwas Besseres haben als das?" Und er blickte weg von der Laube und dem hübsch möblierten Teetisch auf den gepflegten Rasen mit langen Schatten durch das Staudenbeet. Dahinter die bewaldeten Hänge von Farleigh Down und die fernen Wiesen des Tieflandes und dann die sonnenvergoldeten Dächer von Basingstokes nördlichem Vorort und die fernen Züge, drei, vier, fünf Meilen entfernt, mit ihren Watterauchspuren, die auf ein … hinweisen geschäftige Welt jenseits der Stille des Pfarrgartens. Er konnte die schwache Spur einer geraden römischen Straße quer durch die nördliche Landschaft erkennen, von Winchester nach Silchester ; die Hügel von Hannington und Sydmonton und die abgelegenen Wälder von

Sherborne . Als er in Somaliland unter Sonnenfieber litt, wurde er manchmal von dieser Aussicht wie einer Fata Morgana verzaubert, statt von den braungrauen, sonnenverbrannten Ebenen, die von niedrigen Bergkämmen mit Tafelbergen umgeben und mit struppigen Akazien übersät waren, die weiß geworden waren die Dürre ... und würde sich zusammenreißen, aufrecht im Sattel sitzen und sich fragen, ob er jemals wieder sein Zuhause sehen würde. Und hier war er... Hang Sibyl!...

Als Sibyl Grayburn Ende Juli Lord Silchester heiratete – weil er sechsundfünfzig war und es kaum erwarten konnte, etwas Sommer für seine Flitterwochen zu haben, bevor er zurückkehrte, um die – gut gepolsterte – Bürde des Amtes in der konservativen Regierung auf sich zu nehmen, Unter den Gästen, den Verwandten der Braut, befand sich auch Kapitän Roger Brentham . Und sein bestes Leopardenfell, passend montiert, lag in Sibyls Boudoir in Englefield und wartete auf Lady Silchesters Rückkehr aus Tirol.

* * * * *

Und im Winter 1886 erhielt Kapitän Brentham von Lord Wiltshire das Angebot eines Konsulats an der letzten Küste Afrikas und nahm es an. Es wurde vorläufig als Konsulat für das Festland von Zangia bezeichnet , wo die Deutschen bereits begannen, die Verwaltung zu übernehmen, aber Brentham wurde angewiesen, zunächst auf Unguja zu wohnen, der Insel direkt gegenüber der provisorischen deutschen Hauptstadt. Der britische Generalkonsul für ganz Zangia war wegen der hitzigen Beziehungen zu Deutschland abberufen worden. Bis zu seiner Rückkehr sollte Kapitän Brentham als Generalkonsul fungieren, ohne jedoch zu viel auf sich zu nehmen, wie ihm Mr. Bennet Molyneux von der Afrika-Abteilung ziemlich sarkastisch sagte.

Molyneux vom Auswärtigen Amt war über Brenthams Ernennung überhaupt nicht erfreut: eine dieser Dinge, die Lord Wiltshire zu tun pflegte, ohne die ständigen Beamten zu konsultieren. Molyneux war noch nicht lange in der neuen Abteilung für Afrika tätig (bisher abfällig mit der Abteilung für Sklavenhandel verbunden); und da Afrika gerade erst in die Weltpolitik eingetreten war, zeigten sich die britischen Staatsminister im Allgemeinen gleichgültig gegenüber der Art und Weise, wie die notwendigen Posten besetzt wurden, und übernahmen allgemein die von Molyneux vorgeschlagenen Namen, so dass er es gewohnt war, seine armen Verwandten zu nominieren – er hatte eine Reserve von verschwenderischen Neffen und Cousins – oder den Freunden seiner Freunde – wie Spencer Bazzard (siehe auch, wie es in Encyclopædias heißt). Wenn es sich um „ Fäule " handelte, tötete das Klima sie im Allgemeinen innerhalb weniger Monate; Wenn sie es taten, begründeten sie rechtzeitig einen Anspruch auf

Rücksicht auf das Auswärtige Amt und wurden auf Konsularposten in Südamerika, im Mittelmeerraum und in Westeuropa versetzt.

Aber Lord Wiltshire schlief nicht immer oder war uninformiert, wie es manchmal den Anschein hatte. Daher entgegnete sein Privatsekretär dem mürrischen Memo von Bennet Molyneux über die mangelnde Qualifikation von Kapitän Brentham für einen solch verantwortungsvollen Posten in Ostafrika, indem er ihn daran erinnerte, dass der betreffende Herr die arabische Sprache gut beherrschte, da er eine politische Mission am Persischen Golf begleitet hatte, der er gedient hatte in Aden und Somaliland und hatte für die Geheimdienstabteilung eine Expedition in die Schneeberge Ostafrikas geleitet, Beiträge für die Royal Geographical Society verfasst, war Silbermedaillengewinner der Zoological Society und wurde von einem Kollegen Lord Wiltshires persönlich verbürgt : Alle diese Informationen für die Afrika-Abteilung wurden vom Privatsekretär von Molyneux in wenigen Worten zusammengefasst: „Sehen Sie, Molly, nehmen Sie das und sehen Sie nett aus. Sie können nicht alle afrikanischen Termine in Ihrem Geschenk haben. Sie müssen." Überlassen Sie ein paar dem alten Mann. Er weiß im Allgemeinen, worum es geht. Also bat Molyneux Brentham , mit ihm zu speisen, und machte offenbar das Beste aus seiner schlechten Arbeit ... wie er grinsend zu seinem Kollegen Sir Mulberry Hawk sagte.

KAPITEL IV

LUCY ZÖGERT

Als die Schulferien kamen, verbrachte Lucy ihre Ferien ruhig in Aldermaston und arbeitete verzweifelt an ihrem afrikanischen Outfit – materiell und geistig. Sie ging davon aus, dass sie im darauffolgenden April abreisen musste, um sich ihrer Verlobten anzuschließen. Der April schien lange vor uns zu liegen. Sie hatte der Schulleitung noch nicht einmal mitgeteilt, dass sie den Unterricht aufgeben wollte. Es wäre nicht notwendig, dies zu tun oder sie auf die Qual der Trennung von ihrem Zuhause vorzubereiten, bis John verkündet hatte, dass alles bereit sei, und sie die formelle Mitteilung seiner Missionsgesellschaft erhalten hatte, dass sie ihrem Beitritt zustimmte ihn und würde die notwendigen Vorkehrungen für eine Dampferpassage treffen.

In der Zwischenzeit gab sie sich dem Vergnügen hin, solche Bücher über die Erkundung Afrikas oder das Missionsleben in Afrika zu lesen, die sie in den Reading-Bibliotheken finden konnte. Sie dienten dazu, ihre Entschlossenheit zu stärken, John die Treue zu halten; während andere Bindungen und Lieben in die andere Richtung zogen. Sie hatte die fantasievolle Sehnsucht in ihren Adern, fremde Länder zu sehen und zu reisen, was so ein englischer Charakterzug ist; Doch diese Sehnsucht wechselte mit Anfällen absoluten Entsetzens über ihre Dummheit, einer solchen Verlobung zugestimmt zu haben. Warum konnte sie nicht erkennen, wann es ihr gut ging? Könnte irgendjemand in ihrem Lebensstand ein schöneres Zuhause haben?

Das Gehöft lag an einem Hang etwa dreißig Meter über dem Kennet Valley. Der Fluss war eine Meile entfernt, obwohl kleine Nebenbäche und Kanäle die Wiesen dazwischen durchzogen und im Frühling, Sommer und Herbst Wunder der Schönheit in Blumenschauen hervorbrachten: Blutweiderich, magentafarbenes Weidenröschen , malvenfarbener Baldrian, cremefarbener buntes Mädesüß, gelbe Fahnen, goldene Königsbecher, gelbe und weiße Seerosen, Wasserhahnenfuß und blühende Binse. Lucy war eine unausgesprochene, unentwickelte Künstlerin mit einer außergewöhnlichen Wertschätzung (für ein Landmädchen) für die Schönheit in Farbe und Form von Blumen und Kräutern der samtigen, blaugrünen, schwarzgrünen Zedern, die über die Mauer des Parks ragten Der Kirchhof wurde von den prächtigen Ulmen, Eichen, Rosskastanien, Eschen und Weißdornbäumen überschattet, die die grasbewachsenen Hänge zwischen dem Haus und den Auen säumten. Sie liebte die satte purpurrote Farbe der hohen alten Backsteinmauern des Parks und den gleichen Farbton in den Wirtschaftsgebäuden, der mit Scharlachrot und Orange sowie dem Zitronen- und Grauton von Flechten und Wetterflecken variierte. Das alte Bauernhaus, in dem sie geboren worden war und bis auf die Zeit, als sie im Internat war, ihre vierundzwanzig Jahre ruhigen Lebens verbracht hatte, schien ihr mit seiner malerischen Antike und den gespeicherten Düften von konservierten guten Dingen einfach perfekt zu sein Essen und Trinken. Ihr Garten war nachlässig aufgeräumt, aber von März bis Oktober war er voller Blumen, der würzige Duft von Buchsrabatten und der durchdringende Duft von Dornbusch und Geißblatt.

Sie interessierte sich sehr für die Einzelheiten der Landwirtschaft – ein wenig Selbstgefälligkeit ließ sie denken, sie sei ihren jüngeren Schwestern, die bereits Experten in der Geflügelhaltung, Butterherstellung usw. waren, in ihrer Buchhaltung und ihrer schwachen Aquarellmalerei überlegen Brotbacken. Aber sie akzeptierte ganz selbstverständlich die köstlichen Ergebnisse (wie wir sie heute denken sollten), die das Leben auf einem gut ausgestatteten, gut geführten Bauernhof mit sich bringt: die Milch und Sahne, die frische Butter und die frisch gelegten Eier, die selbstgepökelten Eier Speck, gelegentlich gebratene Ente und Hühnchen; der Geruch des frisch gemähten Heus, der Anblick von reifem Weizen oder Weizen, der in seinen goldenen Garben im Schachbrettmuster ordentlich gruppiert ist; der Septemberzauber der glitzernden Stoppeln mit seinen schwirrenden Rebhühnerschwärmen, seinen wiederbelebten Blütenpracht – Scharlach und Blau, leuchtendes Gelb, sattes Weiß, Lavendel, Rotbraun und Lila; die Walnüsse im Herbst von den eigenen Bäumen; die spanischen Kastanien aus dem Park; spontane Weihnachtstänze in der großen Scheune; ein gelegentlicher Theaterbesuch oder ein mit einer magischen Laterne illustrierter Vortrag in Reading. Bei einer solchen Gelegenheit sah sie zum ersten Mal Kapitän Roger Brentham , den Entdecker, der während seines Aufenthalts bei Lord und Lady Silchester einen Vortrag über seine jüngsten Reisen und einen wunderschönen Schneeberg hielt, den er in Ostafrika besucht hatte ... Warum sollte sie? Versuchen Sie, eine solche Umgebung zu verlassen? Sie konnte alles Interessante auf der Welt lesen und hören, ohne ihre Eltern und ihr Zuhause verlassen zu müssen. Doch um den armen John zu enttäuschen, der damit rechnete, dass sie herauskäme, um seine Arbeit zu teilen – und wenn sie ihn über Bord warf , bekam sie vielleicht nie wieder ein Heiratsangebot und würde dick und üppig werden wie Bessie Rayner, zehn Jahre älter als sie oben die Grange-Farm....

Aber *war* die Ehe mit ihren Kindern, Krankheiten und Hausplackerei für einen Träumer überhaupt so attraktiv ? Wäre sie nicht glücklicher, wenn sie den Rest ihres Lebens in Aldermaston verbringen würde und ihr Gehalt als Schulleiterin für das Alter und einen möglichen Abschied von der Farm sparen würde, falls – in absehbarer Zukunft – ihr lieber Vater sterben würde? Sie hatte oft gedacht, mit ein wenig Ermutigung könnte sie vielleicht *schreiben* ... Geschichten schreiben! ... und sie war begeistert von der Idee. Aber welche

Erfahrungen hatte sie dann mit der Welt – der großen Welt jenseits des südlichen Berkshire –, die sie zu Papier bringen konnte?

Bisher hatte ihr noch niemand einen Heiratsantrag gemacht – selbst John hatte sie kaum gebeten, ihn definitiv zu heiraten. Seit seinem achtzehnten Lebensjahr hatte er es immer als selbstverständlich angesehen, dass sie es tun würde, und von diesem Alter an hatte sie selbst stillschweigend die Position seiner Verlobten akzeptiert. Warum hatte sie nachgegeben? Sie hatte eine schwache Faser an sich und Johns stärkerer Wille hatte sich in ihrer lächelnden Nachgiebigkeit niedergeschlagen. Ihre Mutter hatte angesichts der Allianz eher die Lippen gespitzt, da sie Zweifel hatte, ob John gut genug war und ob Johns Mutter als Schwiegermutter überhaupt erträglich war. Dieser schwache Widerstand hatte Lucy dazu bewogen, an der Verlobung festzuhalten. Sie hatte eine Abneigung gegen einen bäuerlichen Ehemann; es schien zu erdig. Und sie wollte reisen. Ein Missionar sollte eine gebildete Ehefrau sein und in der Lage sein, ihr die seltsamen Orte der Erde zu zeigen.

Es gab Seiten an Johns Charakter, die ihr nicht gefielen. Sie war nicht von Natur aus fromm. Die lockere Kirche von England und ihr anständiger Glaube waren gut genug für sie; Sie liebte diese Welt – die Welt des Kennet Valley mit der freundlichen, weltlichen Lektüre auf der einen Seite und dem nicht allzu anrüchigen Rennsport-Newbury auf der anderen – zu sehr, um sich zu sehr um das himmlische Zuhause zu kümmern, in dem John Ansprüche absteckte; Hätte sie das Wort gekannt, hätte sie John priggisch genannt; stattdessen sagte sie „scheinheilig". Dennoch war sie sich einer gewissen Männlichkeit und Entschlossenheit bewusst, die er an sich hatte …

Vielleicht hätte sich jedoch in den Sommermonaten und der reichen Zufriedenheit des Septembers das Gleichgewicht ihrer Neigungen gegen ihn gewendet, sie hätte sich vielleicht dazu entschlossen, diesen grausamen Brief zu schreiben, in dem sie sagen sollte, dass sie davor zurückschreckte, sich ihm in Afrika anzuschließen; Wäre es nicht so, dass er von jedem Zwischenstopp und jeder Krise auf seiner Reise treu geschrieben hätte? Seine Briefe – präzise geschrieben mit einfacher, fließender Handschrift auf dünnem ausländischem Papier – waren vollgestopft mit herkömmlich frommen Phrasen, sie enthielten Schmähreden über seine gottlosen Mitreisenden, die den Sabbat brachen (mit einem zusätzlichen Schwung durch seine Einwände), Karten um Geld spielten, erzählten im Raucherzimmer schockierende Geschichten und verhielten sich an Land auf eine Weise, die er nicht beschreiben konnte. Aber dann gab er sehr gute Beschreibungen von Algier, von Port Said, Suez und Aden und weckte in ihr den Wunsch, diese Orte mit eigenen Augen zu sehen, ihre seltsamen Gerüche zu riechen und ihre seltsamen Speisen zu essen. Sein Brief von Unguja, in dem er seine Ankunft dort im August ankündigte, bewog Lucy schließlich, sich John anzuschließen.

Hinzu kam der weitere Anreiz, dass afrikanische Abenteuer – missionarische und politische – wieder in Mode kamen und Aufmerksamkeit erregten. Stanley begann, Emin Pascha zu finden; andere hatten sich auf die gleiche Suche begeben oder damit gedroht. Immer mehr Missionare gingen hinaus. Es wurde gemunkelt , dass Ann Jamblin ihre Absicht angekündigt hatte, eine Missionarslaufbahn einzuschlagen. Lucy schrieb ein wenig besorgt, um nachzufragen. Ann gab zu, dass sie mit dem Gedanken gespielt hatte, da sie glaubte, dass sie in der Lage sei, die Wilden zu belehren und ihnen sogar zu predigen. Aber wenn sie tatsächlich gehen würde, würde es wahrscheinlich nach Westafrika gehen, wo das Klima noch tödlicher wäre als im Süden und Osten, und ein solches Opfer wäre vor dem himmlischen Thron vielleicht akzeptabler als die bequeme und sichere Position der Frau eines Missionars, aber nicht Von ihr wurde erwartet, dass sie mehr tun würde, als ihrem Mann ein Zuhause zu bieten.

In Johns erstem Unguja-Brief hieß es, Thomas, Bayley, Anderson und er seien dort vom Handelsvertreter der Ostafrikanischen Mission sehr freundlich empfangen worden – kommerziell, weil von Anfang an entschieden worden war, dass ein angemessenes Maß an Handel damit einhergehen sollte leidenschaftliche Propaganda und Bruderschaftsarbeit. Die Mission muss danach streben, sich auf lange Sicht selbst zu tragen, da sie keine reiche Kirche hinter sich hat. Es sollte also Laienagenten geben, die mit den Produkten des Landes handelten und deren Geschäfte eine zusätzliche Attraktion für den einheimischen Besucher und Nachfrager darstellen würden. Der Agent in ihrem Unguja -Depot – Mr. Callaway – war ein Händler an der Westküste Afrikas und dort Vertreter einer großen Brennereifirma gewesen; der über die Auswirkungen billiger Rauschmittel auf den Geist und die Moral der Eingeborenen so schockiert war, dass er seine Anstellung aufgab und sich unter dem Banner einer Handelsmission anmeldete, mit dem Versprechen, weder mit Alkohol noch mit Schießpulver zu handeln. Mr. Callaway hatte „die Religion angenommen" und „Christus gefunden" (in Liverpool), aber trotzdem – so schrieb der naive John gedankenlos – war er ein sehr angenehmer Kerl, der sich bald die Muttersprache angeeignet hatte und sich gut mit ihm verstanden hatte die Araber von Unguja. Letzterer billigte seine Abstinenz voll und ganz – die Vermeidung von Alkohol war einer der wenigen guten Punkte ihrer Religion. John beschrieb mit Salbung die Gebetstreffen und Gottesdienste, die sie in Mr. Callaways Schuppen und Hütten am Ufer des Hafens von Unguja abhielten; Allerdings musste er zugeben, dass sein Eifer durch den ranzigen Geruch der in diesen Räumen gelagerten Kopra[#] und den entsetzlichen Gestank, der vom Dreck am Strand ausging, ein wenig gemildert worden war . Aber in Unguja herrschte viel gute christliche Gemeinschaft. Die dort ansässigen Vertreter der großen anglikanischen Mission – mit einer Kathedrale und einem Bischof und einem durch und durch päpstlichen

Dienststil – hatten sich als unerwartet gute Kerle erwiesen. Einer von ihnen, Erzdiakon Gravening, hatte die vier jungen Rekruten für die Ostafrika-Mission dem arabischen Sultan vorgestellt, und sie hatten gesehen, wie er seine belutschischen und persischen Truppen überprüfte, an deren Spitze ein ehemaliger englischer Marineoffizier stand. Sogar die Väter der französischen römisch-katholischen Siedlung hatten ein gewisses elementares Christentum, von dem er nie gedacht hätte, dass es es bei den Anhängern der Scharlachroten Frau gibt.

[#] Getrocknetes Kokosnussmark.

Der große britische Balozi oder Generalkonsul, der der uneingestandene Herrscher von Unguja gewesen war, war gerade nach Hause gegangen ... Gerüchten zufolge konnte er mit den aggressiven Deutschen, die das Land in ihre Gewalt brachten, nicht klarkommen. Sie hatten stattdessen der britischen Autorität in der Person eines sehr hochmütigen und höhnischen Vizekonsuls – Mr. Spencer Bazzard ... der große Zweifel am Wert des Christentums für den Neger hatte. Herr Bazzard war jedoch entschieden gegen die Deutschen und wollte, dass so viele britische Untertanen wie möglich in das Landesinnere hinter der deutschen Küste vordringen, um „ihre Haltung zu untergraben", falls sie versuchten, ihr „faules Protektorat" in Kraft zu setzen.

Unguja, schrieb John, sei eine wunderbar interessante Insel, trotz ihrer schrecklichen Gerüche, ihrer Hitze und Mücken, die einen nie allein ließen, weder Tag noch Nacht. Solch eine Mischung aus Arabern und Persern, indischen Händlern, wilden, langhaarigen Belutschen, plausiblen Goan-Mischlingen, Menschen aus Madagaskar, Japanern und Chinesen und Negern aus allen Teilen Afrikas ... Er hatte bereits einen Anflug von Fieber gehabt und Bayley hatte Furunkel bekommen; Anderson hatte an Durchfall gelitten ; aber alle drei waren überglücklich über die Aussicht, bald nach der Aufgabe dieses Briefes in einer arabischen „Dhau" aufzubrechen, die sie und die Träger ihrer Expedition nach Lingani auf dem Festland bringen würde, von wo aus sie eine zweiwöchige Reise antreten würden landeinwärts. Sie nahmen Snider-Gewehre und Munition mit, um ihre Karawane gegen wilde Tiere auf der Straße zu verteidigen und auch Wild zu erlegen, um die Karawane mit Fleisch zu versorgen. Auf Mr. Callaways Rat hin hatten sie in der vergangenen Woche mit diesen Gewehren an den Schießkolben der Armee des Sultans geübt ... Thomas war für Taita abgewiesen worden ...

Dann folgte eine lange Stille und Lucy, die jetzt sehr interessiert war, wurde nervös. Doch im Januar kam ein mehrseitiger Brief mit der Überschrift „ Hangodi , Ulunga , November 1886". John schrieb, dass er und seine Gefährten auf viele Schwierigkeiten gestoßen seien. Auf dem vierzehntägigen Marsch landeinwärts von Lingani waren ihre Träger mehrmals alarmiert davongelaufen, weil sie hörten, dass ein blutrünstiger Stamm namens „ Wahumba " auf dem Marsch sei oder dass eine Hungersnot bevorstehe. Die deutschen Händler an der Küste waren nicht freundlich gewesen, und die Haltung der arabischen Häuptlinge im Küstengürtel war mürrisch. Einer dieser Araber, Ali bin Ferhani , war jedoch ein freundlicherer Mann als die anderen und hatte einige seiner Sklaven (John befürchtete, dass sie es waren, aber was konnte man tun?) angewiesen, ihre Lasten in das Ulunga- Land zu tragen. Sie hatten auch einen christlichen Konvertiten bei sich, der aus Ulunga stammte und ein freigelassener Sklave war (Josiah Briggs), der einigermaßen Englisch sprechen konnte und als Dolmetscher und Schulleiter sehr nützlich war ... Nun, sie hatten Hangodi endlich erreicht und mochte die Umgebung. Rundherum waren Berge – ziemlich hohe –. Hangodi selbst lag über 900 Meter über dem Meeresspiegel und war nachts ziemlich kühl. Tatsächlich bedauerte John jetzt, dass er die Idee von Kaminsimsen abgelehnt hatte, denn in den Wohnhäusern gab es Kamine, sowohl in den bereits gebauten als auch in den geplanten. Tatsächlich war ein Feuer in der Nacht oft willkommen und fröhlich. Der Häuptling stimmte der Siedlung zu, wollte, dass sie sein Volk belehrte und die „ Wa-dachi ", wie er die Deutschen nannte, die er offenbar nicht mochte, fernhielt . Aber die Leute des Häuptlings, die Wa-lunga , waren misstrauisch und streitsüchtig, und da er ihre Sprache nicht sprechen konnte und das Evangelium durch einen Dolmetscher erklären musste, schenkten sie ihm wenig Aufmerksamkeit. Die Ältesten des Stammes kamen gern und unterhielten sich mit ihm auf seiner Veranda, das heißt, *sie* redeten selbst – unterbrochen von reichlich Schnupftabak und Spucken; und er entnahm den Zusammenfassungen, die Josiah Briggs ihm gegeben hatte, so viel wie möglich über den Sinn. Es schien aus vielen Fragen zu bestehen, wie die weißen Männer so reich wurden und warum er ihren jungen Leuten diese Methode nicht beibringen konnte. Wenn er versuchte, ihnen heilige Dinge zu erklären, verlangten sie als Gegenleistung ein Hustenmittel oder zeigten, wie man Schießpulver und Mützen herstellt und wie man eine kranke Kuh heilt. Dennoch war er sicher, dass ihre Gedanken bald von einem Schimmer des Lichts des Evangeliums durchdrungen werden würden ...

Es gab auch einige mohammedanische Händler von der Küste, die sich eine Zeit lang beim Häuptling niederließen, der ihnen, wie er stark vermutete, Sklaven und Kriegsgefangene verkaufte. Obwohl der Häuptling bereit zu sein schien, sich ihre Geschichte vom Erlöser anzuhören, schickte er dennoch seine „jungen Männer", seine Krieger, auf Raubzüge gegen die Stämme im Süden, und von solchen Streifzügen kehrten sie manchmal mit Vieh und grausam mit Männern zurück Mit Buschseilen gefesselt und an schweren, gegabelten Stöcken um den Hals gebunden, und mit weinenden jungen Frauen, die sie zu Frauen nahmen ... Die Wangwana , wie diese schwarzen „Araber" genannt wurden, standen seiner Mission sehr feindselig gegenüber – manchmal sogar noch mehr als die echten Araber. Gelegentlich hatte er einen weißhäutigen Araber getroffen, der ihn am stärksten an die Patriarchen der Bibel erinnerte und der offenbar sehr daran interessiert war, mit dem weißen Mann ein freundschaftliches Verhältnis zu pflegen. Aber diese schwarzen Araber, die Swahili, die Sprache von Unguja, sprachen, arbeiteten hart gegen den guten Einfluss der Ostafrikanischen Mission und versuchten, den Häuptling davon zu überzeugen, seine erste Landgewährung noch einmal zu überdenken und die Weißen zu vertreiben, obwohl sie nach außen hin höflich wirkten waren Spione im Dienst des großen Balozi und der englischen Kriegsschiffe, die darauf warteten, Sklaven-Dhaus abzufangen ...

Die Kinder der Wa-lunga hatten Angst vor ihm und seinen beiden Gefährten und konnten nicht einmal durch Geschenke von Perlen dazu gebracht werden, auf den Knien zu sitzen. Ihre Mütter hingegen besorgten den weißen Männern unablässig Sorgen um Perlen und Kattun, Seife und Salz, die sie zuletzt aßen, als wäre es eine Süßspeise. Doch sie liefen weg, als er den Dolmetscher rufen ließ und versuchte, ihnen von Gott zu erzählen. Eine Frau hatte ihm zugeschrien, dass es sehr böse sei, über Gott zu reden; es würde nur den Blitz herunterziehen ... viel besser, lasst Gott in Ruhe und dann lässt Er euch in Ruhe – so hatte Josiah zumindest ihre Rede übersetzt.

Er konnte keine Idole an diesem Ort entdecken. Er stellte sich vor, dass die Menschen die Geister der Verstorbenen verehrten, von denen sie glaubten, dass sie in großen hohlen Bäumen wohnten. Sie hatten auch schreckliche Angst vor Hexerei ...

Hangodi ein ziemlich hübscher Bezirk, und Lucy würde mit dem Standort, den die Mission ausgewählt hatte, zufrieden sein. Bayley, der über einige Vermessungskenntnisse verfügte, ermittelte, dass die Höhe über dem Meeresspiegel etwa 3.500 Fuß betrug. Durch eine Schlucht unterhalb des Missionsgeländes floss ein klarer Wasserstrahl – denn sie hatten eine grobe Hecke angelegt. Im Bachtal konnte man ein paar wilde Dattelpalmen sehen und es gab viele hübsche Farne und Wildblumen.

Was Löwen betrifft; Man hörte sie jede Nacht auf freiem Feld brüllen, aber bisher hatte er noch nie eines gesehen. Dann endete der Brief mit ein paar frommen Sätzen und anderen, die seine Sehnsucht danach zum Ausdruck brachten, dass sie sich ihm anschloss.

Während dieser ganzen Zeit sah Lucy wenig von der Familie Baines. Doch ein paar Tage, nachdem sie diesen Brief von Hangodi gelesen hatte, besuchte Mr. Baines Lucy in der Schule – es war Anfang Februar – und drückte ihr ein Exemplar von *Light to Them that Sit in Darkness* in die Hände . „Hier liegt ein Brief von John, den sie gedruckt haben", sagte Mr. Baines mit beträchtlichem Jubel, „und Mutter dachte, Sie würden ihn vielleicht gerne lesen. Denken Sie daran, ihr die Zeitschrift zurückzugeben, wenn Sie das getan haben. Gut –" Auf Wiedersehen. Angenommen , Sie fangen in ein paar Monaten an?"

Lucy fand eine mit Bleistift eingekerbte Spalte an der Seite, in der Folgendes stand:

GESEGNETE NACHRICHTEN AUS OSTAFRIKA

Wir haben die folgenden Informationen von Bruder John Baines erhalten, der sich kürzlich der Ostafrikanischen Mission angeschlossen hat:

HANGODI, NGURU,

November 1886.

MEIN LIEBER HERR. THOMPSON,—

Wir kamen vor etwa einem Monat nach einem angenehmen Aufenthalt bei den Brüdern in Unguja hier an. Wir erreichten Hangodi in etwa zweiwöchiger Reise vom Hafen von Lingani , begleitet von Broths Anderson und Bayley, und wurden bei der Ankunft von den Brüdern Boley und Batworth – den „geschäftigen B.s", wie sie genannt werden – sehr herzlich begrüßt Ich fürchtete mich aufgrund der Gerüchte , dass wir auf der Straße durch einheimische Unruhen aufgehalten werden würden. Wir brachten aus Unguja Josiah Briggs mit, einen Konvertiten, der ursprünglich ein freigelassener Sklave aus genau diesem Bezirk von Hangodi war . Er lebt seit fünf Jahren in unserem Depot in Unguja oder auf der Presbyterianischen Missionsstation in Dombasi . Er wird mir als Dolmetscher bei den Wa-lunga materiell behilflich sein können , da Kagulu seine Muttersprache ist.

Die Reise von Lingani nach Hangodi war ziemlich anstrengend, da die Esel, die wir zum Reiten mitnahmen, entweder an einer Kräutervergiftung erkrankten oder sich verirrten und von Löwen gefressen wurden. Am Ende mussten wir also laufen. Unsere Unguja-Träger rannten weg, bevor wir weit ins Landesinnere gelangt waren, aus Angst vor Gerüchten über Wahumba-Überfälle oder Geschichten über die Hungersnot im Landesinneren; Aber ein freundlicher Araber, der Dr. Livingstone gekannt haben soll, kam uns zu Hilfe und schickte eine große Anzahl seiner Leute, um uns und unsere Ladung nach Ulunga zu bringen , wie dieser Bezirk genannt wird (die Wurzel *–lunga –* bedeutet „ das „gute" oder „schöne" Land, wie es tatsächlich sein wird, wenn es das gesegnete Evangelium empfangen hat).

Herr Goulburn, der Pionier ist und im Norden „das Land auskundschaftet", reiste mit uns bis nach Gonja und verließ uns dann, nachdem wir gemeinsam in meinem Zelt gebetet hatten. Wir bogen nach Süden ab und setzten unsere Reise mit den Trägern der Araber und unter der Führung von Josiah Briggs in die Ulunga -Berge fort.

Das Land wurde sehr hügelig, und da die Regenzeit begann, kam es gelegentlich zu heftigen Gewittern und die Bäche waren schwer zu überqueren. Glücklicherweise bewahrten uns die frühen Regenfälle jedoch vor Angriffen der schrecklichen umherziehenden Masai-Stämme oder „ Wahumba ", die scheinbar nur dazu da sind, ihre landwirtschaftlich genutzten Nachbarn zu überfallen und zu verwüsten , dies aber nicht gerne tun bei nassem Wetter. Darüber hinaus schätzen sie das Aufblühen des neuen grünen Grases nach der Dürre und lassen ihr Vieh, das sie verehren, lieber auf die Weide. Dieses neue Gras lockt unglaubliche Antilopen- und Zebraherden in die Gegend und bietet den Löwen und Leoparden so reichlich Nahrung und Beschäftigung, dass sie es nie für lohnenswert hielten, unsere Karawane anzugreifen, allerdings während der Trockenzeit, wie uns die Araber erzählten könnten kaum durch die Ebenen kommen, ohne einen Teil Ihrer Träger durch Löwen, Leoparden oder Hyänen zu verlieren. Dieser frühe Beginn der Regenzeit erschien uns daher als ein besonderer Eingriff der göttlichen Vorsehung, um unsere sichere Ankunft an unserem Ziel zu gewährleisten. Als wir Hangodi erreichten , wurden wir vom Häuptling Mbogo gastfreundlich empfangen , dem uns Bruder Batworth vorstellte. Mbogo herrscht über den Bezirk Ulunga . Er freute sich sehr darüber, dass wir gekommen waren, um das Evangelium zu lehren, und stellte mir viele Fragen zum christlichen Glauben. Unter all seinem Volk herrscht ein ernsthafter Forschergeist, der herbeiströmt, um uns zu sehen, und der mit gespannter Aufmerksamkeit meinen einfachen Ermahnungen zuhört, die er durch das Medium Josia übermittelt hat. Die arabischen Händler an diesem Ort sind sehr verärgert darüber, dass sich ein englischer Missionar hier niederlässt und ihren bösen Sklavenhandel aufdeckt, aber ich hoffe, dass ich ihre Intrigen vereiteln und den Häuptling dazu bewegen kann, sie zu vertreiben. Aus diesem Grund arbeite ich hart an der Sprache mit Josiah und mit den Vokabeln, die ich von Mr. Goulburn und Mr. Boley erhalten habe .

Viele der Frauen an diesem Ort sind gespannt auf die gesegnete Botschaft und bringen ihre Kleinen mit, während sie gebannt unserer Lehre lauschen. Ich vertraue darauf, bald jemanden an meiner Seite zu haben, dessen süße Aufgabe es sein wird, diese armen sündigen Geschöpfe auf den Weg der Wahrheit und des Lebens zu führen ...

Der Bau der Häuser, der Schule und der Kapelle wurde, wie Sie wissen, vor zwei Jahren von den Brüdern Boley und Batworth begonnen , die wir abgelöst haben und die nach Taita reisen , um ähnliche Arbeiten für Herrn Goulburn auszuführen. Bei der Fertigstellung der Station werden wir unsere eigenen Architekten sein, aber Mr. Callaway hat uns zwei Swahili-Maurer und einen goanischen Zimmermann aus Unguja hinaufgeschickt. Anderson macht in unserem improvisierten Laden bereits gute Geschäfte.

Und nun, lieber Mr. Thompson, bleibe ich in aller christlichen Liebe,

Dein,

JOHN BAINES.

KAPITEL V

ROGERS ENTLASSUNG

„ Es ist also wirklich beschlossene Sache, Roger, dass Sie zu diesem afrikanischen Ort mit dem gewalttätigen Namen gehen sollen – ich weiß, das hat etwas mit ‚Ausstechen' zu tun", sagte Lady Silchester eines Abends im Winter-Frühjahr 1887.

Sie glaubte, sie sei *enceinte* und behandelte sich selbst – und wurde auch behandelt – mit größter Rücksichtnahme. Lord Silchester war überwältigt von der Freude über die Möglichkeit, einen direkten Erben zu haben , und versprach sich die köstliche Rache, jene überheblichen Freunde und Berater zu verspotten, die ihn mit der Torheit überhäuft hatten, als er eine Frau heiratete, die dreißig Jahre jünger war als er. So lag sie auf einer Couch im prächtigen Salon von Carlton House Terrace 6a, gekleidet in eine gewisse Vorfreude auf das Teekleid. Es war neun Uhr abends, und Roger Brentham war gerufen worden, um allein mit ihr und ihrem Mann zu speisen und seine persönlichen Angelegenheiten zu besprechen. Lord Silchester würde bald zum House of Lords aufbrechen; In der Zwischenzeit hörte er halb ihrer Unterhaltung zu, halb war er in einen Band von Cascionovo vertieft *Neapolitanische Gesellschaft im 18. Jahrhundert* in ihrer französischen Ausgabe.

Roger, der ein Auge und ein Ohr auf Lord Silchester gerichtet hatte, antwortete: „Ja. Lord Wiltshire hat mir definitiv die Ernennung zu seinem Privatsekretär angeboten – natürlich über Tarrington ; und ebenso definitiv habe ich sie angenommen. Aber technisch gesehen ist es nicht Unguja, nichts so Großes. Unguja ist eine Agentur und ein Generalkonsulat und wird immer noch von Sir James Eccles bekleidet, der nur auf Urlaub zu Hause ist. Mein Posten ist ein Konsulat für das Festland, dessen Rolle die deutsche Firma übernimmt. Es ist „für das Festland von Zangia mit Wohnsitz im Hafen von Medina" gestaltet . Es wird vermutet, dass die Deutschen ihr neues Protektorat „ Zangia " nennen werden , der alte klassische Name der Perser für diesen Teil Ostafrikas."

Sibyl Silchester gähnte leicht und übertönte das Gähnen mit ihrem Fächer aus somalischen Straußenfedern, den Roger ihr geschenkt hatte. Lord Silchester legte sein Buch weg und wandte sich plötzlich Roger zu.

„Wie geht es dir bei der FO?"

„Oh, schon gut, Sir", antwortete Roger, der gegenüber älteren Männern in höheren Positionen als ihm immer noch seine militärischen Manieren beibehielt. „Ganz gut. Ich habe den ganzen Herbst in der Afrikaabteilung gearbeitet und glaube, dass ich den Dreh raus habe; ich meine, wie man ein Konsulat führt und welche Art von Politik wir in Ostafrika einhalten müssen.

I Ich war auch unten in Kent, habe bei Sir James Eccles gewohnt und mich von ihm mit den Zielen und Ambitionen vertraut machen lassen, die er seit 1866 verfolgt. Er ist ein großartiger Mann! Ich hoffe, sie schicken ihn zurück. Ich sollte stolz darauf sein, zu dienen unter ihm. Natürlich habe ich in den Jahren 1985 und 1986 etwas von ihm in Unguja gesehen ..."

„Hm, nun ja, es steht mir nicht zu, eine Meinung zu äußern, aber ich bezweifle sehr, dass Wiltshire ihn zurückschicken *wird – Wiltshire legt großen Wert auf gute Beziehungen zu Deutschland, und Eccles wird von den Deutschen gehasst* ..."

Roger : „Ich weiß ... Sie haben mir gesagt, dass ich versuchen muss, freundschaftliche Beziehungen zu unseren germanischen Freunden aufrechtzuerhalten, besonders, wenn der Generalkonsul zurückkommt, sozusagen ‚auf eigene Faust'. im deutschen Einflussbereich. In der Zwischenzeit soll ich in Unguja leben und für den Generalkonsul „fungieren", bis er oder jemand anderes herauskommt. Sehr nett von Ihnen, Sir, diese Chance für mich zu bekommen ... das ist selten Viel Glück, dass ich sofort für einen Mann wie Eccles auftreten darf ... Ich werde mein Möglichstes tun, um Ihnen Ehre zu erweisen.

Silchester : „Ich bezweifle nicht, dass Sie das tun werden. Aber verlassen Sie sich nicht zu sehr auf meinen persönlichen Einfluss. Ich bin nur Kanzler des Herzogtums Lancaster ... sozusagen ein Minister ohne Geschäftsbereich. Pflegen Sie die Freundschaft der ständige Beamte. Sobald Sie drin sind – ich meine, sobald Ihnen ein Außenminister die Ernennung gegeben hat, sind *es* die Leute, die zählen. Ich erinnere mich, als ich in der Diplomatie war, gab es einen ziemlich aufstrebenden jungen Kerl vom 11. Husarenregiment, der das getan hat war jemandes ADC im Abessinienkrieg. Um „jemandem" einen Gefallen zu tun, schob Dizzy ihn in die Sklavenhandelskommission. Er nahm sich selbst und seine Pflichten ernst und setzte sich wirklich für die amerikanischen Sklavenhändler ein. Ein Unterstaatssekretär zerrte ihn über die Kohlen für *trop de zèle* . Lord Knowsley unterstützte ihn. Der Unterstaatssekretär ließ ihn anschließend kommen und sagte: „Denken Sie daran, Bellamy; Lord Knowsley ist nicht *immer hier* . WIR SIND." Und tatsächlich , nachdem Knowsley gegangen war, fanden sie etwas gegen ihn heraus und „outeten" ihn aus dem Dienst. Moral: Bleiben Sie immer auf dem Laufenden mit den ständigen Beamten und Sie werden nie mit dem Außenminister in Streit geraten. Verstehen Sie sich gut mit? „Lampen"?

Roger : „Sir Mulberry? Ich sehe ihn kaum jemals. Er ist viel zu groß, um sich für mich zu interessieren im Ministerium; und ich fürchte, er liegt mir nicht besonders am Herzen. Ich mag die Angestellten im Ministerium sehr, außer dass sie Afrika nicht sehr ernst nehmen und das alles für einen Witz halten, einen Witz, der eher an Langeweile grenzt. Trotzdem , das sind einige der lustigsten Kerle, die ich kenne. Es ist Molyneux, mit dem ich nicht klarkomme, und im Ministerium heißt es, das liege daran, dass ich irgendwo zwischen einen armen Verwandten geraten bin, einen Cousin von ihm, den er aufdrängen will Da draußen. Er ließ ihn vor ein oder zwei Jahren zum Vizekonsul ernennen und dachte, er würde gebeten werden, für Eccles zu handeln, während er beurlaubt war. Und jetzt, wo Lord Wiltshire gesagt hat, dass ich das tun soll – daran zweifle ich nicht Auf Ihren Vorschlag hin, Sir – Molyneux ist ziemlich sauer geworden. Vor allem, als er meine Anweisungen verfassen musste! Ich glaube, es gefiel ihm auch nicht, dass ich ihn in Ordnung gebracht habe, als ich zum ersten Mal ins Büro kam. Er schrieb einige Protokolle über den Sklavenhandel und über die Deutschen, die der völlige Unsinn waren, den man je gelesen hat, und er verzieh mir nie, dass ich ihn in einem von ihnen abgehaltenen Abteilungsausschuss – den Vorsitz hatte Sir Mulberry inne – nicht unterstützt hatte. Und die bloße Tatsache, dass Thrumball und Landsdell unglaublich freundlich zu mir waren und mich zum Essen eingeladen haben, scheint ihn verärgert zu haben. Und als Lord Wiltshire mich eines Tages kommen ließ, um einige Fragen zu beantworten – Nun, ich dachte, Molyneux wäre hinterher vor Wut geplatzt. Er warf seine offizielle Zurückhaltung über Bord und ging in seinem großen Zimmer auf und ab und schwärmte: „*Ich bin* seit 1869 in diesem Büro", sagte er, „und ich glaube nicht, dass Lord Wiltshire mich vom Sehen kennt." Dennoch ist er bereit, selbst den äußersten Außenseiter herbeizuschicken, wenn er glaubt, ihm irgendwelche Informationen entlocken zu können. „Das Amt geht vor die Hunde – und so weiter …"

Lord Silchester : „Molyneux, Bennet Molyneux. Ich kenne ihn. In mancher Hinsicht kein schlechter Kerl, aber ein schlechter Feind. Er ist eine Art Cousin von Feenix' Kolonialamt, wissen Sie. Nun, Ihr Schicksal liegt in Ihrem mit eigenen Händen … Sie müssen vorsichtig gehen …" (Da kommt ein Diener herein und informiert Seine Lordschaft, dass die Kutsche wartet.) „Ich muss gehen. Sibyl! Sie *werden nicht* lange aufbleiben? Roger, nicht Reden Sie länger als eine Stunde mit ihr. Auf Wiedersehen. Natürlich kommen Sie uns besuchen, bevor Sie tatsächlich absegeln?... " (geht hinaus).

Eine Pause.

Sibylle : „Du darfst jetzt rauchen; aber nur eine Zigarette, keine Zigarre." (Roger zündet sich eine Zigarette an.)

Sibylle : „Was der gute alte Franziskus gesagt hat, war ein sehr guter Rat. Befolgen Sie ihn unbedingt. Kommen Sie auf die richtige Seite dieser alten Beständigkeiten. Immer wenn Franziskus mit seinen Beispielen und Illustrationen beginnt, spüre ich, was für ein perfektes Erinnerungsbuch er eines Tages schreiben wird. Aber , natürlich würde es nicht reichen, bis er ein Alter erreicht hat, in dem er nicht mehr in der Regierung dienen kann …

Ich möchte, dass er eines Tages im Außenministerium oder zumindest im Indienbüro arbeitet. Ich liebe das so sehr Der Pomp dieser Positionen, die großen Partys in der Saison, die Bewirtung entzückender Kreaturen aus dem Osten mit juwelenbesetzten Turbanen ...“

Roger (etwas abrupt): „Bist du glücklich...? “

Sibyl (dreht den Kopf und sieht ihn aufmerksam an): „ *Glücklich* ? Warum *natürlich* ? *Vollkommen* glücklich. Alles ist wunderbar verlaufen. Und jetzt, wo ich ein Kind bekomme ... hoffe ich, dass es so sein wird.“ ein Junge. Francis wäre so glücklich. Es ist Ihnen klar, dass, wenn er keinen Erben hat, der Adelsstand und alle damit verbundenen Güter an einen absolut schrecklichen Cousin zweiten Grades in Australien gehen ...“

Roger: „Angesichts dieser Möglichkeit wundere ich mich, dass er nicht schon vor Jahren geheiratet hat, als er ein junger Mann war ...“

Sibyl: „Meine Liebe! Wie *konnte* er? Er war ein jüngerer Sohn und im diplomatischen Dienst und hatte kaum genug, um davon zu leben, respektabel. Und dann hat er sich mit der Frau eines anderen Mannes eingelassen. Er glaubt, ich wüsste nichts über diese Seite von ihm , aber eigentlich weiß ich alles. Sein älterer Bruder, der fünfte Lord Silchester , war ein furchtbar schlechter Kerl – er behandelte seine Frau sehr schlecht – sie wurden getrennt und ihr einziger Sohn wurde von seiner Mutter zu einem furchtbar guten Kerl erzogen – Goody. Francis' älterer Bruder starb in Paris – ich glaube, Sie haben gehört oder gelesen, wo und wie. Es war einer der letzten Skandale des Zweiten Kaiserreichs. Aber dann heiratete der Goody-Goody-Sohn, nachdem es ihm gelungen war – eine Schwester von Lord Towcester . Sie wurde auf dem Jagdgebiet getötet und ihr eher schlaffer Ehemann starb danach aus Kummer oder an Schwindsucht, und Francis erhielt den Titel ziemlich unerwartet vor fünf Jahren. Dann wurde er durch seine Darby- und Joan-Zuneigung zu Mrs. Bolsover in Verlegenheit gebracht.— Doch dann starb *sie* – und so fühlte er sich endlich frei, zu heiraten ...

„Ich traf ihn zum ersten Mal auf einer Krocketparty im Aldermaston Park. Ich sah *sofort , dass er von mir begeistert war ... Wir werden jedoch nicht noch einmal auf den alten Streit eingehen, den wir an diesem Tag in* Silchester besprochen haben ... Erinnerst du dich? Meine Knöchel waren so von Erntekäfern gebissen, nachdem ich auf diesen Hügeln gesessen hatte, das werde *ich* nicht vergessen!... “ (meditiert).... „Ich bin viel glücklicher, als wenn ich dich geheiratet hätte. ... Meine Liebe, das hätte *niemals* geklappt ... Aber das muss uns nicht davon abhalten, die *besten* Freunde zu sein, die engsten Cousins ... Es ist langweilig, im Jubiläumsjahr eingesperrt zu sein ... Ich hatte vorgehabt, in meinen Unterhaltungen mit Suzanne Feenix zu konkurrieren ... Aber wenn ich Silchester einen Jungen gebe, wird er mir *nichts* verweigern ... Und ich meine, sobald ich wieder auf den Beinen bin, werde ich ihn drängen weiter. Er ist reich – diese Minen und Töpfereien in Staffordshire. Er hat *viele* Fähigkeiten, aber er liebt die Freizeit zu sehr und ist nicht ehrgeizig genug. Beklagt sich über Müdigkeit … Er ist erst 57 … aber er gibt viel lieber aus Den Abend zu Hause verbringen und Geschichte und Memoiren lesen. Doch wenn Lord Wiltshire im Auswärtigen Amt überlastet ist, *muss Francis einfach* seine Nachfolge antreten. Er weiß alles über Außenpolitik von A bis Z, nachdem er so viele Jahre in Wien und Rom gedient hat ... Nun, lieber alter Junge, das ist *wirklich* ein Abschied. Machen Sie es gut da draußen und machen Sie sich nicht lächerlich, wenn eine Graswitwe ausgeht oder eine schöne Missionarin ... Ich nehme an, einige davon *sind* sehenswert? ... Machen Sie sich mit den Permanenzen vertraut und versuchen Sie, eine Depesche zu verfassen, die Lord Wiltshire interessiert. Dann bekommt Silchester vielleicht die Chance, sein Ruder in die Hand zu nehmen und Sie auf einen besseren und gesünderen Posten zu versetzen . Danach *greife ich* zur Hand und verheirate dich mit einem netten Mädchen mit etwas Geld ... Ich frage mich, ob du dich da draußen einsam fühlen wirst? Aber Männer sind das nie, solange sie sich bewegen und schießen können ... was mich daran erinnert, dass ich mir noch viel *mehr* Leopardenfelle wünsche. Montieren Sie sie nicht: Ich wähle gerne meine eigenen Farben ———"

(Lady Silchesters Zofe tritt auf.)

Dienstmädchen : „Mylady, bevor Seine Lordschaft hinausging, sagte er, ich solle Eure Lady daran erinnern, früh zu Bett zu gehen, also habe ich es gewagt ..."

„Ganz richtig, Sophie... ich komme in einer Minute hoch." (Das Dienstmädchen geht hinaus.) „Übrigens, Roger, ich sollte nach den anderen Cousins fragen. Wie geht es Maud?" (Roger deutet an, dass es der guten alten Maud gut geht.) „Maud ist ein ausgezeichnetes Geschöpf; das habe ich immer gesagt, obwohl sie mich auf eine Art wortkarge Weise nie gutheißt. Weil sie im Feldsport ihre eigene Gesichtsfarbe verloren hat." Gemeindearbeit Maud verdächtigt alle anderen jungen Frauen des Puderns und Malens. Und Geoffrey?"

„Geoffreys Schiff kommt im Mai zurück und dann sollte er etwas Urlaub bekommen; und um Ihnen Zeit zu sparen, möchte ich erwähnen, dass Maurice wahrscheinlich im Herbst in die Anwaltskammer berufen wird, wenn er die Anforderungen der Benchers erfüllt; und was den Vater betrifft, so ist er mehr als je zuvor nach Rom übergegangen ..."

„Du meinst Silchester ?"

„Ja. Der Pfarrer dort ist ein ebenso verzweifelter ‚Romanist' wie er, und zusammen hatten sie einen seltenen alten Streit mit dem Bauern, der Mais anbaut, wo man die Insektenstiche und Einwände gegen Ausgrabungen hat. Ich glaube, Vater vergisst manchmal, dass er ein Christ des 19. Jahrhunderts ist ... Er ist furchtbar verärgert über die allgemeine Meinung, dass Silchester nur aus der christlichen Zeit in Großbritannien stammt und dass der Tempel der Venus in Wirklichkeit eine christliche Kirche ist. Das ergibt sich aus einer klassischen Ausbildung. ..Jetzt werde ich mich mit Ihrem Ehepartner streiten, weil er Sie aufrechterhält. Außerdem. Sie kümmern sich nicht *wirklich* um die anderen ...“

Sibyl: „Um ehrlich zu sein, das tue ich nicht. Du warst der Einzige, der mich interessiert hat Hand, auf die er einen Kuss drückt). „Das ist schon ein Zeichen der Zuneigung. Sophie könnte jeden Moment zurückkommen und vergessen, dass wir Cousinen sind. Übrigens wäre es vielleicht klug, wenn du jemanden beauftragst – ich wage zu behaupten, dass Francis das tun würde –, der dir die Feenixes vorstellt , bevor du gehst. “ . Sie könnten dazu dienen, die Feindseligkeit von Bennet Molyneux zu mildern. Verlieben Sie sich nur nicht in Suzanne und verlassen Sie *mich* ! Sie hat die Kolonien, das stimmt, aber ich werde das Auswärtige Amt haben, bevor Sie zurückkommen. .. Merk dir meine Worte! Ta-ta! Kommt, Sophie.“

KAPITEL VI

DIE REISE AUS

Lucy sagte sich, sie habe sich noch nie in ihrem Leben so elend gefühlt wie in der ersten Nacht an Bord der *Jeddah*, dem Dampfer der British India Co., der sie nach Ostafrika brachte. Sie belegte eine der oberen Kojen in den Kabinen neben dem Ladies' Saloon, in dem sich, soweit sie es beurteilen konnte, fünf oder sechs weitere Insassen befanden, darunter die Stewardess, die ihre Zeit damit verbrachte, abwechselnd auf einer Matratze in einem Coign zu schnarchen vor dem Haupteingang und wartete auf die Damen, die seekrank waren.

Die *Jeddah* rollte in der unruhigen See der Downs herum. Lucy verspürte zeitweise ein schreckliches Gefühl der Übelkeit und biss die Zähne zusammen, um ihren Brechreiz zu unterdrücken. denn sie war zu schüchtern, um die vielbeschäftigte Stewardess um Hilfe zu bitten. Ihr Hinterkopf pochte vor Schmerz, ihre Augen brannten heiß von unvergossenen Tränen und ihre arme Kehle schmerzte von unterdrückten Schluchzern. Weitaus schlimmer als das körperliche Unbehagen der Seekrankheit war die Intensität ihrer seelischen Qual, die Bitterkeit ihres vergeblichen Bedauerns. Sie lag regungslos in ihrer schmalen Koje, starrte an die Decke, die fast auf ihrem Gesicht zu ruhen schien, und ließ in ihrer Erinnerung unaufhörlich und mit kleinsten Einzelheiten die Ereignisse der letzten drei Tage Revue passieren: ihren Abschied von zu Hause und von „Liebling" Aldermaston ; ihr Abschied von ihrer Mutter auf dem Bahnsteig in Reading ... und ihrem Vater ... die fliegende Reise nach London, als sie in der Aufregung, die Metropole zu sehen, ihren Kummer fast vergessen hatte; ihr zweitägiger Aufenthalt bei Tante Pardew, die zusammen mit ihrem Mann Pardew's Family Hotel in der Great Ormond Street führte. Dann: Besichtigung, Einkaufen, Besuch der Büros der Ostafrikanischen Mission. Hier hatte sie ihr Ticket für die Saloon-Passage in *Dschidda erhalten* und übrigens zwanzig Pfund in hellen Sovereigns für ihre Auslagen. Die Sekretärin hatte so freundlich und ernst mit ihr gesprochen, dass sie sich ihrer Gleichgültigkeit gegenüber der eigentlichen Arbeit der Bekehrung schwarzer Menschen schämte.

Die Sekretärin hatte jedoch etwas gesagt, das sie irgendwie beunruhigte. Er hatte erwähnt, dass eine gutmütige junge Frau aus ihrer Nachbarschaft – Schwester Jamblin – möglicherweise auch mit dem nächsten Boot zu ihrer Mission in Ostafrika fahren würde. Er dachte, das würde Lucy aufmuntern; Stattdessen ärgerte es sie sehr ... Dann kam das frühe Aufstehen an einem Tag, der wie ihr Hinrichtungsmorgen schien; das hastige Frühstück, unterbrochen von rinnenden Tränen und Nasenschnäuzen seitens Tante

Pardews – Tante Ellens – und auch ihrer … Tante Ellen war so wie eine liebe Mutter – und doch – es war keine Mutter – …

Und das lange Rattern durch immer schmutzigere Straßen in einem Allrad-Taxi mit dem Rest ihres Gepäcks oben drauf. Die Ankunft an Bord des Dampfers im Hafen, wo alles laut, hektisch und durcheinander war mit den Vorbereitungen für die Abfahrt … Erst heute Morgen! Es waren erst etwa zwölf Stunden vergangen, seit sie mit verzweifelten Umarmungen von Tante Ellen Abschied genommen hatte! Nun, es schien mindestens einen Monat her zu sein. Und es waren erst drei Tage, seit sie ihre Mutter gesehen hatte!...

Als sie im Geiste das Wort „Mutter" aussprach, verlor sie die Kontrolle über sich selbst und brach in einem krampfhaften, erstickten Schluchzen aus.

„Würden Sie mir den Gefallen tun", rief eine verdrießliche Stimme von der Koje unten, „indem Sie die Stewardess bitten, Ihnen ein Waschbecken zu bringen, wenn Sie krank werden? Das wäre viel besser, als zu versuchen, es zurückzuhalten und diese zu machen." unangenehme Klickgeräusche im Hals. Entschuldigen Sie die Bemerkung, aber es ist wirklich sehr quälend und macht mich unruhig, so dass ich kaum einschlafen kann. Sie leiden wirklich *viel* mehr unter dem Versuch, die Seekrankheit zu unterdrücken, als wenn Sie *sofort nachgeben* und es hinter sich haben ..." Dies fügte die Sprecherin hinzu, weil sie gerade – eruptiv – nachgegeben hatte und sich nun von ihrer Arbeit ausruhte . Lucy war durch diese unerwartete Unterbrechung ihrer Gedanken so erschrocken und eingeschüchtert, dass sie keine Antwort gab; aber lag ganz still da, mit geröteten Wangen und klopfendem Herzen. „Es muss die große, dünne Dame sein", dachte sie bei sich, „ich konnte mich nicht erinnern, dass sie so nah dran war."

Dann wandten sich ihre Gedanken ihren Mitreisenden zu. Soweit sie sich vergewissert hatte, waren es außer ihr nur neun: fünf Damen, zwei römisch-katholische Priester oder Missionare und zwei Männer, von denen einer ein Kapitän Brentham war , der nach Unguja ging, wo er Konsul werden sollte.

Das hatte sie zumindest die rotwangige Dame sagen hören, wobei sie dabei eher den Kopf hin und her warf. Ihre Tante hatte zwei der Damen schüchtern angesprochen, bevor sie den Dampfer verließ. Sie hatte sie mit einer Fülle höflicher Worte gebeten, Lucy in ihren Schutz zu nehmen, solange sie zusammen reisen würden. Einer von ihnen war groß und dünn, mit einem großen, knochigen Gesicht und kalten grauen Augen – ein wenig an Mrs. Baines erinnernd (dachte Lucy); die andere war hübsch, obwohl ihr Gesichtsausdruck, selbst als sie lächelte und alle ihre weißen Zähne zeigte, irgendwie ziemlich unaufrichtig war. Aber sie hatte den schönsten Teint, den Lucy je gesehen hatte. Es war perfekt: sehr rosa in der Mitte der Wangen und der blasseste Rouge-Ton im restlichen Gesicht und am Hals. Ihre Augen hatten ein dunkles Blaugrau mit sehr schwarzen Rändern; und ihr Haar ist von sattem Goldbraun. Lucy war von ihrem Aussehen so fasziniert und starrte sie mit so unbewusster Beharrlichkeit an, während ihre Tante redete, dass die rotwangige Dame ihrem festen Blick schließlich mit einem Ausdruck hochmütiger Überraschung begegnete, der Lucy dazu veranlasste, den Blick zu senken.

Keine der Damen reagierte sehr freundlich auf Mrs. Pardews respektvolle Bitte. Die große, dünne Frau hatte gesagt, sie würde nur bis Algier reisen, fragte aber, ob Lucy „eine Person der Kirche" sei, weil die Ostafrikanische Mission, wie sie gehört hatte, von Methodisten geleitet werde. Die hübsche Dame, deren Kleidung Lucy erneut aufmerksam musterte, weil sie der neuesten Mode entsprach, hatte sie mit etwas mehr Interesse angesehen und gesagt: „Ausgehen, um einen Missionar zu heiraten? Nun, ich kann nicht sagen, dass ich Sie beneide." Erfahrungen. Nach allem, was ich höre, muss es ein erbärmliches Leben im Landesinneren sein. Wir werden zusammen bis Unguja reisen, aber ich kann nicht anbieten, als Ihre Begleitperson zu fungieren. Es ist sehr wahrscheinlich, dass mein Mann Sie heiraten wird, wenn Sie kommen dort. Ich meine –" (als sie Lucys bestürzten Blick sah) – „er ist dort derzeit der ‚Hochzeitsbeamte', es sei denn, Kapitän Brentham soll ihm auch *dieses* Privileg entziehen" – (hier hatte sie bitter gelacht). ... „Wenn Sie sich während der Reise zu irgendeinem Zeitpunkt einsam fühlen, können Sie gelegentlich vorbeikommen und mit mir plaudern; allerdings kann ich Ihnen nicht viel über Afrika erzählen, da ich noch nie zuvor dort war."

Langsam verging die Nacht. Als Lucy wach lag, unterdrückte sie ihr Bedauern, indem sie schwor, dass sie, wenn der Dampfer in Plymouth anlief , ihn sofort verlassen und zu ihren Eltern zurückkehren und John schreiben würde, dass sie nicht geeignet sei, die Frau eines Missionars zu sein. Er würde seine Enttäuschung bald überwinden, als Ann Jamblin mit dem nächsten Dampfer ausfuhr. *Sie* würde ihn sofort heiraten ...

In den frühen Morgenstunden beruhigte sich die See und das Schiff rollte weniger. Die Passagierin, die am meisten unter der Seekrankheit gelitten hatte – eine arme, müde aussehende Frau, Mutter von zu vielen Kindern – hörte auf zu würgen und zu stöhnen und versank in erschöpfte Ruhe. Sogar Lucy verwebte schließlich ihre unruhigen Gedanken in Träume, doch gerade als sie geträumt hatte, dass *dies* nur ein Traum war und dass sie in Wirklichkeit ihre Mutter in einem Anflug von Glück umarmte, erwachte sie mit Tränen im Gesicht und sah die Hütte erhellt von grellem Tageslicht, das durch das jetzt geöffnete Oberlicht strömte. Eine frische, belebende Brise wehte durch den stickigen Salon und vertrieb den üblen Geruch der Seekrankheit. Sie setzte sich in ihrer Koje auf und blickte sich ausdruckslos um, während sie versuchte, den Unterschied zwischen Traumland und Realität zu erkennen.

„Möchten Sie ein Bad, Miss?" sagte die Stewardess, eine grob aussehende, aber gutherzige Irin, die nie ganz von dem Verdacht befreit wurde, Spirituosen zu trinken: „Möchten Sie ein Bad? Wenn ja, sollten Sie Mrs. Bazzard besser folgen ."

„Ich – ich – weiß es nicht … nun ja, ich denke, das werde ich", antwortete Lucy und fragte sich, wer Mrs. Bazzard war … kam der Name nicht in Johns Briefen vor? In diesem Moment öffnete sich die Tür, die aus dem Salon zum Badezimmer führte, und vermutlich betrat Mrs. Bazzard das Damenquartier, mit Handtüchern in der Hand, in ein weißes, mit Spitzen besetztes *Peignoir gehüllt* , die Haare grob auf dem Kopf aufgetürmt und mit einem Die dünnen Fransen waren zu beiden Seiten geteilt. „Na ja, es muss die Dame mit dem schönen Teint sein", sagte Lucy zu sich selbst, als sie bei näherer Annäherung sah, dass die rosigen Wangen und die Rouge-Töne verschwunden waren und dass die Neuankömmling, obwohl sie sonst ihrer Bekanntschaft von gestern ähnelte, noch immer hatte ein blasses Gesicht, farblos und traurig. "Armes Ding!" dachte Lucy, „ *wie* muss sie letzte Nacht gelitten haben." Und ihr Mitgefühl war so groß, dass es ihre Schüchternheit überwand, und sie wollte gerade der Dame ihr Beileid aussprechen, als Mrs. Bazzard plötzlich an ihr vorbeisauste, ohne sie zu erkennen.

Als ihre Toilette beendet war, fühlte sie sich unter den unfreundlichen Insassen des Damensalons unwohl, und sie warfen ihr zuweilen einen hasserfüllten Blick zu, als ob sie jemanden ansähe, der in die Geheimnisse ihrer Kleidung und ihres Geschlechts hineinschnüffelte; Also folgte sie dem Rat der Stewardess, „ein bisschen Appetit zu bekommen", taumelte den Korridor entlang und stieg die rutschige, mit Messing besetzte Treppe hinauf, bis sie das Oberdeck erreichte. Hier ließ sie sich auf den nächstgelegenen Sitzplatz sinken und empfand ihr erstes angenehmes Gefühl an Bord des Dampfers, als sie die nach Meer duftende Brise in der Aprilsonne einatmete. Es war tatsächlich ein schöner Morgen, einer der ersten ausgeprägten Frühlingstage. Der Himmel war im Zenit blass azurblau, und entlang des nördlichen Horizonts verhüllte ein dünner Film rosafarbenen Nebels die ferne Küstenlinie. Ein Mann, der die Messingarbeiten reinigte , sagte Lucy, dass sie an der Isle of Wight vorbeikamen; Dort drüben lag Bournemouth, und bald würde sie Portland Bill auftauchen sehen.

Ein großer Mann, der eine Zigarre rauchte, blickte in Richtung Portland Bill. Dann drehte er sich in Lucys Richtung um, sah sie eindringlich an und begann dann, auf dem Deck auf und ab zu gehen. „Das", überlegte sie, „muss Kapitän Brentham sein , der in Reading auf diesem Schneeberg einen Vortrag gehalten hat ... *Wie* außergewöhnlich! Und er muss der Mann sein, von dem Frau ... Frau ... Bazzard sagte, er solle mich heiraten zu John, als ich ankam. Sie hob den Blick und sie begegneten seinem. Als er das nächste Mal über das Deck ging, hielt er unschlüssig inne, hob dann seine Mütze und sagte: „Sind Sie die junge Dame aus meinem Teil des Landes, die nach Unguja fährt, um zu heiraten? Der Kapitän hat mir von Ihnen erzählt – es sei denn, ich habe es getan." Ich habe einen Fehler gemacht und sollte mich an eine andere Dame wenden.

„Ich glaube, das muss ich sein", sagte Lucy. „Ich ... ich habe Sie einmal in Reading einen Vortrag halten hören. Sie sind ein Freund von Lord Silchester , nicht wahr? Mein Vater ist einer seiner Mieter. Wir leben in Aldermaston ." Ihre Stimme zitterte ein wenig, als sie den Namen des Ortes aussprach, den sie nun – zu spät – über alle anderen liebte.

„ Aldermaston – *natürlich* kenne ich es, ich kenne es seit meiner Kindheit. Ich bin letztes Jahr mehrmals dorthin gefahren, um meine Cousins, die Grayburns , zu besuchen . Einer von ihnen hat letzten Juli Lord Silchester geheiratet , und deshalb bin ich in Englefield geblieben und habe die Lesung gehalten Vortrag ... Du bist also gekommen und hast es gehört?

„Das habe ich getan, denn als ich einen Missionar heiraten wollte, dachte ich, ich sollte etwas über Ostafrika lernen. Ihr ... Ihr Vortrag hat in mir den Wunsch geweckt, dorthin zu gehen – furchtbar ... Dieser wundervolle Berg, diese Klumpen aus Palmen, dem Fluss und den Nilpferden – oder war es ein See?"

„Nun, Sie werden viele solcher Dinge sehen, wenn Sie ins Landesinnere reisen. Wen werden Sie heiraten und wo ist er stationiert?"

„Herr John Baines, Ostafrikanische Mission, Ulunga ..."

„Oh" (eher abwertend), „Nonkonformist, Plymouth Brethren oder so etwas in der Art." Jetzt denke ich daran, dass ich letztes Jahr gleich nach meiner Rückkehr zu einem großen Treffen von ihnen gegangen bin. Ja, *ich* erinnere mich. Sie sind ein Handels- und Industriemission in einiger Entfernung im Landesinneren, sowohl in der britischen als auch in der deutschen Sphäre ... gute Leute, obwohl sie den Mund voller Texte haben ... aber sie haben mich einmal aufgenommen, als ich halb tot vor Fieber war und gestillt wurde Ich bin wieder gesund. Und mir gefiel die Art und Weise, wie sie sich an die Arbeit gemacht haben, um das Beste aus dem Land und den Menschen zu machen ... Aber es wird furchtbar hart für Sie sein; Sie sehen nicht aus, als wären Sie auf das vorbereitet, was sie durchmachen müssen durch. Ich hätte denken sollen, dass die anglikanische Mission eher Ihr Stil ist, wenn Sie überhaupt als Missionar ausgegangen wären.

Am liebsten hätte er hinzugefügt: „Du bist viel zu hübsch", hielt sich aber zurück. In diesem Moment ertönte der Frühstücksgong und sie gingen hinunter zum Dining Saloon. Brentham schritt ziemlich meisterhaft an die Spitze des langen Tisches, als wüsste er, dass er die wichtigste Person an Bord war, und platzierte sich neben dem Sitz des Kapitäns und Lucy zu seiner Rechten, wobei er gleichzeitig dem Chief zuzwinkerte Steward wollte sagen: „Reparieren Sie diese Vereinbarung."

Einen Moment später glitt eine andere Dame mit goldenem Haar und strahlendem Teint herbei und nahm flink den Platz zu Brenthams linker Hand ein. Der Kapitän war abwesend und gab zu verstehen, dass man ihn nicht erwarten müsse, bis die *Jeddah* Plymouth verlassen und den Kanal verlassen habe. Die anderen weiblichen Passagiere frühstückten im Ladies' Saloon. Sobald sie Platz genommen hatten und Haferbrei angeboten wurde, stellte sich die Dame zu Brenthams Linken als die Frau eines Kollegen vor: „Mein Mann ist Spencer Bazzard , der Vizekonsul in Unguja – ich wage zu behaupten, dass Sie von ihm gehört haben." der FO? Er ist ein Freund des lieben Bennet Molyneux, dem wir beide *sehr verbunden sind* ... Er hat *so* ein Gespür für afrikanische Angelegenheiten, finden Sie nicht? Mein Mann kennt Unguja bereits durch und durch. Da bin ich mir sicher Er wird dich gerne an die Seile bringen. Ich war noch nie dort. Spencer dachte, er sollte zuerst rausgehen und ein Zuhause für mich schaffen, also bin ich seit über einem Jahr eine verlassene Graswitwe. Wir werden jedoch bald wieder vereint sein. Und ich verstehe, dass wir Sie als unseren Chef betrachten sollen, bis der Generalkonsul zurückkommt. Spencer war Sir James' rechte Hand. Danke. Toast, bitte. Nein, das werde ich nicht Nimm Butter: Sie sieht so seltsam aus. Wie Honig! Ugh!"

Nach dem Frühstück begleitete Brentham Lucy auf das Oberdeck, holte ihr einen Klappstuhl und stellte ihn in einer geschützten Ecke auf, machte es ihr bequem, lieh ihr einen Roman und einen Teppich und ging dann wieder auf dem Deck auf und ab oder studierte gelegentlich ein Buch Er versuchte, Suaheli zu beherrschen, indem er Steeres Übungen in dieser harmonischen Sprache machte , sagte er zu Lucy. Mrs. Bazzard beschlagnahmte einen Steward und einen Liegestuhl und stellte sich mit einem Stück auffälliger Stickerei, das sie bei Liberty gekauft hatte, mit der Hälfte der Stickerei fertig, in die Nähe von Lucy. In herablassender Weise machte sie sich daran, Lucy von Brentham zu überzeugen ... Kannte sie ihn gut? Fand sie ihn nicht gutaussehend? Frau Bazzard fand, dass ihr Mann von den beiden der schönere Mann war. Er hatte längere Schnurrbärte und sie waren goldbraun, wie die Haare von Mrs. Bazzard ; er war vielleicht nicht *ganz* so groß; aber *wie sehr* sie sich auf das Wiedersehen mit ihm freute. Er war ein Paradebeispiel für Ehemänner, einer der Norfolk Bazzards . Sein älterer Bruder, ein Mann mit großem juristischen Scharfsinn, hatte Mr. Bennet

Molyneux von Zeit zu Zeit Ratschläge von Signalwert gegeben ... Auf diese Weise waren sie mit dem Auswärtigen Amt „in Kontakt" gekommen, und wenn Mrs. Bazzard es auch war Da sie nicht zu unantastbarer Geheimhaltung verpflichtet war (aufgrund von Spencers Karriere), gab es Dinge, die sie wusste und über Lord Wiltshires Absichten in Bezug auf Afrika – und Spencer – erzählen konnte ... Wie auch immer ... Fräulein – sie bat um Verzeihung –, sie hatte es nicht mitbekommen Lucys Name... Josselin ? Irgendeine Verbindung zu Sir Martin Josselin ? Oh, *Josling* ... Kam Miss Josling aus Captain Brenthams Landesteil? Keine Beziehung? Nein, natürlich nicht... Na ja, hielt sie ihn für schlau? Einige – im Auswärtigen Amt – hielten ihn für *oberflächlich* . Es war sein gutes Aussehen, das ihn angezogen hatte, und die Freundschaft einer großartigen Dame ... aber *was* für Skandalmacher *Männer* waren! Und *wie* eifersüchtig aufeinander! Mrs. Bazzards Ehemann hatte *seinen Auftrag durch schiere, herausragende Fähigkeiten* erhalten , doch damals sagten die Leute die schrecklichsten *Dinge* , sowohl über ihn als auch über sie ... Aber Lord Wiltshire war unerschütterlich geblieben, da er Spencers Wert kannte; und hielt ihn zweifellos für einen sehr wichtigen Posten in Afrika im Auge, sobald er Kapitän Brentham in seine Pflichten hätte einführen sollen.

Das Mittagessen kam zu gegebener Zeit und wurde von den meisten Passagieren mit besserem Appetit verzehrt. Es wurde reichlich serviert, auf einem mittelbürgerlichen Standard an Auswahl und Küche.

Es war ein sonniger Nachmittag, als die *Jeddah im* Hafen von Plymouth ankerte . Den Passagieren wurde mitgeteilt, dass sie vier Stunden an Land verbringen könnten, und so schlug Kapitän Brentham Lucy und Mrs. Bazzard vor , sie unter seine Eskorte zu nehmen und ihnen die letzte Chance auf ein anständiges Abendessen in einem englischen Hotel zu geben. Frau Bazzard nahm die Einladung mit einem Schwall von Dankbarkeit und der Entschlossenheit an, einen diskreten Flirt mit dem amtierenden Generalkonsul zu beginnen, der zweifellos ein gutaussehender Mann war. Lucy stimmte dem Vorschlag einfach zu. Zu Beginn ihres neuen Lebens war sie noch ein wenig benommen. Aber als sie mit den anderen im Schlepper losfuhr, verwarf sie jede Idee einer Flucht zum Bahnhof und einer Rückkehr nach Hause als unvernünftige Absurdität. Es war eine große Erleichterung für ihr Heimweh, dass jemand an Bord sein sollte , den sie kannte, der fast ihr Heimatland teilte, der tatsächlich Menschen getroffen hatte, die sie getroffen hatte, und der dieses Heimatwissen mit ihm in die gleiche Region tragen würde in Afrika als das, was sie vorhatte. Dies beseitigte den Schmerz ihres Bedauerns und linderte ihr Gefühl völliger Freundschaftslosigkeit in der Wildnis. Sollte er nicht tatsächlich *ihr Konsul* sein ?

Diese Überlegungen veranlassten sie, sich in den Schreibraum des Hotels zu setzen, während das Abendessen vorbereitet wurde und Mrs. Bazzard sie lobte, und hastig einen Brief an die „liebste Mutter" zu schreiben, in dem sie ihr die besseren Aussichten mitteilte. Ihre Mutter, überglücklich über diesen Silberstreif am Horizont der Trauer, verbreitete die Nachricht; und so erreichte es Englefield, wo Lord Silchester die Osterferien verbrachte. Er verkaufte es an Sibyl ... die mit dem Fuß auf den Teppich der Bibliothek stampfte und sagte: „ *Da* ! *Habe* ich das nicht vorhergesehen? Ich *sagte, er würde sich in eine* Missionarin verlieben !"

„Und warum nicht, meine Liebe?" antwortete Lord Silchester . „Was ist, wenn er es tut?"

Eine kleine Fahrt auf dem Golf von Biskaya schickte Mrs. Bazzard in ihre Kajüte und verringerte die Zahl der Zuschauer bei den Mahlzeiten. Aber Lucy erwies sich als ebenso gute Seefahrerin wie Brentham und war ein großer Trost für ihn. Denn auch er hatte sein uneingestandenes Heimweh. Man könnte nicht neun Monate im besten englischen Landleben und in den interessantesten Aspekten Londons verbringen, ohne einen Gefühlsrückgang zu verspüren, wenn man von jeglicher Kommunikation mit diesen Szenen voller Schönheit, Pracht und absolutem Komfort abgeschnitten war, und das vor großen Ambitionen war noch einmal erregt, und die unerforschte Wildnis hatte erneut ihren zukünftigen Vergewaltiger gelockt. Lucy war möglicherweise nur die Tochter eines Bauern, etwas besser gebildet als dies zu dieser Zeit üblich war, immer noch ein unkultiviertes Landkind (wie Mrs. Bazzard sie bereits als die große, dünne Dame bezeichnet hatte); Dennoch konnte sie mit ein wenig Wissen über die Silchesters sprechen – ihre Mutter war die Magd von Lord Silchesters Mutter gewesen, und ihr Vater war Lord Silchesters Mieter. Colonel Grayburn war – oder zumindest versuchte er es zu sein – ein Gentleman-Bauer im Umkreis von einer Meile von Lucys Haus; Sie hatte Sibyl in den drei Jahren, in denen die Grayburns in der Gemeinde Aldermaston gelebt hatten, gelegentlich gesehen . Lucy war noch nie so weit weg gewesen wie Farleigh Wallop, kannte aber Reading, Mortimer, Silchester , Tadley und sogar Basingstoke. Die bloße Erwähnung solcher Namen tröstete sie beide, während der Dampfer mit zwölf Knoten pro Stunde durch die „brüllenden Vierziger" fuhr.

Und als die *Jeddah* mit einem flüchtigen Blick auf den Felsen von Gibraltar ins Mittelmeer einbog und auf ruhige, blaue und strahlende See stieß, verstärkte sich ihre *Kameradschaft* unter Mrs. Bazzards unheilvollen Blicken und dem Wechsel der hochgezogenen Augenbrauen mit der dünnen, knochigen Nase Dame von Lucys Hütte.

Die *Jeddah* ankerte vor Algier. Die dünne Dame, die hier aus der Geschichte verschwindet – ich glaube, sie war die Frau eines britischen Kaplans – hatte Mrs. Bazzard eingeladen , mit ihr an Land zu Mittag zu essen. Mrs. Bazzard hatte sich beeilt, die Einladung anzunehmen , umso bereitwilliger, als Kapitän Brentham ihre Existenz vergessen zu haben schien;

außer zu den Mahlzeiten, wenn er Senf und Zucker abgeben musste. Brentham und Lucy machten sich gemeinsam auf den Weg in die malerische weiße Stadt, die sich hoch in den Halbkreis der Hügel erhob. Sie aßen im Café des Anglais zu Mittag und aßen in einem Hotel in der Nähe des Kais. Sie stiegen die leiterähnlichen Straßen des arabischen Viertels hinauf, kauften nutzlose Kleinigkeiten und fuhren hinaus in das Land, das voller blühender Ginsterblüten, rotvioletter Schwertlilien und Rosen war und durch seine grauen Oliven und düsteren Zypressen erhaben war und starre Handflächen.

Wenn Lucy noch nie so unglücklich gewesen war wie vor neun Tagen, hatte sie sich wahrscheinlich noch nie so glücklich gefühlt wie jetzt. Sicherlich hatte sie noch nie so hübsch ausgesehen. Ihre violetten Augen hatten eine für sie neue Farbtiefe ; Ihr braunes Haar glänzte und neigte dazu, sich in den kleinen Strähnen und Strähnen zu kräuseln, die sich ihrer Kontrolle über ihre Stirn entzogen. Ihre normalerweise blassen Wangen und ihr milchweißer Teint waren im Allgemeinen von einer wilden Rosenröte und einer warmen Tönung durchzogen, die durch die beschleunigte Durchblutung verursacht wurde. Die Seeluft und der Sonnenschein vertrieben die Trägheit, die ein sesshaftes Leben begleitet hatte. Sie war nicht unaufmerksam gewesen und hatte aus Mrs. Bazzards Kleid einige Hinweise auf ihr Kostüm übernommen. Sie hatte dies enger gemacht, das andere erweitert, kurze Röcke geschnitten, die hätten ausfallen können, die Hektik gemildert, eine Rüsche eingefügt und sich an die Wärme der Tropen angepasst, ohne die Anmut der Konturen zu verlieren oder eine abstoßende Kopfbedeckung aufzusetzen.

In Port Said nannte er sie bereits „Lucy", und sie sah nichts darin, was sie nicht akzeptieren könnte, eine zulässige Brüderlichkeit aufgrund der Landesverbände und der Position des Vormunds und Beschützers, die er übernommen hatte. Er zeigte ihr die Sehenswürdigkeiten von Port Said, die ein bescheidenes Mädchen nicht schockieren müssen. Sie saßen Seite an Seite und genossen den Nervenkitzel, mit dem die Unerfahrenen anschließend durch den Suezkanal fuhren. Eine Passagierin hatte das Schiff in Port Said verlassen; ein weiterer in Suez. Außer Mrs. Bazzard und sich selbst im Ladies' Saloon blieb nur noch die dritte übrig – die Mutter vieler Babys –, die in Aden in ein Bombay-Boot umstieg . Die beiden Missionspriester erzählten ihre Breviere, schenkten ihrem hübschen Gesicht zeitweise ein freundliches Lächeln und kümmerten sich nicht mehr um ihre Angelegenheiten, als wenn sie ein unkritikierbares Mitglied der Besatzung gewesen wäre. Es waren Belgier, die für ihr Lebenswerk nach Tanganjika zogen, und für sie waren die protestantischen Engländer und ihre Sitten nach normalen menschlichen Maßstäben unerklärlich. Der Kapitän des Schiffes kannte Kapitän Brentham im Persischen Golf und hatte größtes Vertrauen in seine Aufrichtigkeit. Was wäre vernünftiger anzunehmen, als dass dieses Mädchen seiner Obhut unterstellt worden war, da er der Beamte war , der ihre Ehe eintragen ließ, als sie ihren Verlobten als Missionarin in Unguja traf?

Brentham hatte nur die ehrenhaftesten Absichten . Er empfand Zärtlichkeit und Mitleid mit Lucy, die die Schönheit und Unschuld ihres Landes ins wilde Afrika trug und sich auf ein Leben voller unerwarteter Schrecklichkeit, unaussprechlicher Müdigkeit und Monotonie einließ, abwechselnd von Schreckensschocks, von Anblicken von Blutvergießen und Obszönitäten, die einen erregen oder erregen konnten starker Mann, muss aber unweigerlich den Geist einer Frau erblühen lassen. Ein- oder zweimal dachte er sogar daran, sie davon abzubringen, den Vertrag zu erfüllen, schreckte jedoch vor der Verärgerung zurück, die das mit sich bringen würde. Vielleicht mochte sie diesen Missionarskerl wirklich? Nach der Beschreibung, die sie gab, schien er nicht so schlecht zu sein – er war groß und stark und schien ein geschickter Mann zu sein, mit einer Vorliebe fürs Zimmerhandwerk und war der Agent einer sehr praktischen Mission. Was sollte sie tun, wenn sie vor dieser Ehe zurückschreckte? Es war unmöglich, sich vorzustellen, dass sie „allein" in Unguja bleiben würde, und wenn er sie auf eigene Kosten nach England zurückschicken würde, könnten ihre Eltern seine Einmischung sehr verärgern. Er musste an seine eigene Karriere denken ... und an Sibyl ... Für eine Frau wie Lucy wäre eine Heirat mit den meisten Männern ihrer Klasse oder darunter oder unmittelbar darüber ein ziemlicher Schock. Sie war so heiratsfähig, so sehr zur Beute eines Mannes bestimmt, dass sie es eines Tages zwangsläufig durchmachen musste . Wenn sie dann verheiratet wäre, würde sie mehr oder weniger in seinem Konsularbezirk wohnen, und er könnte ein Auge auf sie haben, ohne übermäßig aufmerksam zu sein. Vielleicht war Mrs. Ewart Stott immer noch im Zigula- Land der deutschen Sphäre ansässig ... *sie* könnte ihr helfen. Sehr wahrscheinlich würde sie ihren dreijährigen Aufenthalt, den die Mission allgemein vorsah, durchhalten und dann nach England zurückkehren können . – Was für ein Spaß, wenn sie beide zusammen nach Hause gingen und ihre Erfahrungen austauschten?

Er könnte in dieser Zeit die ostafrikanischen Angelegenheiten revolutioniert haben ...

Er war sich überhaupt nicht darüber im Klaren, dass er in den zwei bis drei Wochen ihrer engen Zusammenarbeit an Bord Lucys Liebe so sehr gewonnen hatte, dass sie langsam das Ende der Reise und das Treffen mit John als einen Grund für die Zukunft betrachtete Schwärze, der Eingang zu einem dunklen Tunnel....

In der Zwischenzeit akzeptierte sie alles, was er ihr freiwillig von seiner Gesellschaft schenkte, ohne eine Vorwärtsgewandtheit an den Tag zu legen , die ihre Erziehung herabwürdigte und die Wachsamkeit von Frau Bazzard verbot. Ende April war das Rote Meer gut zu ihnen: klarer kobaltblauer Himmel, violette Wellen, eine kühle Brise, kein dampfender Nebel in der Atmosphäre und gelegentlich Ausblicke auf dürre Berge oder vogelweiße Felsen und Inseln. Sie saßen auf ihren Stühlen und redeten: sprachen über alles, was Lucy in den Sinn kam. Sie legte seiner überlegenen Weisheit hundert Rätsel zur Antwort vor, die ihr Verstand nun mit erregter Fantasie zu formulieren vermochte.

„ Sie sagen, dass Sie Missionare gutheißen, aber Sie scheinen Religion nicht zu mögen. Sie haben versucht, dem Besuch des Sonntagsgottesdienstes im Saloon aus dem Weg zu gehen, und Sie sahen sehr wütend aus, als der Kapitän Sie aufforderte, die Lektionen zu lesen. Glauben Sie nicht daran? dann *irgendetwas* ?“

„Du wirst feststellen, Lucy“, antwortete Brentham , „dass das Wort ‚glauben‘ sehr missbraucht wird. Du denkst vielleicht, dass dies und das so oder so wahrscheinlich, so möglich, wie wünschenswert ist – oft sogar das Der Wunsch ist der Vater des Gedankens. Aber ihn sich vorzustellen bedeutet nicht, daran zu glauben; auf die gleiche Weise, wie wir durch unwiderstehliche Überzeugung gezwungen werden, an eine Tatsache, eine Konsequenz oder ein Ereignis zu glauben, ob es uns gefällt oder nicht. Wir können „Glauben“ Sie nur, was durch die Beweise unserer Sinne, durch eine unbestreitbare Anhäufung von Beweisen oder Aufzeichnungen historischer Tatsachen überprüft werden kann ... Darüber hinaus gibt es Wahrscheinlichkeiten, Möglichkeiten und Vermutungen. Ich kann glauben, dass das Feuer mir den Finger verbrennen würde wenn ich es in die Flamme lege; oder dass die Erde sich um die Sonne dreht und dass der Mond mehr oder weniger 240.000 Meilen von der Erde entfernt ist: weil meine Sinne oder mein Verstand mich von der Wahrheit dieser Tatsachen überzeugen. Das kann ich glauben Du bist ein sehr liebes kleines Mädchen, das neben mir in einem Liegestuhl auf einem Dampfer sitzt, der nach Ostafrika fährt: weil ich einen solchen Glauben einer abschließenden Sinnesprüfung unterziehen kann. Aber ich kann nicht in gleicher Weise an die meisten sogenannten „religiösen Wahrheiten“ „glauben“, weil es sich nur um Vermutungen, Vermutungen, vorläufige Erklärungen handelt, die ihren Wert verloren haben ... tatsächlich ihr Interesse verloren haben. Deshalb kann ich meine Zeit nicht damit verschwenden —“

„Aber“, stammelte Lucy, „die Bibel?“

„Genau so: die Bibel. Wie viele von Ihnen denken darüber nach, was die Bibel ist? Eine Sammlung vergleichsweise alter Schriften auf Hebräisch und Griechisch, sehr schön in Shakespeares Englisch übersetzt, mit vielen Lücken, die durch Wortvorschläge gefüllt werden, und sogar – wie wir jetzt denken – viele Wörter und Sätze falsch übersetzt. Die hebräischen Bücher könnten erstmals zwischen sechshundert und hundert Jahren vor Christus niedergeschrieben worden sein, das Neue Testament zwischen fünfzig und einhundertfünfzig Jahren nach Christus – jedenfalls in der Form, in der wir sie kennen. Die Originaltexte wurden von Menschen geäußert oder geschrieben, die nur einen kleinen Teil der Mittelmeerwelt kannten, die dachten, die Erde sei flach und der Rest des Universums nur eine gewölbte Kuppel darüber Die Erde. Hiob hatte vielleicht größere Vorstellungen, aber die frühen christlichen Schriftsteller verkörperten Unwissenheit. Sie waren bereit, alles und jedes für ein Wunder zu halten und die absurdesten Märchen zu erfinden, um alltägliche Tatsachen zu erklären. Gleichzeitig Sie übersahen oft die Schönheit, Einfachheit und den praktischen Wert der Lehre Christi und auch die Tatsache, dass viele seiner Lehren ...“

„ *Was für* ein abstruses Gespräch“, sagte Mrs. Bazzard und brach aus der sternenklaren Dunkelheit in Rogers Erörterungen ein. Sie hielt sich im Roten Meer auf, besonders nach Einbruch der Dunkelheit, und hatte die ermüdende Art, plötzlich ihre Anwesenheit zu erkennen zu geben. Vielleicht war es aber auch gut so, und obwohl es Roger im Moment ärgerte, dass sein eloquentes lautes Denken unterbrochen wurde – denn in solchen Monologen versuchen wir in der Regel nicht nur unser Gehör, sondern auch uns selbst zu überzeugen –, spürte er es auch Erleichterung über die Entschuldigung, das Argument fallenzulassen. *Warum um alles in der Welt* sollte er Lucys stereotype Überzeugungen untergraben? Was könnte er ihr – auch in dem Leben, das sie führen würde – stattdessen geben?

Aber die Diskussion wurde durch Lucys hartnäckige Fragen immer wieder neu belebt. Sie entlockte ihm im Allgemeinen, dass er, obwohl er die materiellen Ergebnisse der Missionsarbeit und die Ethik des Christentums im Allgemeinen befürwortete, Glaubensbekenntnisse verspottete und Gebete für zwecklos hielt – insbesondere die versteinerten Gebete des Judentums, des protestantischen und katholischen Christentums, weil sie dazu unpassend waren Unser gegenwärtiges Zeitalter hatte wenig Bezug zu unseren komplizierten Sorgen und Bedürfnissen, unseren neuen Verbrechen, Schwierigkeiten, Qualen und Versuchungen. Er empfand die Psalmen, bis auf zwei oder drei, als äußerst ermüdend in ihrem langwierigen Leiden und Warten , Schmerzen und Beschwerden, die wahrscheinlich auf eine zu fleischfressende Ernährung zurückzuführen waren; wenig verlockend in ihren Idealen – „mehr Ochsen für den Altar ... und das Fett von Widdern ...“ Dann waren unsere Hymnen – alle bis auf drei oder vier – grob oder kindisch in ihrer Bildsprache, erbärmlich in ihrer Haltung gegenüber einem Cäsar oder ein Sultan eines Gottes, der die ganze Zeit unnachgiebig das Martyrium des Menschen und die rücksichtslosen Prozesse der Natur beobachtete, ohne einen Finger zu rühren, um den Zyklon oder die Epidemie aufzuhalten ... und so weiter ... Seine Ansichten waren sehr nachempfunden die von Winwood Reade und über Burtons Sticheleien bei „ Provvy “ (Lucy schauderte angesichts der Respektlosigkeit und erwartete, dass ein Meteor das Schiff in zwei Teile spalten würde), und er hatte Cotter Morrisons „ *Service of Man* “ aus England mitgebracht .

Lucy war manchmal so schockiert über seine Verneinungen, dass sie beschloss, nicht mehr mit ihm zu sprechen, sondern sich stattdessen dem Studium der Swahili-Grammatik zu widmen, die er ihr geliehen hatte. Dann konnte sie bei seinem Anblick und bei seiner morgendlichen Begrüßung und der freundlichen Gesellschaft beim Essen nicht mehr zurückhalten. Auf jeden Fall hatte er gesagt, dass man als Christ handeln sollte, auch wenn man die christliche Theologie nicht verkraften konnte. Das war ein tolles Eingeständnis. Und er schien zahlreiche Freunde unter den Missionaren in Unguja und im Landesinneren zu haben, was kaum der Fall wäre, wenn er ein schlechter Mensch wäre ... Außerdem war sein Vater Geistlicher.

Aden war eine willkommene Abwechslung zu diesen Diskussionen. Es war konkret und unbestreitbar und von bemerkenswertem Interesse, wenn es von einem Brentham interpretiert wurde ... Steamer Point mit seinen Massen indischer und britischer Soldaten, Juden mit Locken und hohen Kappen, die Straußenfedern verkaufen, Somalis wie griechische Götter in Ebenholz, die seltsame Häute anbieten, Schädel und Hörner zum Verkauf sowie Straußeneier; die Fahrt – in einer klirrenden Kutsche über sandige Straßen, vorbei an rotschwarzen Felsen auf der einen Seite und einem intensiv ultramarinblauen Meer auf der anderen – zur arabischen Stadt; die riesigen Zisternen, die reiche Vegetation an den Zisternen; und dann, nach einer Pause absolut steriler Felsschluchten (die vage an die Annäherung an Aladdins Höhle in Tausendundeiner *Nacht erinnern*), eine Schlucht am Meer mit einer unerwarteten Flora aus Aloe, Euphorbien, Mesembryanthen und Akazien ... Sogar Mrs. Bazzard mit ihrem Bayswater- Geist war für einen Moment von Brenthams beeindruckt angenehm vermitteltes Wissen über all diese Dinge. Wie außergewöhnlich sie waren, fiel einem erst auf, als er darauf hinwies. Sie war vorerst damit versöhnt, dass er sie eingeladen hatte, Lucy auf dem Tagesausflug zu begleiten, und dass er ihr und Lucy großzügige Geschenke gemacht und ihr Fächer aus Straußenfedern und lustigen Schmuck aus Muscheln geschenkt hatte .

Nach Aden bewölkte sich der Himmel; metaphorisch gesehen, mit dem bevorstehenden Ende dieser wundervollen Episode in Lucys Leben, materiell mit einigen ermüdenden Erscheinungen des Monsuns. Ich weiß nicht mehr, ob es zurückblies und *Jeddah* im Tal großer indigofarbener Wellen liegen ließ und trübe rollte; oder sie behinderte ihren Fortschritt und ließ sie wie ein Schaukelpferd vorankommen. Aber es verlieh diesem Liebespaar – wie sie unzugegebenermaßen waren – eine Stürmigkeit, ein Gefühl der Verzweiflung . Glücklicherweise wurde dadurch auch der Halt von Mrs.

Bazzards hochhackigen Bayswater- Schuhen auf dem instabilen Deck unsicher, sodass sie ihre aufmerksame Beobachtung ihrer Gespräche entspannte. Lucy war abwechselnd schweigsam und wehmütig und fast geräuschvoll und lebhaft, ihre Hände zitterten, als sie an einer Teetasse vorbeikamen. Sie begann zu begreifen, dass die Reise in fünf oder sechs weiteren Tagen damit enden würde, dass sie John als leidenschaftlichen Bräutigam traf; dass sie niemals Roger gehören würde, sie würde so schnell aus seinem Leben verschwinden, wie sie es betreten hatte, und höchstens eine angenehme und amüsante Erinnerung an einen halb unwissenden kleinen Menschen sein, mit dem er gutmütig einen Großteil seiner Zeit verbracht hatte auf einer langen Seereise.

Roger seinerseits würde bei seinen Überlegungen im Raucherzimmer das Gefühl haben, dass er viel zu weit gegangen war – sie kompromittiert hatte und vielleicht selbst eine ziemlich dumme Rolle gespielt hatte, für einen Mann mit hohen Ambitionen. Da war diese Hure von einer Frau, die Quintessenz einer Pension in Bayswater , Mrs. Bazzard , die Frau eines – vermutlich – Verbrechers, dessen Nase er aus den Fugen geraten war. Sie war in der Lage – und es wäre erniedrigend, sie zu versöhnen und für sich zu gewinnen –, seinem Flirt irgendeine Konstruktion zu verleihen. Wie er in solchen Momenten, bevor er sich auf den Weg machte oder sogar während er in der Kapitänskajüte Whist spielte und an etwas anderes als das Spiel dachte, diese langen Dampferreisen und diese Episoden der Liebe *verfluchte !* Es gab diese Reise im Jahr 1880 – damals war er einer Klage wegen Versprechensbruchs nur knapp entgangen, und er würde gehängt werden, wenn er sich vorgenommen hätte, mehr als nur gesellig zu sein. Und als er das letzte Mal nach England zurückgekehrt war ... Mrs. Traquhair , die Frau des Chefelektrikers von Unguja ... Nur die Tatsache, dass sie im Mittelmeer einen dieser Rosenbeulen entwickelt hatte, die ein Erbe der Mücken von Unguja waren , und die sie bis zum Golf von Biskaya (als sie alle Seekrank waren) in ihrer Kabine festhielt, hatte das Unwiderrufliche verhindert. Und die ganze Zeit glaubte er, mit Sibyl verlobt zu sein! Und danach, als er Mrs. Traquhair und ihre Schwester getroffen hatte – *und* die Schwester! Oh mein Gott, – in London und hatte sie im „Cri" gegessen. Er nahm sie *aus* einer Kiste mit zu Arthur Roberts, überflog das Profil von Mrs *Auf der Erde* hätte er sie so leidenschaftlich küssen können, als sie durch den Suezkanal fuhren. Dennoch konnte sie kein schlechter Mensch sein, denn sie hatte nie versucht, ihn zu belästigen oder ihm nachzugehen ... Aber er konnte Lucy nicht mit Mrs. Traquhair oder der Sirene der Reise von 1880 in Verbindung bringen. Sie war vollkommen brav und hatte keine Pläne, ihn in eine Falle zu locken. Ein süßes kleines Ding...

Guardafui und Sokotra in den Indischen Ozean gelangten , herrschte vorübergehend eine Flaute im Wind. Es war eine Mondnacht; Sie saßen Seite an Seite unter freiem Himmel, denn wegen des Monsuns war die Decksmarkise entfernt worden. Ein plötzliches heftiges Verlangen – es war niemand an Deck, den er sehen konnte – erfasste ihn, sie in seine Arme zu nehmen und sie zu küssen. Und es kam eine telepathische Nachricht, dass sie sich danach sehnte, so genommen und geküsst zu werden. Aber er widerstand dem Anstoß und stützte sich mit geballten Händen auf die Armlehnen seines Stuhls. Zwischen ihnen herrschte Stille. Ein leises Anhalten von Lucys Atem war schwach zu hören, und – darf ich es sagen? Ein Schniefen, ein kleines Schniefen.

„*Lucy*? *Weinen*? Mein *liebes* Kind! Warum ... Kopf hoch. Wir werden bald da sein. Dir ist nicht kalt?"

„Du verstehst nicht... ich... ich... *will da nicht* hinkommen... ich will ihn nicht heiraten; ich *hasse* die bloße Idee..."

„Oh, aber das wird niemals gehen... Das ist Dummheit, glauben Sie mir. Lucy! Nehmen Sie sich zusammen."

Lucy schluchzte jetzt verzweifelt.

Man hörte Mrs. Bazzard ganz in der Nähe sagen: „Welches ist Gyuardifwee und welches ist, wie man sie nennen könnte – Ras Hafoon? Ich meine, das Kap, wo einige der Dampfer im Nebel an Land laufen, und dann." Du musst durch Somaliland laufen und dir einen Sonnenstich holen?"

Brentham rief leise: „*Verdammte* Frau!" und antwortete hörbar, sogar ein wenig unverschämt: „Ich bin *gesegnet*, wenn ich es weiß. Fragen Sie besser den Kapitän. Er ist auf der Brücke und brennt für einen Klatsch, und er wird Ihnen wahrscheinlich eine Tasse Kakao geben."

Mrs. Bazzard ging weg – oder tat so, als würde sie es tun.

„Lucy, Liebes. Ich möchte mit dir sprechen, während die Katze außer Hörweite ist. Beruhige dich und höre zu, denn ich muss leise sprechen. Wenn du das Gefühl hast, dass du lieber sterben würdest, als diese Ehe durchzuziehen, dann du Ich werde nicht dazu gezwungen werden. Ich werde mit Erzdiakon Gravening sprechen ... oder dem Bischof ... und sie werden von einigen netten Frauen der anglikanischen Mission wissen, die Sie für ein paar Wochen aufnehmen würden ... bis es soweit ist ein Rückdampfer ... Dann kannst du unter der Bitte um „Gesundheit" nach England zurückkehren. Ich könnte das Geld für die Dampferpassage leicht vorstrecken ... eines Tages könnten deine Eltern es mir zurückzahlen. Aber selbst wenn sie es nicht täten, das spielt keine Rolle. Ich möchte wirklich, dass du *glücklich bist*. ..."

Aber Lucy schluchzte: „Es war nicht... dass sie ein kleiner Idiot war und er es nicht merken durfte... sie würde sich nie, *nie* wieder so benehmen...

nach seiner außergewöhnlichen Freundlichkeit auch, die sie wäre immer dankbar dafür. Er darf nicht mehr darüber nachdenken oder sich jemals wieder darauf beziehen ...“

Und bevor er noch etwas sagen oder diese Katze, Mrs. Bazzard , zurückkehren konnte, schlüpfte sie in ihre Kabine, wo sie glücklicherweise allein war und sich ausweinen konnte, ohne aufzufallen. Aber als sie auf der Koje lag, biss sie die Zähne zusammen und beschloss, dass sie, komme was wolle, *nicht* Tausende von Meilen zwischen sich und ... „Roger“ ... bringen würde, sagte sie im Geiste den Namen. Es ist besser, im Umkreis von ein paar hundert Kilometern von seinem Aufenthaltsort zu wohnen und ihn ab und zu zu sehen und zu hören. Warum ... *Warum* ... hat er sie nicht gebeten, ihn zu heiraten? Ja, und seine Karriere ruinieren. Was würden sie alle bei Unguja sagen ... und bei *John* ? ... Armer John! Was für ein Schock wäre es für ihn. Da war der Brief, den er zur Begrüßung in Aden an die Adresse des Dampfschiffagenten geschickt hatte. Sie hatte es geöffnet, es aber nicht durchgelesen, so verliebt war sie gerade in Brentham ... Am nächsten Morgen frühstückte Lucy im Ladies' Saloon und beklagte sich auf Seekrankheit. Später ging sie auf das Oberdeck, bewaffnete sich aber mit der Suaheli-Grammatik, einer Verteidigung gegen einen Brentham , der absichtlich wegblieb und mit dem Kapitän sprach , und nicht gegen Mrs. Bazzard , die sie mit Fragen über sie belästigte. Kopfschmerzen“, drückte sie in den Anführungszeichen in ihrem Tonfall aus.

Am darauffolgenden Tag normalisierten sich die Beziehungen jedoch rundum . In zwei weiteren Tagen hatten sie vor Lamu geankert . Lucy sah zwei niedrige Inseln mit dunstigem Waldland auf dem fernen Festland. Die Insel Lamu hatte niedrige Sandhügel, die ins Meer ragten, und auf einem von ihnen befand sich ein Obelisk oder eine Säule, die laut Kapitän Brentham ein wichtiges historisches Denkmal war, das die Portugiesen vor fast vierhundert Jahren errichtet hatten. Die beiden Frauen wollten unbedingt landen und Ostafrika zum ersten Mal sehen. Sie gingen mit ihm im Boot des Vizekonsuls an Land; denn hier war ein Vizekonsul, der Brenthams Besuch erwartet hatte und sich freute, als zwei englische Damen in seine Einsamkeit eindrangen. Als sie landeten, sahen sie Massen von undeutlichem Mauerwerk, die Überreste portugiesischer oder arabischer Festungen und einen Haufen menschlicher Schädel und Knochen am Strand, vor dem sie beide vor gespieltem Entsetzen aufschrien. Dies könnte das Ergebnis des letzten somalischen Überfalls oder von Sklaven gewesen sein, die aufgrund der Wachsamkeit britischer Kreuzer unverschifft an der Küste gestorben waren, oder sogar auf die Vertreibung der Portugiesen durch die Araber vor zweihundert Jahren zurückgehen. Die Stadt Lamu war von der Stelle, an der sie gelandet waren, zwei Meilen zu Fuß entlang der Sandküste entfernt, aber der Anblick der außergewöhnlich farbigen , blauen, roten und grünen

Krabben, die umherhuschten und dennoch mit erhobenen Scheren drohten, und der Eingeborene, die sie in einem lachenden Pöbel begleiteten, einige bis auf die Fersen bekleidet, andere praktisch nackt, erleichterten ihnen die Langeweile der Reise. Die Gerüche aus den Bezirken und dem Herzen der Stadt Lamu waren so schrecklich, dass sie sogar interessant waren. Das stärkste – aus ranzigem Haifischleberöl – galt als recht gesund, aber das aus den Abwässern und dem Müll am Ufer – Schlamm – veranlasste sie, Taschentücher vor die Nase zu halten. Allerdings war die Stadt mit ihren arabischen und persischen Häusern aus weißem Stein, ihren sarazenischen Toren, in deren Ecken persische Töpferwaren eingelassen waren, und ihren schweren Türen aus geschnitztem Holz sehr malerisch. Das Konsulat lag etwas außerhalb der Stadt, in einem ummauerten Garten aus Palmen, Feigenbäumen und Bäumen mit wunderschönen scharlachroten Blüten. Hier tranken sie eine Tasse Tee, und das Konsularboot, das ihnen entlang der Küste gefolgt war, brachte sie zurück nach *Jeddah*, dankbar im gleißenden Sonnenschein für ihre Tropenhelme und weißen Regenschirme.

Dieser Ausflug mit seiner Einführung in die Realität und Romantik des tropischen Afrikas bereitete Lucy irgendwie auf den übernächsten Tag vor, als die *Jeddah am frühen Morgen* auf der Reede von Unguja ankerte. Um acht Uhr war sie angezogen und saß im stickigen Damensalon und wartete auf die Ankunft von John oder wer auch immer ihr entgegenkommen würde. Saß mit zitternden, schwitzenden Händen in durchbrochenen Baumwollhandschuhen da und wünschte, die Spannung sei vorbei. An Deck waren laute Stimmen zu hören ... Mrs. Bazzard, die in ehelicher Begeisterung über ihren Mann ausbrach; Bazzard bemühte sich zwischen ihren Umarmungen, eine teils respektvolle, teils kameradschaftliche Haltung gegenüber Kapitän Brentham einzunehmen, um die Erkenntnis, dass er seinen offiziellen Vorgesetzten im Moment begrüßte, mit der sicheren Stellung einer Person zu verbinden, die über längere Erfahrung als Beamter verfügte kümmert sich. Sie hörte ihn sagen: „Ihr Boot wartet auf Sie, Sir. Ich werde dafür sorgen, dass Ihnen ein Feuerzeug für Ihr Gepäck geschickt wird, sobald es aus dem Laderaum ist ...“

Dann stolperten sie Schritte eine Treppe hinunter und den Gang entlang, und John stand vor ihr, den Sonnenhelm in der Hand, die Augen glühten vor hungriger Liebe, und sagte, eher stammelnd: „Meine *Lucy*! C-Komm endlich! *Oh*, wie es mir geht.“ freute sich.... Wie...“ Aber er drückte sie in einer rauen Umarmung an sich, ohne auf ihr zartes Baumwollkleid zu achten und auf die Tatsache, dass sein rotes Gesicht mit Schweiß bedeckt war... Aber da war etwas so Anziehendes und doch so meisterhaft in seiner Liebe und auch etwas, das so an den Parksitz in Englefield und diesen Sonntagsspaziergang erinnerte, dass Lucy, als sie seiner Umarmung nachgab, bei sich selbst sagte: „Wie hätte *ich* nur auf die Idee kommen können, ihn umzuwerfen?“

Gemeinsam gingen sie an Land. Brentham war nicht einmal geblieben, um sich zu verabschieden. Jemand hat nach ihrem Gepäck gesucht. Sie hatte so das Interesse daran verloren, dass es ihr egal war, ob etwas fehlte … Dann sagte John: „Ich hoffe, du hast das Harmonium herausgeholt, das dein Onkel uns gegeben hat“, und sie antwortete etwas lustlos: „Oh Ja! Es war *so* mühsam, es quer durch London zu bringen, aber ich denke, es ist an Bord.“

„Ich nehme Sie mit“, sagte John beiläufig im Boot und verschlang sie die ganze Zeit mit seinen Augen, „um bei Mrs. Ewart Stott zu bleiben, bis wir verheiratet sind.“

Kapitel VII

UNGUJA – UND HOCHLAND

Damals traf man alle zwei oder drei Jahre entweder Herrn *oder* Frau Ewart Stott in Unguja, normalerweise in der baufälligen Residenz und Geschäftsadresse von Herrn Callaway, dem Handelsvertreter der Ostafrikanischen Mission. Und als Mrs. Ewart Stott dort war , übernahm sie das Kommando, sodass man sie instinktiv als Gastgeberin begrüßte. Mr. Callaway war durchaus damit einverstanden, denn sie vollbrachte Wunder, indem sie sein unordentliches Haus in Ordnung brachte; Sie machte seine Diener munter und verjagte die Kakerlaken, vertrieb einige der Gerüche und heilte im Allgemeinen einen Fieberanfall mit Chinin, Hühnerbrühe und mütterlicher Fürsorge.

Die Ewart Stotts waren als Missionare unabhängig, weil Frau Ewart Stott als Kirche von England und Herr ES als Presbyterianer begonnen hatte, sie konnten sich jedoch nicht ganz mit der Disziplin oder den Idealen der verschiedenen Kirchen oder Sekten einigen und zogen es vor, Ostafrika weiter zu evangelisieren einen eigenen Plan. Sie verfügten zumindest zunächst über private Mittel; bis sie diese in Gründungsmissionsstationen durchlaufen hatten, woraufhin sie von anonymen Wohltätern unterstützt wurden. Und da ihre Grundsätze und *Vorgehensweisen* denen der Ostafrikanischen Mission der Methodisten am nächsten kamen, arbeiteten sie mit ihnen zusammen und nutzten ihren Agenten und ihr Depot in Unguja.

Beide stammten aus Ulster, mit einigen Beimischungen einer freundlicheren Abstammung; dennoch wurden beide in Australien geboren. Sie als Miss Ewart und er ursprünglich als Mr. Stott. Sie hatten sozusagen im selben Moment „Christus gefunden", und es schien wirklich eine logische Folge zu sein, dass die Vorsehung sie zu irgendeinem australischen religiösen Fest zusammenbringen sollte. Sie verliebten sich sofort, heirateten schnell und verschmolzen ihre Nachnamen. Sie war zwanzig, er zweiundzwanzig. Sie war ausgesprochen sympathisch und er sah ziemlich gut aus. Wahrscheinlich waren sie beide vollkommen gut und unbewusst ohne Sünde geboren worden, so dass der Erwerb der Religion sie nicht besser oder sympathischer machte, sondern sie nur mit der Manie befiel, Hymnen, Psalmen und Bibeltexte *à tout propos zu zitieren* Sie sehen die Hand des Herrn, Sein göttliches Eingreifen bei jedem Vorfall, jedem Unfall, jeder Veränderung zum Guten oder Schlechten, die sich auf sie selbst auswirkt. Sie empfingen ständig göttliche Eingebungen, im Allgemeinen nachdem sie im Gebet miteinander gesprochen hatten. Und diese befolgten sie so schnell wie möglich.

So wurden sie beispielsweise nur sechs Monate nach ihrer Heirat und als ihr ältestes Kind bereits unterwegs war, dazu inspiriert, Ostafrika zu evangelisieren. Sofort verkauften sie ihr Zuhause in Südaustralien, begaben sich mit einer riesigen Truppe nach Aden und übersiedelten von dort nach Unguja und auf das zangianische Festland.

Sie wollten nichts anderes predigen als „den gekreuzigten Christus" und das neue Leben, das schwarze und weiße Männer führen sollten, nachdem sie dieses Opfer „angenommen" hatten, diese Sühne für die vermeintliche Sündhaftigkeit der armen, gemarterten Menschheit. Aber trotz dieser breiten, wenn auch unlogischen Grundlage ihrer Propaganda litten sie unter einer bitteren Abneigung gegen die Wissenschaft , die sie auf die Evolutionstheorie oder jede Bibelkritik konzentrierten, die ihren Glauben an einen sehr menschenähnlichen Gott schwächen würde, der sich offenbar umgedreht hatte Er kehrte seinem eigenen Universum den Rücken und beschäftigte sich einzig und allein, sehr umständlich und sehr wirkungslos mit einem seiner Staubkörner, einem winzigen Planeten, der um einen fünftklassigen Stern unter einer Milliarde anderer Sterne kreist. Im Übrigen hatten sie unendlichen Mut, unendliche Liebe und Nächstenliebe, enorme Arbeitskraft, aber keinen Sinn für Humor .

Ein Konsul nach dem anderen warnte sie vor den Risiken, die sie eingingen, wenn sie – Vater, Mutter und Kinder – in das unerforschte Afrika mit dem schlechtesten Ruf stürzten. Sie ignorierten lächelnd Warnungen und Proteste, ... wilde Tiere, wilde Völker, wilde Klimazonen, wilde Landschaften – alles schien gegen sie zu sein. Mr. Stott wurde einmal von einem Nashorn in einen Fluss geworfen; Aber das Wasser stoppte seinen Sturz und er kam heraus, bevor die Krokodile aufwachten, und taumelte, nur leicht verwundet, zurück zum Lager. Kurz darauf stürmten Hunderte von Massai-Kriegern ihr Lager und ihre Küstenträger flohen in den Busch. Die nackten, mit Fett und Ocker gesalbten Krieger mit ihren sechs Fuß langen Speeren fanden Mrs. Stott, wie sie an ihrem Lagertisch Tee trank und Kleidung für ihr Baby nähte, während Mr. Stott mit verbundenen Wunden auf einem Lagerplatz lag – Bett. Mrs. Stott, überzeugt davon, dass der Allmächtige irgendwo in der Nähe war, lächelte die Krieger an und teilte ihren Pflaumenkuchen mit den vordersten. Sie erwiderten das Lächeln und steigerten es zu schallendem Gelächter. Nachdem sie einen Kriegstanz aufgeführt hatten , zogen sie sich zurück und schickten ihr später einen großen Kürbis mit frischer Milch.

Nach einigem Hin und Her aufgrund der unsicheren Anzeichen des göttlichen Willens und Vorhabens hatten sie sich auf der alten Entdecker- und Missionsroute zur Victoria Nyanza niedergelassen, genau westlich von Unguja im sogenannten Ugogo- Land , teilweise weil es die Wa-gogo waren gilt als ziemlich widerspenstig gegenüber dem Christentum.

Lucy Josling, die einen Großteil dieser Zusammenfassung von ihrer Verlobten in ihre halbaufmerksamen Ohren fließen ließ, als sie durch die engen Gassen zwischen den hohen Steinhäusern von Unguja gingen – sie interessierte sich viel mehr für die hübsch gekleideten Araber, die verschleierten Frauen, Die umherziehenden Bullen und ihre Besitzer, salamingende Indianer, betraten schließlich das arabische Haus, das Mr. Callaway für seine Agentur gemietet hatte.

Durch einen dunklen Eingang und Korridor gelangten sie in einen Hof mit einem riesigen Feigenbaum in der Mitte. Um diesen quadratischen Raum herum befand sich eine breite und schattige Veranda. Mrs. Stott erhob sich von ihrer Nähmaschine und begrüßte Lucy mit jener einfachen Herzlichkeit, die ihr unter den Bekehrten und Unkonvertierten so viele Freunde einbrachte.

„Nach so vielen Wochen auf See müssen Sie sich ziemlich benommen fühlen, wenn Sie an Land sind. Ich weiß, Sie würden am liebsten in Ihr Zimmer gehen und dort vielleicht bis zu unserem Mittagessen ruhig bleiben. Wir haben unser Bestes für Sie getan – kurzfristig – denn Ihr junger Mann und ich sind erst seit Samstag in Unguja. Wir reisten zusammen hinunter, er natürlich, um zu heiraten, und ich, um mich um eine große Warensendung zu kümmern, die für uns hier angekommen ist. Ich auch erwartete einen Rekruten für unsere Mission, aber er scheint diesen Dampfer nicht erwischt zu haben.

Dann ging Mrs. Stott voran zu Lucys Zimmer, und John ging zum Zollamt, um ihr Gepäck abzufertigen und einzulagern: eine Angelegenheit, die ihn den Rest des Tages beschäftigen würde.

Obwohl das Schlafzimmer im Obergeschoss, das Lucy bewohnen sollte, wie alle anderen Räumlichkeiten nach Kopra, Anis, Kakerlaken, getrocknetem Fisch, Haifischleberöl, Currypulver, Ratten- und Fledermausmist roch, in einer schlecht vermischten Essenz, Da manchmal diese oder jene Zutat vorherrschte, wirkte es sauber und luftig, und die saubere Bettwäsche, der weiße Moskitovorhang und der Strauß Frangipani-Blumen in einer persischen Keramikvase strahlten etwas Anmut und Raffinesse aus. Instinktiv wandte sie sich mit Tränen in den Augen an Mrs. Stott. „Das ist *deine* Schuld, da bin ich mir sicher! Irgendwie erinnerst du mich an Mutter.“

„Nun“, sagte Mrs. Stott, „das ist genau das, was ich gerne tun würde; obwohl ich vermutlich nicht älter als eine ältere Schwester bin; nur dieses afrikanische Leben lässt einen sehr schnell altern.“

Die Hitze während des restlichen Tages schien Lucy in diesem niedrigen Raum, in einem tiefer gelegenen Teil der Stadt, fast unerträglich.

Sie verbrachte einen Großteil des Nachmittags damit, in *Déshabille auf ihrem Bett zu liegen* und ständig dem Heimweh zum Opfer zu fallen. Sie versuchte einmal, mit dem kleinen Stott-Kind auf dem Treppenabsatz zu spielen, aber es interessierte sich viel mehr für die großen rotschwarzen Kakerlaken, die es mit überraschender Schnelligkeit und ohne Lucys schauderndes Entsetzen fing. Es würde diese Insekten mit ihren kleinen flachen Köpfen, wirbelnden Antennen, kratzigen Beinen und dicken gelben Bäuchen ziemlich fest (aber nicht unfreundlich) in seinen dicken Fingern halten, um ernsthafte Aufmerksamkeit zu erregen; Dann lassen Sie sie über die Bretter laufen. Mrs. Stott war auf dem Weg zum Zollhaus; Ein blasser, schwitzender, halbbekleideter indischer Angestellter ging in Mr. Callaways Geschäften im Haus ein und aus, zu fieberhaft und lustlos, um sich auch nur ein einziges Reiskorn um diese junge Frau zu scheren, die frisch aus England kam. Die Flöhe auf der Veranda im Erdgeschoss und in den Geschäftsräumen waren zu zahlreich, als dass ein Anfänger sie hätte ertragen können. Lucys einzige Möglichkeit bestand darin, in ihr Zimmer zurückzukehren, sich durch Ausziehen von diesen Verfolgern zu befreien und geduldig auf die kühlere Luft nach Sonnenuntergang zu warten. Ein Besuch von Mrs. Stott um halb sechs teilte ihr mit, dass das Abendessen um sieben serviert werden würde und dass John Baines sich um Lucys gesamtes Gepäck gekümmert hatte. Was sie für die nächsten Tage brauchte, war bereit, für ihren Gebrauch herangezogen zu werden; Der Rest würde in den Untergang gebracht, um auf die Abfahrt im „ dau "[#] zu warten, der sie zum Festland befördern würde. Deshalb musste Lucy aufstehen und sich anziehen, herunterkommen und sich zwingen, etwas Zuneigung für ihre Verlobte und etwas Interesse an ihrem Gepäck zu zeigen – während sie gleichzeitig mit den Mücken beschäftigt war, die ihre Knöchel bissen, den Flöhen, die sie mit neuer Gier angriffen, die Kakerlaken, die um ihre Füße huschten, und die Gerüche, die ihr übel wurden. Sie genoss die mit scharfen roten Chilischoten gewürzte Hühnerbrühe und die Kokosnussmilch, die zum Abendessen als Getränke serviert wurde; und pflückte ein bisschen Fisch, frisch und flockig. Sie schätzte auch das Dessert mit Ananas, Mangos und Orangen. Anstelle von Kaffee gab es danach Tee mit Ziegenmilch. Dies löschte den Durst und half, die quälenden Kopfschmerzen zu lindern, die im Laufe des Abends immer mehr ihren Höhepunkt erreicht hatten.

[#] Geschmücktes arabisches Segelschiff.

Um neun Uhr waren alle Überreste einer Mahlzeit weggeräumt, und John, Mr. Callaway und sogar Mrs. Stott nahmen eine unheilvolle Miene an, als etwa vierundzwanzig kräftige Neger und die zwei oder drei Negerdiener der Stotts eintrafen legte eine Reihe von Gesangbüchern und eine große Bibel bereit. Anschließend las John Gebete und einen Teil der Heiligen Schrift auf Suaheli vor, während die christianisierten Neger pflichtbewusst knieten, saßen und standen, um im Einklang mit ihren weißen Arbeitgebern Hymnen zu singen. Da die Hymnen ebenfalls auf Swahili verfasst waren, war die gesamte Zeremonie, die etwa eine halbe Stunde in Anspruch nahm, für Lucy bedeutungslos, die von den Flöhen und Mücken fast in Panik getrieben wurde. Endlich war es Zeit fürs Zubettgehen; John verabschiedete sich widerwillig und versprach, Lucy um acht Uhr morgens abzuholen, um sie auf eine Besuchsrunde mitzunehmen. Lucy zog sich in sehr niedergeschlagener Stimmung in ihr Schlafzimmer zurück, aber Mrs. Stott folgte ihr. Ohne um eine Erklärung gebeten zu werden, durfte sie fünf Minuten lang an Mrs. Stotts Hals weinen. Dann zog dieser sie aus, rieb die Bisse mit etwas kühlender Lotion ein, verabreichte fünf Gran Chinin und brachte sie zu Bett.

Angesichts des Quietschens und Geplappers der Flughunde, die draußen die Feigen fressen, der Ratten, die über den Boden ihres Zimmers rennen, und eines Tornados aus Donner, Blitzen und trommelndem Regen war die Nacht nicht gerade angenehm. Aber als Mrs. Stott sie mit einer Tasse Tee weckte und sie sich aus ihrem Moskitovorhang hinauswagte, wurde alles heller. Von ihrem Fenster aus hatte sie einen flüchtigen Blick auf die glitzernde blaue Bucht in den gleichmäßigen Strahlen der gerade aufgegangenen Sonne, einen Saum von Kokospalmen, deren Wedel noch vom Regen nass waren, ein Gewirr brauner Schiffe – arabische „ Daus " und Indische „ Bahalas " – zur Reparatur hochgezogen; und die Atmosphäre war nach dem Tornado klar und frisch. Sie war fast fröhlich, als sie sich angezogen hatte und die Treppe hinunterkam. Frau Stott hatte ihr geraten, hohe Stiefel anzuziehen, um ihre Knöchel vor Mückenstichen zu schützen, und sich großzügig mit Insektizidpulver einzustäuben, um die Flöhe abzuschrecken. Als besondere Wohltat für einen müden Besucher wurde ihr das Morgengebet erspart und sie hörte den Nasengesang nur, während sie in ihrem Zimmer nach einem gemütlichen kleinen Frühstück im Bett bei einem Buch ihre Toilette erledigte. John kam ordnungsgemäß mit einer Kutsche, die er sich aus den Ställen des Sultans geliehen hatte, und Lucy – wieder fast fröhlich – machte sich mit ihm auf den Weg, um Erzdiakon Gravening vorgestellt zu werden – der in Abwesenheit des Bischofs (auf Tour) die religiöse Trauung durchführen sollte die Kathedrale.

Gravening war ein streng aussehender, aber freundlich gesinnter Mann. Er sorgte dafür, dass sie sich wie zu Hause fühlte, und da er das Reading-Viertel aus den alten Oxford-Tagen der Wandertouren und Lesepartys kannte, konnte er über dieses Heimatland sprechen, das, als es mit der Zeit aus ihrer Betrachtung verschwand, wie ein Paradies erschien, das sie leichtsinnig hatte gekündigt.

Die Damen der Anglikanischen Mission – eine Mission, die bei ihrer Arbeit in Afrika zölibatär lebt und deren Mitglieder ihre Reihen verlassen sollen, wenn sie heiraten – empfingen Lucy mit einer gewissen

Distanziertheit. Sie waren in der Tat gute Geschöpfe, aber sie stammten aus einer sozialen Schicht, die ein oder sogar zwei Grade höher war als ihre, und innerlich waren sie gegenüber Nonkonformisten weniger tolerant als ihre männlichen Kollegen. Sie hatten festgestellt, dass Lucy eine „kirchliche Person" war, aber sie stand kurz davor, in eine methodistische Mission einzuheiraten. Ihre eher klagende Schönheit und die Heimweh-Melancholie in ihren Augen erweckten jedoch ihre weibliche Sympathie. Zwei von ihnen boten sich als Brautjungfern an, und die Schwesternschaft schlug im Allgemeinen vor, die Flitterwochen in ihrem kleinen Landsitz Mbweni zu verbringen . Aber John erklärte dazu, dass er seine Abwesenheit von der Station im Landesinneren nicht länger verlängern könne, als gerade für den vorgeschriebenen Aufenthalt in Unguja notwendig sei; und dass ihre Flitterwochen auf der Rückreise verbracht werden müssen. Zur Ermutigung von Lucy erläuterte er den Picknick-Charme der „Safari".[#]

[#] Die akzeptierte Bedeutung von „Safari" ist eine Reise mit Zelten und Gepäckträgern.

* * * * *

Während der zehn Tage ihres vorehelichen Aufenthalts in Unguja hatte Lucy kein Gespräch mit Brentham . Vermutlich war er zu sehr mit politischen und konsularischen Angelegenheiten beschäftigt. Tatsächlich hatte sie einmal, als sie mit John durch die verwinkelten Straßen der afrikanisch-orientalischen Stadt spazierte, ihn mit Bazzard , dem Vizekonsul, reiten sehen . John hatte alle vorbereitenden Formalitäten erledigt, und an ihrem Hochzeitsmorgen – früh wegen der Hitze – fuhr Lucy in einer der Kutschen des Sultans, begleitet von Mrs. Stott und den beiden Damen der anglikanischen Mission, zur britischen Agentur. John traf sie am Eingang; Sie gingen langsam die Steinstufen hinauf zum Büro, in dem die konsularischen Geschäfte abgewickelt wurden. Bazzard und Frau Bazzard – letztere nahm die Mienen einer Vizekönigin an – trafen sie dort und ordneten die Hochzeitsgesellschaft in Ordnung. Brentham Dann trat er ein, verneigte sich vor beiden, vermied es jedoch, Lucy in die Augen zu sehen. Er stellte ihnen mit ruhiger, geschäftsmäßiger Stimme die notwendigen Fragen und erklärte sie für ordnungsgemäß verheiratet. Anschließend begab sich die Gesellschaft in einen der Salons der Agentur. Champagner – und Limonade für Abstinenzler – wurde zusammen mit gemischten Keksen und Süßigkeiten serviert. Der amtierende Generalkonsul stellte die Gesundheit der Braut vor und sah Lucy zum ersten Mal direkt ins Gesicht. Als nächstes zog er sich auf eine Veranda zurück und unterhielt sich einige Zeit mit dem Bräutigam über seine Missionsstation und die Reise dorthin und sprach eindringlich über Lucy und ihr Wohlergehen, wobei er sein Interesse an ihrem Heimatland sowie seine Position als „ ihrem" Konsul, um seine Besorgnis über ihre Zukunft zu erklären. Als er dann in die Gesellschaft zurückkehrte, überreichte er Lucy ein kleines Kästchen, das, wie er sagte, ein unbedeutendes Hochzeitsgeschenk enthielt, und wünschte ihr alles Glück und versprach, sie „ irgendwann " in ihrem neuen Zuhause zu besuchen. Er ergriff mit einem kurzen Druck ihre Hand und zog sich in sein Büro zurück, indem er dringende Geschäfte als Entschuldigung dafür anführte, dass er der Party nicht in die Kathedrale folgen konnte. Mrs. Bazzard stellte ihren Mann vor und schenkte Lucy und den Missionsdamen eine herablassende Schirmherrschaft, die sich, da sie sie noch nie zuvor getroffen hatten, fast hörbar fragte, wer zum Teufel sie war und wo sie – mit diesem leichten Cockney-Akzent – hergekommen war aus.

Die religiöse Zeremonie in der Kathedrale war eine von beträchtlichem kirchlichem Prunk, den John Baines insgeheim genoss; der jedoch darüber nachdachte, was Mutter sagen würde, wenn er ihr erzählte, dass er beinahe von einem Bischof und erst recht von einem Erzdiakon geheiratet worden wäre, und noch mehr, wie sehr sie die schwarzen Ministranten in ihren scharlachroten Soutanen und weißen Dalmatiken, den Weihrauch, geschätzt hätte - Geruch im Gebäude und in den Gewändern des Klerus.

Nachdem sie die Kathedrale verlassen hatten , begaben sie sich in das arabische Haus aus Stein und mit reichen persischen und kurdischen Teppichen, in dem Erzdiakon Gravening lebte. Hier wurde ein unprätentiöses Mittagessen als Hochzeitsfrühstück gegeben. Gravening sprach kaum über Religion, weshalb Mrs. Stott an seiner Rettung verzweifelte, obwohl sie zugab, dass er von stiller Güte geprägt war. Seine einzige Leidenschaft galt dem Sprachenlernen. Er war mit den Bantusprachen bestens vertraut und übersetzte für die anglikanische Mission die meisten Werke, die sie in ihren Schulen und Kirchen verwenden mussten. Er hatte mit John Baines korrespondiert und dieser hatte für ihn Wortschatzproben der verschiedenen Sprachen aufgeschrieben, die in seinem Bezirk gesprochen wurden.

Ein Einblick in den Konflikt, der sich im benommenen Geist von Lucy abspielte – die während dieser Zeremonien wie ein aufgezogener Automat aussah – inspirierte Mrs. Stott dazu, John dies vorzuschlagen, da sie Anfang des Jahres mit dem arabischen Tag beginnen sollten Um am nächsten Morgen vor Einbruch der Dunkelheit den Festlandhafen von Lingani zu erreichen , sollte Lucy den Rest ihrer Ehe Tag und Nacht mit Mrs. Stott verbringen, und ihre Flitterwochen sollten erst beginnen, als sie das Missionshaus in Lingani erreichten . Dies mussten sie drei oder vier Tage lang für sich alleine haben, während ihre Karawane für das Landesinnere vorbereitet wurde. Dementsprechend übergab der arme John Lucy, als das Hochzeitsessen vorbei war und die Gäste sich zerstreut hatten, Mrs. Stott und verbrachte den Rest des Tages ziemlich trostlos damit, seine Vorbereitungen für die Abreise zu treffen. Lucy verbrachte einen Großteil dieses heißen Nachmittags im Nachthemd – um sich abzukühlen – unter den Moskitovorhängen ihres Bettes und weinte manchmal hysterisch; Einen Moment lang quälte ihn Heimweh, und im nächsten Moment überkam ihn das wahnsinnige Verlangen, Brentham in der Agentur aufzusuchen und ihn noch einmal zu sehen. Manchmal verspürte sie eine echte Abneigung gegen John; bei anderen empfand ich großes Mitleid mit ihm, doch ein Schaudern bei dem Gedanken an seine Umarmungen, an jeglichen körperlichen Kontakt mit ihm.

Mrs. Stott betete für sie, getrennt in ihrem eigenen Schlafzimmer, aber die göttliche Richtung ihrer Gedanken schien der Meinung zu sein, dass das Wenigste, was gesagt wurde, am schnellsten geheilt werden konnte und dass das junge Paar besser seiner eigenen Gesellschaft in Lingani überlassen werden sollte zu einer Verständigung.

Am nächsten Morgen war es jedoch eine gelassene, wenn auch eher schweigsame Lucy, die pünktlich bereit war, mit John aufzubrechen, als er sie abholte, um sich auf den Dau einzuschiffen . Mrs. Stott war früh aufgestanden, um Kaffee für sie zu kochen, sie zu umarmen und ihnen Vorräte für ein schönes kaltes Mittagessen an Bord zu überreichen. „Meine Liebe", sagte sie zu Lucy, „du wirst ein *herrliches* Wasserpicknick machen. Der Wind wird gerade so stark sein, dass er dich hinüberweht. Ich wünschte, ich würde mitkommen, aber ich werde erst in vierzehn Tagen wegkommen." . Wir werden uns jedoch bald im Landesinneren treffen, das wage ich zu behaupten."

John hatte für seine Braut ein kleines Nest zwischen Kissen und sauberen, bunten Grasmatten in der Deckkabine des Dau (ein bloßer Palmendach-Unterschlupf) gebaut, und etwa eine Stunde lang kehrte ein Lächeln auf Lucys trauriges Gesicht zurück, als sie schätzten die angenehme Frische der Morgenbrise, die malerische Atmosphäre des Bootes und das leuchtende Blau oder Smaragdgrün des Wassers, je nachdem, ob es tief oder flach war. Sie hatte großen Appetit auf das frühe Mittagessen, das Mrs. Stott mit Bedacht bereitgestellt hatte. Doch plötzlich trat ein ängstlicher Ausdruck in ihr Gesicht und eine Unruhe in ihrem Benehmen. „John! Kann es sein, dass ich einen Ausschlag bekomme? Ich verspüre ein unerträgliches Jucken um meinen Hals und meine Handgelenke – Oh! Horror! Was ist das?" Und sie zeigte auf einige flache, dunkelbraune Scheiben, die außer Sichtweite ihre Arme hinauf und in die Falten ihres Leinenmieders huschten ...

„*Käfer!* ", sagte John schockiert und entschuldigend, „manchmal findet man sie auf diesen arabischen Schiffen ... Es tut mir so leid ... Und doch gab es keine andere Möglichkeit, nach Lingani zu gelangen ..."

Lucy wurde bleich vor Ekel. Von den Mittelrippen der Palme, die sich über das Strohdach der Hütte wölbten, fielen Hunderte von Käfern auf die unglückliche junge Frau und ignorierten oder mieden ihn, der sich bereitwillig als Opfer und Ersatz angeboten hätte. Lucy brach in ihrer Bestürzung, die wusste, dass sie sich vor den Bootsleuten und Trägern nicht ausziehen konnte und doch nicht wusste, wie sie diese wahnsinnige Reizung durch halbgiftige Bisse stundenlang ertragen sollte, in Tränen aus. „ *Was war zu tun?*“ fragte der arme, verzweifelte Bräutigam. Die sanfte Brise hatte nachgelassen ... eine intensive Hitze herrschte; Der Dau bewegte sich kaum über das glasige Meer ... Der Nakhodha- oder Bwahih- Kapitän des Dau stand über dem Ruder und gab mit seiner sehnigen Hand ein Zeichen , während er in melodischem Rhythmus rief: „ Njôô ! Kusi-Kusi , Njôô , Kusi-“ Kusi !“[#] befürchtete, sein Schiff könnte ruhig werden und daran gehindert werden, den Hafen bei Tageslicht zu erreichen. Die Bootsleute und Träger sahen einander mit großen Augen an, als sie in der Deckskajüte die Bibi[#] krampfhaft weinen hörten. John hatte in seiner Verzweiflung eine zündende Idee. Er wusste, dass die gewöhnlichen, gepriesenen Insektizide keinen Schrecken und keine abschreckende Wirkung auf Insekten oder ihre nicht verwandten Nachahmer, die giftigen Zecken Zentralafrikas, hatten; aber beide flohen gleichermaßen vor dem Geruch von Erdöl. An Bord befanden sich Dosen mit diesem Mineralöl als Vorräte für seine Lampen im Landesinneren. Er öffnete vorsichtig eine davon, denn Erdöl war sehr kostbar, füllte einen emaillierten Eisenbecher und verschloss die Dose. Aus seiner Hausapotheke holte er Watte. Dann betupfte er mit Bündeln davon und seinem Taschentuch die geschwollenen Handgelenke und die Striemen an Lucys Hals und riet ihr, die durchnässten Bündel und das Leinen unter ihre Kleidung zu stecken.

[#] „Komm Südwind, komm!“

[#] Dame.

Der starke Geruch des Öls veranlasste die blutsaugenden Insekten innerhalb weniger Minuten, sich zurückzuziehen und in ihre Verstecke im Dach und auf den Brettern zurückzukehren. Der Südwind kam schließlich in Stößen, die die Hitze milderten, aber dann setzte eine Dünung ein, die den Dau zum Rollen brachte. Diese Bewegung brachte das Bilgenwasser unter den Decks durcheinander, und daraus entstand ein Schwefelwasserstoffgestank, der fast schlimm genug war, um die Insekten aus Lucys Gedanken zu vertreiben. Aber der Wind wurde stetiger und blies das faule Dau schließlich zum Landeplatz an der Flussmündung, wo sie von Bord gehen sollten.

Lingani war eine kleinere Ausgabe der Stadt Unguja: arabische Häuser mit flachem Dach aus weiß getünchten Korallenfelsen, strohgedeckte Hütten aus Flechtwerk, Kokospalmenhaine, ein paar Casuarina-Bäume und Frangipani-Sträucher, Paria-Hunde und umherziehende Zebu-Rinder und Zwergziegen. Das Mission Rest-house war ein massives Steingebäude im arabischen Stil Ostafrikas. Es wurde gemeinsam von vier Missionsgesellschaften zur Nutzung durch ihre Mitglieder auf der Durchreise unterhalten. Die Leitung übernahm ein Swahili-Ehepaar, Mann und Frau. Bettwäsche, Tischdecken, Servietten und Besteck wurden in Schränken aufbewahrt, die mit raffinierten Vorhängeschlössern befestigt waren, die sich nur öffneten, wenn man die Buchstaben des Schlosses auf das Wort „offen" entsprach. Dies wurde zur Erinnerung in griechischen Buchstaben aufgeschrieben, um neugierige Eingeborene mit einem Hauch von Bildung zu konterkarieren. Mit dieser List war John völlig vertraut, so dass er keine Zeit verlor, die Schränke zu öffnen und das nötige Kleingeld herauszugeben, um zwei Betten zu machen und den Tisch für das Abendessen zu decken. Während sie arbeiteten, waren die schwarzen Haushälterinnen damit beschäftigt, das Wasser für die Bäder zu erhitzen, die Betten zu machen, den Tisch zu decken und Hühner für Suppe und Braten zu schlachten. Johns Aktivitäten waren vielfältig. Er musste zusehen, wie der Dau entladen und seine kostbare Ladung sicher im Lager unter dem Rasthaus verstaut wurde.

Lucy saß zunächst schlaff im Diwan oder im Hauptempfangsraum, am ganzen Körper wund, ihre Augen waren vom grellen Sonnenlicht auf dem Wasser blasig und sie hatte Kopfschmerzen, die an lähmender Qual alles übertrafen, was sie gekannt hatte. Aber sie überwand ihre Verdrießlichkeit und unternahm schwache Versuche, zu helfen. Als John jedoch sah, dass Bade- und Badewasser bereitstanden und Laken, Kissen und Decken auf ihr arabisches Bettgestell (einen Holzrahmen mit einem Gitterwerk aus Ochsenhautstreifen darüber) gelegt worden waren, riet sie ihr, sich auszuziehen und zu beruhigen Befeuchten Sie ihre Bisse mit Schwämmen und Salbe und legen Sie sie zwischen die Laken. Ihr Rücken schmerzte unerträglich; Ihr Kopf schien am Hals halb abgetrennt zu sein, und sie wurde von heftigen Schauern gepackt . Die Mücken hatten ihr einen heftigen Malariaanfall zugefügt.

Als sie im Bett lag, fühlte sie sich weniger krank, aber von all dem guten Essen, das John und der Swahili-Koch zubereitet hatten, konnte sie nur eine Tasse Tee schlucken. Bei ihr wurde eine Temperatur von bis zu 102° festgestellt, so dass die erste und die sechs folgenden Nächte der Flitterwochen in schlimmer Krankheit und trostloser Genesung verbracht wurden. Aber am Ende dieser Zeit schien es ihr gut genug zu gehen, um ihre Reise ins Landesinnere anzutreten. John hatte zwei Masai-Esel erworben und in Unguja einen gebrauchten Damensattel gekauft. Lucy freute sich über die Aussicht auf das Eselreiten und vor allem über die Tatsache, dass sie diese furchtbar heiße Küstenstadt verließ, um in die kühleren Nächte im Landesinneren zu ziehen. Obwohl sie immer noch zutiefst deprimiert und entmutigt war, war sie vernünftig genug und wohlgesonnen, um tief berührt zu sein von der Fürsorge ihres Mannes für sie, seiner Fürsorge für ihr Trost und der Not angesichts der Unannehmlichkeiten des halbwilden Afrikas. Während der ersten entspannten Tage des Lagerlebens kehrte ein gewisses Maß an Gesundheit und sogar Fröhlichkeit zu ihr zurück, bevor sie den halbzivilisierten Küstengürtel mit seinen schattigen Mangobäumen für die Mittagspause und seiner unfehlbaren Wasserversorgung für die Mittagspause verließen durstige Träger und die Mahlzeiten des weißen Mannes; seine verhältnismäßige Sicherheit in der Nacht vor wilden Tieren und wilden Eingeborenen.

Aber zwischen den Gebirgszügen im Landesinneren – wohin sie führten – und diesem besiedelten Anbaugebiet und den Dörfern, die mehr oder weniger vom Sultan von Unguja regiert wurden, lag ein Wüstengebiet, das fast wasserlos war und in jüngster Zeit von einem Clan von verwüstet wurde die überfallenden Massai, die den Bantu-Eingeborenen als „ Wahumba “ bekannt sind. Sie hatten kürzlich einen rücksichtslosen Streifzug durch die Prärie unternommen. Die einheimischen Brunnen waren eingestürzt oder ihr Standort war seit der Zerstörung der Dörfer in Vergessenheit geraten. Dann wusste Lucy zum ersten Mal, was es bedeutete, unter Durst zu leiden und morgens oder abends kein Wasser zum Waschen zu haben; und wenn ein wenig Wasser aus fast ausgetrockneten Felsentümpeln oder dem Bett eines ausgetrockneten Baches gewonnen wurde, konnte ich den Anblick kaum ertragen, geschweige denn, es zu schmecken, wenn es wie starker Tee oder Kaffee aussah – und -Milch, wenn sie nach Stallmist roch oder voller Maden oder zappelnder Würmer war. Er konnte nur in Form von Tee getrunken werden, nachdem er abgeseiht, aufgekocht und abgeschöpft worden war.

John hatte sich bei der Überquerung dieses Wüstenstreifens auf einen solchen Notfall vorbereitet, indem er mehrere Dutzend Kokosnüsse und eine Kiste Apfelwein seines Vaters mitgebracht hatte – bei der Erwähnung davon lief Lucy das Wasser im Mund zusammen. Aber seine Träger hatten in ihrem eigenen wahnsinnigen Durst die Kokosnüsse und ihre Milch entsorgt, und der Träger, der die Kiste mit Champagner-Apfelwein auf dem Kopf trug, war natürlich auf einem schleimigen Felsbrocken ausgerutscht und hatte einen ausgetrockneten Bach überquert seine kostbare Ladung, und mindestens die Hälfte der Flaschen war geplatzt und ihr glitzernder Inhalt ergoss sich über den Sand oder in den hervorstehenden Mund des Trägers. Dennoch wurden die anderen sechs Flaschen von einem empörten John zurückgeholt, der in seiner Wut den sanften, leidgeprüften Missionar ablegte – zu dem er seltsamerweise in diesen wenigen Monaten geworden war – ein Beweis dafür, wie selbstlos und geduldig er sich um seinen eher mürrischen Mann kümmerte Frau – und trat den nachlässigen, klebrigen, halb betrunkenen Portier mit der Heftigkeit eines unverbesserlichen Engländers. Der Portier nahm seine Strafe philosophisch auf. Er hatte Nektar geschmeckt. John und Lucy tranken den Rest des Apfelweins in der zweiten Hälfte des Tages, ohne sich um die Dürre am nächsten Tag zu kümmern, aus Angst, sie könnten durch einen anderen Unfall um den Apfelwein gebracht werden ...

Schließlich erreichten sie einen fließenden Bach am Fuße der Ausläufer, der den Beginn eines langsamen Aufstiegs von dreitausend Fuß markierte. Das Grün und der dadurch erzeugte Schatten wirkten dagegen wie ein Paradies. Sie schlugen ihr Lager unter schönen, schattenspendenden Bäumen in der Nähe eines zerstörten Dorfes auf, das einige Monate zuvor ein bevölkerungsreiches Zentrum gewesen war . Rund um die Hügel aus Lehm, Stöcken und verbranntem Stroh befanden sich üppige Bananenplantagen mit gelegentlichen Bündeln reifender Bananen – obwohl die Affen des angrenzenden Dickichts nicht viele zum Fressen zurückgelassen hatten. Als Lucy ihren Durst überschwänglich am Bach gestillt hatte und aus Bechern mit gefalteten Bananenwedeln trank, die der reuige Träger der zerbrochenen Apfelweinflaschen für sie angefertigt hatte, wurde ihr Gefühl der Erleichterung und Zufriedenheit angesichts der Umgebung ein wenig durch das Bewusstsein eines Unangenehmens getrübt Geruch , der in unregelmäßigen Zügen der Nachmittagsbrise zu ihnen kam. Sie machte sich auf eigene Faust auf Entdeckungsreise – sie trug hohe Stiefel und einen in die Hose gesteckten, engen Rock. Plötzlich gelangte sie zu einer weitläufigen Lichtung, auf der braune und verfaulte Bananenstämme gefällt worden waren und in alle Richtungen lagen, halb bedeckt mit Lehmtunneln und Galerien weißer Ameisen. Zwischen diesen zerfallenden Zylindern lagen zwanzig oder dreißig Skelette, von denen einige noch Streifen aus ledrigem Fleisch und Flecken aus Negerwolle auf den weiß gewordenen Schädeln trugen. Beim Rascheln ihrer Annäherung begann der Boden von unzähligen schwarzen, beißenden Ameisen zu wimmeln, die bei ihrer täglichen Mahlzeit von diesem riesigen Aasvorrat gestört wurden. Lucy schenkte ihnen im Moment kaum Beachtung, denn sie stand entsetzt da, als sie zischende Schlangen sah, die durch das wuchernde Unkraut glitten, wahrscheinlich mehr besorgt über das Schwärmen der Ameisen als über die Annäherung eines einsamen Menschen. Sie bemerkte auch eine Gruppe großer, graubrauner Geier mit schlanken, weißlichen Hälsen, die schwerfällig vor ihr hüpften, bis sie genug Schwung bekamen, um sich über den Boden zu erheben und sich auf den Zweigen eines Affenbrotbaums niederzulassen. Lucy war entsetzt über dieses unappetitliche Golgatha und die schlängelnden Schlangen und stieß gerade mehrere entsetzte Quietschgeräusche aus, als die schrecklichen „Siafu"-Ameisen anfingen, die Haut ihrer Gliedmaßen und ihres Körpers zu beißen, und ihre Schreie sich in entsetzte Schreie verwandelten. Halb blind stolperte sie über widerliche Hindernisse zurück in Richtung Lager.

John, der sehr müde und sehr schmutzig aussah, kam ihr entgegengerannt und tadelte sie für ihre Unvorsichtigkeit, allein davonzuwandern, wo auf Schritt und Tritt Gefahr drohte; Doch als ihm klar wurde, dass sie vom „Siafu" gnadenlos gebissen wurde, eilte er mit ihr ins Zelt, ließ die Klappen des Eingangs herunter und half ihr beim Ausziehen. Sie musste zur absoluten Nacktheit gebracht werden, bevor die Ameisen entfernt werden konnten. Sie hatten ihre Mandibeln so fest in der Haut verankert, dass beim Abziehen Kopf und Kiefer zurückblieben, und diese unglückliche junge Frau ging noch Wochen danach mit einem wunden und entzündeten Körper umher.

Aber diese scheinbare Verletzung ihrer Bescheidenheit erleichterte ihren Verkehr erheblich. Sie waren schon seit mehreren Tagen Mann und Frau, aber in ihren Beziehungen herrschte immer noch eine gewisse Steifheit und Zurückhaltung. Dies verschwand, nachdem Lucy am helllichten Tag gezwungen war, ihren gequälten Körper seinen Diensten zu unterwerfen. In dieser neuen Kameradschaft lachte sie bald über ihr Missgeschick; während John ungeschickt als Dienstmädchen agierte.

Zwei Tage später wurden sie von einem Schauer des Schreckens noch mehr zusammengezogen. Nachdem die Region durch Massai-Überfälle vorübergehend entvölkert worden war, wurden wilde Tiere – Löwen, Leoparden, Hyänen – zu ihren Angriffen ermutigt. Johns Campingplätze waren jeden Abend von einer Dornenhecke umgeben, und die Träger hielten ein loderndes Feuer aufrecht – oder sollten es aufrecht erhalten. Doch eines Nachts in den frühen Morgenstunden schliefen die müden Wachposten ein, das Feuer vor dem Zelt erlosch, ein Löwe sprang über die Hecke, zerschmetterte den Schädel des Wachpostens und riss mit seinen Krallen an der Tür ihres Zeltes – angezogen vom Geruch hinten angebundene Esel. Sein schreckliches Knurren und Knurren und der Aufschrei der erwachten Männer weckten John und Lucy. Bei ihren Bewegungen stießen sie den Waschtisch und den Tisch im Lager um und konnten weder die Streichhölzer noch die Laterne finden. John war sich nicht sicher, wo er schießen sollte, selbst als er sein geladenes Gewehr gefunden hatte. Er wagte es nicht, inmitten des Knurrens hineinzuschießen, damit die Kugel nicht die herabstürzenden Esel tötete oder einen seiner Männer traf. In ihrer Verzweiflung – und um ihnen gerecht zu werden, in ihrem Wunsch, den weißen Mann und seine Frau zu retten – gingen sie mit Feuerbränden gegen den Löwen vor, fürchteten sich jedoch davor, auf seinen riesigen Körper zu schießen, der mit Zeltseilen und Zeltklappen verheddert war, damit sie ihn nicht erwischten sollte Herr oder Frauchen erschießen. Lucy fiel vor Schrecken in Ohnmacht, als sie spürte, wie der Körper des Löwen gegen die dünne Leinwand der Zeltwand gedrückt wurde ... Das Zelt schien sogar unter dem Druck des Löwen in Gefahr zu sein, zusammenzubrechen, als er sich rückwärts beugte, um sich dem zu stellen Männer. Schließlich vertrieb ihn die Angst vor dem Feuer. Er stand, oder besser gesagt, hockte ein paar Minuten lang an einem Stapel Kisten; Dann erkannte er, dass der Weg zum Ausgang frei war, und sprang über die Leiche des getöteten Trägers hinweg darauf zu. Doch bevor er das Gelände verließ , ergriff er geschickt eine von Lucys beiden Milchziegen, brach ihr das Genick, zog sie über seine Schultern und stürzte eine Schlucht hinab. Die Männer folgten ihm mit einer Salve von Schüssen aus ihren Snider-Gewehren, aber wahrscheinlich gingen in der Dunkelheit alle daneben. Der Löwe blieb abwechselnd knirschend und knurrend in der Schlucht – aber *so* Knurren! – Das englische Verb reicht nicht aus, um den markerschütternden Klang auszudrücken.

Endlich brach der Tag an. John erwachte, löste sanft die hysterisch umklammernden Hände seiner Frau, die ihn abwechselnd anflehte, sich keiner weiteren Gefahr auszusetzen und sie nicht allein in der Wildnis sterben zu lassen, sondern noch am selben Tag mit ihr umzukehren und Suchen Sie nach einem sichereren Missionsposten an der Küste oder in Unguja selbst. Er brachte seine Kleidung in Ordnung, kniete nieder und betete ein paar Minuten, dann räumte er den Zeltraum ein wenig auf und überholte sein Gewehr. Als nächstes kramte er nach Munition und steckte sie griffbereit in seine Seitentaschen. Dann verließ er das Zelt und schloss sorgfältig die Türklappen hinter sich. Er befragte die Männer in gebrochenem Suaheli nach dem Verbleib des Löwen. „ Chini , Bwana, hapa Karibu , Ndani Ja Bondee ... Unten, Herr, hier in der Nähe, in der Schlucht", antworteten sie; und der Löwe, der die erhobenen Stimmen hörte, gab ein bestätigendes Knurren von sich, das der zitternden Lucy im Zelt bis zu den Ohren reichte. Sie stand mit ihren Zähnen auf Sie plapperte vor Entsetzen und schaute durch einen Schlitz in der Zelttür hinaus. Sie sah und hörte, wie John nach dem Häuptling rief und vermutete, dass er acht seiner mutigsten Träger, die „Bewaffneten" der Expedition, aufbot, mit ihm auszubrechen und den Löwen angreifen. Dieses Tier, das die Ziege fast fertig hatte, hatte nicht die Absicht, die Umgebung des Lagers zu verlassen. Als nächstes wollte es einen nach dem anderen die beiden Esel haben und nachdem er sie gefressen hatte, die Menschen. Die Die Schlucht schien ein bequemer Ort zum Ausruhen zu sein, bis er wieder hungrig war ...

Die Träger deuten die Gedanken des Löwen richtig: „Er wird dort warten, Herr, bis wir das Lager aufbrechen, und dann die Esel angreifen, und vielleicht den mit Bibi auf dem Rücken. Wir werden ihn nie wieder in eine so günstige Position bringen. Sehen Sie." ! Er ist da unten und schaut zu uns hoch. Er kann kaum diese Seite der Schlucht hinaufstürmen ..." John Baines begriff die Situation; Er stellte sich schnell in die Mitte der acht Mutigen, die auf einem Knie zwischen den Baumstämmen am Rande des steilen Abstiegs knieten. Alles beim Wort „Feuer!" schickte eine konvergierende Salve (die

Lucy im Zelt betäubte) auf den großen Kopf mit seinen weit geöffneten gelben Augen ... und als sich der Rauch verzog, war der Kopf eine formlose Masse aus Blut und Gehirn und der Löwe war völlig tot.

Ein Jubelschrei erklang von den begeisterten Männern, und die gesamte Streitmacht der Karawane – zweiunddreißig Männer ohne den armen Kerl, der in der Nacht getötet worden war – stürzte die Schlucht hinab, um dem Löwen die Eingeweide auszuweiden und ihm die Haut abzuschneiden. Bwana", der sich als solch ein Mann mit Geist erwiesen hatte.

John begab sich jubelnd zu Lucys Zelt. Er hatte einen Löwen getötet! Er vergaß fast, niederzuknien und für den ihnen gewährten göttlichen Schutz zu danken. Lucy trocknete ihre Augen und bemühte sich schließlich, sich anzuziehen und ein kleines Frühstück zu sich zu nehmen. Da ihre Nerven durch die „knappe Auseinandersetzung" in der Nacht erschüttert waren und eine Beerdigung des toten Trägers stattfinden und die Lasten neu verteilt werden mussten, kündigte John an, dass es an diesem Tag keinen Marsch geben würde.

Doch am nächsten Morgen konnte Lucy ihren Esel kaum sitzen. Und unglücklicherweise hatte die Karawane gerade erst begonnen und fuhr durch weitere zerstörte Bananenplantagen – ein weiteres Leichenhaus des letzten Massai-Überfalls –, als sie abrupt durch den Ruf „ Nyoka !" gestoppt wurde. Aufgrund der Hindernisse durch die gefällten Bananenstängel war es schwierig, von der schmalen Spur abzuweichen; Und um den Männern den Weg zu versperren, hatte sich in der Mitte dieser Spur eine ungewöhnlich große „Spuckkobra" auf dem versteiften Schwanzdrittel ihrer Länge aufgestellt und balancierte ihren abgeflachten, ausgebreiteten Körper hin und her, wodurch sie den Vormarsch der Karawane bedrohte . Es hätte verhältnismäßig einfach sein sollen, es mit einem gut ausgeworfenen Bananenstiel zu fällen , aber inzwischen blieb die Reihe der Träger stehen, und John, der ungeduldig war, den Grund für den Halt herauszufinden, drängte seinen Esel, durch die Vegetation zu tappen Verlassen Sie die Strecke und erreichen Sie die Spitze der Karawane. Lucys Esel war ihrem Schwesterarsch so ergeben, dass sie es nie ertragen konnte, von ihr getrennt zu werden; Also eilte sie, unbeeindruckt von Lucys schlaffem Griff um die Zügel, vorwärts. Aber als sie die schwankende Kobra sah , rannte sie nach links in das Bananengewirr, und die abrupte Bewegung schleuderte ihren Reiter zwischen Schädeln, Knochen und verrottender Vegetation fort.

Der Häuptling schleuderte mit einer Zeltstange geschickt auf die aggressive Schlange, brach ihr den Rücken, die entnervten Träger stürmten vor und zerschmetterten sie zu Brei und warfen dann die Überreste weit vom Weg weg, nahmen ihre Lasten auf und marschierten eilends vorwärts Verlasse einen so unheilvollen Ort. Der Koch und der persönliche Betreuer beeilten sich, die bewusstlose, leicht benommene Lucy aus ihrer schrecklichen Umgebung zu befreien und fingen den Esel. Die Karawane musste jedoch erneut gestoppt werden. Lucy war viel zu krank zum Reiten. Doch ein weiterer Aufenthalt wäre in dieser Umgebung kaum möglich. Nach einer Besprechung mit dem Häuptling wurde beschlossen, aus Decken und einer langen Stange eine „ Machila " oder Reisehängematte aufzubauen und etwa eine Meile zu einem besseren Ort für einen Campingplatz zu marschieren, wo die Dame auf sie wartete Erholung....

Armer John! Es erforderte in der Tat Geduld und Resignation gegenüber den unbeständigen Wegen der Vorsehung, um dieser Reihe von Katastrophen standzuhalten. Die Lasten wurden so angepasst, dass vier Männer zum Tragen des Kranken frei waren; und die Karawane zog schweigend, niedergeschlagen und ohne das gewohnte Lied weiter, bis sie eine Stelle erreichten, die ihren Anforderungen an Verteidigungsfähigkeit gegen Löwen und Zugang zu gutem Wasser genügte; Schatten; und es besteht keine Gefahr, dass Ameisen oder Schlangen beißen. Ein solcher Ort war in ein oder zwei Stunden gefunden, und die überlasteten Träger hörten erfreut über die Entscheidung, zu bleiben, bis es dem Bibi wieder soweit ging, dass er reisen konnte.

Als Lucy zu Bett gebracht wurde, war sie abwechselnd hysterisch und im Delirium. Sie litt mehr unter nervösen Schocks als unter körperlichen Verletzungen, obwohl einige der Ameisenbisse dazu neigten, zu eitern, und ihre linke Wange, ihr Arm und ihre Seite waren durch den Sturz zwischen den Knochen schwer gequetscht. Als John auf dem Feldbett saß und sie beobachtete, dachte er darüber nach, was für ein verfluchtes Glück ihn seit seiner Heirat verfolgt hatte. Er hatte diese Reise zwischen Hangodi und der Küste zweimal unternommen, und obwohl keine der beiden Überquerungen der hundertfünfzig Meilen gerade ein angenehmes Picknick gewesen war, hatte es, soweit er sich erinnerte, keine wirklich tragischen Vorfälle gegeben. Als wir vor neun Monaten zunächst nach Hangodi gingen , hatten die Massai-Überfälle nicht stattgefunden; und auf seiner Küstenreise einen Monat zuvor muss ihn sein Führer auf einen anderen Weg geführt haben. Daher hatten sie diese zerstörten Dörfer mit ihren verrottenden Überresten von Massakern gemieden. Er hatte oft Löwen brüllen gehört und Schlangen gesehen, die vom Weg glitten, und hatte mit einem Hüpfer und einem Sprung Schwärme des gefürchteten „Siafu" überquert. Es war allgemein bekannt, dass einige arabische Daus von Käfern befallen waren. Doch auf seinen früheren Reisen war keiner dieser Schrecken offensichtlich gewesen, noch hatte es einen solchen Mangel an Trinkwasser gegeben. Es schien wirklich, als ob die göttliche Vorsehung aus mysteriösen Gründen alle Gefahren und Unannehmlichkeiten einer afrikanischen *Safari* in Lucys Hochzeitsreise drängen würde.

Ein Gespräch mit dem Schulleiter half bei der Klärung und Festlegung der Pläne. Sie befanden sich in diesem neuen Lager – im Gegensatz zu den anderen ein sehr angenehmer und gesunder Ort – etwa sechzig Meilen von Hangodi und etwa fünfzig von der Station der Evangelical Missionary Society, Mpwapwa , entfernt . Hier lebte ein berühmter medizinischer Missionar. Wenn ihm von Schnellläufern eine Nachricht geschickt würde, könnte er sie in vier oder fünf Tagen mit Ratschlägen und Medikamenten erreichen.

Zwei der schnellsten Träger der *Safari* wurden ausgewählt, um mit einem Brief durch das einigermaßen sichere Usagara- Land zu rennen, mit Kattun umwickelt für den Lebensmitteleinkauf und einem Beutel Reis, der an den Gürtel jedes Mannes gebunden war. Johns Revolver wurde dem erfahreneren der beiden als Schutz gegen wilde Tiere oder Gesetzlose geliehen. Ihnen wurde ein Geschenk versprochen, wenn sie die Reise in zwei Tagen schafften.

* * * * *

Damals blieb uns nichts anderes übrig, als Lucy mit Brühe aus Konserven und Rindfleischextrakt gut zu ernähren. Der Portier, der die Apfelweinkiste fallen ließ und aus Mitleid und Reue eine Bindung zu seiner Geliebten hegte, legte eines Tages eine Schlinge und fing ein Perlhuhn. Das ergab eine ausgezeichnete, nahrhafte Suppe. Ein anderer Träger fand ein Gelege Perlhuhn-Eier. Es gab noch eine Milchziege, die täglich etwa einen halben Liter Milch gab.

Mit Mitteln wie diesen bemühte sich John, eine Invalidendiät zuzubereiten, die einem Patienten ohne Appetit und geringer Vitalität löffelweise verabreicht werden konnte. Er hatte einen kleinen Medikamentenkoffer mit Medikamenten bei sich, wusste aber nicht, was er gegen nervöse Erschöpfung verschreiben sollte. Tagsüber verließ er kaum die Nähe des Zeltes und schlief nachts vollständig bekleidet in einem Liegestuhl in der Nähe von Lucys Lagerbett.

Am Ende des fünften Tages traf der medizinische Missionar auf einem Reitesel mit Johns Boten und sechs eigenen Trägern ein, die eine bequeme Reisehängematte trugen. Er diagnostizierte den Fall und nahm es heiter auf, empfahl ihnen jedoch, am nächsten Tag mit ihm aufzubrechen und zu versuchen, in zwei Tagen in Zwangsmärschen seine fünfzig Meilen entfernte Station zu erreichen. In Mpwapwa würde Lucy von seiner Frau wieder gesund gepflegt werden, und wenn sie für eine weitere Afrikareise bereit wäre, sollte sie nach Hangodi weitergeschickt werden .

* * * * *

völlig genesen die Station ihres Mannes in Ulunga . Die kühle Trockenzeit hatte begonnen; Das Land, das sie durchquerte, war hoch gelegen, voller Wälder, malerischer Hügel und Täler, durchzogen von zahlreichen kleinen Bächen, und ihr Reisebegleiter, der medizinische Missionar, war ein interessanter Mann mit einem ausgeprägten Verstand, der ihr vieles erklären konnte, was sie wissen wollte .

Bei ihrer Ankunft in Hangodi fand sie Ann Jamblin als mächtige Kraft in mehreren Abteilungen der Stationswirtschaft vor, die wahre Herrin der Gemeinschaft. Sie war auf der *Safari* von Mrs. Ewart Stott von der Küste hergekommen . Die Märsche waren gut geregelt, die Lagerplätze gut gewählt, die wilden Tiere hatten sie nicht belästigt und sie hatten die wasserlosen Gebiete gemieden. Ann kam sofort zu dem Schluss, dass Lucy viel zu viel Aufhebens um die unbedeutenden Unannehmlichkeiten einer Afrikareise gemacht hatte, und Lucy flüchtete sich in ein stolzes Schweigen – was ihre Verfolger „Schmollen" nennen – unter Anns Spott und indirekten abfälligen Bemerkungen.

KAPITEL VIII

Briefe hin und her

Von Lady Silchester bis Captain Brentham .

Englefield House,

    Juli 1887.

LIEBER ROGER,—

Das große Ereignis fand vor drei Wochen statt und ich darf einfach jeden Tag mein Bett verlassen und für ein paar Stunden auf einer Couch liegen – in meinem Boudoir. Hier kann ich mir die Zeit mit dem Schreiben von Briefen vertreiben .

Es ist ein Junge, also dürfte Franz im siebten Himmel des Glücks sein, da er nun einen direkten Erben für die Nachfolge hat. Sollte sein, ist es aber irgendwie nicht. Seitdem es mir besser geht und ich auf ihn aufmerksam geworden bin, wirkt er nicht mehr so ausgelassen, wie ich erwartet hatte. Ihm geht es nicht *gut* . Ich habe die Vermutung, dass er im House of Lords einen Ohnmachtsanfall hatte, gerade als meine Krise begann, und dass man ihn mir verheimlichte. Aber ich sah in einer alten *Zeit* eine Anspielung darauf , die irgendwie den Weg in mein Wohnzimmer gefunden hatte.

Aus Gründen der Abstammung soll das Kind James Francis Addington heißen. Ich fühle mich nicht energisch genug, um anzutreten. Ich hätte *nur einen* Vornamen bevorzugen sollen – eine Vielzahl von Namen ist so démodé und muss für die Aufnahmeengel, die keine Nachnamen erkennen, so verwirrend sein. Ich wollte etwas etwas Verblüffendes und Ungewöhnliches wie Clitheroe oder Passavant. Clitheroe ist nicht der Name einer Verwandten, aber mir gefiel sein Klang – wie der Wind im Schilf, finden Sie nicht? – und es wäre ein Neuanfang gewesen.

Der kleine Clithy sieht ziemlich verdrießlich aus, wenn er in seinem Stubenwagen schläft, aber in seinem Alter wirken die meisten Säuglinge unglaublich alt und zynisch, als würden sie gerade einen Lebenszyklus beenden und wären verärgert, wenn sie einen neuen beginnen würden.

Natürlich hat Clitheroes Ankunft mich von den Jubiläumsfeierlichkeiten ausgeschlossen . Suzanne Feenix hat die ganze Arbeit übernommen und stillschweigend ihren Mann gedrängt, während es mir nicht gelungen ist, meinem Mann einen Aufstieg zu sichern, dem es mittlerweile an Ehrgeiz zu mangeln scheint. Suzanne, übrigens, *l'on Dies ist ein weiterer gutaussehender* afrikanischer Entdecker, ein Rivale von Ihnen aus Westafrika. Schade, dass Sie sie nicht vor Ihrer Abreise kennengelernt haben – wie ich Ihnen geraten habe. Sie hat großen Einfluss auf Lord W.

Wie geht es der Missionarin ? Ich bin froh, dass sie sicher mit ihrem Missionar verheiratet war und sich ins Landesinnere zurückzog. Ich befürchtete, dass es sonst zu *einer weiteren Verstrickung* kommen würde : denn ich glaube nicht *im Geringsten, dass* du ein Galahad warst und nur meiner Erinnerung treu geblieben bist, als wir uns verlobten. Ich verstehe nicht, warum ich mich besonders für diese junge Frau interessieren sollte, da sie aus Aldermaston stammt und ihr Vater einer unserer Mieter ist ... Wenn ich jedoch wieder mitfahren kann, werde ich rübergehen und nach ihren Leuten suchen und darüber berichten. Aber ich hoffe nur, dass Sie ihr nicht den Kopf verdrehen, indem Sie sich so sehr für ihre Angelegenheiten interessieren. So wie du! Und wenn man bedenkt, dass du mir einmal Unbeständigkeit vorgeworfen hast!

Trotzdem, lieber Roger, ich vermisse dich – *schrecklich* . Francis *wird* den großen Stil beibehalten und mir keine Kabinettsgeheimnisse verraten. Meine Brüder und Schwestern interessieren mich nicht, Mutter macht sich zu viele Sorgen um die Angelegenheiten meines Vaters, um ihn für längere Zeit zu verlassen, und wenn sie hier ist , habe ich Angst, darüber zu sprechen, aus Angst, sie könnten sich Geld von Francis leihen.

Ich habe Maud eine Einladung geschickt, weil sie mich ein wenig an dich erinnert ...

SIBYL.

Von Mrs. Josling bis Mrs. John Baines.

Kirchenbauernhof

    Aldermaston

    30. Juli (1887)

Mein liebes Mädchen

Vater und ich waren so erleichtert , als wir vor zehn Tagen Ihren Brief erhielten, in dem stand, dass Sie wohlbehalten in Unguja angekommen seien und gerade vom Konsul und in der Kathedrale mit John Baines verheiratet worden seien. Es hörte sich ziemlich großartig an, zweimal verheiratet zu sein, und ich hoffe nur, dass du glücklich sein wirst.

Ich ging zu Mrs. Baines in Tilehurst und nahm Ihren Brief mit, wurde aber zurückgenommen [unterstrichen: nicht allzu gnädig]. Offenbar hatte John seinen Eltern nicht geschrieben, dass er verheiratet sei [durchgestrichen: oder auch nur, dass er], aber ich nehme an, er hatte keine Zeit, bevor er so sehr mit seinen Vorbereitungen für die Gründung des Landes beschäftigt war.

Nun, mein Schatz, wir wünschen dir beide alles Gute. Ihr Brief hat uns nicht viel gesagt, aber ich nehme an, Sie waren zu sehr damit beschäftigt, am nächsten Morgen mit dem Schiff aufzubrechen. Wir beide danken Kapitän Brentham ganz herzlich dafür, dass er sich auf der Reise um Sie gekümmert hat. Lady Silchester hat ihr Baby bekommen – Mitte letzten Juni. Vater und ich sind letzte Woche vorbeigefahren, um unsere Respektszahlung zu leisten und Nachforschungen anzustellen. Seine Lordschaft kam persönlich vorbei und war wie immer nett. Er ist seiner armen Mutter sehr ähnlich und sie war immer die Dame und sprach genauso nett zu ihren Dienern wie zu ihren adligen Freunden. Nun, Lord Silchester hat nach der Krankenschwester und dem Baby geklingelt, damit wir es sehen können. Für mich sah es wie ein armes kleines antikes Ding aus, aber das habe ich natürlich nicht gesagt. Es wurde nach dem Vater seiner Lordschaft James getauft, aber man sagt, dass Ihre Ladyschaft einen anderen, romantischeren Namen wollte. Sie kam aus dem Garten, als wir gingen, und gab sich so auf, wie ich dachte, aber Vater sagt, sie sieht selten aus, und wir alle sollten ihr dankbar sein, dass sie dem Anwesen einen Erben gegeben hat, um die australische Cousine fernzuhalten, die könnte [strikeout: revvle] revolutionäre Ideen über die Landwirtschaft haben. Sie fragt dir etwas sarkastisch nach, wie ich dachte. Sie sagt, ich hätte gehört, dass Ihre Tochter auf dem Weg nach draußen schrecklich mit meinem Cousin Captain Brentham geflirtet hat . Ich konnte nicht umhin zu sagen, dass ich es nicht geglaubt habe. Meine Tochter, sagte ich, würde niemals flirten, das liege nicht in deiner Natur. Ich fühlte mich so verärgert, aber Seine Lordschaft versuchte es wieder in Ordnung zu bringen, indem er sagte, dass Ihre Ladyschaft andere nicht allein verurteilen dürfe , und dass er mir völlig geglaubt habe. Wir hatten eine gute Heuernte und die Weizen- und Wurzelfrüchte versprechen Gutes. Vater ist also selten gut gelaunt und sagt, dass er uns nach der Ernte alle an die Küste nach Bournemouth oder Southsea mitnehmen wird . Clara und Mary geht es beiden gut. Wie Sie wissen, leiden sie nie . Der junge Marden aus Overeaston schenkt Clara etwas Aufmerksamkeit. Zumindest kommt er ziemlich oft zum Sonntagsessen vorbei.

Wir alle senden unsere Liebe und ich hoffe von ganzem Herzen, dass du glücklich bist und es dir gut geht . Ich werde mir weiterhin Sorgen um dich machen, bis du zurückkommst. Praps the Primitives wird John anrufen, nachdem er seine Missionsarbeit erledigt hat, und Sie können in England in unserer Nähe leben. Ich werde nicht glücklich sein, bis das passiert.

Deine liebevolle Mutter

Clara Josling

Von Mrs. Baines bis zu ihrem Sohn John.

Tilehurst,

MEIN LIEBER SOHN,-

Ich nehme an, eine Mutter muss damit rechnen, dass sie *die zweitbeste Person ist* , wenn ihr Sohn heiratet, und ich kann mich glücklich schätzen, einmal im Jahr von Ihnen zu hören. Aber ich muss zugeben, dass ich im Sommer verärgert war, nur um durch Lucys Mutter die Nachricht von dir zu bekommen. Ihr Brief vom 3. August, nachdem Lucy zu Ihnen nach Hangodi gekommen war , ist Ihnen jedoch vor ein paar Tagen in die Hände gefallen. Es muss für Sie eine schreckliche Zeit gewesen sein, sie ins Landesinnere zu bringen. Sie scheint so schwachsinnig und für Ärger geboren zu sein. Als ob wilde Tiere und Unfälle sie aufspürten.

Ich habe gerade eine Nachricht von Ann Jamblin erhalten . *Sie* hat den Kopf richtig verdreht. Sie reiste einen Monat nach Lucy ab und erreichte dennoch fast genauso schnell wie Sie Ihre Station. Sie brauchte nicht an dem Ort herumzuhängen – ich kann seinen Namen nicht buchstabieren –, an dem man geheiratet hat, und sie reiste, wie sie sagt, in Rekordzeit mit einer Missionarin, einer Mrs. Stott, ins Landesinnere. Sie fiel nicht von ihrem Esel , hatte keinen Löwen in ihrem Zelt, wurde nicht von Ameisen befallen und wurde nicht alle paar Wochen krank. Noch wurde sie auf der Reise noch nicht von freidenkenden Kapitänen betreut. Aber dort. Du hast dein Bett gemacht, wie es so schön heißt, und du musst darauf liegen. Es ist weit entfernt von meinem Wunsch, zwischen Mann und Frau zu treten, und ich bin froh, dass Ann zu Ihrer Station gegangen ist. Sie wird einen stabilisierenden Einfluss auf Lucy haben und Ihnen und Ihren Begleitern ein großer Trost sein. Ich nehme an, dass sie inzwischen mit deinem Freund Anderson verheiratet ist. Dann hat er eine gute Frau und ihr bisschen Geld wird ihm eine Hilfe sein .

Dem Vater geht es so gut, wie er es wahrscheinlich nie sein wird. Er leidet an Frechheit, ein sicheres Zeichen für übermäßiges Essen.

Schwester Simpson wird Bruder Wilkins, den Sideman unserer Reading Chapel, heiraten. Derzeit leidet sie unter Furunkeln, hofft aber, dass es ihr bis zur Hochzeit im nächsten Monat wieder gut geht. Den Bellinghams von Cross Corner, Reading, Bakers and Fancy Confectioners geht es schlecht – sie sagen, sie seien bankrott. Es gab einen traurigen Skandal darüber, dass Pastor Brown in Bewdly die Schwester seiner verstorbenen Frau heiraten wollte. Es ist verboten, das weiß ich in der Heiligen Schrift, obwohl ich mich zum Zeitpunkt des Schreibens nicht erinnern kann, wo, aber siehe Leviticus xviii. und xx. Emily Langhorn ist nach London gegangen, um das Schneidern zu erlernen. Zeit, die sie tat, und gutes Benehmen ebenfalls. Ich höre mir nie einen Skandal an, sonst würde ich sagen, dass es nur an ihrer Affäre mit dem jungen Gilchrist lag. Es fiel ihr sehr schwer, als er plötzlich Priscilla Lamb von Lamb's Boot Emporium, Abbey Road, Reading, heiratete. Ich bin sehr froh, dass ich sie nicht zu den Dorcas-Treffen hier haben würde. Sie hatte ein Auge auf dich geworfen, da bin ich mir ziemlich sicher. Sam Gildersleeves und Polly Scatcherd haben scheinbar gerade rechtzeitig geheiratet, um ihren guten Namen zu retten. Die Leute fingen an, sie zu schneiden. Clara Josling, die Schwester Ihrer Frau, ist mit dem jungen Harden verlobt, einem nichtsnutzigen Cricketspieler. Spielt sonntagnachmittags mit seinem Bruder und seinen Freunden. Aber ich nehme an, dass du deswegen nicht schlechter von ihm denken wirst, jetzt bist du unter Lucys Einfluss geraten. Aber oh, was für eine Bosheit kommt über die Welt. Nun, es kann nicht mehr lange dauern. Die Phiolen des Zorns des Allmächtigen werden gerade geöffnet und der Jüngste Tag steht vor der Tür – ich fühle und hoffe. Ich habe deinem Vater geraten, kein Geld mehr für Reparaturen in der Manufaktur auszugeben – das wird unsere Zeit überdauern.

Möge Gott Sie in der Zwischenzeit in seiner heiligen Obhut haben. Vater sendet Liebe. Er hat sich mit dem neuen Getränk Zoedone beschäftigt und hofft, damit viel Geld zu verdienen. Geld, Geld, Geld und essen, essen, essen ist alles, woran er denkt. Dennoch ist das besser, als den Sabbat zu brechen und fremden Frauen nachzulaufen, was die meisten seiner Nachbarn tun. Und was die Frauen angeht: Anziehen, anziehen, anziehen und Schauspiel spielen. Mrs. Garretts Geschäftigkeit war letzten Sonntag geradezu schockierend. Während der Kapelle konnte ich meine Augen nicht davon lassen. Sie haben in letzter Zeit so viel Geld mit dem Schleifen des Zuckers und dem Verkauf getrockneter Teeblätter für den Nachmittagstee „Best Family Blend" verdient, dass sie nicht wissen, wofür sie es ausgeben sollen, also hat Mrs. G. begonnen, sich modisch zu kleiden – bei *ihr* Alter auch – und Herr G. geht nach St. Michael, anstatt zur Salem-Kapelle zu kommen, wo seine Eltern vor ihm Gottesdienst feierten. Und was die Schauspielerei dieses Stücks betrifft, so ist es eines der Zeichen der Zeit. Sie haben ein Theater in Reading eröffnet und geben Nachmittagsvorstellungen. – Mehrere unserer Tilehurst-Leute wurden dort gesehen und Pastor Mullins sprach in der Predigt vom letzten Sonntag darüber.

Deine liebevolle Mutter,

SARAH BAINES.

*Von Frau Spencer Bazzard bis Herrn Bennet Molyneux,
Auswärtiges Amt.*

HBM-Vizekonsulat,

Unguja,

Novr. 1, 1887.

LIEBER HERR. MOLYNEUX,—

Wann soll ich Sie mit „Sir Bennet" ansprechen ? – wie es sein sollte, wenn ich es wage, meine Gedanken auszudrücken. Wir schauen in die Liste der einzelnen Ehrungen und erwarten es. Spencer ist zu diesem Thema ziemlich verbittert, aber ich sage ihm: „Vergleiche sind abscheulich." Ich werde seine Indiskretionen jedenfalls nicht wiederholen.

Wir alle fragen uns hier, wann Sir James Eccles zurückkommt. Ich hatte noch nicht das Privileg, ihn zu sehen und kann mich nur an Spencers Meinung orientieren. Für Spencer ist er nahezu unersetzlich. Spencer meint, es wäre kaum weniger als katastrophal, die Kontrolle über die Ungujan-Angelegenheiten in die Hände eines jüngeren oder weniger erfahrenen Mannes zu legen. Mit Sir James Eccles werden die Deutschen keinen Unsinn versuchen. Sie könnten sogar aus Verzweiflung auf ihr Protektorat verzichten, wenn er zurückkehren würde und den Einfluss seiner Regierung hinter sich hätte. Bei einem schwächeren Mann oder sogar einem Mann ohne Autorität, der lediglich ein „amtierender" Generalkonsul ist, können sie dagegen *alles unternehmen* . Ich bin dumm genug, was meinen Mann betrifft, zu glauben – wenn es eine Notlösung geben muss –, dass er besser wäre als – nun ja, als der derzeitige amtierende Generalkonsul . Spencer misstraut den Deutschen zutiefst und weigert sich sogar, ihre hässliche Sprache zu lernen; wohingegen Cpn B. ihnen gegenüber viel zu freundlich ist und so weit gegangen ist zu sagen, dass wir über Afrika nicht den Hund in der Krippe spielen dürften. Es scheint, dass es sowohl große deutsche Afrikaforscher als auch Engländer gegeben hat, und Spencers Kollege meint, es sei ziemlich schwierig, dass sie nicht so viele Kolonien haben sollten wie wir. Da ich Ihre eigenen Ansichten nicht kenne , zögere ich, meine zu äußern. Und ich sollte nicht so anmaßend sein, auch nur auf diesen Brief um Rat oder Antwort zu bitten. Ich wage zu behaupten, dass Sie Spencer, wenn Sie der Meinung sind, dass er in Zukunft mehr Verantwortung und Initiative haben soll, privat über die Richtlinien Ihrer Abteilung informieren werden.

Das hilft *mir nicht* viel, denn was die offizielle Korrespondenz angeht, kommt Spencer dem so nahe wie – mir fällt keine Parallele ein! Ich meine, er wird mir nichts *sagen* . Nicht, dass ich neugierig wäre. Aber ich *möchte* ihm eine Hilfe sein und glaube auch an die Bildung von Frauen. Ich möchte *alles* über Afrika wissen! Aber ich kenne auch Ihre Ansichten - auch wenn sie mich schockieren. Wenn ich aus unseren Gesprächen an jenem unvergesslichen Samstag bis Montag – letztes Ostern – schließen darf, als Mrs. Molyneux so freundlich war, mich nach Spilsbury einzuladen – dann meinen Sie, dass Frau sich darauf beschränken sollte, den Haushalt und sich selbst zu beaufsichtigen Sie muss sich um das Wohl ihres Mannes kümmern, sich gut kleiden und sich nicht um Politik kümmern. Da könntest du recht haben. Und doch gibt es Momente, in denen ich gegen diese Vorschriften rebelliere. Vielleicht lag es an meiner Erziehung. Mein lieber Vater, ein Offizier der Marine, starb, als ich noch sehr jung war, und meine liebe Mutter hat mich vielleicht mit zu viel moderner Liberalität erzogen. Sie empfing in unserem Haus in North Kensington viel – natürlich auf bescheidene Weise – und ich war es daher von Kindesbeinen an gewohnt, viele verschiedene Arten von Männern und Frauen zu treffen – einige von ihnen waren weit gereist – und eine große Vielfalt von ihnen zu hören Meinungen.

Hier jedoch, wenn ich mich um die Angelegenheiten unseres Haushalts gekümmert habe – einen kleinen, da wir nicht mehr im großen Konsulat wohnen – und gelegentlich der Frau eines anderen Konsuls oder der netteren unter den Missionarinnen einen Besuch abgestattet habe, gebe ich mich bis hin zum Studium der Landessprache Suaheli. Spencer, der in fünfzig Dingen stark ist, in denen ich schwach bin oder denen ich völlig mangele, ist als Linguist nicht unbedingt von erstklassiger Qualität, während ich in dieser Hinsicht eher eine Begabung zu haben scheine. Ich bekomme viel Kompliment für mein Französisch, und obwohl ich Deutsch nicht mag , zwinge ich mich, es zu sprechen. Ich kann mich jetzt in dem, was Spence den „verdammten“ Jargon der Eingeborenen nennt, verständlich machen. Und wenn ich Ihnen sagen würde, dass ich mich auch mit Hindustani auseinandersetze, fürchte ich, Sie würden mich mit Ihrer Haustieraversion, einem „blauen Strumpf“, negativ einstufen!

Aber ich werde Ihrer schlechten Meinung trotzen. Ich bin *fest entschlossen* , mich für Spencers Beförderung fit zu machen, die sicherlich rechtzeitig erfolgen muss, zumal wir beide das Klima ziemlich gut vertragen. Ich habe seit meiner Entbindung nur einmal Fieber gehabt, und Spence trotzt der Malaria mit Cocktails und gelegentlich einem steifen Whiskey-Stöpsel. Unter uns dürfte es nicht mehr lange dauern, bis wir alles wissen, was es in Unguja zu wissen gibt. Und Spence ist bei den Einheimischen *so beliebt*. Sie schauen instinktiv zu einem starken Mann auf.

Was die Missionare betrifft, so wimmelt es auf der Insel und auf dem Festland. Einige der Mitglieder der Church of England sind ganz nett und wirklich Gentlemen und Ladies. Und es gibt ein oder zwei entzückende alte Priester in der französischen Mission, die mir hübsche Komplimente für mein Französisch machen und behaupten, ich hätte es in Paris gelernt. Aber es gibt auch einige schreckliche Spinner. Es gibt eine Frau Stott, die einmal aus einem sehr wilden Teil des Inneren auftaucht und mich mit großer Fröhlichkeit fragt, ob ich gerettet bin oder ob ich den Herrn liebe. Es ist wunderbar, wie sie ihr Aussehen behält, da sie ohne Sonnenschirm unterwegs ist und schon mehrfach von Nashörnern umgeworfen wurde. Ihre Gier beim Singen von Kirchenliedern ist *außergewöhnlich* . Vielleicht wirkt es sich auf ihre Konstitution aus wie diese neuen schwedischen Gymnastikübungen.

Eine ganz andere Art von Rekruten für die Nonkonformisten-Missionen kam letzten Frühling mit mir aus England heraus. Ich glaube, ursprünglich eine Lehrerin der National School. Sie war die Tochter eines Bauern im Land von Lord Silchester . Manche fanden sie hübsch, aber es war diese Schönheit, die unter der tropischen Sonne schnell verflog. Sie kam mir völlig fade vor und hatte nicht einmal den Glauben an die Missionsarbeit, der zumindest das seltsame Vorgehen ihrer Begleiter entschuldigt. Sobald das Schiff ablegte, begab es sich unter die Fittiche unseres amtierenden Generalkonsuls, der nicht zögerte, sich zu revanchieren. Sie flirteten während der Reise, was – aber ich fürchte, ich bin nicht sehr modern – *nicht* die beste Vorbereitung für die Heirat mit einem methodistischen Missionar war – einem schrecklichen, *unbeholfen* aussehenden Geschöpf, das sie in Unguja abholen wollte. Allerdings sollte eine Frau immer an der Seite von Frauen stehen, deshalb habe ich mein Bestes für sie getan, als sie vom amtierenden Generalkonsul geheiratet wurden.

Diese wichtige Persönlichkeit – ist er ein Freund von Ihnen? Wenn ja, verspreche ich, nichts als Gutes in ihm zu sehen – er zieht es vor, ganz allein im Haus von Sir James Eccles zu leben, wohin Spencer nach Sir James' Abreise übergesiedelt war. Wir hatten vorgeschlagen, mit ihm zusammenzuziehen, und ich war *durchaus* bereit, ihm während seiner kurzen Amtszeit ein Zuhause zu bieten. Da ihm aber offenbar mein Zimmer lieber war als meine Gesellschaft, habe ich mein Angebot natürlich nicht unter Druck gesetzt. Auf den Vorwand, dass er zu sehr mit Arbeit und Studium beschäftigt sei, geht er kaum ein.

Also! Wenn ich noch viel mehr schreibe, wirst du mich als langweilig abtun. Also muss ich mich selbst unterschreiben,

Mit freundlichen Grüßen

EMILIA BAZZARD.

PS: Ich erwarte keine Antwort. Aber wenn Sie mir nichts Gegenteiliges befehlen, werde ich Ihnen von Zeit zu Zeit einen Bericht mit Klatsch und Tratsch aus Unguja schicken, in der Hoffnung, dass er sich als amüsant erweist.

Von Stanley gibt es überhaupt keine Neuigkeiten. Emin , so heißt es, halte immer noch durch. Jeder Dampfer bringt zu Spencers großem Ekel immer mehr Deutsche. EB

Von Captain Brentham bis zu seiner Schwester Maud.

HBM-Agentur,

    Unguja,

LIEBE ALTE MAUD,—

Du *bist* ein guter Kerl, und ich bin dir unendlich dankbar. Deine Briefe entgehen mir nie, jeden Monat, wenn die Post eintrifft, und du schickst mir genau die Papiere und Bücher, die ich in meiner Isolation gerne sehe.

Ich bin seit über sechs Monaten hier und bin der Büroarbeit langsam überdrüssig. Ich glaube nicht, dass meine Chance auf eine Beförderung zum Chefposten groß ist, wenn Sir James Eccles nicht zurückkommt. Es wäre eine zu schnelle Beförderung und würde schreckliche Eifersucht hervorrufen – obwohl ich wirklich denke, dass ich genauso gut abschneiden sollte wie alle anderen und besser als manche. Mein Arabisch und mein Persisch kommen mir hier beide zugute, außerdem habe ich Hindustani erlernt und Suaheli beherrscht und komme mit den Arabern und der großen britischen Indianerkolonie sehr gut zurecht. Aber ich bin nicht zuversichtlich, was die FO-Genehmigung angeht. All diese Angelegenheiten gehen durch die Hände von Bennet Molyneux, und aus irgendeinem Grund mag er mich nicht, wahrscheinlich weil er ein hartnäckiger Arsch ist und es hasst, wenn jemand in Ordnung gebracht wird. Ich hatte gehofft, dass Lord Silchester mich mehr gedrängt hätte, aber Sibyls Briefen zufolge scheint es ihm wirklich schlecht zu gehen und er kümmert sich nur um seine eigene Gesundheit. Ihr Bericht über Ihren Besuch in Englefield im letzten Sommer hat mich sehr amüsiert. Sibyl hat viel von der Katze an sich, aber ich verstehe durchaus, dass Sie aufgrund der Gegensätzlichkeit Ihrer Veranlagungen sehr gut miteinander auskommen könnten – Ihrer Geradlinigkeit und ihrer List. Auch wenn es mir immer noch ein wenig leid tut, dass sie mich wegen Silchester rausgeworfen hat , bin ich bereit, ihr zu verzeihen, wenn sie nett zu meiner einzigen lieben Schwester ist.

Was *Sie betrifft* , ich habe Sie nie richtig geschätzt, bis ich hierher kam. Wenn ich nur eine feste Anstellung bekommen könnte , würde ich Sie wohl bitten, zu mir zu kommen und den Haushalt für mich zu führen. Ich wage zu behaupten, dass ich nie heiraten werde – die Frauen, zu denen ich mich hingezogen gefühlt habe, haben immer jemand anderen geheiratet. Es würde Vater gut tun, wenn er eine Haushälterin und einen Pfarrer engagieren müsste. Er verschwendet viel zu viel von dem Geld, das er Ihnen eines Tages hinterlassen sollte, für Ausgrabungen in Silchester .

Nun ja, wie ich schon sagte, ich habe die Büroarbeit, die ich Tag für Tag erledigen muss, langsam satt. Es gibt endlose Rechtsstreitigkeiten zwischen den hinduistischen Kaufleuten und den Arabern. Jede Woche gibt es Sklavenfälle und es kommt häufig zu Streitigkeiten mit dem französischen Konsulat über die Versklavung von Schiffen unter französischer Flagge. Und obwohl ich einen „juristischen" Vizekonsul habe, der mir hilft, sind seine Entscheidungen manchmal furchtbar faul und müssen revidiert werden.

Ich war nicht für Büroarbeit geeignet. Wenn ich wirklich Agent und Generalkonsul wäre, wäre es anders; Die Stürme dieser Unguja-Teetasse interessieren mich vielleicht mehr. Und ich sollte natürlich die Kontrolle über die Vizekonsuln auf dem Festland behalten, die meiner Meinung nach derzeit ihre ganze Zeit mit Großwildjagden verschwenden oder aufgrund von zu viel Whisky mit Fieber im Bett liegen. Aber da ich nur eine Wärmepfanne für Eccles oder einen neuen Mann bin, ist es ein sehr langweiliges Leben. Ich war kein einziges Mal von dieser kleinen Insel weg, seit ich im Mai rauskam. Ich kann es daher kaum erwarten, in meinen eigentlichen Konsularbezirk auf dem Festland zu gehen und ihn gründlich zu erkunden. Es reicht bis zu den drei großen Seen im Landesinneren!

Dieser Vizekonsul in Unguja ist eine seltsame Person. Er wurde vor ein paar Jahren als Rechtsanwalt zugelassen – es sei denn, er gibt sich als anderer Mann aus! Aber sein Wissen über das indische Recht ist gleich Null und er scheint keine Ahnung oder Vorstellung davon zu haben, wo die Wahrheit zwischen Dutzenden von Meineidzeugen liegt. Da er keine Sprachen lernen kann, ist er den Gerichtsdolmetschern völlig ausgeliefert. Er trinkt zu viel Whisky, hat einen unangenehmen, fleckigen Teint, eine zitternde Hand und ein unruhiges Verhalten mir gegenüber, das von respektvoll bis zu dem reicht, was die Franzosen „Schurke" nennen. Seine Frau, die mit mir gereist ist, ist *keineswegs* dumm. Sie ist so etwas wie die goldhaarige Abenteurerin – ihr Haar ist zumindest in der Nähe der Wurzeln von unmöglichem Gold – ihr Teint ist offensichtlich, wenn auch sehr geschickt , geschminkt, und im Allgemeinen sieht sie irgendwie falsch gut aus, so wie sie es zur Schau stellt eine falsche Gutmütigkeit. Hin und wieder erhascht man einen Blick auf die Tigerin, die um ihre eigene Hand (das heißt in ihrem Fall um ihren Ehemann) kämpft. Wahrscheinlich war sie einmal Gouvernante, und Gerüchten zufolge ist sie die Tochter der Witwe eines Zahlmeisters der Marine, die in Bayswater eine Pension betrieb , die einst Spencer Bazzard beherbergte , als er Pech hatte. Er hat sie geheiratet – vermute ich –, um seine Rechnung für Unterkunft und Verpflegung zu bezahlen. Sie nahm seine Angelegenheiten dann energisch auf und sorgte dafür, dass er hier tatsächlich zum juristischen Vizekonsul ernannt wurde. Sie schreibt Briefe an Bennet Molyneux – versiegelt mit Lavendelwachs und einem Tauben- und Schlangensiegel – ich sehe sie in der Posttasche – schmeichelt ihm, denke ich, und ich wage zu behaupten, dass sie mir hin und wieder einen Dolchstoß in den Rücken versetzt. Ihre erste Idee, als wir rauskamen, war, mich zu faszinieren und die Position der Hausherrin der Agentur einzunehmen. Ich wage zu behaupten, dass sie das Haus weitaus besser geführt hätte als ich und eine sehr kompetente Gastgeberin gewesen wäre. Aber die unvermeidliche

Konsequenz, ihren abscheulichen Ehemann mit dem fleckigen Gesicht als meinen Begleiter zu haben und ihrem Chef die Show im Allgemeinen zu überlassen, war zu viel für mich, und ich musste sie bitten, im Vizekonsulat in der Nähe zu wohnen und mich in Einsamkeit wohnen zu lassen und Frieden in der vielräumigen Agentur. Mein Hotelkellner ist der bewundernswerte Swahili-Butler von Sir James, mein Koch ist ein Goanese – und erstklassig – und ich habe ein oder zwei ausgezeichnete arabische Diener. Natürlich lege ich Wert darauf, dass die Bazzards häufig zum Essen oder Mittagessen einladen, und ich bitte sie, die Damen der europäischen Kolonie auf jeder Party oder Unterhaltung zu empfangen. Dennoch habe ich mir einen Feind gemacht. Dennoch wäre sie als Freundin unerträglich …

Die arme kleine Missionarin, nach der Sie fragen, hatte es wohl ziemlich schwer im Land. Sie hat nicht geschrieben, um dies zu sagen: Den Eindruck habe ich nur aus den „on dits “ gewonnen, die hier kursieren. Ich zeige nicht gerne allzu großes Interesse an ihren Anliegen, weil ein solches Interesse an diesem Land voller fieberhafter Skandale so leicht und böswillig missverstanden werden könnte. Bevor sie von Unguja ins Landesinnere aufbrach, hatte ich den Eindruck, dass ihre größte Sorge darin bestand, ihre Mutter könnte denken, sie sei unglücklich und habe sich in ihrer Karriere als Missionarin geirrt. Farleigh ist nicht weit von Aldermaston entfernt (die Adresse lautet „Mrs. Josling, Church Farm“). Vielleicht finden Sie eines Tages den Weg dorthin und führen ein freundliches Gespräch mit der Mutter und dem Vater von Lucy Baines und teilen mir mit, dass ich als Konsul ein Auge auf das Wohlergehen und die Sicherheit ihrer Tochter und ihres Schwiegersohns habe. Er – Baines – scheint ein gutherziger Kerl zu sein, aber völlig unfähig, ihren wahren Charme zu schätzen, auch wenn er es nicht für falsch hält, wenn die Frau eines Missionars Charme *hat* . Sie ist in Wirklichkeit ein halbgebildetes Landmädchen mit einer zerbrechlichen Schönheit, die unter der Hitze und dem Malariafieber bald verschwinden wird, mit dem Geist einer bewusstlosen Dichterin, der erbärmlichen Naivität einer wilden Blume, die unter einer Transplantation verwelkt …

Am meisten gefallen mir die Missionare, die ich hier treffe; Es macht Ihnen also nichts aus, wenn für sie gelegentlich eine Sammlung von Farleigh-Kupfermünzen und Sixpennys im Zusammenhang mit „Aus Grönlands eisigen Bergen“ usw. eingezogen wird. Unsere religiösen Überzeugungen stimmen nicht überein; Aber ich bewundere ihre Aufopferung, ihre Energie und Hingabe. Sie sind im Allgemeinen Spezialisten in einer bestimmten Richtung – Muttersprachen, Volkskunde, Botanik, Entomologie, Fotografie oder sogar, wie im Fall von Frau Stott, der Herstellung von Pflaumenkuchen. Ein bewundernswerter Trost für die Seele oder – was die Eingeborenen betrifft – ein Mittel zur Bekehrung!

* * * * *

Dein liebender Bruder,

ROGER.

KAPITEL IX

MISSIONSLEBEN

im Juli 1887, mitten in der Wintersaison, südlich des Äquators die Station ihres Mannes im Ulunga- Land erreicht. Das Klima der Ulunga Hills war damals herrlich; trocken, prickelnd, sonnig und nachts klirrend kalt. Ihr Gesundheitszustand besserte sich schnell, und sie begann auch nicht wieder zu schwächeln, bis das heiße Wetter im Oktober zurückkehrte und der Höhepunkt der Regenzeit, des südlichen Sommers, sich im Dezember und Januar durch sintflutartige Regenfälle, schreckliche Gewitter, gleißenden Sonnenschein usw. bemerkbar machte Atmosphäre eines türkischen Bades. Mehrere Monate lang unternahm sie nach ihrer Ankunft immer wieder den Versuch, die Rolle der Frau eines Missionars zu spielen, die Begeisterung ihres Mannes zu teilen und sozusagen ihren Lebensunterhalt durch ihren Einsatz zu verdienen. Wenn sie Brentham *nur* nie getroffen hätte und wenn *nur* Ann Jamblin zu Hause geblieben wäre! Sie musste zugeben, dass die Veränderung bei John bemerkenswert war. Er ähnelte immer weniger seinen Eltern und neigte immer weniger zur Dogmatisierung; Er war so selbstlos geworden, wie ein so selbstsüchtiger, unaufmerksamer Mann nur sein konnte. Er liebte die Arbeit, vor allem die Handarbeit – Tischlerarbeiten, Bauarbeiten, Gartenarbeit, Holzfällerei und die Erfindung raffinierter Geräte zur Gewährleistung von Komfort und Ordnung –, dieses Leben im Hinterland passte perfekt zu ihm. Er war der Leiter der Station, der Hauptlehrer der Jungen und Männer, der Leiter der Gottesdienste in der Kapelle. Er war für die Finanzen und die allgemeine Politik der Mission verantwortlich.

Jede Station dieser Gesellschaft in Ostafrika war eine kleine selbstverwaltete Republik. Einmal im Jahr trafen sich Delegierte jeder ostafrikanischen Station in Mvita oder Lingani oder an einem anderen geeigneten Ort und berieten sich, einigten sich vielleicht auf eine gemeinsame Politik, eine allgemeine Verhaltensweise. Aber es gab viel individuellen Handlungsspielraum. John zum Beispiel vertrat eine entschiedene Linie gegen den Sklavenhandel. Seit der Auflösung der vagen Herrschaft des Sultans nach der deutschen Invasion hatten die arabischen Sklavenhändler ihre Sklaven- und Elfenbeinkarawanen zwischen Tanganjika und der zangianischen Küste aufgrund der großen Nachfrage nach Arbeitskräften in Madagaskar und im Persischen Golf wiederbelebt. John hatte einen solchen Einfluss auf den Oberhäupter von Ulunga erlangt , dass er den Arabern die Durchreise durch sein Land verbot und anstatt seine überflüssigen jungen Leute oder seine Kriminellen an die Sklavenhändler zu verkaufen, schickte er sie zur Mission, um sie in groben Zimmermannsarbeiten ausbilden zu lassen. Lesen und Schreiben, Haltung usw. Der sehr florierende Handel, den

Anderson in dem Laden betrieb, machte die Mission gelegentlich so wohlhabend, dass sie die Häuptlinge subventionieren und sie dafür belohnen konnte, dass sie ihre Jungen und Mädchen zur Schule schickten und angeblich zum Christentum konvertierten. Einige schwarze Muslime, die in zwei der Dörfer begonnen hatten, Jungen den Koran und Elemente des Mohammedanismus beizubringen , wurden vertrieben, und John führte einen entschlossenen Krieg gegen die Hexendoktoren des Stammes, die eine Zeit lang vor der Konkurrenz von Cockles' besiegt wurden. Pillen und die anderen unschätzbar wertvollen Patentarzneimittel, die gerade erst in Boulevardzeitungen erschienen.

Die Abteilung von Bruder Bayley befasste sich insbesondere mit dem Studium der Muttersprache. Er übersetzte einfache Gebete und Hymnen sowie Bibelstellen in den Kagulu- Dialekt von Ulunga und übersetzte mehr Bildungsliteratur in das weit verbreitete Swahili. Er besaß eine kleine Druckerei, mit der er arbeitete , um seine Übersetzungen in eine dauerhafte Form zu bringen; und nahm außerdem eine herausragende Rolle in der Ausbildung der Jungen ein.

Sein persönliches Hobby war das Fangen von Schmetterlingen und Käfern. Er widmete seine kleine Freizeit dem Sammeln dieser Insekten und schickte sie an einen Agenten in London, um ihn in seinem Namen zu verkaufen. Auf diese Weise verdiente er schwankende fünfzig Pfund pro Jahr, was eine angenehme Ergänzung zu seinem mageren Gehalt war. Es verschaffte ihm ein paar kleine Luxusgüter und ermöglichte es ihm, seiner Mutter ab und zu ein Geschenk zu schicken.

Dann war da noch Ann Jamblin aus Tilehurst, eine Schulkameradin von Lucy, eine stämmige, rundliche junge Frau von etwa siebenundzwanzig Jahren, mit tonweißem Teint, dicker Haut, schwarzem Haar, schwarzen Augenbrauen und harten, kieselbraunen Augen . Tatsächlich war sie vor Lucy selbst in Hangodi angekommen , obwohl sie erst einen Monat später von zu Hause aufbrach, da sie zu der nervtötenden Sorte gehörte, der nichts im gleichen *Verhältnis widerfährt* wie anderen Menschen. Sie könnte niemals überfahren werden, niemals im Meer ertrinken – dachte Lucy –, niemals auf einem Stück Orangenschale ausrutschen, niemals in einem Eisenbahnwaggon angegriffen werden. Ann war vom Missionsrat als Braut für Bruder Anderson ausgesandt worden (auf einen diskreten Vorschlag von John, der glaubte, dass Anderson ein wenig geneigt sei, hübsche Negerinnen verliebt anzusehen). Doch als sie ankam, hatte sie sich geweigert, den Handel zu erfüllen, leugnete sogar jegliches Wissen über eine solche Verlobung und sagte, sie wolle niemanden heiraten: nur um das Werk des Herrn zu tun und allen zu helfen. Ihre Weigerung war von der Person, die am meisten betroffen war, wegen ihres unattraktiven Aussehens philosophisch aufgefasst worden; und wurde durch ihren praktischen Nutzen als unabhängiges

Mitglied der Mission zusätzlich gemildert. Sie kümmerte sich um den Haushalt der kleinen Gemeinde, kümmerte sich um Geflügel, Ziegen und Schafe, kochte viel, machte Brot, Kuchen und Pudding; stopfte die Socken, flickte die Wäsche und brachte den einheimischen Mädchen die einfachen Künste des britischen häuslichen Lebens bei. Sie kleidete sich mit wenig Rücksicht auf die Verschönerung der Person, legte aber viel Wert auf Ordentlichkeit und Mückenstiche. Ihr Humor war rau und ihre Zunge peitschte nacheinander jeden einzelnen . Sie verfügte über jene unangreifbare Unabhängigkeit im Verhalten, die ihr der Besitz eines Privateinkommens von einhundert Pfund pro Jahr und das Wissen verleiht, dass ihr Märtyrertod freiwillig und selbstgesucht war. Da sie selbst kaum jemals krank war, pflegte sie jeden, der es konnte, mit nahezu professioneller Kompetenz.

Lucy verabscheute sie insgeheim, denn sie verspottete Johns Frau ständig, weil sie mondän und unpraktisch sei, wegen ihres „ ästhetischen Geschmacks", wie zum Beispiel, dass sie beim Essen Blumen auf dem Tisch mag; dafür, dass sie im Allgemeinen schnell Kopfschmerzen und Migräne erlag, und vor allem für die Leichtigkeit, mit der sie von den großen Mädchen ihrer Schulklassen belästigt wurde. Ann würde sie auch aus Mangel an religiösem Eifer umgürten. Ann selbst beteiligte sich aggressiv und herzlich an den Gebeten und dem Singen von Kirchenliedern und beherrschte das Harmonium, das sich für Lucy als unspielbar erwiesen hatte. Ann versuchte sogar, eigene Übersetzungen ihrer Lieblingsgesänge in die Muttersprache anzufertigen, und ließ sich weder abschrecken noch entmutigen, weil sie bei ihren ersten Versuchen und durch die Bosheit ihrer Dolmetscherinnen durch grobe Obszönitäten dazu verleitet worden war, die heiligsten Phrasen und Symbole wiederzugeben. Die Freude, diese Unzulänglichkeiten in der Kapelle vor den schlicht bewusstlosen Missionaren herauszuschreien, als Bruder Bayley durch Fieber außer Gefecht gesetzt wurde, lockte große Gemeinden an.

Wenn John Baines ernsthaft an einem Malariaanfall erkrankt wäre, würde Ann Lucy ebenso kurzerhand beiseite schieben, wie sie sie vom Harmoniumhocker geworfen hat. Sie würde sich vollständig um den kranken Mann kümmern, das Fieber senken und die Brühen und Tränke herstellen, die die Genesung unterstützen sollten. Wenn Lucy selbst krank war, diagnostizierte Ann den Anfall entweder als „Phantasie" oder „Hysterie" oder einen Hauch von Galle und heilte ihn so drastisch, dass Lucy sich beeilte, gesund zu werden, um die Behandlung abzubrechen.

Dies war ein durchschnittlicher Tag in Lucys Leben in Hangodi im ersten Jahr ihres Aufenthalts dort –

6 Uhr morgens Lucy ist schon wach; John schläft immer noch tief und fest. Lucy hatte davon geträumt, wieder in Aldermaston zu sein oder mit

Brentham das Rote Meer entlangzufahren , und steht noch immer unter dem Schock der Enttäuschung, als sie daliegt und zu dem schmuddeligen Moskitonetzkegel hinaufblickt, der über ihrem Bett hängt, von dem von Ratten heimgesuchten Dach. Das Bettgestell ist eine breite Struktur – das arabische „ Angareb " – ein länglicher Holzrahmen mit ineinander verschlungenen Ochsenhautstreifen. Auf diesem Fundament wurde eine klumpige Korkmatratze mit deutlich ausgeprägten Wellen verlegt. Darauf noch einmal ein paar muffige Decken und ein Laken. Zum Abdecken gibt es ein weiteres Laken und eine Bettdecke.

Als Lucy das Läuten der Weckglocke hört, gibt sie John einen Stoß, der immer noch schnarcht.

Lucy : „ *John* ! Die erste Glocke ist weg!"

John : „ Was ?" (Gurgel, Gurgeln, abgebrochenes Schnarchen, schmatzende Lippen, schwere Seufzer .)—— „ Was ? Zeit zum Aufstehen? Oder-richtig."

Er stürzt in seinem unordentlichen Nachthemd aus dem Bett – Pyjamas wurden in der Ostafrika-Mission erst 1890 eingeführt. Dabei zerreißt er den Moskitovorhang mit seinen Zehennägeln.

Zimmer zwei Zinnbadewannen füllt . Anschließend baden sie in einer – für Lucy – widerlichen Promiskuität. Der Rest der Toilette wird kurzerhand erledigt. (Da John völlig behaart ist, muss er nicht rasiert werden.) Um den Einwänden ihres Mannes zu entgehen, kniet Lucy dann mit ihm betend auf einer staubigen Matte, aus ständiger Angst, dass ein Skorpion ihr in die Knöchel stechen könnte. Das hat einer getan, einmal.

Um halb sechs ertönt eine weitere Glocke – wie sehr die Konvertiten das Klingeln lieben ! – und sie eilen zur Kapelle, wo sie die anderen Mitglieder des Missionspersonals und eine Gruppe einheimischer Jungen und Mädchen treffen. Weitere Gebete, ein Psalm und eine Hymne, die fröhlich, aber unharmonisch gesungen wurde.

Anschließend begeben sich die Weißen in das Haus oder die große Hütte, wo die Mahlzeiten der Gemeinschaft serviert werden. Der Esstisch besteht aus grob behauenen Brettern einheimischen Holzes, und auf beiden Seiten gibt es ähnlich grobe Formen zum Sitzen, mit einem einheimischen Hocker an beiden Enden des Tisches. Das Frühstück besteht aus Haferbrei und Milch, wobei der Brei aus heimischem Getreide besteht und oft etwas bitter ist. Es gibt grobes Schwarzbrot mit säuerlichem Geschmack, da es aus fermentiertem Palmwein hergestellt wird. Es gibt Butter aus der Dose – ziemlich ranzig – vom Lachs im Topf und Zwerghühnereier vom einheimischen Geflügel, die so unzureichend gekocht sind, dass sie beim Öffnen über den Teller laufen.

John bittet um einen Segen für das Essen. Anschließend fressen sie ihn, während die Männchen mit etwas Lärm den Tee trinken, den Ann ihnen einschenkt. „Du scheinst heute Morgen nicht viel Appetit zu haben, Lucy", sagt Ann mit böser Absicht: „Der Brei ist schon wieder verbrannt? Was ist das?"

„Vielen Dank. Soweit ich weiß, ist an dem Brei nichts auszusetzen. Ich habe einfach keinen Hunger."

„Ah! Ich war schon wieder bei diesen Bananen. Sie sind sehr nahrhaft. Aber es wird dir nie gut gehen, wenn du zwischen den Mahlzeiten isst."

„*Ich* esse *zu den* Mahlzeiten und *zwischendurch* ", sagt Bruder Anderson, „und ich bin froh, sagen zu können, dass *mich* Appetitlosigkeit nie stört. Dies ist ein seltenes Klima, das einen hungrig macht und hält."

Anderson ist gefräßig und es mangelt ihm ein wenig an Tischmanieren. Diese Mängel werden dadurch ausgeglichen, dass er ein unermüdlicher Arbeiter ist und mit seinem Schicksal sehr zufrieden ist – Eupeptisch, wie wir später sagen lernten. Aber er behält seinen Löffel in der Tasse und hält ihn mit seinem schwarz umrandeten Daumen fest, wenn er trinkt. Er bedient sich auch beim Buttern mit seinem eigenen Messer, redet mit vollem Mund und kaut nie hinter geschlossenen Lippen, sondern zeigt den Vorgang ohne Befangenheit. Lucy, die in solchen Dingen zimperlich ist, wirft ihm gelegentlich einen Blick mit kaum verhohlenem Ekel zu. Bruder Bayley isst sparsamer und verbringt seine Aufmerksamkeit zwischen seinem Essen und einem gedruckten Vokabular von Kisagara . Er hat eine ausgeprägte Vorliebe für das Lesen beim Essen, was Ann immer wieder auf die Zunge hauen muss. Sie hält es nicht für gute Manieren.

John selbst bereitet ein herzhaftes Frühstück zu, wirft aber gelegentlich einen Blick auf Lucys stille Enthaltsamkeit. Endlich steht Ann, die Haushälterin, auf, nachdem die Brüder Bayley und Anderson den Tisch verlassen haben, um zu arbeiten, und sagt zu Lucy: „Sitzen Sie nicht zu lange beim Essen, denn ich möchte, dass Priscilla und Florence abräumen, sich waschen und dann." komm zu mir...."

Sie geht aus.

„Nicht gut, Lucy, heute Morgen?" sagt John, der langsam an ihrer Integration in das Missionsleben zu verzweifeln beginnt. Die Überzeugung, die er oft abstößt, bereitet ihm jetzt Schmerzen. Er selbst liebt die Arbeit, nicht nur die Bekehrung dieser Wilden zu einer besseren Lebensweise, sondern auch die nicht realisierte Kolonisierung rund um das gesamte Geschäft, das Pflanzen von Obstbäumen, die Vermehrung von Herden und Herden, die Befreiung von den Fesseln der Zivilisation und Klassenunterschieden. ...

„Oh ja! Mir geht es ganz gut ... denke ich. Einfach nicht hungrig. Ich schätze, ich werde das beim Abendessen nachholen ... vorausgesetzt, Ann lässt mich in Ruhe und nörgelt nicht übers Essen. Ich finde es *so* schlimm Manieren, beobachten, was die Leute beim Essen tun. Ich kommentiere ihren großen Appetit oder Andersons widerliche Art zu essen nicht ...“

„Sie meint es sehr gut“, antwortet John und möchte fair sein ...

„Das glaube ich. Sie hätte dich zu einer viel besseren Ehefrau gemacht als ich. Wenn ich bei meinem nächsten Fieberanfall sterbe, solltest du sie heiraten ... *Es* würde mir nichts ausmachen ...“

„Nun, Lucy, sag nicht so schreckliche Dinge. Du kannst dir nicht vorstellen, *wie sehr* sie mich verletzen ...“

In diesem Moment kommen Priscilla und Florence herein – sie sprechen ihre auferlegten Taufnamen „ Pilisilla “ und „ Filórency “ in einem lauten Bühnengespräch aus, das sie gemeinsam führen, um die Tatsache zu verbergen, dass sie schnell auf eine halbe Schüssel voller Zucker verzichtet haben um wegzuräumen, und John führt Lucy mit einem Arm um ihre Taille zurück in ihr eigenes Quartier.

„Kopf hoch, altes Mädchen! Du hast jetzt seit drei Monaten kein Fieber mehr und siehst wieder gut aus. Und du machst großartige Fortschritte beim Unterrichten ... Du fängst an, die Sprache zu beherrschen ... "

Es ist elf Uhr morgens und in der Mädchenschule von Hangodi mit ihren Lehmwänden aus Flechtwerk und Lehm und ihrem Grasdach und den Mittelrippen von Palmen ist es bis zu dreißig Grad Celsius heiß. Trotz der offenen Tür (denn die kleinen Glasfenster lassen sich nicht öffnen) ist die Atmosphäre eng und duftet nach schwitzenden Negern. Lucy hebt den Blick von ihrem Schreibtisch und schaut sich um, als würde sie die Szene aus einem neuen Blickwinkel wahrnehmen, ohne Illusionen oder freundliche Zugeständnisse. Am Ende des Schulhauses , gegenüber der Plattform und dem Schreibtisch des Lehrers, befindet sich die Eingangstür aus schweren Brettern aus einheimischem Holz. Durch die weit geöffnete Tür ist ein Quadrat aus sonnengebranntem rotem Ton zu sehen, das einen blendend flammenweißen Glanz erzeugt.

Als sich das Auge an diesen Glanz des Sonnenlichts auf einer durch das Trampeln nackter Füße polierten Oberfläche gewöhnte, konnte es Reihen von Eukalyptussetzlingen und hier und da das satte Grün eines einheimischen Schattenbaums sowie Teile eines roten Ziegelsteins erkennen Kapelle mit Wellblechdach und mehrere strohgedeckte Häuser aus weiß getünchtem Lehm.

An den Wänden der Schule hingen eine Weltkarte in Mercators Projektion und eine Karte von Afrika; eine große Schriftrolle mit elementaren Abbildungen der Naturgeschichte – typische Tiere, Vögel, Reptilien, Fische und Insekten, in einer Größe, die so unverhältnismäßig groß ist wie die Bewohner einer Arche Noah. Außerdem gab es Plakate mit arithmetischen Zahlen, Buchstaben des Alphabets und Einzelsilbenkombinationen: *Mutter; ba, ba ; le, le* usw. Über der Wand, hinter dem Lehrerpult und über der Tafel befand sich ein langer Streifen weißes Papier, auf dem in großen schwarzen Großbuchstaben gedruckt war: MWAACHE WATOTO WANIKARIBU („Lass kleine Kinder zu mir kommen"). Die Worte waren in der allgemein verständlichen Swahili-Sprache verfasst, dem Medium, mit dem Lucy unter vielen Schwierigkeiten und Missverständnissen versuchte , ihr Wissen ihren halbwilden Schülern zu vermitteln.

Eine Pause, nachdem ihr zweistündiger Unterricht begonnen hatte. Eine Negerin von einiger Intelligenz, eine befreite Sklavin aus Unguja und die Frau von „ Josaia" . „Birigizi " (Josiah Briggs), der Dolmetscher, sprach mit leiser Singstimme mit den kleinen Mädchen und übte sie im Alphabet und in den aus Konsonanten und Vokalen gebildeten Silben Das Lehrerpult bestand aus schwarzen Mädchen aller Größen, von kleinen Kindern bis hin zu jungen, heiratsfähigen Frauen; aber sie waren durch einen Gang in der Mitte des Raumes getrennt und ihrer Größe nach in zwei Kategorien eingeteilt: „A – *groß* – geru " und „A- *lig* - geru ", wobei diese Ausdrücke Bantu-Verfälschungen von „Große Mädchen" und „Kleine Mädchen" sind.

Obwohl sie zu Hause fast, wenn nicht ganz nackt waren, trugen sie hier auf dem Missionsgelände kurzärmlige Kittel aus weißem Kattun, die vom Hals abwärts locker waren und von denen die meisten schmutzig waren und gewaschen werden mussten. Die Mädchen sahen daher runzlig aus, was durch ihre glänzenden Gesichter und Arme, ihre strahlenden Augen und die blendend weißen Zähne etwas widerlegt wurde. Die kleineren Kinder waren hübsche kleine Dinger, die jeder Lehrer hätte streicheln können, aber die meisten größeren Mädchen hatten einen unverschämten Blick und einen schlecht versteckten Ausdruck überfütterter Müßiggang, der zu sinnlichen Vorstellungen neigte. Ein Kritiker der damaligen Missionspolitik wäre geneigt gewesen, diese größeren Mädchen morgens zu guter, harter Handarbeit zu verpflichten, die ihnen am Nachmittag die Frechheit hätte nehmen sollen; und haben ihre geistige Ausbildung für den Nachmittag reserviert, wenn sie vom Ziegelmachen oder vom Feldhacken zurückgekehrt sind.

Kaum war Lucy wieder ins Schweigen versunken und zeigte Anzeichen von Träumerei, als sie sich an die Arbeit machten, um von ihren Liebesbeziehungen zu flüstern und sich gegenseitig mit Kichern und verdrießlichen Klagen herumzuschubsen und zu zerren; oder sie ließen die Schieferplatten klappernd fallen, während sie mit Interesse das Flattern der Ratten auf den Dachsparren beobachteten.

Auch Lucy hob den Blick zum Dach. Sein Gerüst bestand aus den glatten, glänzenden Mittelrippen von Palmwedeln, die von einer zentralen Firststange unterhalb der Lehmwände herabstiegen und außen einen Schatten über der Veranda stützen. Über die Palmensparren wurden quer verlaufende Reihen von mehr oder weniger geraden Ästen oder Stöcken gelegt, und an diesen wurden die runden Büschel groben Grases befestigt, die das Strohdach bildeten. Von Sparren und Balken fielen hin und wieder kleine Schwaden gelblichen Pulvers, weil die Käfer das Holz fleißig durchbohrten. Aber auf dem Strohdach wimmelt es von größeren Dingen als Insekten, vor allem dort, wo es mit der Oberseite der Lehmwände in Berührung kommt. Hier schoss hin und wieder eine Eidechse wie mit einer Peitsche zwischen den Dachsparren hin und her, und Ratten streckten ihre langen Gesichter mit fragenden Knopfaugen hervor und beobachteten mit rattenhafter Unverschämtheit das Geschehen unten.

Der Unterricht hatte um neun Uhr begonnen und würde bis zur Mittagszeit – zwölf Uhr – dauern. Aber bereits mit elf war die Lehrerin müde und konnte ihre Gedanken nicht auf die Mühe konzentrieren, elementare Ideen zum Lesen, Buchstabieren und Zählen in diese paläolithischen Gehirne zu bringen. Sie verstummte. Ihr Blick wanderte zunächst über das Schulhaus und nahm in einer Stimmung verächtlicher Feindseligkeit alle Einzelheiten in sich auf. Noch nie war ihr der Hass ihrer gegenwärtigen Existenz und der bittere Kontrast zu ihrem Privatleben in England so vollständig bewusst geworden. Sie hatte Johns schlichte Frömmigkeit satt, Bruder Andersons Scheinheiligkeit und seine unangenehm liebevolle Art sich selbst gegenüber ... und seine Art zu essen, sein Verhalten bei Tisch, seine salbungsvollen Gebete. Mr. Bayley, dessen ruhiges Benehmen und seine Höflichkeit ihr gefielen, war dennoch fanatisch, was den Buchstaben der Heiligen Schrift anging – einen Fanatiker hätte Captain Brentham ihn genannt. Sie würde ihrem Mann gegenüber nicht loyal sein – John zumindest war aufrichtig und arbeitete sehr hart; Sonst *könnte* sie darüber satirische Briefe schreiben! ...

Aber diejenige, die sie unter ihren Kollegen am wenigsten mochte, war Ann Jamblin . Ann kam zwischen sie und John, gerade als sie sich vielleicht verstanden hätten, sich über die Religion oder ihren eigenen Anteil an der Missionsarbeit geeinigt hätten. Wenn Ann nie herausgekommen wäre, wären die Dinge vielleicht erträglicher gewesen ... Ann war unter einem falschen Vorwand hierher gekommen . Sie war in John verliebt, *das* stand fest, obwohl John zu sehr von der Gans war, um es zu erkennen.

Sicherlich hatte sie sich nützlich gemacht, *abscheulich* nützlich ... Die Männer mochten sie, weil sie es ihnen so bequem machte ... Dieses Talent wurde natürlich von der Schinken- und Rindfleischfabrik zu Hause geerbt! Sie teilte Lucys Lehrtätigkeit mit und unterrichtete die Frauen und Mädchen am Nachmittag – brachte ihnen vernünftige Dinge bei – Kochen, einfaches Nähen, Waschen, Bügeln, und überließ Lucy – wie sie vorgab – den Teil der Arbeit mit der „schönen Dame", die Unterweisung ihre Gedanken.

Lucys Augen blitzten in ihrem Tagtraum, als ihr klar wurde, wie sehr sie die Morgen- und Abendgebete verabscheute ... Besonders Bruder Andersons Beitrag zur Erbauung des Geistes. *Wie* langweilig war der Sonntag mit seinen beiden „einheimischen" Gottesdiensten, die beide von John auf Englisch, gebrochenem Swahili, und Kagulu mit der langwierigen Interpretation von Josiah Briggs geleitet wurden.

in Hangodi , nach dieser schrecklichen, alptraumhaften Reise von der Küste, war sie bei guter Gesundheit . Das war ein Glücksfall, denn die nächste medizinische Hilfe war fünfzig Meilen entfernt. Aber *oh!* die Monotonie des Lebens! Wie lange konnte sie es noch aushalten? Für die Männer war es nicht so schlimm. Jeden Samstag machten sie einen ganzen Urlaub lang ins Unterland und schossen Wild und Perlhühner für die Nahrung der Station. Manchmal „wanderten" sie und sie und Ann blieben allein. John hat immer behauptet, dass es für weiße Frauen nicht sicher sei, zu reisen, außer von und zur Küste. Mit viel Lagerleben glaubte er, sie seien unweiblich geworden ...

Seit ihrer Ankunft im letzten Juli hatte es nur drei Postsendungen gegeben. Kapitän Brentham schickte ihr Bücher und Zeitungen, aber Ann warf über diese Aufmerksamkeiten den Kopf zurück und John beschlagnahmte die Bücher ein- oder zweimal, weil sie gefährliche Tendenzen hätten; subversiv gegenüber einem einfachen Glauben. Die Station selbst hatte außer der Bibel, ein paar guten Büchern und Zeitschriften, Grammatiken und Wörterbüchern der Muttersprachen kaum etwas anderes zu lesen.

In England hatte sie sich vorgestellt, sie würde zeichnen und botanisieren, Schmetterlinge sammeln und alle möglichen wunderbaren Haustiere halten, außerdem herrliche Landschaften bewundern und hin und wieder berühmte Entdecker treffen. Dieser Traum war bald vergangen. Sie hatte in der Woche keine Zeit zum Skizzieren und es galt als falsch, es an einem Sonntag zu tun. Und selbst wenn sie die Stimmung der Gemeinde empörte und sich mit ihrem Skizzenblock und Wasserfarben vor einen blühenden Baum oder eine beeindruckende Aussicht setzte , kamen Ameisen und bissen sie, Mücken griffen ihr Gesicht an, bis es aufgeblasen wurde, oder die Sonne Es war zu heiß oder der Wind war zu heftig. Was die Botanisierung

anbelangt, so gab es weiter oben in den Ulunga -Bergen sicherlich prächtige
Wälder mit Baumfarnen und Orchideen , aber es galt als unsicher, dort zu
botanisieren, außer in einer Gruppe. Es gab Schlangen oder Leoparden oder
lauernde Krieger feindseliger Stämme ...

Ihre Gedanken wandten sich dann der Heimat zu ... Plötzlich war sie
wieder in den Szenen, die sie vor fast einem Jahr verlassen hatte ... Sie sah
sich langsam vom Dorf Aldermaston die Straße hinauf nach Mortimer gehen,
dem Bauernhaus ihres Vaters, das gerade zurückgelassen worden war. Sie
blieb stehen, um die alte Miss Fanning zu begrüßen, die aufgrund einer
besonderen Konzession im eher klösterlich wirkenden Haus des Schullehrers
wohnte, da Lucy – ihre Nachfolgerin – mit ihren Eltern in der Nähe wohnte.
Die Kinder des Dorfes spielten mit dem Lehrer auf dem großen Rasenhof.
Sie konnte deutlich den rustikalen Schuppen erkennen, der zwei Seiten des
Spielplatzes umgab – wie die Veranda eines afrikanischen Hauses. In ihrem
Tagtraum schienen die blauäugigen, flachshaarigen Kinder sie zu begrüßen.
Sie liebten sie so sehr – Wie *konnte* sie sie verlassen? ... Dann war sie in ihrer
Fantasie weiter die Mortimer Road entlang , vorbei an der hohen
Backsteinmauer des Aldermaston Park. Herrliche blaugrüne Zedernbäume
krönten die Wand aus sanften Ziegeln. Als die Mauer dann nach rechts
abbog, folgte ein hohes Ufer und eine Hecke, während die Straße anstieg und
über das Flusstal anstieg. Sie konnte sehen, oh! mit so viel Detailreichtum die
zartgrünen Farnwedel des Ufers. Über den männlichen Farnen wuchs eine
Reihe von Hirschzungenfarnen. Darüber, hier und da, ein Fingerhut, Büschel
von Glockenheide, und dort, wo die Hecke nach unten ging und man in die
Lücken des Eichenwaldes blicken konnte, standen Zweige von
französischem Weidenkraut in rosa Blüten ...

Was für eine Reihe von Bildern zogen nun vor ihrem geistigen Auge
vorbei, als sie instinktiv ihre Augen vor Afrika schloss, vor ihrer
schweigenden, aufmerksamen Klasse, die glaubte, sie würde dösen! Weiße
Enten auf einem Teich am Wegesrand, eingebettet in einen Halbmond aus
Wasserlinsen; Gestutzte und geschorene Eiben vor einem alten Haus aus
Backstein und Holz mit einem steilen Strohdach; ein Heufeld im Hochland,
stämmige, gesunde Männer mit offenen blauen Augen und kräftigen,
kräftigen, roten Armen; langhörnige Rinder mit einer vermeintlichen
Wildheit, die ihr nie auferlegt worden war, die im Schatten von Ulmen
standen und Fliegen von ihren roten Flanken und cremefarbenen Bäuchen
wischten; Der Garten ihrer Mutter, voller Phlox, Wicken und
Stiefmütterchen und duftend nach dunkelroten Rosen ... Oh, *warum* hatte sie
ihre Mutter jemals verlassen, ihre angenehme, ruhige Arbeit an der
Nationalschule verlassen, um sich John in Ostafrika anzuschließen? Es war
zum Teil Eitelkeit; Heiratswunsch; Sie wollte reisen... Seit ihren Gesprächen
mit Kapitän Brentham – „Roger", rief sie ihn zu sich – kümmerte sie sich

nicht mehr um die Evangelisierung Afrikas , und noch mehr, seit sie Afrika kennengelernt hatte … Aber „ Roger" – Nun, wenn sie nicht nach Afrika gekommen wäre, hätte sie sicherlich nie die Gelegenheit gehabt, *ihn kennenzulernen* ... auf dieser Dampferreise!

Lucys Gedanken wurden plötzlich nach Ostafrika und zur Disziplin in ihrer Schulklasse zurückgebracht; Denn eine allzu wagemutige Ratte, die einen Dachbalken hinaufschoss, hatte den Halt verloren und war zwischen die Mädchen – die „Biggeru" – gefallen, und sie hatten sich, indem sie Gestalten umwarfen und Schiefertafeln wegwarfen, zu einem zappelnden Haufen auf die Stelle geworfen, wo sie waren Die Ratte war gelandet. Aus dem Getümmel erhob sich eine triumphierende junge Frau, deren Kittel von oben bis unten zerrissen war, die aber eine beschädigte, sterbende Ratte am gebrochenen Schwanz hochhielt. Ein lautes Stimmengewirr , das die Gerechtigkeit der Gefangennahme bestritt, und die antwortenden Schreie der Fängerin, die sicher im Besitz ihrer Beute war (die sie bald über der Asche gegrillt als Beilage zu ihrem Sorghumbrei essen würde), weckten Lucy zu einer Show Wut, die den Tumult beruhigte und die Aufmerksamkeit der Mädchen auf ihre Lehrerin lenkte. Als sie aufstand und versuchte, auf Suaheli Worte des angemessenen Tadels hervorzustoßen, wurde ihr die Tristesse ihres gegenwärtigen Schicksals noch deutlicher bewusst, und sie brach in qualvolle Tränen aus und vergrub ihren Kopf in ihren Armen über dem Schreibtisch.

Die kleinen Kinder blickten voller Ehrfurcht auf ihre Trauer. Konnten reiche, gottgleiche weiße Menschen überhaupt traurig sein, wenn sie in irgendeiner Weise Kleidung trugen und weißes Salz in Flaschen und köstliches Essen in Dosen hatten? Angetrieben von Josiahs Frau stahlen sie sich verwundert davon; und der „Biggeru " verließ die Schule gnadenlos, mit lautem Lachen und freien Kommentaren auf Kagulu über die Gefühlsbekundung der weißen Frau. Die Schuluhr tickte weiter, die Ratten liefen ermutigt über das Strohdach und ließen sich ohne Zwischenfälle auf den Boden fallen, von wo aus sie auf die Veranda huschten, dann die Pfosten hinauf und so wieder auf das Dach. Das flammenweiße Sonnenlicht wurde auf dem Platz immer heftiger, die Schatten der Bäume wurden kürzer und violetter. Endlich läutete eine laute Glocke, und plötzlich schaute Ann Jamblin herein und sagte mit einem Anflug von Unverschämtheit, als sie weiterging: „ Die Mittagsglocke, Lucy."

Lucy tat so, als ob sie sie nicht hörte, tupfte sich aber hastig mit einem Taschentuch das tränenüberströmte Gesicht ab, schüttelte ihr weißes Kleid zurecht, strich sich hier und da mit der Hand das Haar glatt und nahm ein Buch aus dem Regal, als wollte sie lernen. ...

Ihr Mann stand an der Tür.

„Das Mittagessen ist fertig, Liebes... Waren die Mädchen heute Morgen widerspenstig?“

„Danke, ich habe keinen Hunger. Warten Sie nicht mit dem Mittagessen auf mich. Ich wage zu behaupten, dass ich bis zur Teezeit nichts wollen werde ... Die Mädchen? Oh! Nicht schlimmer als sonst. Ich habe keinen Einfluss darauf Sie ... Es ist natürlich meine Schuld. Ich war nie für diese Arbeit geeignet. Bitte, *bitte* warten Sie nicht ... Ich nehme an, es gehört nicht zu der christlichen Pflicht, zu essen, wenn man es nicht tut hungrig?...“

John Baines sah niedergeschlagen aus ... und ging mit weniger Appetit als gewöhnlich zum Mittagessen mit gebratenem Zicklein oder gebratenem Perlhuhn, Süßkartoffeln, gekochten Kochbananen und Bananenstückchen in Zuckerrohrsirup.

Lucy versucht unterdessen so zu tun, als ob sie sich für ein Buch interessiere. Es ist viel zu heiß, um hinauszugehen und zu botanisieren. Und was nützt es dann, diese Pflanzen zu pressen? Die Farbe der wunderschönen Blütenblätter verblasst bald zu Braun, Pilze und kleine Insekten befallen sie und sie zerfallen zu Staub; und die Mission lehnt es ab, dass das gesamte Löschpapier auf diese Weise verbraucht wird ...

Augenblicklich kehrt John zurück; mit einem einheimischen Diener, der ein Tablett mit Teegeschirr, Perlhuhnbrustscheiben, einigen gekochten Süßkartoffeln und Bananenstückchen trägt. Um an diese recht verlockende kleine Mahlzeit zu kommen, musste er sich dem verächtlichen Widerstand von Ann Jamblin stellen , aber ausnahmsweise hat er sich gegen sie gewandt (zum stillen Entsetzen der Brüder Bayley und Anderson). „Ann“, hat er gesagt, „du musst lernen, deine Zunge und dein Temperament unter Kontrolle zu halten. Du bist es, der Lucy durch deine ständige Fehlersuche von unseren Mahlzeiten vertreibt. Wir sind nicht alle gleich; einige von uns sind mehr.“ sensibler als andere. Ann wird seltsamerweise durch seinen scharfen Ton zum Schweigen gebracht und erwidert nichts.

„Komm, Lucy“, sagte er, nachdem die kleine Mahlzeit auf den Tisch neben ihrem Schreibtisch gestellt worden war; „Du wirst dich nur krank machen, wenn du dir das Essen verweigerst. Es tut mir leid, dass Ann so geärgert hat. Ich habe mit ihr gesprochen. Versuche jetzt, dieses kleine Mittagessen zu essen, während wir hier drinnen ruhig sind.“

Lucy sieht es und ihn an. In der Mitte des Tabletts befindet sich ein emaillierter Eisenbecher mit einem kleinen Strauß Malvenblüten mit großen zitronenfarbenen Blütenblättern und einer leuchtend malvenfarbenen Mitte . Das bedeutet von John so viel, als Zugeständnis an ihren Geschmack. Sie bricht in Tränen aus – zu diesem Zeitpunkt war sie sehr schlapp!

„Oh, John! Du *bist* gut zu mir. Ich *habe solche Freundlichkeit wirklich nicht* verdient. Ich war eine *furchtbare* Enttäuschung für dich."

„Nun, iss das Mittagessen auf und du wirst mich glücklich machen", sagt der arme John. „Warum sollten wir hier nicht *alle* glücklich sein, Lucy?" er geht weiter. „Der Herr hat unsere Arbeit auf einzigartige Weise gesegnet; das Klima ist – für Afrika – überhaupt nicht schlecht; man kann nicht sagen, dass die Landschaft hässlich ist, es gibt überall wunderschöne Blumen – und – und Farne. Wir kommen gut damit zurecht." die Leute, viel besser, als ich jemals erwartet hätte. Ihr Schulzimmer ist schon zu klein für die Zahlen und Bayley muss seine Klassen im Freien in der „Baraza" unterrichten. Schauen Sie sich unsere Plantagen an – wie die Zitronenbäume und Orangen wachsen – und den Kaffee. Es stimmt, wir bekommen unsere Post eher selten. An der Küste scheint etwas Seltsames vor sich zu gehen. Die Transportunternehmen kommen nicht durch ... Die Deutschen, vermute ich. Aber wir sind hier sicher und behaglich genug. Was mich betrifft, ich möchte nichts von zu Hause hören. Die Briefe meiner Mutter sind nicht gerade ermutigend. Ich bitte nur darum, das Werk des Herrn ohne Unterbrechung fortzusetzen. Versuchen *Sie*, fröhlich zu sein, Liebling ... Glaubst du, dass es – ähm – irgendeine Hoffnung auf – dein – gibt?"

„Ich *werde* es noch einmal versuchen, John. Aber könnten wir nicht mehr alleine leben? Ann geht mir auf die Nerven, tu, was ich will. Könnten wir uns nicht selbst um den Haushalt kümmern?" fährt Lucy fort, faltet ihre Hände und sieht ihn flehend an.

„Nun", sagte John ein wenig reumütig, „du weißt, dass du es nach deinem ersten Besuch einen Monat lang versucht *hast*, aber es war so ein Misserfolg, dass du es aufgegeben hast. Du konntest die Hitze des Kochhauses nicht ertragen oder es schaffen." der Koch, oder führen Sie die Rechnungen in Kattun für die Dinge aus, die Sie gekauft haben. Und – Sie wissen nicht viel vom Kochen. Warum sollten Sie? Sie sind ein erstklassiger Lehrer. Und dann, wissen Sie, waren Sie so darauf fixiert Zuerst über das Studium – das Studium der Botanik – und das Malen von Bildern. Ich dachte sogar, Sie könnten für das Mission Magazine schreiben, wie Mrs. Lennox und Mrs. Baxter ..."

Lucy : „*Aber sie wollen immer, dass du* gut schreibst, dass du auf Schritt und Tritt den Herrn ins Spiel bringst und die schwarzen Menschen als ganz anders hinstellst, als sie sind – Irgendwie konnte ich mich ihrem Stil nicht anschließen, er ist so unhöflich – —"

John : „Dann schreiben Sie doch für andere Zeitschriften, auch für weltliche, wenn Sie möchten. Ich bin mir sicher, dass Sie gut schreiben konnten – Sie haben vor unserer Hochzeit wunderschöne Gedichte verfasst, und auf dem Weg dorthin haben Sie genug spannende Erlebnisse gehabt."

Es ist nicht die Frau eines jeden Missionars, bei der ein Löwe versucht, in ihr Zelt einzudringen –"

Lucy: „Der Gedanke an *diese* Reise macht mich *immer noch* krank. Und doch dachte ich immer, ich sollte Afrikareisen lieben –" (Ein undankbarer Gedanke schoss ihr durch den Kopf: „Das sollte ich auch, mit – mit – einigen Leuten"). „Außerdem, wenn ich die wahre Geschichte erzählen würde – Käfer, Ameisen, Schlangen, verwesende Leichen und alles –, würde das vielleicht andere Missionarinnen davon abhalten, sich zu outen. Nein, ich kann nichts schreiben. Ich *sammle zwar* Blumen, aber du Du lässt mich nicht weit von der Station weg, um zu botanisieren, und du bist immer zu beschäftigt, um mit mir zu kommen. Was das Malen angeht, ist es entweder zu nass oder zu heiß oder so etwas. Und dann hast du einmal angedeutet, dass ich es nicht tun sollte Nehmen Sie sich jeden Tag einen halben Urlaub, helfen Sie aber jemand anderem bei seiner Arbeit, also überlasse ich einen Teil meiner Zeit Herrn Bayley ... Nein, ich werde ihn nicht „Bruder Bayley" nennen, das ist so albern dieses Bruder-Schwester-Geschäft" – (eine kurze Pause und ein plötzlicher Impuls). „John! Könntest du mich nicht in der nächsten Trockenzeit nach Hause bringen – und sie bitten, dir zu Hause Arbeit zu geben? Oder" (bemerkte seinen bestürzten Blick) „Mich nach Hause zu Mutter schicken und mich später dort begleiten, wenn du gehst." ist fällig?... "

John: „Es würde *mir einfach das Herz brechen* , *mich* von dir zu trennen oder meine Missionarskarriere aufzugeben ..."

Lucy: „Könnte ich dann doch eine Reise – wie du es nennst – mit dir machen? Nicht hier mit dieser unerträglichen Ann eingesperrt sein, wenn ihr drei Männer auf Predigttour geht. Ich verspreche, dass es mir nichts ausmacht alles – Schlangen, Ameisen, Löwen oder sogar die Massai. Vielleicht könnte ich Afrika auf diese Weise ohne all diese unerträgliche Religion genießen ..."

John: „ *Lucy!* ... "

Lucy: „Ich wollte dich nicht noch einmal schockieren, aber ich konnte nicht anders. Ich weiß nicht, was über mich gekommen ist, aber ich hasse *Religion* und gebe noch mehr vor, religiös zu sein. Ich' Ich habe die Bibel satt ... zumindest das Alte Testament. Ich muss immer an eine langweilige alte Großmutter denken, die immer wieder dasselbe sagt ... Wer hat es geschrieben? Das möchte *ich* wissen . Woher wissen wir, dass die alten Juden es nicht erfunden und so getan haben, als wäre es inspiriert?" (John stößt von Zeit zu Zeit ein protestierendes „ *Lucy!* " aus, aber sie ist von dem Wunsch, ihrer Empörung Ausdruck zu verleihen, so überwältigt, dass sie ihm keine Beachtung schenkt.) „Wissen Sie, ich habe versucht, Mr. Bayley bei seinen Übersetzungen zu helfen." Ich las langsam Teile der Bibel – wir sind gerade im Exodus. Er *fing* mit der Genesis an, obwohl ich sagte, dass die Leute nur die Evangelien wollten – ich glaube nicht, dass ich zu Hause jemals viel die Bibel studiert habe, und alles kommt frisch für mich, als hätte ich nie zuvor darüber nachgedacht ... Nun, Exodus ... Haben Sie jemals die Kapitel gelesen, in denen Moses vierzig Tage und Nächte lang fastete – oder sagte, er fastete – *ohne Nahrung oder auch nur Wasser,* während er ... schrieb er Gottes Worte nieder? ... Wie albern manche davon klingen ... Wie sehr der Allmächtige auf die Farben der Vorhänge der Stiftshütte – Blau, Purpur und Scharlach – und auf die hergestellten Feuerlöscher und Schnupftabakschalen einging aus reinem Gold. Und über die „Knöpfe". ... Was ist ein „Knop"? Der arme Mr. Bayley kann das Wort in keinem Wörterbuch finden. Was kann es nützen, das alles ins Kagulu zu übersetzen ? „Das verwirrt nur die Eingeborenen", sagte mir Josiah. Mr. Bayley ist immer so Er verliert die Beherrschung gegenüber Josiah, weil er für einige dieser Dinge in Exodus nicht das richtige Gulu- oder Suaheli-Wort findet. Sicherlich möchten Sie ihnen nur einfaches Christentum beibringen und wie man weniger wie Schweine und mehr wie anständige Menschen lebt. ..."

John (wird endlich dazwischengeschaltet, nachdem er sein Gegenargument in Worte gefasst hat): „Wie kann man ihnen etwas über Christus beibringen, ohne vorher zu erklären, was zu Christus geführt hat, den Sündenfall und die Erlösung? Wir wollen ihnen sogar die ganze Bibel geben." wenn wir nicht jede Passage selbst verstehen. Jedes Wort der Bibel ist inspiriert. (Lucy protestiert stumm.) „Aber oh! meine Lucy ... was ich befürchtet und vorhergesagt habe, ist eingetroffen. Diese Kokettierung mit der Wissenschaft hat dich deinen Glauben gekostet. Knie nieder." (Sie kniete widerwillig mit ihm auf der kleinen Plattform.)

„Oh Herr", betete John inständig, „besuche Deine Magd, die Deine Hilfe dringend braucht! Zerstreue ihre Zweifel mit dem Sonnenschein Deiner Gnade. Überzeuge sie von Deiner allmächtigen Kraft und Weisheit und weihe sie Deinem Dienst." in diesem heidnischen Land.

Gezwungen standen sie auf. John wischte sich heimlich den Staub von der Hose, putzte sich die Nase und wischte sich voller Emotionen über die Augen. Lucy schüttelte ungeduldig ihren weißen Rock. Wie sie diese spontanen Kniebeugen hasste, die die Tragedauer des Rocks immer verkürzten und ihn vorzeitig in die Wäsche schickten. Und viel Waschen ließ es so einlaufen.

Dennoch war ihre Leidenschaft erschöpft und ihr Mann tat ihr sehr, sehr leid, und in ihrer Unzufriedenheit war sie ein wenig schuldig. Wenn sie ohne anderen Einfluss direkt aus England zu ihm gekommen wäre, wäre sie dann nicht eine fairere Kritikerin gewesen und hätte die Missionsarbeit freundlicher aufgenommen? Und war John nicht wirklich wie geschaffen für einen Missionar, der allen Grund hatte, stolz auf den Erfolg seiner Station zu sein?

Jamblin unterbrochen . „Na dann, junge Leute" (da sie drei Jahre älter war als sie, nahm sie manchmal eine mütterliche Miene an), „wenn ihr mit den Flitterwochen fertig seid, nehme ich das Tablett mit und bereite die Schule für meinen Nähkurs vor." (Zu einem ohne: „ Pilisilla ! Klingeln Sie dreimal.")

verließen sie das Schulhaus , ohne ihr zu antworten. Lucy hatte so großes Mitleid mit John, dass sie sich noch einmal entschloss, den Versuch zu unternehmen, die Frau und Helferin eines Missionars zu werden. Die starke Hitze des Vormittags ließ ein Gewitter entstehen, und der Himmel war bereits bedeckt, und ein paar kühle Luftstöße wehten aus den Ebenen. Bald darauf entwickelten sich diese zu einem besorgniserregenden Staubsturm, einem Hurrikan, der Bayleys Korrekturabzüge und Manuskript nach rechts und links fegte; und als Lucy hereinstürmte, um sie abzuholen, wurde sie für eine Minute vom grellen Blitz geblendet. Dann ließ der Wind nach, bevor es zu einer Sintflut kam – einer grauen, strömenden Regenflut. Bei dem Versuch, dies und das zu retten, waren Lucy und Ann bis auf die Haut durchnässt und mussten ihre durchnässten Kleidungsstücke wechseln. Der Wechsel zu trockener Kleidung und das Abreiben machten sie irgendwie fröhlicher und freundlicher. Anschließend kehrte Lucy in Bayleys Arbeitszimmer zurück und half ihm im wiederkehrenden Tageslicht noch einmal bei seinen Übersetzungen. Aber er hatte sich nun schon weit in Leviticus hineingearbeitet, und einige Passagen erwiesen sich sowohl für Lucy als auch für Josiah als so peinlich, dass Ersterer mit dem Ausruf „Es ist Teezeit" abbrach.

Und tatsächlich ertönte in den vierundzwanzig Stunden der einzige angenehme Ruf: die Teeglocke.

Der Regen hatte aufgehört, die Dunkelheit hatte sich für eine Weile gelegt und hinterließ den westlichen Himmel in einem süßen Zitronengelb, aus dem ein gedämpftes Sonnenlicht funkelte. Die Luft war in einer sterbenden Brise frisch und erhebend geworden. Die kleine Gruppe traf sich am Teetisch in der Stimmung, zu scherzen und freundlich zu sein. Ann, gutgelaunter als sonst, beschrieb ihr Verhalten. Sie erzählte Lucy auch, dass sie während ihrer Nähstunde zwei von Lucys Röcken reparieren ließ, um ihr die Mühe zu ersparen. Oh, es war alles in Ordnung; sie hatten als Muster gedient.

Während der Teezeit trafen ein paar bewaffnete Träger ein, deren Kattunkleidung von dem Regensturm, durch den sie tapfer gegangen waren, noch an ihren braunen Körpern klebte. Sie hatten nicht die reguläre „Europa"-Post aus Unguja mitgebracht, sondern einige Pakete von Mr.

Callaway und lokale Briefe. Diese, die am Teetisch vorgelesen wurden, sprachen von der Unruhe der Küstenbevölkerung, die durch die Verwaltung der Deutschen Kompanie verursacht wurde, von arabischem Klatsch in Unguja, von den düsteren Nachrichten aus Nyasaland, wo sich eine schottische Handelskompanie im offenen Krieg mit den Arabern befand versuchen, die Bevölkerung vor arabischen Sklavenüberfällen zu schützen. Tiputipu war im Kongo auf der Suche nach Stanley und hatte den Tanganjika-Arabern seinen zurückhaltenden Einfluss entzogen. Steht ein konzertierter arabischer Angriff auf den störenden weißen Mann bevor? Die Missionare schauten etwas besorgt von einem zum anderen. Ein wachsendes Gefühl der *Kameradschaft* verband sie. Sie fühlten sich als Vorposten des Christentums in einer von den Muslimen bedrohten Welt. Sie gratulierten John dazu, dass er den Ulunga- Häuptling Mbogo so vollständig für sich gewonnen hatte , dass dieser die arabischen Händler aus seinem Bergland vertrieben und mit den Weißen gemeinsame Sache gemacht hatte ...

Beim Abendessen – oder besser gesagt beim Abendessen – waren sie recht fröhlich. Auch im Abendgottesdienst herrschte eine besondere Würze, in den verkürzten Gebeten herrschte Sinn und *Schwung*. Ann wurde von Lucy zu ihrer Erdnusssuppe und ihrem „ Pfeffertopf " beglückwünscht; und der darauf folgende Siruppudding wurde zum Meisterwerk erklärt.

John küsste seine Frau in dieser Nacht zärtlich in stummer Anerkennung ihrer mitfühlenderen Haltung ... Sie schreckte nicht wie üblich vor seinen Liebkosungen zurück.

KAPITEL X

ROGER KOMMT

Es wurde beschlossen, dass Sir James Eccles nicht nach Unguja zurückkehren sollte, um erneut die Geschicke Ostafrikas zu leiten. Prinz Bismarck wollte nichts davon hören. Nach langem Zögern wurde Sir Godfrey Dewburn , KCIE, im Frühjahr 1888 zu seinem Nachfolger ernannt und kam nach Unguja, um seine Position als Agent und Generalkonsul anzutreten, als Roger Brentham die einjährige Amtszeit als „Schauspieler" beendet hatte „Kapazität.

Sir Godfrey Dewburn war ein glücklicher irischer Soldat, der – weil er die Fähigkeit hatte, mit jedem gut auszukommen – eine hohe Verwaltungsposition in Indien innehatte, allerdings außerhalb der Reihen des indischen Staatsdienstes. Beim Besuch des Prinzen von Wales leistete er gute Dienste, indem er erfolgreiche Durbars, Nautch-Tänze und perfekte Jagdpicknicks organisierte, bei denen Rekordtiger erlegt wurden. Noch besser ging es ihm nach dem kaiserlichen Besuch, als der Herzog von Ulster und der Erbprinz von Baden herauskamen, um in Dewburns neuer Provinz zu schießen. Er hatte auch, mit sehr weiser Voraussicht, eine Tochter des Choselwhit geheiratet , der Rechtsberater des Circumlocution Office war. Als man das Gefühl hatte, dass Sir James Eccles gestürzt werden musste, um einen Bruch mit Deutschland zu vermeiden, der ein französisch-deutsch-russisches Bündnis gegen uns drohte, kühlte sich jemand – vielleicht der Herzog von Ulster, der sich noch an Dewburns Champagnerbecher erinnerte – im Schnee ab des Himalaya und gerade in dem psychologischen Moment ausgeschrieben, als der prächtigste der Tiger dem königlichen Gewehr zum Opfer gefallen war – schlug Dewburn für den Posten vor. Und da er von der indischen Behörde unterstützt wurde, die ihren öffentlichen Dienst von Außenstehenden befreien wollte, und von Molyneux, der Dewburns Abendessen im „Rag" für die besten in London hielt, war Lord Wiltshire müde und beschäftigt mit den Parnell-Briefen, gab nach und ernannte Dewburn . Lord Silchesters Vorschlag für Brentham wurde als „unfein" erachtet, obwohl er von Sibyl betont wurde, gegen die Lord Wiltshire eine skurrile Abneigung hegte.

Dewburn herauskam, gab er sich als sehr guter Kerl aus, der jeden rundherum lobte und Mrs. Bazzard durch seine Manieren und seine lockere Herzlichkeit verzauberte. Doch nach einer Weile ging Brenthams Effizienz auf die Nerven. Es war irritierend zu hören, wie sein Untergebener – der für den Posten so viel besser geeignet war als er, wie manche vielleicht gesagt hätten – auf Swahili und Unguja-Arabisch plapperte und fluchte und ganz offensichtlich auf einen Dolmetscher verzichtete. Dewburn sprach gut

Französisch und ein wenig schlecht Hindustani, aber damit endete seine Linguistik; und da seine Gehirnnähte geschlossen waren, ließen sich keine Kenntnisse einer afrikanischen Sprache zulassen.

Dann war da immer Spencer Bazzard , der bis zur Unterwürfigkeit dienstbar war und bereit war, Inspirationen und Urteile mit einer prähistorischen Form des Füllfederhalters oder unauslöschlichen Bleistifts auf einen Schreibblock zu schreiben und diese Äußerungen anschließend bequem ausgearbeitet wiederzugeben. Brentham hingegen zog es vor, einen eigenen Entwurf vorzulegen, der eine recht unabhängige Linie vertrat und die britische Regierung möglicherweise dazu gebracht hätte, etwas zu unternehmen und sich für einen bestimmten Kurs zu entscheiden ...

Andererseits war Brenthams eigentliches Ziel das deutsche Festland ... Die Lage dort war angespannt.

Mrs. Bazzard amüsierte und faszinierte Sir Godfrey irgendwie (Lady Dewburn war noch nicht angekommen). Er hielt sie für eine Art Halbrepräsentantin, aber für ihn wie auch für mich ist es interessanter, eine solche Person zu studieren als das einfache Dorfmädchen oder die Pfarrerstochter mit ihrem glatten Haar, das in der Mitte gescheitelt ist ...

Wer genau waren die Bazzards ? Darf ich mit der Allwissenheit eines Romanschriftstellers das Geheimnis aufklären?

In Staple Inn gab es eine berühmte Anwaltskanzlei namens Grewgious and Bazzard . Es hatte seinen Ursprung in einem Mr. Hiram Grewgious , der eine wertvolle Verbindung zu Norfolk hatte und Anfang der sechziger Jahre in einem berühmten Mordprozess in Kent eine gewisse Ehre und Berühmtheit erlangt hatte. Der Juniorpartner, Herr Bazzard , übernahm das Geschäft von Herrn Grewgious und behielt auch nach dessen Tod im Jahr 1878 den ehrwürdigen Stil der Firma bei. Dieser Herr Bazzard führte ein Doppelleben, denn er war nicht nur ein besonders kluger Anwalt, sondern auch ein talentierter Dramatiker, der unter einem *Pseudonym mindestens zwei mitreißende Melodramen produzierte* .

Als Anwalt hatte er Mr. Bennet Molyneux einmal aus einer beträchtlichen Schwierigkeit und einem heiklen Dilemma herausgeholt ... er hatte festgestellt, dass die Dame unter falschem Namen reiste und ... kurz gesagt, er hatte die Angelegenheit ohne viel Aufhebens geregelt, und Molyneux war überaus dankbar und bat ihn, im Travellers zu speisen , natürlich nach vorheriger Ankündigung, damit in jenen fernen Tagen das Gästezimmer mit seinen staubigen Sofas hergerichtet und ein Feuer angezündet werden konnte nimm die Kälte ab.

Bei Walnüssen und Portwein hatte Mr. Bazzard die Existenz eines viel jüngeren Bruders erwähnt – genau genommen fünfzehn Jahre jünger –, der seit seiner Anwaltszulassung ziemlich ungewiss ist – ein cleverer Bursche, der fest mit ihm verheiratet ist eine verdammt hübsche Frau, aber in seiner Jugend war er der Teufel mit dem Sex. („Nur so", nickte Mr. Molyneux verständnisvoll, der, bis auf den verzeihlichsten Ausrutscher mit Mrs. – in Luzern, ein tadelloser Ehemann und Vater war.) Nun, da war er also – hatte versucht, in der Gegend Ranch zu betreiben Staaten und der Kauf von Pferden in Argentinien wurden von diesem Schurken, Bax , aufs Schärfste erledigt Strangeways – wusste viel über die Tropen – verträgt jedes Klima – nimmt jeden Job an. Kurz gesagt: Wusste Herr Molyneux, dass irgendwo in Afrika, CO oder FO, ein Sportmann mit juristischen Kenntnissen frei wäre?

Und Bennet hatte sich für eine freie Stelle im ostafrikanischen Konsulardienst angemeldet. Und nachdem er ihn so unter seine Fittiche genommen hatte, war er bereit, ihm durch dick und dünn zur Seite zu stehen ... täuschte sich sogar vor, er sei ein verdammt guter Kerl und seine goldhaarige Frau – „ein bisschen vom Teufel in ihr, nein." Zweifel" – eine geeignete Person, die Frau Molyneux kennen sollte – auf dem Land jedenfalls.

Vielleicht war sie es. Warum sollte man eine Frau verspotten, weil sie versucht, ihre Stellung und ihr Aussehen zu verbessern und sich in eine weniger schmutzige Sphäre hineinzuzwängen als die, in der sie aufgewachsen ist? Emilia Standish – natürlich Emily getauft, schrieb ihren Namen aber schon ab ihrem siebzehnten Lebensjahr „Emilia" – war, wie Kapitän Brentham bösartig vermutete, die Tochter einer Witwe aus Bayswater , die eine Pension in Bayswater (einige Bezirke von ...) besaß London verfügt über eine solche Macht, Menschen nach seiner Gestalt zu formen . Emilia Standish – oder war es Stapleton? – ich habe es wirklich vergessen – hatte es mit dem Leben als Gouvernante mit schlechtem Erfolg versucht. Sie vertraute ihrer Mutter, und nur ihrer Mutter, an, dass sie hier oder da vielleicht Erfolg gehabt hätte, wenn der Vater ihrer Schülerin nicht ungebührliche Annäherungsversuche gemacht hätte, vor denen sie fliehen musste. Sie hatte für die Bühne studiert, aber wie ihr vorherbestimmtes Schicksal, Spencer Bazzard , war sie mit zweiunddreißig etwas unsicher und lebte zu Hause, als Spencer in die Pension ihrer Mutter einzog. Er hatte kein Glück mehr, versteckte sich fast und wurde von seinem sehr respektablen, viel älteren Bruder beinahe verstoßen. Er wurde krank. Emilia hatte Mitleid mit ihm, pflegte ihn und widersetzte sich ihrer Mutter in der finanziellen Frage. Aus Dankbarkeit schlug er vor. Sie akzeptierte ihn und machte eine Bestandsaufnahme der Situation, besuchte den älteren Bruder im Staple Inn, überzeugte sich von ihm für eine Ernennung im „Kolonialstil" – und – Sie kennen den Rest.

Spencer kann nicht ganz schlecht gewesen sein, denn obwohl es zwischen ihnen so manchen privaten Streit und ungehörten Streit gab, hielt diese Frau zu ihm und machte für ihn Karriere. Brentham beschrieb Spencer in einem Brief an seine Schwester zu unfair. Er vergaß zu bemerken, dass seine juristischen Kenntnisse zwar so unvollkommen waren, dass sie Zweifel an der Wirksamkeit der Prüfungen aufkommen ließen, die ihn damals zur Anwaltszulassung berechtigten, er sich aber zumindest einige Kenntnisse der Stenografie und gewisse Eigenschaften angeeignet hatte, die für den Privatsport notwendig waren Sekretär einer wichtigen Persönlichkeit. Daher zog es Sir Godfrey vor, Bazzard als seinen Leutnant in Unguja zu behalten, statt des leicht düsteren und übermäßig gut informierten Brentham .

Zu dieser Zeit gab es ein Gerücht nach dem anderen , dass die Araber der zangianischen Küste sich darauf vorbereiteten, sich nicht nur gegen die Deutschen, sondern gegen alle Weißen zu erheben. Gemeinsam mit den Arabern von Mombasa, Tanganjika, Nyasa und dem Oberkongo trafen sie Maßnahmen zur Vertreibung aller Weißen aus Ostafrika und gründeten ein großes Sklavenimperium, das sich mit dem siegreich antieuropäischen Mahdi des Sudan verbinden könnte . Sir Godfrey Dewburn kleidete sein Memorandum of Instructions an Brentham nicht in genau diese umfassenden und hochtrabenden Worte, die aus einem zeitgenössischen Aufsatz von mir stammen, sondern er sagte:

„Schau her, lieber alter Junge. Du weißt, dass du hier auf dieser winzigen kleinen Insel so etwas wie das fünfte Rad der Kutsche bist. Du hast mich in die Enge getrieben, ich sitze gut im Sattel. Nehmen wir mal an Du gehst zu deiner eigenen Show? Aufs Festland, hey? Geh und trommel die verdammten Deutschen zusammen, weißt du? Natürlich, halte dich von Streitereien fern – das geht nie. Sei kalt höflich, aber sieh, was sie tun. Ich bin auf dem Laufenden und erstatte mir Bericht – vollständig. Mir kommt es vor, als würde es zu einem Sturm aufblasen …“

Also schickte Brentham sich und sein unverzichtbares Gefolge aus einem goanischen Koch, einem Suaheli-Butler und einem Kern von fünfzehn stets zuverlässigen bewaffneten Trägern der unerschütterlichen Rasse der Unyamwezi nach Medinat-al- barkah – der „Stadt des Segens“ an der Küste von Zangia : Früher war es der Haupthafen für die Verschiffung von Sklaven und heute das Hauptquartier der German Chartered Company, die die Herrschaft des Sultans von Unguja übernommen hatte.

Einige Monate später, als er in einem umgebauten, gereinigten und aufgeräumten arabischen Haus ein Konsulat und einen indischen Geistlichenstab eingerichtet hatte, erhielt er eine dringende und vertrauliche Mitteilung von Sir Godfrey:

„Der FO ist sehr beunruhigt über die Berichte über arabische Aufstände gegen die deutsche Kompanie. Mvita scheint unter Mackenzie ruhig zu sein. Die verschiedenen Missionsgesellschaften verlangen lautstark

Informationen und Hinweise darauf, dass HMG den Ernst der Lage erkennt. Ich wurde halbwegs unterrichtet -offiziell von H. und M., dass Sie sofort mit einer ausreichend starken Karawane ins Landesinnere vordringen und die Missionsstationen in einem Umkreis von etwa dreihundert Meilen um Medina besuchen sollten, um den Weißen bei der Rückkehr zu sicheren Positionen an der Küste zu helfen , wobei besondere Sorgfalt darauf verwendet wird, ihre Frauen und Kinder wegzubringen. Sie wissen viel besser, was zu tun ist als ich, der ich neu in Ostafrika bin. Also, *freie Hand* . Geben Sie Ihr Bestes. Viel Glück und Kinn-Kinn.

„Lady Dewburn , die gerade herausgekommen ist, möchte unbedingt ihre Füße auf ein Löwenfell mit Mähne setzen, wenn sie aus dem Bett kommt. Wenn Sie also Glück beim Schießen haben: ,Dann werden Sie sich an mich erinnern!'

"Dein,

„GODFREY DEWBURN."

Aufgrund dieser Anweisungen können Sie sich Ereignisse wie diese Ende September 1888 vorstellen.

Hangodi unterwegs . Sie hatte im vergangenen Juli ein Baby bekommen und war immer noch schwach und anämisch . Die Entbindung war schwierig gewesen, da sie etwas verfrüht war, da Lucy Angst vor einer Hyäne hatte. Ein medizinischer Missionar war eilig da gewesen, und die freundliche Mrs. Stott war fünfzig Meilen weit gekommen, um als Amateur-Hebamme zu arbeiten. Aber das Kind starb bald nach der Geburt, und Lucy war in den ersten zwei Wochen im Delirium gewesen. Wenn ihr Kind gelebt hätte, hätte sich ihre gesamte Einstellung vielleicht verändert und aufgehellt. Wie es war--

Machila aufgebaut – ich kann kein zweites Mal erklären, was eine Machila ist – ein Kompromiss zwischen einer Sänfte und einer Hängematte – und diese konnte von zwei starken Trägern auf kurzen Reisen mitgenommen werden. In dieser Begleitung und in Begleitung ihrer Schülerin Halima unternahm Lucy nachmittags kleine Pilgerfahrten entlang der roten Pfade am Rande des Hangodi- Plateaus.

An diesem und jenem schattigen Plätzchen ließ sie träge ihre Machila zurück , setzte sich auf einen Campinghocker, pflückte Blumen und begutachtete sie; oder sie übte mit Halima ihr Swahili und Kagulu und befragte diese ihr sehr ergebene Frau über einheimische Sitten und Bräuche oder einheimische Legenden. Die beiden Träger saßen in respektvollem Abstand in der Hocke oder schlenderten, wenn ihnen gesagt wurde, dass sie eine halbe Stunde lang nicht gesucht würden, zum nächstgelegenen Eingeborenendorf.

An diesem besonderen Tag im September kamen sie voller Aufregung zurückgerannt und sagten, die *Safari eines weißen Mannes* stehe bevor. In der Ebene darunter konnte man sehen ... eine ziemlich kleine Armee schwarzer Männer, angeführt von einem weißen Mann, die im Gänsemarsch über das verbrannte Gras marschierte.

Gerüchte waren vorhergegangen ... wie in Afrika, in den Tagen vor dem Telegraphen. Der weiße Mann war ein großer englischer Konsul, der kam, um einen Vertrag mit Ulunga zu schließen , oder um gegen die Araber zu kämpfen, oder um die Wa-dachi aus dem Land zu vertreiben und Nguru der weiblichen Anführerin der Engländer zu unterstellen. Mbogo, der Häuptling, hatte bereits seine englische Flagge gehisst ...

Lucys Herz blieb stehen und sie saß auf ihrem Campinghocker, zu überwältigt, um stehen zu bleiben. Könnte es ... sein ... Roger?

Halima kramte in ihrem Korb herum und holte ein Stärkungsmittel hervor. Plötzlich stand Lucy auf und sagte in entschiedenem Ton:

„Bring mich zu dem weißen Mann ...“

Sie trafen sich etwa drei Meilen von der Missionsstation entfernt. Als Brentham sah, wie sich die Machila näherte, angekündigt durch den prahlerischen Gesang ihrer Träger, der darauf bedacht war, ihrer Herrin Ehre zu erweisen , stieg er von seinem Reitesel ab und reichte ihn einem Gefolgsmann, der sein Sportgewehr trug flotter Vormarsch der entzückten Träger. Die Machila blieb stehen. Lucy tauchte daraus auf und ließ sich dann, von Schwindel überwältigt, am Wegesrand nieder. Schnell hatte er sie hochgehoben, gedankenlos und instinktiv legten sich ihre Arme umeinander ... „Mein liebstes Mädchen! Du bist also in Sicherheit? Deine Station wurde nicht angegriffen?“

„Mein lieber *Roger* ! Du bist für mich gekommen ... nimm, oh, *nimm* mich weg!“

So sprachen sie instinktiv in Fortsetzung von Gedanken, die ihr inneres Bewusstsein schon lange gebilligt, aber nie äußerlich zum Ausdruck gebracht hatte. Es gab keine Zuhörer, die verstehen konnten, was die Bekenntnisse bedeuteten. Dennoch beeilten sie sich, wieder eine korrekte Kommunikation wie zwischen alten Bekannten und nichts weiter aufzunehmen.

„Ich denke“, sagte Lucy, „Sie schicken besser ein oder zwei Ersatzmänner voraus mit einer kurzen Nachricht an meinen Mann, dass Sie in etwa einer Stunde an unserer Station ankommen, dass Sie mich auf der Straße getroffen haben und mitbringen werden.“ Ich bleibe bei dir. Das wird unseren Leuten Zeit geben, zu planen, wo wir euch alle unterbringen sollen. Innerhalb des Palisadenzauns wird nicht für alle Platz sein. Wenn du dann die Nachricht abgeschickt hast, können wir uns eine halbe Stunde ausruhen oder so in diesem Stück Schatten, wo die Euphorbien und Feigenbäume sind, und ich werde mich nicht ganz so zittrig fühlen. Mir war ziemlich schlecht – ich werde dir alles darüber erzählen, wenn du das losgeschickt hast Notiz."

Roger kritzelte die Nachricht auf ein Blatt seines Roadbooks.

„Da ist unsere Station", sagte Lucy, „etwa zwei Meilen entfernt, auf dem großen Ausläufer, der aus dem Berg herausragt. Man kann die weißen Häuser und die Kapelle aus rotem Backstein und das Glitzern des Wellblechs sehen. Und weg zum …" – Nun, ich nehme an , es ist der Süden – das Hauptdorf des Häuptlings Mbogo – all diese kleinen braunen Hütten …"

Die beiden ungeduldigen Boten warteten kaum auf diese Nachricht, sondern machten sich auf den Weg, um ihre Botschaft zu überbringen und einen Rastplatz für die Karawane zu finden, die durch den langen, heißen Marsch erschwert wurde.

Lucy nahm Rogers Arm – wie begeistert es sie, wie ein wahrgewordener unmöglicher Traum ! – , und gefolgt von Halima und der Machila erreichte sie den blauen Schattenfleck, der von einer Gruppe Kandelaber-Euphorbien und Feigenbäumen mit dicken, glänzenden Blättern und herabhängenden Zweigen erzeugt wurde. Der Boden darunter war absolut frei von jeglichem Schutz für Schlangen und war weißlich von der Asche mancher Kochfeuer, die hier von Karawanen angezündet wurden, die am Abend ankamen und ihre Interviews mit Häuptling Mbogo – manchmal ein raubgieriger Gentleman gegenüber seinen Pflichten – lieber auf den Tag verschieben wollten Morgenlicht.

Während Brenthams Köchin eine Tasse Tee zubereitete, erzählte Lucy stürmisch ihre Geschichte über die wichtigsten Ereignisse der letzten sechs Monate. Brentham antwortete, dass sie eine schreckliche Zeit durchgemacht haben müsse; aber sie könnte jetzt Mut fassen. Er war mit der klaren Anweisung gekommen, sie und auch ihren Mann an die Küste zu bringen, wenn die Männer zustimmten. „Irgendeine andere Engländerin am Bahnhof?" er erkundigte sich.

Lucy erzählte ihm, dass es Ann Jamblin gab , hielt aber den gegenwärtigen Moment nicht für den richtigen, um sich über die irritierende Seite von Anns Gemüt zu äußern. Und jetzt, wo sie nach England zurückkehrte, warum sollte sie Ann überfahren? Wenn Ann zurückbleiben würde, wovon sie überzeugt war , könnte sie John ein großer Trost sein. „Finden Sie es nicht merkwürdig von mir", beendete Lucy, „wenn ich, wenn wir am Bahnhof ankommen, direkt zu meinem Haus und ins Bett gehe. Ich bin wirklich zu erschüttert, um mich an irgendeiner Diskussion zu beteiligen.

Ich würde es viel lieber tun, wenn du dich beruhigt hättest." alles mit John. Ich bin sicher, er wird sich nicht widersetzen, wenn ich gehe.

Als Brentham Hangodi erreichte, wurde er Ann vorgestellt, die seinen höflichen Phrasen ziemlich ungeduldig zuhörte und ein wenig ungläubig schien, was die Gefahr arabischer Angriffe anging. Was sie beschäftigte, sagte sie offenherzig, sei, wie sie die hundert Männer seiner Karawane vor zu engem Kontakt mit ihren zwanzig oder dreißig Mädchen bewahren könne, die – wie man hoffte – in „Jungfrauenmeditation, frei von Fantasie" innerhalb der Paläste lebten Grenzen der Missionsstation. Von den einheimischen jungen Männern der umliegenden Ulunga -Dörfer wurde erwartet, dass sie zu große Ehrfurcht vor Ann hatten und sich zu strikt an das Verbot ihres Häuptlings hielten, sich in die jungen Frauen der Mission einzumischen, als dass sie sie mit verliebten Annäherungsversuchen verärgern könnten; Aber schon glaubte Ann, gesehen zu haben, wie die liebeshungrigen Anhänger der Karawane kühne Blicke auf ihre Schülerinnen geworfen hatten, die sie zu christlichen Ehefrauen christlicher Ehemänner ausbildete. und eine schüchterne Anerkennung dieser Bewunderung seitens des rundlichen „Biggeru " . Um ihre Befürchtungen zu zerstreuen, wurden die Männer bald alle zu Quartieren in den Eingeborenendörfern eingezogen, die eine Meile entfernt waren. Brentham und seinen persönlichen Dienern wurden die Jungenschule und die Kapelle als Unterkunft zugeteilt , wobei dem Konsul mitgeteilt wurde, dass unter allen Umständen seines Besuchs nicht an ein Sakrileg zu denken sei, wenn er das Haus Gottes als Wohnort nutzte .

Brentham hatte ihnen gleich nach seiner Ankunft mitgeteilt, dass er den Auftrag hatte, das gesamte weiße *Personal* von Hangodi an einen sicheren Ort an der Küste zu eskortieren, während dieser Krieg zwischen Arabern und Deutschen andauerte. Er war von Medinat-al- barkah aus gestartet und hatte sich mit großer Mühe und unter größtmöglichem Einsatz der britischen Flagge und der Anwesenheit britischer Kriegsschiffe vor der Küste an den aufständischen Arabern und Waswahili vorbeigedrängt , die die Deutschen angriffen Hochburgen.

Durch Gewaltmärsche hatte er die Missionsstationen Uluguru und Usagara erreicht und den älteren Männern und allen weißen Frauen den Rückzug in Richtung der Kilwa- Küste empfohlen, die sich derzeit nicht im Aufstand befindet. Er ließ sie immer noch unentschlossen, ob sie seinem Rat folgen sollten oder nicht, aber er hatte sie mit einer Verstärkung an Trägern und Waffen ausgestattet.

Da er keine Zeit zu verlieren hatte, eilte er nun weiter nach Ulunga und Ugogo , um den Mitgliedern der Ostafrikanischen Mission den gleichen

Vorschlag vorzulegen, nur dass der sicherste Weg zur Küste nun ein großer Umweg in Richtung Kilimandscharo sein müsse.

Was auch immer die Männer beschlossen, die Frauen sollten auf jeden Fall mit ihm davonkommen. Er würde nach Westen vordringen und versuchen, die Stotts einzusammeln; dann würden sie alle mit seinen tapferen Wanyamwezi -Soldatenträgern einen Weg finden, die von den Arabern und Wangwana dominierten Routen und Dörfer zu umrunden und die Küste bei Mvita zu erreichen, wo es ein britisches Konsulat gab und wo britische Kanonenboote lagen die arabische Stadt. Aber die Zeit war kostbar. Er hatte bereits gehört, dass Plündererbanden aus Wangwana und Rugaruga [#] sich Ugogo von Westen her näherten .

[#] Wangwana war im ostafrikanischen Landesinneren der allgemeine Begriff, unter dem die „Schwarzen Araber", die mohammedanisch-arabisierten Neger, bekannt waren.

[#] Ruga-Ruga war der Name für kriegerische Neger – nicht unbedingt Mohammedaner –, die von den Arabern mit Steinschlossgewehren bewaffnet und ausgesandt wurden, um die Stämme zu überfallen und zu vergewaltigen, die gegen die Sklavenhändler rebellierten.

„Wie lange können Sie uns geben?" sagte der gequälte John, hin- und hergerissen zwischen seinem Pflichtgefühl gegenüber seiner Frau und seinem äußersten Widerwillen, seine Missionsstation der sicheren Zerstörung zu überlassen.

„Na ja, nicht länger als achtundvierzig Stunden."

„Brüder", sagte John, „wir müssen uns zu einer Konferenz treffen und darüber entscheiden. Schwester Lucy hat sich ins Bett zurückgezogen – ich habe ihr dazu geraten. Sie hat es mir überlassen, zu entscheiden, was sie besser tun sollte. Aber für den Rest." Lasst uns nach dem Abendessen in der Kantine zusammenkommen und darüber reden. „Du, Sir", sagte er zu dem abgenutzten und erschöpft aussehenden Brentham – der, was auch immer er in Lucys Augen als Paladin und Parfit-Adelsritter erscheinen mochte , war schwarz und braun gestreift, nachdem er durch die verkohlten Gräser der verbrannten Ebenen geritten und gelaufen war, die immer noch von ihren Buschfeuern in der Trockenzeit rauchten – „Sie, Sir, möchten sich ausruhen, sich waschen und etwas essen. Soll ich Ihnen Ihre Quartiere zeigen? " ?... "

Wie unrealistisch schien die Gefahr von Krieg und Gewalt zu sein, als sich die kleine Gruppe zum Konklave traf! Der offene Platz des Bahnhofs war in silbernes Mondlicht getaucht, das von einem Dreiviertelmond ausging; da war das ferne Klirren einer einheimischen Gitarre, gespielt von einem musikalischen Träger; ein Dorfhund jaulte ein oder zwei Mal selbstgefällig; ein Ziegensauger summte; Aus dem Quartier des Biggeru ertönte ein Lachen .

John, nicht ohne die Hoffnung, dass der Konsul ihre Gefahr übertreiben könnte, sagte: „Brüder und Schwester Jamblin , jeder von Ihnen soll der Reihe nach sprechen, aber da ich als Ihr Anführer angesehen werde , werde ich zuerst meine Meinung äußern. Ich habe beschlossen, dass meine Meine Frau soll mit dem Konsul an die Küste reisen, vielleicht sogar nach England, es sei denn, sie erholt sich wieder und die Lage beruhigt sich. So grausam es mir auch fällt, mich von ihr zu trennen, ich halte es für das Richtige. Was mich betrifft „Es ist auch richtig, dass ich hier bleibe, bis alle Gefahr vorüber ist und jemand anderes meinen Platz einnehmen kann. Schwester Jamblin muss mit Lucy gehen." (Ann murmelte, sie würde nichts dergleichen tun.) „Ja, Ann; ich muss darauf bestehen. Lucy könnte unmöglich alleine reisen – daran ist nicht zu denken …"

Ann : „Warum, sie kann Halima vertragen –"

„Ich sage", fuhr John fort und wischte sich den Schweiß von seinem erhitzten Gesicht, „daran ist nicht zu denken. Als unverheiratete Frau, Ann, konntest du nicht hier bei uns Männern bleiben –" (Ann: „Puh, Unsinn !) „Angenommen, wir würden wirklich von den Arabern angegriffen und wir Männer würden getötet, ich wage nicht, mir vorzustellen, was Ihr Schicksal sein könnte! Bruder Bayley, was sagen Sie?"

Bayley : „Warum, dass ich bei dir bleibe."

Anderson : „Und ich sage das Gleiche. Sie haben beide wie sehr gute Engländer gesprochen. Und – ähm – vertrauen wir auf den Herrn, Brüder. *Er wird* uns durchhalten, Er wird seine Diener nicht im Stich lassen Denken Sie an all die Arbeit , die wir in diesen Ort gesteckt haben, und an all das Geld, das dafür ausgegeben wurde! Was machen wir mit unseren Handelswaren, wenn wir abhauen? Der Konsul kann sich nicht damit beladen – und unser Elfenbein und Gummikopal..."

Brentham : „Ich möchte hier erwähnen, dass ich nur etwa fünfundzwanzig Träger für Sie fünf entbehren kann. Wir müssen so leicht wie möglich reisen, besonders wenn die Stotts Hilfe brauchen. Sie haben kleine Kinder, glaube ich."

Anderson : „Dann stimme ich dafür, dass wir aufhören. Lasst die Frauen gehen. Es wäre nicht richtig, sie dem Risiko auszusetzen … Ann, was sagst du?"

Ann : „Das sage ich. Schwester Baines soll an die Küste gehen. Sie ist immer kränklich und würde uns nur dann belasten, wenn es uns schwerfällt. Aber ich für meinen Teil bleibe bei den Männern, jedenfalls so lange, bis sich die Lage beruhigt hat." unten. *Ich habe* keine Angst. Ich werde bald lernen, mit einem Gewehr umzugehen, und ich bin ziemlich gut darin, Wunden zu versorgen. Und da ist meine Klasse von Mädchen. Es würde mir fast das Herz brechen, wenn ich weggehen würde und sie kämen zum Kummer nach all der Ausbildung, die ich ihnen gegeben habe – um sie eines Tages zu guten Ehefrauen zu machen .

John (kurz und entschieden): „Du kannst nicht bleiben. Ich habe dir bereits gesagt, warum. In dieser Angelegenheit musst du dich meiner Autorität beugen. Lucy ist auf jeden Fall zu krank, um hier zu bleiben – unter diesen Umständen – und das ist sie auch." Allgemeiner Menschlichkeit, dass Sie sie nicht alleine an die Küste reisen lassen sollten. Wenn unsere Angst vorüber ist, können Sie und sie zurückkommen ..." (Ann: „Vielen Dank für nichts!") „Nun, Sir, Sie werden es wissen Unsere endgültige Entscheidung am Morgen. In der Zwischenzeit müssen Sie müde sein, sogar sehr müde. Wir danken Ihnen herzlich, dass Sie uns geholfen haben. Ich bin sicher, Sie möchten jetzt in den Ruhestand gehen. (Brentham zieht sich zurück.) „Brüder, bevor wir uns trennen, lasst uns unseren Fall vor Gott bringen, damit er uns richtig führt ..."

Am nächsten Morgen lautete die entscheidende Antwort an den Konsul, dass die Männer bleiben und ihre Position verteidigen würden. Die Schwestern Baines und Jamblin sollten mit Konsul Brentham an die Küste zurückkehren .

Lucy vergaß ihre Anämie , ihren schwachen Rücken und ihre Neigung zu Schwindelgefühlen, während sie aufgeregt ihre für die Reise notwendigen Dinge zusammenpackte. Mehr als ihre Kleidung und ein paar Invalidenvorräte und Geräte würde sie nicht mitnehmen müssen. Sie fühlte sich furchtbar begeistert, manchmal sogar überglücklich. Kein Gedanke an Gefahr kam ihr in den Sinn – wie könnte das auch so sein, mit Roger als Eskorte? Gleichzeitig erfüllte sie der Anblick des stillen Kummers des armen John, der zu tief war, um es in Worte zu fassen, mit Vorwurf ; und Anns verächtliche Beobachtung ihrer Momente strahlender Fröhlichkeit wirkte unheimlich.

Die Situation wurde dadurch entspannt, dass Brentham John für drei Stunden mitnahm, um sich mit Häuptling Mbogo und seinen Beratern zu beraten. Mbogo war sich sicher, dass er eine beliebige Anzahl Araber oder Wangwana vertreiben könnte, wenn sie kämen, um seine Dörfer oder die Missionsstation anzugreifen. Er würde den Massai eine Nachricht senden. Die Massai waren nun seine Freunde durch die Friedensstiftung der Missionare: Sie hassten die Araber und die „Küstenbewohner" und sagten, sie würden sich auf die Seite der Weißen stellen. Gleichzeitig nahm er dankbar Brenthams Geschenk in Form von zehn Snider-Gewehren und zwei

Ladungen Munition entgegen. Weitere zehn Gewehre und tausend Schuss Munition wurden der Waffenkammer der Missionsstation hinzugefügt, ebenso wie zwei Revolver, von denen Ann einen übernahm, für ihre eigene Verteidigung auf der Straße oder die ihres „Biggeru ".

Brentham gab dem Häuptling auch einige fachkundige Ratschläge zum Thema Verschanzungen rund um seine Festung. Die Missionsstation verfügte bereits über eine ziemlich starke Umzäunung und einen Wassergraben außerhalb. Ein paar Jahre zuvor waren Angriffe von allen Seiten zu erwarten – mohammedanische Sklavenhändler, impulsive Massai, diebische Wagogo. Wenn der erste Ansturm gestoppt werden konnte, wurde der Angriff selten fortgesetzt.

Die *Safari des Konsuls, als er die Westhänge des* Ulunga hinunterführte Hills[#] muss für die Eingeborenen, die hinter ihren Dracæna- und Euphorbia-Hecken zusahen, wie es abzog, ziemlich imposant ausgesehen haben . Zuerst marschierte Brentham selbst mit einem starken Stab und seinem Waffenträger auf den Fersen. Dann kam der Häuptling und Führer der Karawane, der Mwinyi-mpara oder Kiongozi , wie er genannt wurde. Er trug einen kleinen britischen Fähnrich und wurde von fünfundzwanzig bewaffneten Trägern mit Brenthams persönlicher Ladung verfolgt, jeder jedoch mit einem Snider-Gewehr und einer ordentlichen Uniform aus Baumwollweste und Kniehosen. Als nächstes folgte Ann Jamblin , rittlings auf dem Maskat- Esel des Konsuls und warf hin und wieder einen Blick zurück auf ihre fünfzehn Amazonas-Träger, die Auserwählten ihrer Biggeru-Klasse , die die Habseligkeiten ihrer Herrin in Bündeln auf ihren Wollköpfen trugen. Hinter ihnen stand Lucy in ihrer Machila , deren lange Stange auf den Schultern zweier kräftiger Walunga getragen wurde , gefolgt von einer Ablösungsmannschaft aus vier weiteren Männern mit feiner Muskulatur. Danach folgten etwa fünfzig Träger, die das schwerere Gepäck auf ihren Köpfen trugen – Zeltbündel, Bettzeug, wasserdichte Blechkisten, Reissäcke, Stoffballen, Kisten mit Perlen, Munitionskisten und Kochutensilien. Neben dieser langen Reihe von Männern trotteten zwei Milchziegen, die meckerten und blökten, aber die Reise in vollen Zügen genossen; Sie sollten Milch für den Damentee liefern. Einer der beiden war ein besonderes Haustier von Lucy. Für die Ziegen sorgte ein kleiner nackter Mgogo- Junge – ein freigelassener Sklave –, der mit ihnen rannte und herumtollte und die Träger durch seine freche Nachahmung der Weißen bei Laune hielt. Schließlich befand sich im hinteren Teil der Karawane eine Wache aus zehn bewaffneten Männern ohne Lasten, die ihre schnellen Bewegungen behindern konnten.

[#] Ulunga war der südliche Teil eines Landes namens „ Ngulu " oder „ Nguru ".

Brentham und seine Schützlinge waren auf dem Weg zur Stotts-Station Burungi , drei oder vier Tagesreisen – sagen wir, fünfzig Meilen – westlich. Lucy fühlte sich gesundheitlich bereits um ein Vielfaches besser, obwohl sie es nur für angemessen hielt, ihre zurückgekehrte Kraft und neu entdeckte Lebhaftigkeit zu verbergen. Die Picknickmahlzeiten am Straßenrand regten ihren Appetit an; Ihr Auge erfreute sich an den Veränderungen der Landschaft, den neuen Panoramen der Ebene und Wildnis, die sich eröffneten, während sie schwankend dahingetragen wurde. Ann wirkte düster und nachdenklich, als würde sie sich Wahrzeichen notieren, um sie später wiederzuerkennen. Gelegentlich zeigte sie auf dieses und jenes Merkmal in der Landschaft und fragte ihren Biggeru nach dem einheimischen Namen.

Das sehr heiße Wetter, das die Trockenzeit beendet, machte sich bemerkbar, so dass der Start von Hangodi in der frühen Morgendämmerung begonnen wurde und sie sich jeden Morgen um 5.30 Uhr auf den Weg machten. Sie joggten weiter und machten ab und zu eine fünfminütige Pause, bis sie um halb zehn ein Bachtal oder ein Wasserloch gefunden hatten, dessen Wasser sich nicht schlecht zum Kochen eignete. Dann machte die Karawane einen Tag lang Halt in dem Schatten, den sie finden konnte, und der Marsch wurde erst um 17 Uhr wieder aufgenommen

Aufgrund des strahlenden Mondlichts konnte die Veranstaltung bis spät in die Nacht fortgesetzt werden. Während der langen Mittagspause bereitete der goanische Koch mit Unterstützung von Halima und mehreren Trägern sowie Brenthams Swahili-Butler wirklich sehr ansehnliche kleine Mahlzeiten zu, und nach dem Essen lagen die Reisenden auf ausgeklappten Liegestühlen an einem schattigen Plätzchen, wo es hart war Der Boden war frei von Schlangen, Insekten oder Skorpionen. Brentham könnte, wenn die Hitze nicht zu sengend wäre, mit einer Schrotflinte in der Nähe umherwandern , um die Chance auf ein Perlhuhn, Frankolin oder eine winzige Antilope zu ergattern.

Um vier Uhr tranken sie Tee mit Ziegenmilch; und um fünf setzten sie ihre Reise fort. Die Zelte wurden im Mondlicht aufgebaut und die Betten im Licht einer Kerzenlaterne gemacht. Toilettenvorgänge waren sehr kurz; Es gab viel zu wenig Wasser zum Waschen und die Reisenden mussten einfach in ihren Kleidern schlafen und alle Ideen für wirksame Waschungen aus dem Kopf verbannen, bis sie die Wasserversorgung an der Stotts-Station erreichten. Das Nachtlager wurde hastig von einer aus Akazienbäumen geschnittenen Dornenhecke umgeben und große Feuer wurden angezündet, um Löwen und Hyänen fernzuhalten. Schwarze und Weiße mussten in unmittelbarer Nähe schlafen und die geschätzten Ziegen und Esel in der Mitte des Ladungskreises.

Das Land, über das sie marschierten – eine nördliche Verlängerung der „ Mkunda" . mkali " oder „Bittere Wüste" – war zunächst steppenartig , dann felsig und erhob sich in einer Reihe von Steilhängen. Fast die einzigen Bäume schienen flache Akazien zu sein, die zu dieser Jahreszeit kein Blattwerk hatten, in der prallen Sonne glitzerten und mit Dornen besetzt waren mit langen weißen Dornen. Das dünne Gras war größtenteils verbrannt; dennoch wurde es von viel Wild frequentiert, und das Land war offenbar frei von menschlichen Bewohnern. Brentham , immer von der Angst vor Nahrungsmittelknappheit besessen, entfernte sich aber kaum gern von der Reihe Der Marsch und seine folgende Karawane brachen jeden Morgen ein paar Minuten vor den anderen auf und gingen als Pionier mit seinem Waffenträger an seinem Ellbogen voraus. Auf diese Weise brachte er manchmal einen neugierigen Grant's nahe am Weg zum Abstieg Gazelle oder Hartebeest; oder ein Zebra aus den vielen Herden, die sich zusammenschlossen, um die ferne Menschenmenge zu erspähen, und sich dann beim Knall des Gewehrfeuers in einer Staubwolke auflösten. Selbst in dieser mageren Jahreszeit waren die männlichen Zebras im Einsatz guter Zustand. Ihr gelbes, fettes und saftiges, kränklich-süßes Fleisch erfreute die hungrigen Träger.

Am frühen Morgen des vierten Tages passierte die Expedition ein paar ausgedörrte Eingeborenenplantagen und ein oder zwei verbrannte Hütten und marschierte, als die Sonne aufging, über einen halb ausgetrockneten Wasserlauf in den unregelmäßigen Kreis der Stott-Station hinein Ich fand keinen Menschen, der es begrüßte. Stille und teilweise verbrannte Gebäude aus Lehm und Stroh, zerrissenes Papier, Geier auf den verbrannten Bäumen, zerbrochenes Geschirr, Stofffetzen, ein oder zwei Lachen getrockneten Blutes, leere Patronenhülsen und zerrissene Säcke und zersplitterte Bretter von Packkisten .

„Das ist ziemlich grässlich, Miss Jamblin ", sagte Brentham und kehrte zu dem hastig gereinigten Lager inmitten der Ruinen der Missionsstation zurück.

Lucy, die das Gefühl hatte, dass sie nichts tun konnte, um zu helfen, und sich besser nicht die verkrusteten Flecken getrockneten Blutes ansehen sollte, die die Träger entfernten, hatte sich auf einen Klappstuhl zurückgezogen, den Halima im dünnen Schatten eines vom Feuer verbrannten Baumes aufgestellt hatte. Ann untersuchte die Überreste des Stott-Anwesens, die die Plünderer zurückgelassen hatten: Schulbücher und Fibeln in der Swahili-Sprache, leere Tintenfässer, zerbrochene Schiefertafeln, emaillierte Eisenplatten und einige massive Tische aus einheimischem Holz, die für beide Flüchtlinge zu schwer waren oder ihre Feinde wegtragen. Anns weißes Solar- Topi und ihr weißes Kleid waren bereits vom verbrannten Holz und dem Stroh verschmutzt und verrußt .

„Grässlich, nicht wahr!" Er ging weiter. „Ich bin gerade von einer Erkundungstour zurückgekehrt, bei der wir drei Massai-Jugendliche zusammengetrieben haben – keine Krieger, sondern die massigen Jungen, die den Speerkämpfern dienen. Zwei Männer auf meiner *Safari* verstehen Massai und versuchen jetzt, die Geschichte dieser Jungen zu verstehen." Sie leugnen offenbar nachdrücklich, dass die Stotts getötet wurden. Sie zeigen immer wieder auf den Nordwesten als Richtung, in die sie gegangen sind, und sagen hin und wieder „ Irangi ". Meine Dolmetscher schließen daraus, dass dieser Ort vor etwa einer Woche von einer Gruppe Ruga-ruga aus dem Nyaturu- Land angegriffen wurde, die in Richtung Küste reiste. Sie belagerten die Station und töteten einige der Missionsjungen, aber die Stotts wurden offenbar nicht verletzt Sie verteidigten sich eine Zeit lang, bis ihnen eine Gruppe Massai zu Hilfe kam und dann die Ruga-Ruga und die „schwarzen" Araber zurückgeschlagen wurden. Dennoch verließen die Stotts danach die Station und zogen mit den Massai begleiten sie ... Ich möchte sehen, ob ich ihnen auf die Spur komme oder ob ich echte Eingeborene finden kann, die den Angriff gesehen haben ... Sie scheinen einen Kopf auf Ihren Schultern zu haben ... und einen Einfluss darauf Eingeborene. Ich werde alle bis auf fünf Männer hier unter Ihrem Befehl lassen. Sie sind bereits dabei, die „Boma" wieder aufzubauen. Ich schlage vor, herumzuplänkeln und auch herauszufinden, ob die Araber und Ruga-Ruga noch in der Nachbarschaft sind . Ich werde vor Einbruch der Dunkelheit zurück sein ..."

Ann : „Du solltest eine so wilde Jagd wie die Suche nach den Stotts viel besser aufgeben. Mach dich mit Lucy auf den Weg zum Kilimandscharo und zur Mvita -Küste. Wir haben Missionsstationen in Taita und in Jomvu , in der Nähe von Mvita , wo du könntest Bring sie in verhältnismäßige Sicherheit. Ich würde viel lieber nach Hangodi zurückkehren , als in der Wildnis herumzuzappeln, wahnsinnig vor Durst und unfähig, mich zu waschen. Ich bin nur eine Belastung für dich mit meinen Trägerinnen, die deine Männer nicht in Ruhe lassen können „Ich wage nicht , sie aus den Augen zu lassen. Lucy wird es bald gut genug gehen, um auf deinem Esel zu reiten – den ich derzeit benutze. Wenn die Araber den Wagogo nicht geplündert haben oder wenn es Massai-Banden in der Nachbarschaft gibt, bist du Ich könnte leicht ein paar Esel kaufen – Masai-Rasse, wissen Sie. Sie werden schnell an das Reiten gewöhnt, vor allem mit Ihrem Maskat- Esel, um ihnen das Reiten zu zeigen . Und dann könnten Sie viel schneller reisen. Ich glaube nicht, dass Sie das haben werden Ärger mit den Arabern weiter nördlich. Es ist ein Massai-Land, und die Massai und die Mohammedaner stehen sich mit gezückten Dolchen gegenüber ..."

Brentham (zögernd): „Nein. Ich glaube nicht, dass ich dich gehen lassen sollte ... ich ..." (Seine Gedanken sagten: „ *Lass* sie gehen. Sie ist eine ermüdende Termagantin mit ihren fünfzehn Trägerinnen der eine Menge Ärger verursachen wird, bevor wir weit gekommen sind. Es wäre schön, mit Lucy eine lange Reise zurück an die Küste zu unternehmen. *Natürlich* würde ich sie respektieren. Ich sollte sie einfach behandeln sie wie eine Schwester" ... und sein Puls beschleunigte sich) ... .

Ann : „ *Lass* mich gehen? Ich bin meine eigene Herrin und werde von niemandem herumkommandiert. Wenn ich mich entscheide, zurückzugehen, gehe ich, auch wenn ich den ganzen Weg laufen muss. Aber da! Ich ziehe an „Ich möchte nicht ermüdend sein. Du gehst auf die Suche und überlässt Lucy meiner Obhut. Ich verspreche, dass ich keinen Versuch unternehme, bis du zurückkommst – und wann immer ich es verspreche, halte ich mein Versprechen."

(Lucy kam zu diesem Zeitpunkt und wurde von Ann ziemlich ungeduldig über das Dilemma informiert, in dem sich die drei befanden.) Kapitän Brentham wandte sich ab, rief seinen Häuptling, gab ihm Anweisungen und machte sich schließlich mit fünf bewaffneten Männern und den dreien auf den Weg Massai-Jugendliche. Sie wurden in gute Laune versetzt , indem sie mit gegrilltem Fleisch und Reis vollgestopft wurden, letzterem ein Essen, das sie noch nie zuvor probiert hatten, das sie aber ohne Einwände von den Händen des gottgleichen weißen Mannes akzeptierten.

Mit dieser Autorität ausgestattet, machte sich Ann an die Arbeit, um ihre Pläne umzusetzen. Sie ließ das Innere des Bahnhofskreises so weit wie möglich von halbverbranntem Hausmaterial säubern und sammelte zusammen, was in den Ruinen von Büchern, Kleidung und Handelswaren übrig geblieben war. Die Plünderungen waren offensichtlich sehr eilig erfolgt, und zweifellos hatten die Stotts auf ihrem Rückzug einige Dinge mitgebracht. Lucy, von Ann strikt angewiesen, sich nicht zu sehr anzustrengen, saß im Schatten in einem Liegestuhl, voller Angst vor der Zukunft und besorgt, dass Roger hätte weggehen sollen.

Die Nachricht, dass Weiße wieder in Burungi – wie dieser Bahnhof genannt wurde – war, verbreitete sich schnell in dieser scheinbar verlassenen Region. So oft kommt es in Afrika zu dieser drahtlosen Telegrafie, was in Wirklichkeit vielleicht darauf zurückzuführen ist, dass unsichtbare Eingeborene hier und da im Gestrüpp und im Gras lauern, beobachten, was vor sich geht, und geräuschlos davonspringen, um anderen Herumtreibern die Nachricht zu überbringen. Am Nachmittag, als Ann die Dinge im Dornengehege etwas aufgeräumter und ansehnlicher gemacht hatte , erschienen in der Ferne Scharen von Wagogo-Kriegern, die die Neuankömmlinge mit freundlicher Neutralität anstarrten und gelegentlich freundliche, abfällige Grüße riefen. Ermutigt durch Anns Antwortrufe auf Kagulu näherten sie sich der „Boma" und wagten sich sogar in die

Lagerumzäunung, wo sie sich dann auf den Fersen hockten, um Informationen auszutauschen. Ihr Vertrauen wurde durch kleine Tabakgeschenke besiegelt. Der Angriff auf die Missionsstation wurde beschrieben. Die Weißen waren überrascht worden, hatten sich aber behauptet, bis ihnen die Wagogo und Massai zu Hilfe kamen. Die Ruga-ruga schossen Feuerpfeile zwischen die Strohdächer und steckten einige Häuser in Brand. Sie drangen sogar durch einen Teil der „Boma" ein, aber drei von ihnen wurden von den Leuten des weißen Mannes getötet.

Der Kampf hatte einen halben Tag und einen Tag gedauert. Dann hatte sich die Wangwana zurückgezogen – nach Süden. Noch zwei Tage und die Weißen waren weg – da waren der weiße Mann – „ Sitoto ", wie sie ihn nannten – und die weiße Chefin – sie war eine großartige „Ärztin" – und drei weiße Kinder … sie waren alle weg mit einer Gruppe der Massai – irgendwo im Norden. Die Massai hatten ihnen Esel zum Reiten verkauft. Einige Wagogo waren mit ihnen gegangen. Es ist vielleicht vier Tage her, seit sie weggegangen sind. NEIN! Die Wagogo hatten das Haus des weißen Mannes *nicht geplündert*. Sie hatten Angst, wegen der „Medizin" des weißen Mannes dorthin zu kommen. …

„Wie bist du dann darauf gekommen?" sagte Ann und zeigte auf einen schmutzigen weißen Unterrock, den ein älterer Mann über einer Schulter und quer über der Brust trug.

„Das? Das hatte ihm die weiße Frau selbst gegeben, weil er losgerannt war, um die Massai zu rufen." …

„Sehen Sie hier", sagte Ann im fragmentarischen Kagulu . „Ihr habt Esel – Masai-Esel – unter euch. Die Ruga-Ruga haben *euch* nicht überfallen . Ihr bringt mir hier *drei gute, starke Esel* und ich werde sie für einen guten Preis kaufen: weißes Tuch, Messingringe, Eisendraht, rot Stoff und Schießpulver.

Sie berieten sich untereinander und dachten, sie könnten drei Esel produzieren – für einen Preis.

„Nun, dann holen Sie sie – *sofort* . Sonst wird der große Weiße, der große Häuptling aller Weißen an der Küste, die Balozi , glauben, Sie hätten geholfen, diese Station zu plündern, und Sie dazu zwingen, das gestohlene Eigentum aufzugeben." ." …

Roger kehrte am späten Abend im strahlenden Mondlicht zurück und stellte fest, dass Ann mit seinen Handelswaren drei kräftige, kräftige graue Ärsche mit breiten Schulterstreifen gekauft hatte. Eines reservierte sie für sich, die anderen beiden übertrug sie nach Brentham . Sie dienten ihm zum Reiten und stellten seinem goanischen Koch auch ein Reittier zur Verfügung. [Dieser Portugiesisch-Indianer war ein sehr schlechter Marschierer und sehr anfällig für Fieber; Dennoch war sie in gewisser Weise die zweitwichtigste

Person der Karawane, da gute Küche eine enorme Hilfe für die Gesundheit in Afrika war.] Lucy, die durch diese Veränderung und Aufregung viel stärker geworden war, konnte auf dem Maskat- Esel reiten, und ihre Hängemattenmänner konnten es Kehre mit einigen von Anns Ladungen nach Hangodi zurück.

Ann lieh sich außerdem fünf von Brenthams bewaffneten Männern aus, um sie und ihre fünfzehn Trägerinnen – ihren Biggeru – zurück nach Hangodi zu geleiten . Sie hatte auch ein Dutzend Wagogo, flinke Fußsoldaten und tapfere Jäger, gegen extravagante Bezahlung engagiert. Diese, bewaffnet mit ihren Speeren mit langen Klingen, führten ihre kleine Gruppe voran und verscheuchten die wilden Tiere mit ihren Schreien. Löwen und Nashörner stellten eindeutig eine Gefahr dar, mit der man rechnen musste ... Durch Zwangsmärsche, besonders nachts, würde Ann in zwei Tagen wieder in Hangodi sein . Es war daher unklug, eine einzige Mondnacht zu verpassen, da der Mond bald abnehmen würde. Die Ruga-ruga und Wangwana griffen nachts nie an, und wenn sie irgendwo in der Nachbarschaft waren – was die Wagogo-Späher bald herausfinden würden – versteckte sich die Gruppe bei Tageslicht.

In der Zwischenzeit konnten Brentham und Lucy in Burungi lagern und auf die Rückkehr von Anns Eskorte warten. Wenn die Nachricht „Alles gut" lautete, konnten sie über den nördlichen Umweg zur Küste aufbrechen ...

„Sie scheinen eine sehr fähige Frau zu sein", sagte Brentham , „aber auch eine eigensinnige Frau. Ich stimme Ihrem Plan zu, obwohl ich eine Vorahnung habe, dass ich es bereuen könnte. Wenn Sie Ihre Meinung ändern und zurückkommen, werde ich Ihnen helfen. Ich mache Ihnen keinen Vorwurf, dass Sie wankelmütig sind. Und außerdem können Sie uns später Neuigkeiten überbringen. Ich muss auf jeden Fall ein paar Tage hier bleiben, um mich auf den großen Marsch vorzubereiten. Ich muss Wild schießen und viel „Biltong" haben.[#] gemacht für die Männer..."

[#] Streifen aus magerem Fleisch, die in der Sonne getrocknet und so bei trockenem Wetter längere Zeit haltbar gemacht werden.

„Ich freue mich, dass du zustimmst", sagte Ann. „Ich weiß, dass ich in Hangodi am richtigen Ort sein werde – aus vielen Gründen. So wie es aussieht, hatte ich bereits eine Idee. Die Stotts scheinen von den Massai gerettet worden zu sein. Die Massai, die unser Walunga- Volk , Wahumba ' nennt. haben gute Beziehungen zu uns. Wir haben Frieden zwischen ihnen und Mbogo herbeigeführt . Sie kommen zu unserer Station, um Handel zu treiben, und wir haben mehrere ihrer Verwundeten von schlimmen Löwenbissen geheilt. Wir werden Boten zu den Humba- Masai schicken und sie um einen großen Krieg bitten Eine Gruppe von Speerkämpfern soll unten in der Ebene auf einen Angriff der Araber warten. Ich denke, das bloße Wissen, dass die Massai dort sind, wird die Araber davon abhalten, in die Nähe von Ulunga zu kommen .

Also ritt Ann am nächsten Morgen um fünf Uhr los, rittlings auf ihrem Masai-Esel, an den man als Sattel eine provisorische Anordnung gepolsterter Tücher gebunden hatte. Ihr dralles Biggeru hob ihre leichten Lasten und stimmte eine Hymne von Moody und Sankey an, die Ann ins Kagulu übersetzt hatte . Die grinsenden Wanyamwezi- Bewaffneten bildeten die Nachhut, und die wilden, unbekleideten Wagogo mit fantastischen Straußenfeder- oder Zebramähne-Kopfbedeckungen stürmten voran, jubelten und sprangen und schrien ihre Entschlossenheit, die Tiere des Feldes vor der weißen Frau zu verscheuchen. Häuptling, der wie ein Mann redete.

KAPITEL XI

DAS GLÜCKLICHE TAL

Als Roger mit Lucy allein blieb, beschloss er, „das Richtige zu tun", und biss sozusagen die Zähne zusammen, um das Gelübde abzulegen. Er war umso entschlossener, ehrenhaft zu handeln, als er das Gefühl hatte, gegen ihre eigene Schwäche , gegen ihre übermächtige Neigung sowie gegen seine eigene anzukämpfen . Ihre Attraktivität für ihn war seit der Erneuerung ihrer Kameradschaft stark gestiegen. Obwohl ihre Schönheit und ihr jungfräulicher Charme in den ersten Tagen ihrer Bekanntschaft ansprechend waren, hatte sie die Naivität und Fadheit eines unerfahrenen Mädchens, die einen Mann von Welt, der der Beziehung zwischen Meister und Schüler überdrüssig wird, bald überdrüssig macht. Jetzt war sie eine verheiratete Frau; gemildert, subtiler geworden durch das Leid und die Erfahrung der Menschheit, die eher bereit war, ihre Gefühle durch ihre Augen und ihre Zurückhaltung auszudrücken als durch direkte Sprache. Sie redete weniger unüberlegt, und die Dinge, die sie sagte, beruhten eher auf ihren eigenen Beobachtungen und Überlegungen als auf der Meinung anderer Menschen aus zweiter Hand.

Ann war in der Woche, in der er die beiden Frauen zusammen gesehen hatte, genau der richtige Kontrast gewesen, um Lucys bezaubernde Weiblichkeit, ihre Vornehmheit in Kleidung und Aussehen und im Klang ihrer Stimme zur Geltung zu bringen. Im Gegensatz dazu war Ann ein freches, selbstbewusstes Mädchen mit bestenfalls dem Wert eines guten Arbeiters. Nach anderthalb Jahren Abwesenheit von Europa machte er diese Wiederentdeckung von Lucy vor dem Hintergrund des wilden Afrikas – raue Landschaften, zerklüftete Felsen, unhandliche Bäume, Buschbrände, nackte Männer, wilde Tiere, die gerade in Schach gehalten wurden. (In Mondnächten konnten sie tatsächlich die grauweißen Gestalten von Löwen und Hyänen erkennen, die geräuschlos durch die Bereiche ihrer Boma liefen.) Diese heftigen Ungereimtheiten ließen sie für ihn als ein Wesen von außerordentlicher Eleganz und doch von körperlichem Charme erscheinen. Wiederkehrende Gesundheit, tiefes Glück und die aufkeimende Hoffnung auf eine glänzende Zukunft verschwanden die Anämie und gaben ihrem Gesicht und Hals das getönte Weiß einer gesunden Haut zurück, deren Ton durch eine gute Durchblutung gewärmt wurde. In ihren violetten Augen leuchtete Lebendigkeit und in ihrem braungoldenen Haar erstrahlte ein neuer Glanz .

Es wäre für beide eine gute Sache, meinte er, wenn er die Stotts so schnell wie möglich finden und sie dazu überreden würde, sich ihnen auf einem Marsch zur Küste anzuschließen. Seine Karriere – Ja, daran muss er sich erinnern. Vor allem seine Karriere. Er darf von keiner Frau von seinen großen Ambitionen abgebracht werden. Dennoch hatte er wegen der Ernennung zu Unguja keinen Erfolg gehabt und suchte anderswo Trost. Es war ziemlich ermüdend, *immer* bei der Arbeit, im Büro oder auf dem Feld zu sein und sich nie auf Flitterwochen und die Freuden der Häuslichkeit einzulassen. Vielleicht hätte er einen anderen Weg einschlagen sollen – das Kolonialamt und die Verwaltungsarbeit, nicht das Auswärtige Amt und die abenteuerliche Diplomatie im wilden Afrika ... Er wollte ein großes Afrikanisches Reich erforschen, schaffen und dann verwalten, Aufgaben, die weit über die durchschnittliche Kapazität hinausgingen eines Godfrey Dewburn oder eines Spencer Bazzard . Warum konnte er sich nicht jetzt – sofort – in das weite Unbekannte stürzen, das im Norden, im Nordwesten vor ihm lag? Wohin war Stanley verschwunden? Was war aus Emin geworden ? Was geschah in Uganda seit dem Tod von Mutesa ? Welche ungelösten Geheimnisse lagen westlich der Victoria Nyanza, nördlich von Tanganjika, südlich des Bahr-al-Ghazal? Sollte er Lucy in sein Herz schließen, Konventionen und Aufträge über Bord werfen und mit ihr auf eine wundervolle Entdeckungsreise gehen, die Welt und den Rev. John Baines überlassen, was sie wollten, und seinen privaten Verrat durch den seinen vertuschen? erstaunliche Entdeckungen?

Unsinn! Königin Victoria würde diesen Ehebruch niemals übersehen. Er könnte zwanzig Seen entdecken und sie alle nach Prinzen ihrer Familie benennen oder Goldminen und Diamantpfeifen annektieren, und sie würde die Auszeichnung ablehnen, und die Gesellschaft würde auf ihr Geheiß hin ihre Reihen gegen die Frau des entehrten Missionars schließen. Außerdem verfügte er kaum über genügend Handelsgüter, um den Rückweg an die Küste zu bezahlen, insbesondere auf Umwegen. Der Afrikaner sieht den gottähnlichen weißen Mann bald mit Kälte an, wenn er keine Perlen, Stoffe, Kupferdrähte, Messer und Gewehrkappen mehr hat, mit denen er Straßengebühren, „Zölle" oder Geschenke des guten Willens bezahlen kann.

Und seine bewaffneten Träger? Sie waren nur für eine sechsmonatige *Safari verlobt* . Sie müssen gefüttert und bezahlt werden, sonst würden sie desertieren ... Er muss diesen ganzen Unsinn aus seinem Kopf verbannen – ein paar Pillen nehmen, ein wenig Bromid – und sich jeden Tag damit beschäftigen, Großwild zu jagen oder zu erkunden, bis die Männer mit Ann geschickt haben Jamblin kehrte mit ihren Neuigkeiten zurück.

Wenn er all diese Übungen machen würde, würde er nicht nachts in seinem heißen Zelt unter seinem Moskitovorhang wach liegen und sich danach sehnen, zu Lucys Quartier zu gehen und zu sagen: „Ich liebe dich, lass uns nicht länger dagegen ankämpfen. Wir können alle." in einem Monat tot sein.

Um sich vor solchen Impulsen zu schützen, hatte er darauf bestanden, dass Halima auf einer Unguja-Matte im Zelt ihrer Herrin schlief, und hatte das Zelt mit einem quadratischen Schilfzaun umgeben, der ihr mehr Privatsphäre verschaffte als das elende Zelt. Darin war Platz für ein Badezimmer und ein „Wohnzimmer", ein schattiger Rückzugsort, in den sie sich für eine Siesta oder ein Gespräch mit Halima zurückziehen konnte, die immer noch Suaheli-Unterricht gab. Außerhalb dieses „ Harim " – wie seine Männer, die es errichteten, es sicherlich annahmen – gab es eine „Baraza", die beiden gemeinsam war: ein strohgedeckter, rundherum offener Unterschlupf. Hier wurde der Lagertisch für die Mahlzeiten aufgestellt.

Roger beschloss, Lucy so weit wie möglich aus seinen Gedanken auszuschließen und nur an den Tag zu denken, an die Gefahren, von denen sie umgeben waren, die hundert Risiken, die ihre Rückkehr in die Zivilisation mit sich brachten ... Sobald sie konnten Als er die Küste erreichte , schickte er Lucy nach England und kehrte zu seinem Konsulat in Medinat-al- barkah zurück ... Sollte John Baines natürlich an Fieber sterben – Missionare taten das oft – oder – wenn – er getötet würde ? ... Angenommen, seine Station wurde wirklich angegriffen ...? Aber andererseits waren solche Gedanken von Davids Art, als er sich nach Bathseba sehnte ...

Und dann, wieder Lucy, könnte Lucy an Fieber sterben – sie schien für ein afrikanisches Leben kaum geeignet zu sein, weshalb er begonnen hatte, Mitleid mit ihr zu haben …

„Ich hatte heute einen großartigen Spaß", sagte Roger, der vor Lucys „Baraza" stand, wo der Lagertisch für den Tee gedeckt war. „Ich habe ein Nashorn geschossen – sie zerlegen es jetzt – zwei Kuhantilopen und zwei Impalas . Das gibt uns so viel ‚Biltong', wie wir tragen können. Ich bin dreckig, wie Sie sehen können – Esche und … Holzkohle aus dem verbrannten Busch und Schweiß – Gott! Es *war* glühend heiß! – und der Lauf danach – und *davon – Nashorn! Nein. Ich* bin nicht verwundet – es gibt keinen Grund für Emotionen – aber das Nashorn, als es stürmte – und *ich* krümmte mich – spritzte Blut aus seinen Nasenlöchern über mich – ich muss wie ein kämpfender Schornsteinfeger aussehen – ich gehe ein Bad nehmen und dann gibst du mir Tee."

„Warte nicht lange", sagte Lucy. „Es gibt *so* viel zu besprechen. Ihre Männer sind aus Hangodi mit einer Nachricht von John an mich zurückgekommen! Er sagt, bis jetzt ist alles in Ordnung." Und zwei Massai, sagt Halima, warten darauf, dich zu sehen. Sie sagen ständig „ Sitoto ", was vermutlich Neuigkeiten über den Aufenthaltsort der Stotts bedeutet. *Wie* aufregend das alles wird. Ich *genieße* es!"

„Halima" (zu ihrer Magd): „ Waambia watu wa mpishi Tunataka Chai, *Marra* Moja !"

Vier Tage später war alles bereit für den neuen Vorstoß ins Ungewisse, die Lasten wurden leichter und fester, und der Biltong war ausreichend trocken, um oben auf der Ladung festgebunden zu werden (was dem Wohnwagen einen unangenehmen Metzgergeruch verlieh, als er einzeln vorbeifuhr). Datei), machten sie sich mit Massai-Führern auf die Suche nach den Stotts. Sie reisten über die Wasserwege von den Flüssen, die in den Indischen Ozean mündeten, bis zu jenen, die in unbestimmten Sümpfen und bitteren Seen endeten. Sie erklommen große Steilhänge und stiegen in weite Täler zwischen hohen Klippen hinab und fanden sich inmitten fremder, hauptsächlich pastoraler Völker wieder, die große Herden schlanker, buckliger Rinder, afrikanischer Zwergziegen und Dickschwanzschafe hielten.

Die ersten von ihnen, die Warangi , waren glücklicherweise sprachlich mit den Wagogo verbündet und konnten daher mit ihnen kommunizieren. Sie waren ein aufsässiger Haufen und neigten dazu, mit Fremden Ärger zu machen. Bei dieser Gelegenheit schienen sie jedoch zu sehr von ihren eigenen Angelegenheiten begeistert zu sein, als dass sie sich besonders für die Ankunft der Weißen interessiert hätten, die sie wahrscheinlich noch nie zuvor gesehen hatten, außer in Form von blassgesichtigen Arabern. Sie antworteten kurz, dass ein weißer Mann, eine weiße Frau und ihre Kinder Brenthams Party einige Tage voraus gewesen seien – als der Mond noch Vollmond war. Sie wurden von einer Gruppe Massai begleitet, mit denen die Warangi befreundet waren....

„Gibt es hier Araber?" fragte Brentham über seinen Dolmetscher. „ Waalabu ?" NEIN! Sie kamen manchmal, um Elfenbein zu kaufen, aber bei ihrem letzten Besuch hatten sie versucht, einige Rangi- Leute als Sklaven zu verschleppen , und wenn sie in Burangi wieder ihr Gesicht zeigten , wurden sie vertrieben.

„Worüber seid ihr dann alle so aufgeregt?"

Sie antworteten, es sei eine Angelegenheit ihres Clans, der Menschen, die in diesen Dörfern lebten. Ihre jungen verheirateten Männer waren in dieser Trockenzeit losgezogen, um Elefanten zu töten, wie es ihre Sitte war, waren aber nach drei Monaten ohne jegliches Glück zurückgekehrt: kaum ein sehenswerter Stoßzahn, sehr wenig Fleisch und zwei Männer, die von den Elefanten getötet wurden. Dafür kann es nur eine Erklärung geben. Ihre Frauen waren ihnen untreu geworden, sobald sie ihnen den Rücken gekehrt hatten. Es war bekannt, dass, wenn eine Frau und ein Mann getrennt wurden und die Frau untreu war, dem Mann sofort ein Unglück widerfuhr. Daher bestand der Brauch ihres Stammes in solchen Fällen darin, die schuldigen Frauen auf großen Scheiterhaufen aus Reisig zu verbrennen. Diese Scheiterhaufen waren jetzt fertig – der weiße Mann konnte sie dort am Flussufer sehen ... Bald wurden die ehebrecherischen Damen, deren

Ehemänner von der glücklosen Elefantenjagd zurückgekehrt waren, herausgeführt, an die Reisigbündel gebunden und aufgestellt in Brand. Wenn er wollte, konnte er bleiben und dem imposanten Spektakel beiwohnen. Sie erfuhren, dass auch er von einer Frau begleitet wurde – einer weißen Frau. Es könnte eine moralische Lektion für sie sein – wenn weiße Frauen jemals untreu wären ...

Roger flehte die Warangi an , die Frauen dieses Mal zu schonen. Nach und nach würde er zu ihnen zurückkommen und ihnen das ganze Geheimnis des Glücks im Sport und der Sicherstellung eines genauen Ziels erklären und ihnen vielleicht eine „Medizin" geben, um das gewünschte Ergebnis zu erzielen. Aber in der Zwischenzeit versicherte er ihnen, dass ein schrecklicher Fluch über das Land kommen würde, wenn sie auch nur den kleinen Finger einer Frau verbrannten.

Lucy fragte, worum es bei diesem Gespräch ginge, und er antwortete: „Oh, nichts sehr Wichtiges – Großwildschießen." Sie war mit angenehmeren Themen beschäftigt, mit der größeren Kühle der Luft, nachdem sie auf eine höhere Ebene aufgestiegen waren, mit dem neuen grünen Gras des kommenden Frühlings und mit ihrer eigenen deutlich verbesserten Gesundheit ...

„Wenn alles gut geht", sagte Roger, „sollten wir in zwei langen Tagesmärschen den Ort erreichen, an dem die Stotts sind.'

„Sollten wir? Es tut mir ziemlich leid, als ob irgendetwas unseren köstlichen Traum zerstören würde. Ich würde gerne ein Jahr lang so weitermachen ..."

„Und was ist mit meinen offiziellen Pflichten? Auch ich genieße das in vollen Zügen, aber ich mache mir Sorgen, ob ich das Richtige getan habe ... Mit dem Wunsch, es allen recht zu machen." Insgesamt kommt es mir manchmal so vor, als hätte ich mich auf ein gefährliches Abenteuer eingelassen ... Wir müssen jedoch auf das Beste hoffen. Natürlich ist das alles absolutes Neuland. Ich sollte mir eine geografische Medaille verdienen; Stattdessen werde ich nur eine offizielle Zurechtweisung erhalten ... Ist Ihnen aufgefallen, dass wir scheinbar einen neuen Wendepunkt erreicht haben?"

Lucy: „Obwohl ich in der Schule Geographie unterrichtet habe, habe ich nie wirklich verstanden, was ein ‚Wasserscheide' ist. Was ist das?"

Roger: „Ich nehme an, es bedeutet das Gebiet, in dem alle Gewässer in denselben Behälter fließen – ein Meer, einen See, einen Sumpf. Wir haben gerade einen Fluss verlassen, der stetig nach Süden floss, zu einem unbekannten Ende. Wir ritt eine kleine Anhöhe hinauf, und jetzt fließen die zusammenströmenden Bäche alle nach Norden. Die Massai sagen, diese Bäche vereinigen sich weiter unten und bilden einen Fluss, der in einem See endet. Denk darüber nach , Lucy! Wir werden einen neuen See entdecken! Es sollte ‚Lake Lucy' heißen."

Lucy (errötend): „Oh nein, tatsächlich würde ich mich ziemlich unwohl fühlen, wenn ich so prominent gemacht würde … Aber das Land scheint immer schöner zu werden …"

Die neuen Bäche, von denen Roger sprach, bewässerten eine weite und gleichmäßige Fläche fruchtbarer Ebene, die sanft nach Norden abfiel und am Fuß riesiger Klippen oder hoher Berge zu enden schien, die dieses Tal auf drei Seiten umgaben. Wegen des Dunstes der Trockenzeit konnten sie die Umrisse der höchsten Berge nur undeutlich erkennen, aber sie wirkten wie die Krater von Vulkanen. Roger ritt auf den Gipfel eines einsamen Hügels und erhielt die Bestätigung für die Geschichte der Führer. Das Tal endete in einem See von respektabler Größe.

In den grasbewachsenen Ebenen zwischen den zusammenlaufenden Bächen wimmelte es von Großwild, das verhältnismäßig wenig Scheu vor Menschen zeigte und oft beim Grasen mit Rinderherden der Eingeborenen beobachtet werden konnte. Eine Reihe von Ausrufen, halb Verwunderung, halb Angst, kamen von Lucy.

„Oh! … ich … *sage* ! … ich dachte, das wären tolle Baumstämme, bis sie sich bewegten, aber … sie sind …"

„Das sind *Giraffen* , bei Gott! Ich frage mich, ob ich eine erlegen sollte? Besser nicht … könnte uns aufhalten … und ich weiß nicht, wie die Eingeborenen das aufnehmen …"

Eine Herde von sechs oder sieben stattlichen Giraffen hing an den oberen Ästen eines Akazienbaums und blickte sie mit ihren flüssigen Augen an, wobei sie mit ihren seidenen Körpern und den Schwänzen, die in großen schwarzen Quasten endeten, zuckte.

„O-oh!" kam von Lucy, als sie ihren Esel zügelte. „ *Sehen Sie* sich diese Dinge da drüben an! Wie Häuser oder große Felsen, aber sie bewegen sich auch!"

Sie zeigte mit ihrer Reitpeitsche auf einige graue Massen in der Mitte, die, während sie durch das Gras sausten, hier und da das Schimmern polierter Stoßzähne zeigten.

„Schießen! Meister, schießen!" rief der Wanyamwezi … „Elefanten, Meister!" Aber Roger rief zum Schweigen auf und hielt seine Hand. Angenommen, die Elefanten stürmen auf Lucy zu? Und dann wusste er nicht, wie die Waffengeräusche in diesem neuen Land aufgenommen würden, was die unbekannten Eingeborenen denken würden, und schließlich begann ihm vielleicht zu dämmern, was dieses Spektakel bedeutete: ein Stück absolut Unberührtheit Afrika, noch nicht vom Weißen oder vom einheimischen Jäger verwüstet, bewaffnet mit den Waffen des Weißen. Seine Karawane hatte reichlich Trockenfleisch. Sie sollten den Charme des Happy Valley nicht zerstören – der Satz kam ihm plötzlich in den Sinn, eine schwache Erinnerung an Dr. Samuel Johnsons schwerfällige Romanze.

Je weiter sie nach Norden vordrangen, desto idyllischer wurden die Szenen. Herden von Gnus, Hartebeests, Elenantilopen und Zebras, vermischt mit Schilfböcken und Impalas, starrten abwechselnd regungslos, dann rannten sie in Wolken aus gelbem Staub davon und standen wieder da. Gazellen mit glänzend schwarzen, ringförmigen Hörnern und leuchtend gefärbten Körpern – goldrot, schwarz gebändert und unten schneeweiß – schnitten den Rasen ein paar Meter von der kaum markierten Spur entfernt ab, der die Karawane folgte; und obwohl die Böcke ihre Köpfe hoben, um diese vorrückende Reihe menschlicher Wesen zu beobachten, entfernten sie sich kaum weiter als ein paar Meter.

Das Tal war nicht ganz dem wilden Leben überlassen, obwohl es wahrscheinlich war, dass es vom Menschen nur als Weideland genutzt wurde und dass er das höher gelegene Land, die Hügel auf beiden Seiten der Ebene, für seine Behausungen bevorzugte der Weg der Überschwemmungen und Sümpfe. Aber große Rinderherden grasten zwischen Antilopen und Zebras und wurden von Hirten bewacht, die ungewöhnlich wenig Neugier gegenüber dieser ersten Invasion des weißen Mannes im Happy Valley zeigten. Die Stotts, die Roger und Lucy vorausgegangen waren, schienen ihre Neugier ein für alle Mal befriedigt zu haben. Diese Viehzüchter unterschieden sich in ihrer physischen Gestalt von den gewöhnlichen Bantu-Negern. Sie waren groß; anmutig, schlank gebaut; und erinnerten Brentham an Somalis, obwohl ihr Kopfhaar kurz geschnitten war. Die Frauen, denen man begegnete, zeigten keinerlei Anzeichen von Angst. Sie waren in weite Gewänder aus Leder gekleidet. Aber die Männer trugen die ganze galante Nacktheit der Massai – einen Hautumhang über den Schultern, ansonsten nur elfenbeinfarbene Armreifen und Metallkettenhalsketten.

Die Massai-Führer pflückten gelegentlich eine Handvoll Gras und zeigten sie den Hirtengruppen als Zeugnis für die friedlichen Absichten der Karawane des weißen Mannes. Dieser Beleg wurde außerdem von der zurückkehrenden Gruppe der Massai bestätigt, die die Stotts in dieses Arkadien eskortiert hatte und nun nach Nord- Nguru zurückkehrte . Sie tauschten musikalische Grüße mit Rogers Führern aus und erzählten ihnen, dass die „ Sitoto “ in einem Dorf einen Tag weiter nördlich, nahe dem Ufer des Sees, lagerten.

„Das ist in Ordnung“, sagte Roger, sein Geist war sehr erleichtert. „Dann gönnen wir unserer *Safari* einen halben Urlaub und lassen es ruhig angehen. Wir werden unser Lager auf diesem Hügel aufschlagen. Wie herrlich ist dieser kurze grüne Rasen nach den kilometerlangen verbrannten Grasflächen, die wir durchquert haben. Der Frühling hat begonnen." hier einen Monat früher als im tiefer gelegenen Land. Ich gehe davon aus, dass die hohen Berge im Norden die Regenfälle angezogen haben, obwohl es erst Oktober ist. Ist Ihnen auch aufgefallen, dass wir seit unserer Ankunft in diesem Tal keine Mücken mehr haben? Ich frage mich Warum? Vielleicht gefällt ihnen etwas im Wasser nicht, oder nicht genug langes Gras?... "

Sobald das Lager fertig war, brachten ihnen die Hirten reichhaltige, süße Milch zum Verkauf, in dicht geflochtenen Grasgefäßen, in Kalebassen oder Tontöpfen. Manchmal hatte diese Milch einen rauchigen Geschmack, der auf die grobe Reinigung der Milchtöpfe zurückzuführen war. Aber es war so süß wie eine Nuss und erschien Lucy, die seit langem auf Milch verzichtet hatte, außer in kleinen Mengen für Tee, unvergleichlich lecker wie ein Durstlöscher. Und diese ägyptisch anmutenden Menschen – die so oft ein pharaonisches Profil zeigten und eine Sprache sprachen, von der Roger später erklärte, dass sie nicht sehr weit von Gala entfernt sei – handelten auch mit Honig, Honig, gewürzt mit dem Duft der Akazienblüten, der jetzt als goldener Flaum auf der Oberfläche erschien erwachende Bäume.

Am nächsten Tag, dem siebten Tag seit ihrer Abreise aus Burungi , kam Brenthams Karawane in voller Sicht auf den See, dessen Ufer von dichten Reihen rosa-weißer Flamingos gesäumt waren. Im Südosten befand sich ein Eingeborenendorf mit langen, durchgehenden „ Tembe "-Häusern, die mehr oder weniger in Parallelogrammen oder hohlen Quadraten angeordnet waren und für jede Familie oder Gruppe einen Rasenplatz umschlossen, in dem das Vieh die Nacht verbrachte und das Familienleben weitergeführt wurde im Freien und in Sicherheit.

Eines dieser Gehege war offenbar den Stotts als vorübergehendes Zuhause überlassen worden. Und von dort aus konnte man Mr. und Mrs. Stott erkennen, wie sie der Karawane entgegeneilten. Bevor sie ankommen konnten, hielt Roger seine Männer an und überblickte die gesamte Szene vor ihm von einem grasbewachsenen Hügel aus, auf dem er sein Lager aufschlagen wollte. Vorspringende Bergpfeiler schließen das Tal und den See im Westen, Norden und Osten ab. Im Westen und Norden überragten diese Berge fast die flachen Seeufer als abrupte Abhänge, blau, ohne Details, im Nachmittagsschatten. Östlich des Sees gab es zwar große Höhen und im Nordosten eine Andeutung riesiger, schneebedeckter Gipfel, doch der Anstieg war nicht so abrupt, schroffer und die Felsen trockener, sondern lebendiger und vielfältiger in der Farbe – -Rot, Gelb, Grüngrau, Lilaschwarz und Cremeweiß. Die Berge im Westen waren mit Kämmen und Tälern durchzogen, geschnitzt, geformt und von Wasserläufen gesäumt; bestickt und überzogen mit dunkelgrünen Wäldern. Wo der See tief war, war sein

Wasser reines Kobalt, aber seine Untiefen waren weißlichgrün von Salz oder Soda, und die flachen Ufer, von denen das Wasser zurückgewichen war, waren grauweiß, wahrscheinlich vom Guano der zahllosen Flamingos, die ihr Wasser hatten Nesthocker in einiger Entfernung vom Wasserrand. Rinderherden grasten friedlich auf den grünen Wasserwiesen des Flussdeltas; Ganz in der Nähe tummelten sich Herden schwarz-weißer Schafe, vermischt mit halbscheuen goldbraunen Gazellen. Große Sekretärsvögel – grau, schwarz und weiß – stapften durch das Gras auf der Suche nach Schlangen und Eidechsen und kannten in ihrem ehrenvollen Beruf keine Angst vor Menschen. Blaue Rauchwolken stiegen von den Fischerfeuern am Seeufer auf, wo auf Holzgestellen Fisch geräuchert wurde. All dies wurde vom gelben Licht der untergehenden Sonne bestrahlt. Bevor die Stotts sie erreichen und ihr zufriedenes Schweigen brechen konnten, wandte sich Roger an Lucy und sagte: „Das *ist* das Happy Valley!"

Die Stotts waren natürlich voller Fragen und Verwunderung. Mr. Stott war ein Mann mittleren Alters von kräftiger Statur, ehrlichen haselnussbraunen Augen, gestutztem Bart, gebräuntem Gesicht und allgemein ansprechendem Aussehen. Er hatte weder Lucy noch Brentham zuvor getroffen , also musste Mrs. Stott sie ihm vorstellen.

Nach diesen überraschten und freudigen Grüßen erfolgte eine Vertagung in das Quartier der Stotts. Obwohl sie erst seit etwa einer Woche hier ansässig waren, hatten sich die praktischen und nie besiegten Stotts – die geborenen Kolonisten, die verwirklichte Schweizer Familie Robinson – in einem Teil des Dorfes Mwada , den ihnen der einheimische Häuptling geliehen hatte, bereits zu einem neuen gemacht Zuhause in der Wildnis. Sie hatten die „ Tembes ", die zusammenhängenden Hütten aus Flechtwerk und Lehm, die in viele Abteilungen unterteilt waren und den Rasenplatz umschlossen, ausgefegt und gereinigt; und in der Mitte ihres „Geländes" hatte sie ein rundes Gebäude aus kräftigen Palmenstangen und Gras errichtet, das eine gefegte Fläche bedeckte. In der Mitte hatten sie einen Tisch aus an aufrechten Pfosten befestigten Schilfrohrbündeln geformt und aus Hyphenpalmenstämmen grobe Formen und Hocker angefertigt . Dies war ihr „Baraza" oder Empfangsraum, ihr Speisehaus und ihr schattiger Spielplatz für ihre robusten Kinder. Auf dem umzäunten Gelände hielten sie ihre Milchziegen, Schafe und Reitesel. Davon hatten sie eine ganze Truppe, die sie von den Massai gekauft hatten. Diese Esel hatten sich als Lasttiere für den Transport ihrer Lasten bestens bewährt, so dass sie fast ohne menschliches Tragen auskamen. Herr Stott hatte sehr praktische Packsättel konstruiert.

„Kommen Sie mit in unsere Baraza", sagte die freundliche Frau Stott. „Lass uns versuchen, dir eine Mahlzeit zuzubereiten, bevor wir anfangen zu reden."

Roger gab ein paar Anweisungen zu seinem eigenen Campingplatz, der eine Viertelmeile entfernt lag, und schloss sich dann Lucy und den Stotts an, die zu „unserer neuen Missionsstation", wie Mrs. Stott es nannte, gingen.

„Du weißt, dass wir *niemals* niedergeschlagen sind. Wir *wissen* , dass Gott alles zum Besten befiehlt! Ich bin sicher, dass er der Meinung war, dass wir es uns bei den Wagogo zu bequem machten, und gab uns daher einen Hinweis, weiter ins Landesinnere vorzudringen. *Natürlich* , Wenn sich die Dinge beruhigen: Denn entweder die Deutschen oder die Engländer *müssen* Ostafrika erobern: Es wäre widerlich, den Arabern und Ruga-Ruga die Kontrolle zu überlassen – wir werden unsere Burungi- Station wieder aufbauen und fähige Leute mit der Leitung betrauen, Leute Wer wird mit dem Wagogo gut zurechtkommen ... Sie wollen ein bisschen verwalten. Sie sehen, wie gut es als Zwischenstopp auf dem Weg in dieses wundervolle Land geeignet wäre – Wie nennt man es? „The Happy Valley"? Ja, *das* soll sein Name sein. *Wie unergründlich* die Wege des Herrn sind ! Mir wurde *so schlecht im Herzen, als wir* Burungi verließen ... Ich werde Ihnen erzählen, wie alles passierte. Unsere Massai-Freunde hatten die Ruga zurückgeschlagen - ruga , aber die Wagogo dachten, sie wollten zurückkehren, wahrscheinlich unter dem Kommando echter Araber. Mein Mann ist verpflichtet, Wild zu schießen, sonst könnten wir nicht leben, geschweige denn unser Volk ernähren. Sie überfielen uns hauptsächlich wegen Waffen und Munition ... Wir schlugen sie zurück, aber die Wagogo dachten, sie würden mit Sicherheit zurückkehren – beim nächsten Mal viel stärker. Nachdem wir darüber nachgedacht und unseren Fall im Gebet vor Gott gebracht hatten, beschlossen wir, in der Nacht nach dem Ende des Angriffs die Stunden der Dunkelheit mit dem Packen zu verbringen. Am nächsten Morgen kauften wir zusätzlich zu den zehn Eseln, die wir bereits hatten, zehn weitere Esel von den Massai, luden sie auf und sagten dann zu unseren Massai-Freunden – mein Mann spricht ziemlich gut Masai: „Können Sie uns jetzt in ein Land führen, wo wir können?" eine Zeit lang vor den Lajomba – wie die Araber ihren Namen nennen – sicher sein ?' Und sie haben uns hierher geführt ... sagen wir eher, sie waren Gottes Agenten, die uns hierher geführt haben. Ist das nicht ein *wundervolles* Land? So etwas haben wir noch nie gesehen. Irgendwie fühlen wir uns hier so *sicher* . Sie können sich keinen Feind vorstellen, der über diese hohen Berge – einer von ihnen hat Schnee auf dem Gipfel – oder über die Klippen kommt. Sie können nur das Flusstal hinaufkommen. Und um das zu erreichen, müssen sie sich ihren Weg durch die Völker Rangi und Fiome erkämpfen . Das Volk der Rangi spricht eine Sprache wie Chigogo , und seltsamerweise sprechen auch die Fischer rund um diesen außergewöhnlichen See eine Sprache. Aber die anderen sehen nicht wie gewöhnliche Neger aus. Sie ähneln eher Somalis. Und ich kann mit ihrer Sprache nichts anfangen. Aber obwohl sie sich von den Massai unterscheiden, scheinen sie eine Art Bündnis mit ihnen zu haben, und sie haben uns hier als Freunde aufgenommen, weil die Massai uns mitgebracht haben. *Was für* ein Feld für die Arbeit des Herrn! Und wenn ich bedenke, dass ich fast an Gott *gezweifelt habe , als er zuließ, dass die* Ruga-Ruga Burungi angreifen !

„Aber hier sind wir, in unserem provisorischen Zuhause, und ich muss zum Kochhaus gehen und mich um Ihr Essen kümmern. Einheimische Sachen werden Ihnen nichts ausmachen, oder? Sie sehen, wir haben den größten Teil unserer Konservenvorräte verloren, und tatsächlich lebten wir schon lange auf dem Land, bevor die Ruga-ruga uns angriffen. Wie alle anderen Missionare der letzten Zeit hatten wir nur sehr wenige Karawanen von der Küste."

Herr Stott ging voran zur „Baraza" mit ihrem rohen Tisch aus Schilfrohrbündeln auf einem Gestell aus Stöcken und ihren Palmstämmen als Sitzgelegenheit.

Die Stott-Kinder spielten auf dem staubigen Rasen des geräumten Geländes vor der Baraza.

„Ich fürchte, Sie werden denken, dass unsere Kleinen ziemlich ungepflegt sind", sagte Mr. Stott entschuldigend; „Aber meine arme Frau hatte auf unserem eiligen Flug und nach unserer Ankunft zu viel zu tun, um viel Zeit mit ihrer Kleidung zu verbringen oder sie sogar sauber zu machen!" Der älteste der drei war ein hübscher Junge mit hellblondem Haar und blauen Augen, sehr gebräunter Haut und sehr schmutzigem Gesicht und Händen. Er trug einen zerfetzten Kittel und kurze Hosen, Überbleibsel eines „Matrosenanzugs". An seinen Füßen trug er kunstvoll gefertigte einheimische Sandalen, wie an denen seines jüngeren Bruders und seiner kleinen Schwester, deren Beine und Füße ansonsten nackt waren, und die beiden kleineren Kinder trugen nur ein oder zwei Meter Kattun um die Taille gewickelt. Lucy erkannte im Jüngsten das ernste Baby, das sie in Unguja gesehen hatte, wie es mit den großen Kakerlaken spielte; und sagte es.

„Ja", antwortete Herr Stott. „Angst vor nichts, armer kleiner Kerl. Als die Ruga-ruga kamen, baute ich eilig eine Art Zariba aus Kisten und Steinen, legte eine Plane darüber und sagte den Kleinen, sie sollten ruhig bleiben; und da waren sie alle Mutter und ich gingen hin und wieder und gaben ihnen etwas zu essen, und Edgar hier" – er zeigte auf den Jungen – „ Und wir fragten: ‚Wie läuft der Kampf, Papa?'" Und Edgar ist seit unserer Ankunft ein selten guter Junge, der dabei hilft, diese Schilfbündel zu binden und sich nützlich macht. Unser Ältester ist zu Hause in Irland bei seiner Großmutter – für seine Ausbildung. Den nächsten haben wir vor Jahren im Nguru-Land begraben , und das Allerjüngste – Gott segne sie – starb letzten März in Burungi an kindlichem Durchfall . Das macht sie zu sechst ; und ich gebe zu, es gibt nicht viele britische Kinder, die eine so abenteuerliche Erziehung erlebt haben, außer den junge Livingstones und Moffats .

Mrs. Stott breitete jetzt ein zerknittertes, grauweißes Tuch über die Tischplatte aus Schilfrohr aus. Und die Kinder standen auf und halfen ihr und einem einheimischen Diener, das Essen vom Kochhaus zur Baraza zu bringen.

„Wir geben Ihnen nur das einheimische *Ugali* – Brei, wissen Sie", sagte Mrs. Stott, „aber es gibt einen schönen Topf mit frischer Milch vom Vieh der Einheimischen. Hier ist etwas Honig in einer Kalebasse. Hier ist der Rest." Scones hatten wir zum Frühstück. Ich habe dir etwas Tee gemacht – eher schwach, aber er ist so kostbar. Und während du das in Angriff nimmst, werde *ich* ein paar Fische braten, die wir heute Morgen aus dem See geholt haben – knochig, aber sehr süß."

Während ihres Essens versuchten Roger und Lucy, die außergewöhnlichen Umstände, die sie zusammen hierher geführt hatten, in einzelnen Abschnitten zu schildern. Mrs. Stott, die ihr Nähzeug geholt hatte, damit sie keine Zeit verschwendete (Mr. Stott hatte sich entschuldigt, da er dringende Arbeiten bis zum Abend erledigen musste), wirkte ein wenig verwirrt und nicht ganz einverstanden mit Brenthams Erklärungen.

„Hier, Kinder! Geht jetzt und hilft Brahimu und Kagavezi . Macht keinen Unfug. Haltet euch von der Sonne fern, schnappt euch keine Skorpione und verlasst die Boma nicht ... Ich bin ein Sie ist eine ausgesprochene Frau, wissen Sie, Lucy. Ich kann nicht umhin zu sagen, dass ich denke, dass Sie zu Ihrem Mann hätten stehen sollen.

„Aber ich war so *krank* , Mrs. Stott, und John *bestand* darauf, dass ich ging. Hat er nicht ... Captain Brentham ?"

„Das hat er wirklich, Mrs. Stott. Ich hatte die Anweisung, allen Missionaren zu raten, ihre Stationen zu verlassen und an die Küste zurückzukehren – tatsächlich komme ich mit dieser Botschaft zu Ihnen, aber ich nehme an, Sie werden ihr nicht gehorchen?"

„ Das werde ich in der Tat nicht tun, Kapitän Brentham , obwohl ich Ihnen für Ihre Bemühungen danke, uns zu finden und uns zu helfen. Das tue ich in der Tat. Aber wo immer mein Mann ist, werde ich auch sein, es sei denn, er befiehlt mir unbedingt, wegzugehen. .. Und ich sah, dass es der Wille Gottes war, dass ich gehen sollte."

„Nun, das hat John mir angetan – er hat mir unbedingt *befohlen* zu gehen", sagte Lucy und begann zu weinen. „Er befahl Ann, mit mir zu gehen. Es ist nicht meine Schuld – unsere Schuld –, dass Ann zurückgegangen ist, trotz Johns *positiver Befehle* . Ann gehorcht nie jemandem . Oh je, oh je! *Was* soll ich tun …" . Ich habe das Gefühl, wenn ich an diesen Ort zurückkehre, werde ich einfach sterben … und doch werde ich Ihre gute Meinung verlieren … wenn ich mit Kapitän Brentham an die Küste gehe …"

„Oh, das sage ich nicht. Ich bin nicht der Typ, der Urteile über meine Mitgeschöpfe fällt. Es liegt zwischen ihnen und Gott. Aber sehen Sie, Kapitän Brentham : Ich möchte Sie nicht untätig halten. Das werde ich tun Es gibt bestimmt hundert Dinge, die du in deinem Lager erledigen willst. Ich behalte Lucy bei mir. Sie und ich sind alte Freunde, wie du weißt. Wenn du ihr jede Menge und ihre einheimische Frau vorbeischicken würdest – mal sehen , was War ihr Name? Ich erinnere mich, wie sie dich gestillt hat, als dein armes Baby kam – und ging – Halima? Ja. Nun, schick alles rüber, was Lucy gehört, und ihr Zelt soll in unserer Boma aufgeschlagen werden, während sie hier bleibt. Das werden sie und ich Besprechen Sie die Dinge ein wenig, und dann rufen wir Sie vielleicht zu einer Beratung. Ich bin sicher, Sie wollen das Beste für uns alle tun. Was für ein *seltsamer* Ort, um sich zu treffen! Das letzte Mal, als wir miteinander gesprochen haben, war in Ihrem Flügel Arabisches Haus in Unguja und ich hatte mehr als ein bisschen Angst vor dir.

Mrs. Stott erhob sich von ihrer Näharbeit, ging mit Brentham zum Ausgang des Geländes und blickte über die äußere Grünfläche auf den sehr blauen See mit seinem weißlichen Rand aus Schaum oder Salz. In der Ferne flogen die errötenden Flamingos mit schwarzen und scharlachroten Flügeln in V-Formation vor dem azurblauen Hintergrund kolossaler Berge, die sich Stufe für Stufe erhob; Oder ihr glitzerndes Gefieder hob sich besser von den violetten Schatten der westlichen Klippen und bewaldeten Schluchten ab, die an den See grenzen, und noch auffälliger, wenn es mit der kobaltblauen Oberfläche des Sees selbst kontrastiert wurde. Andere Flamingos wateten in den See und filterten mit ihren laminierten Schnäbeln die winzigen Organismen, die offenbar reichlich im Wasser vorhanden waren. Hunderte, vielleicht sogar Tausende dieser Vögel standen in dichten Reihen an den geschwungenen, divergierenden Ufern. Die hinteren Reihen bestanden aus unreifen Vögeln mit schmutzigweißem Gefieder und braunen Streifen; aber diese wurden von den Erwachsenen in den ersten Reihen verdeckt, die sich der Schönheit ihres Gefieders und ihrer Umrisse bewusst waren. Sie zeigten hunderte Manierismen in ihren Posen: Sie senkten ihre krummen Hälse, um sich im Schlamm zu versuchen, oder hoben sie senkrecht und „hupten", um den Menschen zu zeigen, dass sie auf der Hut waren (obwohl in dieser Gegend nie ein Mann daran dachte, ihnen Schaden zuzufügen). . Oder sie reinigten ihren Rücken mit rosigen Nackenfalten, stellten sich auf ein zinnoberrotes Bein und beugten das andere Glied unter den Bauchfedern. Oder sie umzäunten sich gegenseitig mit gebogenen Schnäbeln aus Purpur und Rot, aus gespielter Gereiztheit, und weil die Lebensbedingungen so perfekt waren, dass sie überhaupt nichts zu meckern hatten ... Einige Wambugwe -Kanus näherten sich dem Seeufer mit Fischen an die weißen Männer verkaufen. Ein beträchtlicher Teil der Flamingos erhob sich in den Himmel und zeigte rosafarbene Farbtöne vor dem Blau ... dann landete er und faltete aus Sicherheitsgründen die Flügel.

„Ja", fuhr Frau Stott fort, „ich hätte kaum gedacht, dass wir uns unter solchen Umständen treffen sollten. Sind diese Flamingos nicht *wunderbar* ? Wie eine Offenbarung Gottes – fast. Ich werde hier bleiben, und sei es nur, um mich um sie zu kümmern. Das werden *sie* . "die Rosen in meinem Garten. Ich werde keine anderen wollen. Sie sehen, sie haben keine Angst vor dem Menschen und sie kommen dem Menschen nicht in die Quere. Sie sind nicht gut zu essen – viel zu fischig. Und soweit Ich kann sehen, dass sie keinen Fisch fressen; scheinbar nur Schlamm – Garnelen, Garnelen ..."

„Nun, Konsul, kommen Sie zum Abendessen wieder; und wenn ich bei meinem kostbaren Tee zu geizig bin, gebe ich Ihnen auf jeden Fall heiße Milch und Pfannkuchen und Honig."

Nachdem sie Lucy zurückgelassen hatte, brachte Mrs. Stott sie zunächst in die Waschhütte und stellte ihr die Mittel für ein gutes Bad zur Verfügung. Als nächstes lieh sie ihr ein Kleidungsstück aus der Morgenmantelordnung, mit dem sie sich anziehen konnte, bis ihr Gepäck und ihr Diener eintrafen.

„Ich sage Ihnen, was ich Kapitän Brentham raten werde, Lucy", sagte Mrs. Stott. „Was auch immer kommen mag, es wird Ihnen nicht schaden, sich hier gut auszuruhen. Dieser Ort ist offensichtlich viel gesünder als das Unterland. Der Konsul wird mit Ihren Massai-Führern verhandeln, damit sie so schnell wie möglich nach Ulunga zurückkehren und es herausfinden Was ist in Hangodi passiert ? Wenn die Dinge dort immer noch ruhig sind, wird es wahrscheinlich auch ruhig bleiben. In diesem Fall – wenn Ihr Mann es nicht absolut verbietet – sollte Kapitän Brentham Sie nach Hangodi zurückbringen und dort zurücklassen. Er kann dann *irgendwie* seinen eigenen Weg zu dem Ort finden, an dem er lebt – Medina. Wenn die Boten mit *schlechten Nachrichten über die Araber* zurückkommen oder wenn John Baines Ihre Rückkehr ausdrücklich ablehnt, *können* Sie sich nur dem Konsul unterstellen Kümmere dich um ihn und reise mit ihm nach Mvita ... es sei denn, du möchtest bei mir bleiben und dich von Landprodukten ernähren. Ich denke, wir können – während du hier wartest – mit den Massai jenseits der Berge in Kontakt treten und ihnen ein Geschenk machen Veranlassen Sie sie, Sie in das Kilimandscharo-Land zu einer der dortigen Missionsstationen zu führen – evangelisch oder methodistisch, egal welche. Danach wäre alles kein Problem mehr, denn ich glaube nicht, dass die Araber der britischen Sphäre aufsteigen werden.

Als am Abend dieses Tages im Schein eines Lagerfeuers – es gab praktisch kein künstliches Licht – Mrs. Stott legte Roger diesen Plan vor, er stimmte sofort zu. Es würde zeigen, dass er das Richtige getan hatte. Es würde viel dazu beitragen, Lucys guten Namen zu retten, insbesondere unter den Missionsleuten. Und es würde ihm fast einen Monat Zeit geben, zu bleiben und das Happy Valley zu erkunden. Er hatte einen Großteil des Tages mit James Stott verbracht, der ihm bei seiner Arbeit in der Embryostation geholfen hatte, und Stott hatte ihm von wunderbaren Dingen erzählt, die er gesehen oder aus einheimischen Informationen herausgefunden hatte. Es galt den neuen See grob zu vermessen; Es gab ein Paradies voller Großwild, in dem man schießen konnte. Hier intervenierte Frau Stott: „Ich hoffe, Sie und mein Mann gehen beim Schießen langsam vor Ein paar Stoßzähne aus Elfenbein wären nützlich. Aber irgendwie möchte ich mir dieses Happy Valley als eine Art erhaltenen zoologischen Garten vorstellen, in dem all diese unschuldigen Geschöpfe aus Gottes Werk – –“

„Ich sollte ein Nashorn nicht als unschuldig bezeichnen, Mrs. Stott“, sagte Roger und rauchte seine Pfeife mit einer Zufriedenheit, die er seit Monaten nicht mehr gekannt hatte – „Ich habe eher ein zartes Gewissen gegenüber Antilopen und Zebras, aber Nashörner greifen Sie völlig unmotiviert an.“ ....“

Mrs. Stott: „Nur weil die Männer vor langer Zeit angefangen haben, sie zu verhöhnen, schätze ich. Aber wenn ich jemals erleben würde, dass unsere Missionsstationen sich selbst versorgen und alle Lebensmittel anbauen, die sie brauchen, würde ich James niemals feuern lassen.“ eine weitere Chance auf das Spiel.

Am nächsten Morgen machten sich die beiden Massai-Führer, gut belohnt, mit einem Paket auf den Weg. Es enthielt Briefe der Stotts nach Hause, in denen sie von ihrer wunderbaren Befreiung berichteten; eine kurze Absendung von Kapitän Brentnam an den HM-Agenten in Unguja und Briefe an John Baines und Ann Jamblin . John wurde gefragt, wie die Dinge liefen und ob er Lucy lieber nach Hangodi zurückbringen würde und ob er die nächste Gelegenheit nutzen könnte, um die Begleitbriefe an die Küste schicken zu lassen. und Ann wurde – knapp – darüber informiert, dass Lucy die provisorische Station der Stotts erreicht hatte. So expansiv die Stotts auch sein mochten, im Rahmen eines Blattes Papier sagten sie sehr wenig über die Situation des Happy Valley; und Brentham war noch zurückhaltender. Beides zweifellos aus dem gleichen Grund: Das Happy Valley war ein zu gutes Angebot, um es leichtfertig an eine gierige Welt weiterzugeben. Frau Stott hoffte trotz abgeschlossener Grenzkonventionen immer noch, dass es in die britische Sphäre gebracht werden könnte; Brentham wollte nicht, dass irgendein anderer an seinem großen Spiel teilnahm oder seine verführerischen Geheimnisse erforschte, bis er die Chance hatte, zurückzukehren.

Während diese Briefe von zwei geschmeidigen, nackten Männern mit rotbrauner Haut und Haaren, die mit Perücken aus Zwirnen geflochten waren, die mit Hammelfett und dem gleichen roten Ocker gefärbt waren, der ihre schlanken Körper färbte , zu ihrem Bestimmungsort getragen wurden, kamen Männer herein, die Knöpfe trugen Ihre Hüftschnüre und langklingenden Speere trugen sie in der rechten Hand, große ovale Schilde am linken Arm, und sie liefen auf Sandalenfüßen gleichmäßig sechs Meilen pro Stunde, wenn sie unterwegs waren: Lucy und Roger bereiteten sich darauf vor, geduldig auf die Neuigkeiten zu warten – so glaubten sie – sollte über ihr Schicksal entscheiden.

Zwanzig Tage vergingen im Happy Valley in glückseliger Gleichheit. Lucy ließ ihre sehr begrenzte Garderobe im Seewasser waschen, was eine seltsam reinigende, bleichende Wirkung hatte – etwas Chemisches, über das sowohl Roger als auch Mr. Stott in gemurmelten Sätzen sprachen. Gemeinsam mit Lucy und Mrs. Stott gelang es schließlich, unter vielem Lachen über Fehler oder vereitelte Hoffnungen auf Erfolg, die Röcke, Mieder, Unterröcke und Leinen mit einer Parodie auf ein Bügeleisen zu bügeln, das ein nackter Elkonono -Schmied für sie angefertigt hatte eine einheimische Schmiede.

Brentham und seine Wanyamwezi- Träger halfen Herrn Stott bei der Fertigstellung seiner neuen Station. Oder sie organisierten große Schießereien, die Herrn Stott mit Elfenbein bereicherten, das er eines Tages anstelle von Handelswaren und Tee verkaufen konnte; oder sie sammelten Biltong für Rogers Expedition und fanden außerdem Fleisch für die tägliche Nahrung dieser hungrigen Wanyamwezi . Um Mrs. Stotts Skrupeln und Einwänden zu begegnen, paddelten sie selbst in Wambugwe -Kanus weiter den See hinauf und schossen auf den Ebenen zwanzig Meilen nördlich der Stotts-Station Elefanten, Zebras, Büffel und Antilopen. Oder sie ritten auf Eseln und reisten zwanzig Meilen südwärts, entlang der Straße, auf der sie gekommen waren (und bekamen schwache, weit entfernte Gerüchte über Männer, die meilenweit entfernt kämpften, was sie beunruhigte).

Oder sie legten Plantagen im reichen Schwemmlandboden hinter der Station an und umzäunten sie. Dort konnte Mr. Stott seinen dürftigen Rest englischer Gemüsesamen pflanzen, oder, mit größerer Hoffnung, Mais, Kürbisse, Süßkartoffeln, Erdnüsse, Bohnen, und Maniok der landwirtschaftlichen und fischenden Bantu-Bevölkerung.

Dann, am einundzwanzigsten Tag dieser arbeitsreichen drei Wochen, hockten die Massai-Boten erneut vor der Baraza der Stotts. Schweigend überreichte einer von ihnen Mrs. Stott ein kleines Päckchen getrockneter

Bananenblätter, zugebunden mit einheimischen Fasern . In einer Falte alter Zeitungspapier und einem provisorischen Umschlag aus einem Heftumschlag auf einem halben Blatt schmutzigen Heftpapiers schickte Ann Lucy diese Nachricht:

Mbogos Dorf,

NOVEMBER ETWAS ODER ANDERES, 1888.

LIEBE LUCY,-

Ihre Boten sind gestern angekommen, aber ich musste sie auf eine Antwort warten lassen, und jetzt können sie es kaum erwarten, zu gehen. Der Sender wurde angegriffen – ich glaube, er begann Ende Oktober, aber ich bin mir nicht sicher, was die Daten angeht. John und Mr. Bayley wurden am zweiten Tag getötet. Anderson und ich sind nur verwundet; Wir erholen uns, obwohl meine Kopfschmerzen schrecklich sind. Josiah ist tot, sag es Halima. Endlich ist Hilfe gekommen. Aber komm nicht auf diesem Weg zurück. Die Ruga-ruga sind überall in Ugogo und in Nguru kommt es zu heftigen Kämpfen . Die Massai kämpften großartig auf unserer Seite. Gehen Sie so schnell wie möglich weiter zur Küste, Nordroute. Ich kann jetzt nicht mehr schreiben, werde aber bei Gelegenheit weitere Neuigkeiten an Unguja senden. Auf Wiedersehen. Als John im Sterben lag, sprach er nur von dir. Es geht darum, mir das Herz zu brechen.

ANN JAMBLIN.

Lucy und Mrs. Stott sahen einander entsetzt und bestürzt an, als diese Notiz – geschrieben mit einem Bleistift, der häufig angefeuchtet worden war – aus Lucys kraftlosen Fingern zu Boden flatterte. Sie hatte das Gefühl, es sei die einzige Hommage an die Erinnerung an ihren Mann, an ihr wahres Entsetzen und ihre Reue, eine Ohnmacht anzunehmen, die sie nicht verspürte, während Mrs. Stott sie mit trockenen Augen zu ihrem Zelt und ihrer Couch führte.

KAPITEL XII

DER ANGRIFF AUF DEN BAHNHOF

Von Frau Anderson, EAM, bis zu Herrn Callaway,
Agent der Ostafrikanischen Mission, Unguja.

Mbogos Dorf,

Ulunga , Nguru ,

Novr . 30, 1888.

LIEBER HERR. CALLAWAY,—

Gerücht darüber gehört , was uns hier widerfahren ist. Vieles davon wird in dem Brief beschrieben, den ich an die Mutter von Herrn John Baines geschrieben habe. Sie können diesen Brief lesen. Lesen Sie es und machen Sie sich dann Notizen. Sie haben mehrere Angestellte und keiner von ihnen hat einen gebrochenen Kopf wie meiner, ich bin gebunden, und jede Menge gute Stifte, Tinte und Schreibwaren. Alles, worauf ich schreiben kann, sind ein paar alte linierte Schulhefte und keine Umschläge. Nun, verfassen Sie eine Art Brief aus dem, was ich an Frau Baines senior geschrieben habe, und schicken Sie ihn dann an das Hauptquartier der Mission in London. und schicken Sie den Brief an Mrs. Baines, Tilehurst, Reading. Sagen Sie ihnen, dass ich mich erhole und dass ich hier bleiben werde, bis ich erleichtert bin, und vielleicht sogar danach, vorausgesetzt, es geht mir und meinem Mann ganz gut. Sie werden vielleicht überrascht sein, dass ich meinen Nachnamen geändert habe, da ich als Miss Jamblin bekannt war . Kurz bevor der Angriff auf unsere Station (Hangodi) stattfand, ging ich eine religiöse Ehe mit Herrn Ebenezer Anderson ein. Mrs. John Baines war weggegangen – ihr Mann hatte sie unter der Obhut von Konsul Brentham an die Küste geschickt – und ich hielt es nicht für richtig, mit drei Männern und mir unverheiratet in der Mission zu bleiben; Deshalb habe ich Herrn Andersons Vorschlag angenommen. Herr Baines hat uns geheiratet, aber da ich annahm, dass es nicht legal wäre, ohne dass wir vor dem Konsul in Unguja noch einmal geheiratet hätten, haben wir nicht als Mann und Frau zusammengelebt und werden es auch nicht tun, bis alles richtig gemacht werden kann . Ich erwähne das nur für den Fall, dass einer von uns stirbt.

Sie können auch dem großen Mann von Unguja – Sir Godfrey Something – erzählen, was passiert ist, falls er es wissen möchte. Ich glaube nicht, dass es ihn interessiert. Diese großen Beamten spotten immer über nonkonformistische Missionare. Aber ich möchte, dass er das weiß. Wir wären alle getötet und vielleicht gefoltert worden, und unsere Station wäre möglicherweise völlig zerstört und unser Volk in die Sklaverei verschleppt worden, wenn es nicht zuerst die Massai und vor allem einen alten Araber,

Ali bin Ferhan , gegeben hätte – glaube ich er buchstabiert seinen Namen. Er hat es auf Arabisch auf den Zettel geschrieben, den ich beilege. Er lebt in Momoro , in der Nähe des Lingani -Flusses. Nun, aus Gründen, die zu lang sind, um sie zu nennen, hörte er kaum, dass wir von den Ruga-ruga und den schwarzen Arabern angegriffen werden würden (sie wurden von diesem Glied des Teufels, Ayub bin Majidi, dem sie den Spitznamen Mnazimoja gaben, angeführt). er kam uns zu Hilfe. Mbogo und seine Leute verdienen eine Goldmedaille – nicht, dass sie irgendjemand verleihen würde – sie sind nur „ Wa-shenzi " und wir sind nur Nonkonformisten; sie haben großartig gekämpft; Aber sie gaben gerade nach, als dieser alte Araber – genau wie ein Bild von Abraham, der er ist – mit vielen seiner Leute auftauchte, bewaffnet mit Waffen und mit Fahnen. Und er brach die Kämpfe ab. Danach verschwanden die Ruga-Ruga und ihre Anführer einfach mit all der Plünderung, die sie transportieren konnten, und seitdem herrscht bei uns Frieden, während Ali bin Ferhani hier lagerte und Ulunga bewachte . Ali mag die Deutschen nicht. Er wollte immer, dass sein geliebter „ Ekkels " – ich nehme an, er meint Sir James Eccles – das Land für die englische Königin übernimmt. Aber er glaubt, dass es schlimm werden wird, wenn weiße Menschen getötet werden. Er hat solche Angst, dass die Deutschen glauben könnten, er hätte sich den anderen Arabern angeschlossen, dass ich Ihnen das alles jetzt erzähle, obwohl ich jeden Tag rasende Kopfschmerzen habe. Eigentlich habe ich diesen Brief vor einer Woche begonnen. Ich schreibe jeden Tag ein wenig, und jetzt denke ich, dass Ali es schaffen wird, es an die Küste zu schicken, vielleicht nach Mvita .

Der andere Brief – ein zusammengebundenes Schulheft – ist für Mrs. John Baines. Ich denke, niemand außer ihr selbst sollte es sehen. Also stecken Sie es bitte in einen Umschlag und adressieren Sie es an sie: „Auf die Ankunft in Unguja warten." Vor einem Monat machte sie sich mit Kapitän Brentham auf den Weg zur Mvita- Küste. Was mit ihr passiert ist, weiß ich nicht. Ich schickte Boten, um ihr mitzuteilen, dass ihr Mann tot sei.

Ich habe Frau Stott letzten Juli hier gesehen, als Frau John Baines ihre vorzeitige Entbindung hatte. Seitdem weiß ich nur, dass ihre Station in Burungi zerstört wurde, aber sie kamen sicher woanders davon, wo der Konsul und Mrs. Baines sie später fanden .

Mit freundlichen Grüßen Jesus,

ANN ANDERSON.

PS: Ich sollte trotz meiner Krankheit vielleicht etwas sachlicher sein, falls es Probleme mit den Testamenten gibt, und sagen, dass ihre Namen *Thomas Aldrich Bayley* und *John Baines waren* und dass sie, soweit ich das beurteilen kann, im Oktober gestorben sind 29. 1888. Ich habe keine Testamente gefunden, aber ich versuche, deren Auswirkungen zusammenzustellen, obwohl nach der Plünderung natürlich große Verwirrung herrscht. Ich habe auch eine Notiz für die alte Mrs. Bayley geschrieben.

Von Mrs. Anderson, EAM, an Mrs. John Baines,
c/o Mr. Callaway, Agent, East African Mission,
Unguja.

Mbogos Dorf,

    Ulunga ,

    November 1888.

LIEBE LUCY,-

Ich fange an, dies zu schreiben, sobald ich den 15. November erraten kann, aber ich habe meine Termine eingehalten, und das ist kein Wunder. Außerdem habe ich einen gebrochenen Kopf – neben einer Kopfwunde erwarte ich auch eine leichte Gehirnerschütterung –, und es ist einfach eine Qual, lange zu schreiben. Meine Augen taten so weh. Ich muss jedoch versuchen, Ihnen – und Johns Mutter – zu erzählen, was passiert ist, also werde ich jeden Tag ein wenig schreiben, wenn ich dazu in der Lage bin, und diese Briefe bei erster Gelegenheit an die Küste schicken. Ali bin Ferhani glaubt, dass er später einen Boten organisieren kann, der in die britische „Sphäre" vordringen würde. Ich gehe davon aus, dass Sie meine erste Nachricht von den Massai erhalten haben? Für den Fall, dass Sie es nicht getan haben oder mir etwas zustoßen sollte und ich einen langen Brief nicht beenden kann, erzähle ich Ihnen zuerst die einfachen Fakten: *John ist tot, Bayley ist tot, Josiah ist tot* . Anderson und ich sind verwundet. Mir geht es fast wieder gut. Der Bahnhof ist nur teilweise zerstört. Jetzt wissen Sie das Schlimmste.

Burungi hierher zurückkam, war es, soweit wir zählen konnten, etwa der zehnte Oktober. John war anfangs sehr wütend auf mich, weil ich dich verlassen habe und mit drei Männern und mir als alleinstehender Frau zusammengelebt habe. Ich hätte fast die Geduld mit ihm verloren. Aber ich sagte: Wenn *das alles ist,* werde ich einen von euch heiraten, ich werde Ebenezer heiraten, wenn er mich will. Ebenezer Anderson sah nicht besonders erfreut aus, aber John sagte: „Das ist in Ordnung; Sie kamen heraus, um ihn zu heiraten, so die Mission, und Sie erfüllen den Vertrag erst jetzt. Also gut, sagte ich, Sie sind ein Prediger des Evangeliums, Sie könnten uns zu Hause heiraten, also können Sie es hier tun, nur wird es nicht legal sein, bis wir im Konsulat wieder geheiratet haben. Aber in Gottes Augen wird es eine Ehe sein, und das ist das Tolle. Irgendwie kam ich mir dabei leichtsinnig vor. Natürlich werde ich nicht mit Eb zusammenleben, bis der ganze Ärger vorbei ist und alles legal ist. Nun, nachdem das erledigt war, schien es auf dem Land unruhig zu werden, und Mbogo ließ uns sagen, dass die Ruga-Ruga unter diesem Teufel, Ayub , mit vielen Männern und Waffen kommen würden, um uns anzugreifen. Also schickten wir eine Nachricht an die Massai, und sie kamen gut an. Ungefähr dreihundert Speere. Aber nach einer Weile wurden sie des Wartens müde und zogen woanders hin, um auf eigene Faust ein paar Raubzüge zu unternehmen.

Gegen Ende Oktober – vielleicht war es der 28. – kaum läutete unsere erste Glocke zum Anziehen – halb fünf –, als wir das unheimlichste Geschrei und gewaltiges Gewehrfeuer hörten. Ich habe jedenfalls gerade meine Klamotten und Stiefel angezogen, und die Männer kamen in Hemden und Hosen und mit offenen Stiefeln heraus. Die Kugeln flogen wie Hagel über die Palisade, zunächst einmal zu hoch. Aus Angst, erschossen zu werden, wagten wir es nicht, hindurchzuschauen. Nun ja, John hat kein bisschen den Kopf verloren. Er verteilte die Sniders an alle unsere Walunga , die sie gebrauchen konnten, und er, Bayley und Anderson übernahmen die Posten, die sie zuvor festgelegt hatten.

Dann stürmten die Ruga-ruga fast bis zum Graben, was sie offenbar nicht erwartet hatten, und John und die Männer überließen es ihnen. Fünf oder sechs wurden getötet. Danach Mbogo's Walunga kam heran und griff sie mit Gewehren und Speeren in die Flanke, aber das gefiel ihnen überhaupt nicht und sie zogen sich für eine Weile zurück. Aber ich kann dir nicht alles erzählen – vielleicht werde ich es eines Tages tun, wenn du es jemals hören möchtest – ich muss sowohl an Johns Mutter als auch an dich schreiben.

Die Kämpfe am Nachmittag fanden hauptsächlich zwischen den Dörfern Ruga-ruga und Mbogo statt . Ich nehme an, sie dachten, sie sollten *sie besser* erledigen, bevor sie wieder zu uns kamen. Sie vertrieben Mbogos Leute aus all ihren Dörfern, mit Ausnahme des großen Dorfes in unserer Nähe, in dem Mbogo lebt. Dies lag weiter oben, und Mbogo und John hatten nach Kapitän Brenthams Plan an der Befestigung gearbeitet – es stellte sich heraus, dass es viel leichter zu verteidigen war als unser Ort. Glücklicherweise mögen es auch die Ruga-Ruga und die Araber nicht, nachts zu kämpfen – Oh mein Kopf, ich muss mal aufhören …

Nun, in dieser Nacht arbeiteten wir wie Trojaner – Wer waren die Trojaner und warum arbeiteten sie hart? Sie sollten es mit Ihrer hervorragenden Ausbildung wissen. Wir haben in der Mitte des Bahnhofs eine quadratische Grube ausgehoben und diese mit trockenem Gras ausgekleidet. Darin haben wir Stühle und Matratzen so angeordnet, dass wir hier außerhalb der Reichweite der Kugeln ruhen und schlafen konnten. Wir haben die Kapelle auch in ein Wohn- und Lagerhaus umgewandelt, da sie durch ihre Backsteinmauern und das Eisendach sicher gegen Feuer und einigermaßen sicher vor Kugeln war.

Am zweiten Tag griffen uns die Ruga-ruga , angeführt von Ayub , auf der Westseite an, wo unsere Umzäunung am schwächsten war und wir von dem Hügel, den wir früher „ Schlangenhügel " nannten, ein wenig übersehen wurden . Bruder Bayley stand da und redete mit mir über einige Verbände, die er für Josiah Briggs wollte, der in den Fuß geschossen worden war, als er plötzlich einen Schrei ausstieß, herumwirbelte und mir zu Füßen fiel. Er starb wenige Minuten später. John war so wütend über seinen Tod, dass er trotz meiner Rufe, vorsichtig zu sein, auf einen Aussichtspunkt kletterte und mit seinem doppelläufigen Sportgewehr auf eine Gruppe Ruga-Ruga auf dem Snakes' Hill schoss. Während er sich bückte, um nachzuladen, traf ihn ein vergifteter Pfeil an der Brust und drang in seine Lunge ein. Viele der Ruga-Ruga waren Manyema- Wilde, Sklaven der Araber, und sie kämpften mit Bögen und vergifteten Pfeilen. John kletterte irgendwie auf den Boden. Ebenezer Anderson half mir, ihn in den Unterstand zu tragen, und dort zogen wir ihn aus. Er strömte vor Blut, hustete Blut und verlor schnell das Bewusstsein. Irgendwie haben wir – oh, was war das für eine Zeit! – die Pfeilspitze aus der Wunde bekommen. Ich weiß auch jetzt noch nicht wie, denn wir waren beide Pfuscher und es hatte sich teilweise in den Rippen verklemmt. Und wir mussten die Armen aus dem Weg räumen. Zum Glück hatten wir Bayleys Instrumente in dieser Grube dabei. Aber ich kann nicht auf alle diese Details eingehen. Werde ich diesen Brief jemals zu Ende bringen?

John kümmerten, hörten wir ein gewaltiges Geschrei. Es war das Humba- Kriegslied – das Massai, wissen Sie. Sie waren uns endlich zu Hilfe gekommen und hatten die Ruga-Ruga ziemlich überrascht. Doch kurz bevor sie den Hügel hinaufstürmten, hatten die Ruga-ruga es geschafft, mit brennender, in Öl getränkter Baumwolle Pfeile auf unsere Strohdächer zu schießen. Das Feuer breitete sich von Gebäude zu Gebäude aus, mit Ausnahme der Kapelle und des Ladens. Mein Biggeru hatte den Kopf verloren. Bis dahin waren sie so gut gewesen. Unsere Walunga versuchten, die Tore des Geheges zu öffnen und ins offene Land zu rennen. Dann wären die Ruga-Ruga eingebrochen und alle wären mit uns oben gewesen. Glücklicherweise kam der Angriff der Massai genau in dem Moment, als ich anfing zu zweifeln, ob Gott uns nicht vergessen hatte. Sie töteten viele Ruga-Ruga , hackten ihnen die Köpfe ab und warfen sie zurück in unsere Ställe.

Dann schienen die Ruga-ruga Verstärkung aus der Richtung Ugogo zu bekommen – eine ziemlich große Gruppe von Männern, heißt es, angeführt von zwei Arabern – den beiden Arabern, die John vor einem Jahr von Mbogo wegen Sklavenhandels vertrieben hatte. Sie hatten eine kleine Kanone und deren Lärm sowie die Landung einer steinernen Kanonenkugel mitten in einer Gruppe Massai erschreckten sie, so dass alle Massai aus der Nähe unserer Station abzogen und auf die Anhöhe dahinter rannten Mbogos Stadt.

Wieder einmal schien es, als könne uns nichts retten. Die Ruga-Ruga feuerten Steinkugeln auf unseren Zaun und schienen sich zu einem Angriff zu entschließen.

Ebenezer war zu dieser Zeit einfach großartig. Es tut mir jetzt nicht leid, dass ich zugestimmt habe, ihn zu heiraten, obwohl es dem armen Schatz immer noch ziemlich schlecht geht und er noch nicht ganz bei Verstand ist. Aber gerade in diesem kritischen Moment hielten er, Josiah und fünf unserer Männer, die wussten, wie man mit Waffen umgeht, ein solches Feuer mit den Gewehren aufrecht, dass sie mehrere der großen Männer unter dem Feind abschossen. Dann wurde der arme Josiah in den Bauch geschossen und starb ein oder zwei Stunden später. Ebenezer bekam einen Holzsplitter ins Auge – als eine Kanonenkugel einen Pfosten in seiner Nähe traf, und er wurde für eine Weile außer Gefecht gesetzt. Mittlerweile ist nichts mehr passiert. Es herrschte Ruhe. Der Ruga-Ruga verschwand außer Sichtweite.

Ich konnte die ganze Zeit nur an John denken, obwohl ich das Gefühl hatte, fassungslos zu sein und mich selbst zu verletzen. Er erlangte das Bewusstsein wieder und sprach von niemandem außer Ihnen. Ich glaube, er dachte, du wärst die ganze Zeit bei ihm, und ich gestehe, *das* hat mich verletzt. Es war Lucy, mein Liebling, meine wahre Frau – und ich fragte mich, ob du es *warst* – und Lucy, du bist zurückgekommen und jetzt gehen wir zusammen nach Hause ... Er hat meinen Namen kein *einziges Mal erwähnt*, und ich kann Ich kann mich nicht daran erinnern, dass er ein Wort über Gott gesagt hat. Vielleicht wusste er nicht, dass er sterben würde. Gegen Ende schwoll sein Körper fürchterlich an und er verfiel in einen Zustand der Benommenheit. Er muss kurz vor Sonnenuntergang gestorben sein. Als er ging, schien ich auch zu gehen. Ich schätze, ich bin ohnmächtig geworden, denn als einer meiner Biggeru mit etwas Brühe, die sie gemacht hatte, in die Grube kam, heulte und schrie sie und sagte, wir seien beide tot, den Bwana Fulata , wie sie John nannten, genommen hatte ich mit ihm.

Meine Mädchen zogen mich aus und stellten fest, dass ich die ganze Zeit über verwundet war. Eine Kugel oder ein rostiger Nagel, der aus einer der Waffen abgefeuert wurde, hatte meine Schultern und meinen Hinterkopf zerrissen, und ich hatte es nie bemerkt. Das muss gewesen sein, als Eb und ich John in die Grube halfen – ich dachte, damals hätte mir jemand einen Stoß gegeben. Und während ich neben John saß, hatte das Blut die ganze Rückseite meines Oberteils durchnässt und ziemlich hart verkrustet. Es ist eine Art Blutvergiftung zurückgeblieben, aber ich komme darüber hinweg. Nur verursacht es diese schrecklichen Kopfschmerzen. Und bevor die Kämpfe zu Ende waren, wurde der arme Eb am Arm getroffen, und dann bekam er durch unsere ungeschickten Versuche, die Eisenspäne herauszuholen, die ihn getroffen hatten, auch eine Blutvergiftung, viel schlimmer als ich. Ich kann nicht sagen, wie hoch seine Temperatur gestiegen ist, weil ich keines unserer Fieberthermometer finden kann, aber nach seinen Schwärmereien zu urteilen, muss es ziemlich hoch gewesen sein.

In der Nacht nach dem zweiten Tag kam Mbogo mit vielen seiner Häuptlinge und brachte uns drei und alle unsere Biggeru in sein eigenes Dorf und brachte uns in seine Frauenquartiere. Unter seiner Haut *ist er*, wenn man so will, ein weißer Mann. Er hatte Angst, dass wir alle durch das Feuer, das sich in unserer Station ausbreitete, verbrennen würden. Also hätten wir es tun sollen. In dieser Nacht verlor ich aufgrund von Schwäche oder Schock oder so etwas das Bewusstsein. Als ich wieder zu mir kam , konnte ich meinen Kopf vor Schmerzen kaum bewegen. Aber meine Mädchen badeten mich und gaben mir wunderbare, selbst gebraute Tränke, und ich konnte mich aufsetzen. Mbogo kam herein, sprach aber aus Bescheidenheit hinter der Tür. Was denkst du darüber bei einem schwarzen Wilden? Ein „ Mshenzi "! Weil er dachte, ich wäre vielleicht ausgezogen. Aber er sagte auf Suaheli: „Fürchte dich nicht mehr. Deine Freunde kommen."

Am nächsten Morgen hörte ich, dass Ali bin Ferhani , der ein Freund von John gewesen war – erinnerst du dich? – mit einer großen Gruppe seiner Anhänger gekommen war, und als sie hörten, dass er auf dem Weg sei, seien die Ruga-ruga aus Respekt vor ihnen davongerannt ihn als „Scheich". Er sagt, er werde mit seinen Männern hier bleiben, bis der Frieden kommt oder zumindest bis die Weißen hier das Kommando übernehmen.

Ihre Massai-Boten kamen zwei Tage nach der Ankunft von Ali bin Ferhani , und ich schrieb mit großer Mühe die Nachricht, die ich Ihnen geschickt hatte, und brachte den Biggeru dazu, sie für mich zu erledigen. Einige von ihnen schreiben jetzt selbst ganz nett, aber nur in Kagulu .

Es gibt noch viel mehr, was ich Ihnen erzählen könnte, wenn wir uns jemals wiedersehen oder wenn ich Zeit und genügend Papier habe. Nachdem die Ruga-ruga verschwunden und die Feuer gelöscht waren, durchsuchte mein Biggeru die Kapelle und die Ruinen der Schulhäuser und fand drei Hefte und eine Steinflasche mit Tinte und einige Stifte. Ich habe jeweils fast ein Heft für Sie und Johns Mutter und ein bisschen davon verwendet, um an Mr. Callaway zu schreiben und eine kurze Notiz an Mr. Bayleys Mutter. Ich habe noch keine richtige Suche durchgeführt, kann aber kein von John hinterlassenes Testament finden. Ich glaube nicht, dass er dir viel zu hinterlassen hatte.

Gehen Sie jetzt besser und heiraten Sie Ihren Kapitän. Es ist das Mindeste, was er tun kann, nachdem er dich kompromittiert hat, egal ob es seine Schuld war oder nicht. Du hast John nie so geliebt, wie er es verdiente, geliebt zu werden, und du hast Unrecht getan, dich mit ihm zu verloben, wie seine Mutter immer sagte. Wenn du nicht dort gewesen wärst, hätte er mich geheiratet. Und wir hätten ebenso glücklich sein sollen, denn ich hätte für ihn schuften müssen. Ich habe ihn vom ersten Moment an geliebt, weil er freundlich und höflich zu mir war, auch wenn ich nicht besonders beliebt war . Er hat nie über meine Hymnen gelacht, wie Sie es früher getan haben. Es war vielleicht Blödsinn, aber ich habe es gut gemeint. Damals war ich so religiös, dass es irgendwie rauskommen musste. Ich sagte, ich liebe den Herrn, und das tat ich auch – dachte ich. Da bin ich mir jetzt nicht mehr so sicher. Sein Verhalten ist wirklich *unergründlich* und ich habe es aufgegeben, es zu versuchen, obwohl ich John zuliebe bei der Missionsarbeit bleiben werde. John hätte gesagt, dass das Kommen von Ali bin Ferhani eine Vorsehung war, aber warum hätte die Vorsehung nicht etwas früher handeln und John und Bruder Bayley retten können? Ich nehme an, eines Tages werden wir es wissen ...

Nun, auf Wiedersehen, Lucy. Lassen Sie mich kurz darauf hinweisen, dass Sie dieses Paket erhalten haben. Ich habe keinen Umschlag, in den ich ihn stecken könnte.

Ich wollte mit „Deine Liebe zu Jesus" abschließen, aber ich weiß es wirklich nicht ...

ANN ANDERSON.

PS: Wenn Sie jemals nach England und zurück nach Reading kommen, grüßen Sie Miss Calthorps von mir und gehen Sie zu meinem Onkel im Laden und sagen Sie, ich versuche hier draußen meine Pflicht zu tun, und er soll sich nicht darum kümmern. Ich denke, vielleicht sollten Sie sich besser nicht in die Nähe von Mrs. Baines – Johns Mutter – begeben. Man weiß nie, wie sie die Dinge aufnehmen wird. Sie war so auf John *fixiert* .

1. *Dezember* .

Ali bin Ferhani ist sich heute ziemlich sicher, dass er diese Briefe durchbringen kann, also los. Ich habe vergessen zu sagen, dass wir John und Mr. Bayley nebeneinander in der Grube begraben werden, die wir mitten im Bahnhof gegraben haben. Eb ist nicht in der Verfassung, konsultiert zu werden, auch wenn seine Temperatur zu sinken scheint. Aber ich habe mich für ihn entschieden. Sobald ich ohne allzu große Schmerzen herumkomme, werde ich dafür sorgen, dass es erledigt wird. Wenn Sie nach Hause kommen, können Sie mit der Ostafrikanischen Mission Kontakt aufnehmen und veranlassen, dass ein Stein verschickt wird, der über dem Grab angebracht wird. Irgendwie scheint es mir, dass John dort begraben werden möchte. Es könnte Hangodi Glück bringen .

ANN.

KAPITEL XIII

DIE RÜCKKEHR NACH UNGUJA

Sie stiegen den kaum erkennbaren Pfad hinauf und ließen das Happy Valley hinter sich; über den Ausläufern und unter einer Klippe am Fuße der nördlichen Böschung, wo die fröhlich blühenden Büsche in ihrer frühen Frühlingspracht hohen Waldbäumen wichen, die mit Lianen behangen waren. Die schwarzen Colobus-Affen mit ihren weiß gefiederten Schwänzen schnatterten und zeigten ihre Zähne und flatterten im Blätterdach von Ast zu Ast, da sie an dieses turbulente Eindringen in ihre Einsamkeit nicht gewöhnt waren. Dann plötzlich erhob sich die Böschung wie die Mauer eines Babels, die in den Himmel ragte. Wie könnte ein Mensch, der auf zwei Beinen geht, einen Weg finden, diese Abgründe hinaufzusteigen? Aber trotz seiner Wildheit gibt es kaum eine der Festungen Afrikas, die nicht von Menschen begangen wurde, und obwohl der praktizierte Weg ins Happy Valley vom Süden führte und es auf beiden Seiten und am nördlichen Ende Klippenwände umgibt Obwohl der See unpassierbar schien, gab es Wege hinauf und über ihn hinweg, die den Massai, Hamititen und Niloten dieses abgeschiedenen Grabenbruchs bekannt waren.

Die Massai-Führer führten nun Brenthams Karawane eine solche *Via Mala hinauf* , ohne sich um die Befürchtungen zu kümmern, die das verursachte. Der weiße Mann und die weiße Frau sowie der schweigend leidende goanische Koch waren gezwungen gewesen, von ihren Eseln abzusteigen und mit den Trägern zu stapfen. Tatsächlich wurden die Esel an das Ende der Prozession geschickt, und Brentham ging mit den Führern und ein paar unbelasteten Trägern voran, um Lucy bei einem Aufstieg zu helfen, der in den Alpen als hartes Klettern galt, und das musste auch so sein Hergestellt ohne jegliches Zubehör wie Seile und Eisen.

Lucy musste manchmal die Augen schließen und ihren Körper fest gegen die Felswand drücken, um sich von ihrem Schwindelgefühl zu erholen und mit zitternden Beinen den Aufstieg über einen gewundenen Pfad fortzusetzen, der manchmal nur fünfzehn Zoll breit war und über einen Abgrund hinausragte. Roger war außer sich vor Angst. Er suchte in Gedanken nach Sicherheitsvorkehrungen – Seilen? Aber sie hatten keine. Längen Baumwollstoff? Aber wie kann man an sie herankommen und sie anwenden, wenn jede zusätzliche Bewegung Lucy schwindlig machen und sie in die Baumwipfel weit unten stürzen könnte? Ihre schweigsamen Massai-Führer, die ihnen nur den Weg zum Kilimandscharo zeigen sollten, hatten sie nicht darüber informiert, wie der Weg vom Seeufer, zwischen drei- und viertausend Fuß über dem Meeresspiegel, bis zur Spitze der Steilküste bei siebentausend Fuß aussah Füße.

Sobald die Karawane sich auf den Aufstieg festgelegt hatte, musste sie weitergehen, da es keinen Platz mehr gab, um die Esel umzudrehen und wieder ins Tal abzusteigen. Alles, was Roger tun konnte, war, auf großer Überlegung beim Aufstieg und häufigen Stopps zu bestehen, obwohl diese Politik von den ungeduldigen Hintern dahinter nicht befürwortet wurde. Als die Weißen vor ihnen anhielten, um einen gefährlicheren Abschnitt des Weges zu bewältigen, musste auch der Rest der Karawane anhalten: die Träger mit ihren Lasten auf dem Kopf und ihren sehnigen Beinen, die vor Anstrengung zitterten, während die Esel tänzelte voller Ungeduld, um an ihnen vorbeizukommen, und stieß einige von ihnen und ihre Lasten beinahe in die darunter liegende Kluft.

„Es nützt nichts", sagte Roger zu seinem Gefährten, „du kommst hier nicht herum, wenn du aufrecht gehst; du musst auf Händen und Knien darüber *kriechen. Kümmere dich nicht um dein Kleid oder deine Knie. Wenn dein Rock* zerrissen ist." Ich mache dir eins aus Hirschleder; wenn deine Knie verletzt sind, ist das besser, als dir den Hals zu brechen.

Er hatte noch nie einen solchen Albtraum wie diesen Aufstieg erlebt und lief schweißgebadet hinunter, aus purer Angst vor einer unwiederbringlichen Katastrophe. Doch schließlich ging es zu Ende, und an diesem Ende wurden seine Schwierigkeiten dadurch gemildert, dass der Weg in Schluchten führte, wo es gnädige Buchten mit ebenem Boden gab, Orte zum Ausruhen und Strecken, zum Ablegen der Lasten und zum Wiederaufatmen die gelähmten Beine lindern. Aus den zerklüfteten Felsen wuchsen horizontal fleischblättrige Aloe mit grün-weißen Zebramustern und langen Stielen blutroter oder orangegelber röhrenförmiger Blüten, die von großen gelb-samtenen Bienen mit forschenden Zungen heimgesucht wurden. Riesige blauschwarze Raben mit gewölbten Schnäbeln und weißen Halsbändern saßen auf Felsnadeln über dem Weg oder machten sich auf den Weg, im Kreis über die Schlucht darunter zu segeln, in der Hoffnung, dass irgendein Tier oder ein Mensch fallen und sterben würde und ihnen blinde Augäpfel und hervorstehende Eingeweide bescheren würde zum Rabenfest.

Lucy dachte während dieser stillen Pausen daran – alle waren zu erschöpft, um zu sprechen – und schauderte. Doch für eine weiße Frau dieser Zeit, die unpassend gekleidet war, machte sie ihrem männlichen Begleiter nicht mehr Ärger, als sie helfen konnte, äußerte keine vergeblichen Beschwerden oder Fragen. In den zwei Tagen, seit sie Ann Jamblins Nachricht erhalten hatten, hatten sie nur wenig miteinander gesprochen . John Baines' Geist kam wie ein Banquo zwischen sie. Lucy war – und es sah so aus – bei bester Gesundheit. Tief in ihrem Herzen war sie still und zufrieden und überzeugt, dass sie Roger eines Tages irgendwie heiraten würde. Ebenso sicher war sie, dass keine der üblichen Gefahren einer Afrikareise sie daran hindern würde, unter seiner Eskorte die Küste zu erreichen; so dass er in ihr eine fröhlichere und weit weniger mürrische oder traurige Begleiterin hatte, als sie den unglücklichen John auf seiner Hochzeitsreise begleitet hatte.

Nach dem Aufstieg über die Böschung lagerten sie zwei Nächte hintereinander in einer seltsamen Region, die an die Mondoberfläche erinnerte, wie sie von einem leistungsstarken Teleskop entdeckt wurde. Da waren die bröckelnden Seiten von Kratern, die Kegel erloschener Vulkane – vielleicht erloschen; aber manchmal drang aus Rissen im Boden und durch Adern in den Obsidianfelsen ein seltsamer und bedrohlich aussehender weißer Rauch oder gasförmiger Dampf . Die Vegetation war sehr spärlich – ein paar gelbe Bambusstämme in den Mulden; und das Wasser war knapp genug, um Besorgnis zu erregen und das Waschen auf ein Minimum zu beschränken. Doch wenn sie diesen trockenen Gürtel aus nackten Felsen und kahlen Bergen und die möglicherweise wasserlose Ebene, die vor ihnen lag, überqueren könnten, verhießen sie im Osten bessere Dinge. In weiter Ferne, als blaue Pyramide vor der Morgensonne zu sehen, erhob sich der Berg Meru, eines der großen, unverkennbaren Wahrzeichen Ostafrikas. Sie ragte fünfzehntausend Fuß in den Himmel, und als die Sonne sich dem Zenit näherte und nach Westen blickte , konnten sie sehen, dass die Spitze der Pyramide weiß vom Schnee bedeckt war. Und hinter Meru tauchte am frühen Morgen oder am frühen Abend etwas zunächst Unglaubliches auf, eine schwebende Insel am Himmel, ein Laputa: die große schneebedeckte Kuppel von Kibô ...

Nach ein paar Tagen rauer, stiller Reise – ohne Eingeborene und nur sehr wenige Vögel und Tiere – waren sie in der Kisongo- Ebene. Hier war es weniger trocken, und unter den verbrannten Halmen des alten Grases sproß das frische grüne Gras. Die vereinzelten struppigen Bäume und Büsche brachten frische Blätter hervor, die manchmal ziemlich rot oder sogar violettschwarz waren. Großwild umschwärmte sie, fürchtete sich nicht vor Menschen und neigte sogar zur Unverschämtheit. Nashörner stürmten auf die Karawane zu, und sowohl Lucy als auch Roger konnten nur knapp entkommen, indem sie auf ihre Hörner geschleudert wurden, während Lucy zweimal von ihrem Esel geschleudert wurde, als dieser vor Schreck in die Quere kam, als das kreischende Monster unerwartet heranstürmte. Ein Nyamwezi-Träger wurde aufgespießt und niedergetrampelt, seine Ladung zerschmetterte und die Karawane war desorganisiert. Roger legte ein Nashorn nieder; und als dann Wasser in der Nähe war, verbrachten sie den Rest des Tages und den nächsten damit, das Fleisch zu zerschneiden, es zu räuchern, es in der Sonne zu trocknen und daraus eine von den Trägern dringend benötigte Nahrung zuzubereiten.

Diese dringend benötigte Ruhe brachte jedoch eine weitere Gefahr für sie mit sich. Das Geräusch von Gewehrschüssen, die Ansammlung von

Geiern und der Lärm der aufgeregten Stimmen der Träger erregten die Aufmerksamkeit einer großen Kriegspartei der Massai, die nach Süden zog, um zu sehen, was in diesem gemunkelten Krieg zwischen den Arabern – oder wie sie es nannten – los war sie, die „Küsten"-Leute – und die Weißen … unruhige Gewässer, in denen sie mit Vorteil fischen könnten. Lucy saß in so friedvoller Freude wie möglich im Lager, mit der Erinnerung an Johns Tod im Hintergrund. Sie vergaß zumindest für den Moment ihre Reue und ihre Ängste, „was die Leute sagen würden". Es war sehr angenehm, sich hier auszuruhen und zu wissen, dass sie am nächsten Morgen nicht um fünf aufstehen und fast den ganzen Tag reiten musste und sich vielleicht noch einmal einem angreifenden Nashorn entziehen musste …

Allmählich drang ein Geräusch an ihr Ohr, das an fernen Donner erinnerte. Der Himmel war klar … es konnte doch sicher nicht eine ganze Nashornherde oder ein fernes Erdbeben sein – Erdbeben waren in dieser Region nicht unbekannt? Plötzlich blickten die Wanyamwezi ängstlich von ihrer Arbeit im Lager oder dem Zerteilen des Nashornfleisches auf . Roger war weg und schoss noch mehr Wild … Da erklang das furchteinflößende Wort: „Masai!"

Dann erschien im Norden eine Wolke aus rotem Staub, und aus dieser tauchte eine kleine Armee rotgefärbter Männer auf , die ihre Schilde an Schnüren herabzogen, mit polterndem Geräusch, mit langklingenden, weiß blitzenden Speeren wedelten und einen knurrenden Gesang ausstießen: „a." Kriegslied mit blutrünstiger Bedeutung, dessen Text jedoch von den Menschen im unverteidigten Lager nicht verstanden wurde.

Der Suaheli Kiongozi war glücklicherweise zur Stelle und verlor damals wie auch zu anderen Zeiten nie den Kopf. Er stand ruhig neben Lucy, die mit ihrem weißen Regenschirm in ihrem Liegestuhl saß, um sie vor der Sonne zu schützen. „ Starehe , Bibi", sagte er; „ usiogope ; Muungu anatulinda . Hawa ndio Masai, kweli ; Walakini tutawashinda n / A akili ."[#]

[#] „Seien Sie ruhig, Herrin. Fürchten Sie sich nicht. Gott beschützt uns. Das sind in der Tat Massai, aber wir werden sie mit Intelligenz besiegen."

Die Träger blieben einfach, wo sie waren. Sie wussten, dass es tödlich gewesen wäre, mit der Flucht begonnen zu haben. Sie standen einfach schweigend da, während die vorrückende Armee – vielleicht dreihundert an der Zahl – plötzlich anhielt und sich hinter ihren großen, bunt bemalten Schilden niederlegte. Die beiden Männer der Expedition, die die Massai-Sprache beherrschten, näherten sich dem Kiongozi – leider waren die Massai-Führer mit Roger auf der Jagd unterwegs. Hundert Meter entfernt ragte ein hervorragender Massai-Krieger hervor, der Anführer der Gruppe; eine nackte Gestalt von vollkommener Männlichkeit, roter Farbe , mit natürlich brauner Haut, mit Ocker durchsetzt und mit dem Staub des roten

Bodens gepudert. Die senkrechte Sonne schien einen roten Heiligenschein um die Umrisse seines schönen Körpers zu zeichnen. Er hielt ein Grasbüschel in der Hand und rief mit autoritärer Stimme: „ Tôtŏna !" (Hinsetzen!)

Sofort gehorchten ihm die Männer von Brenthams Karawane. Alle setzten sich hin und pflückten frische grüne Grasbüschel. Dann ging der Massai-Sprecher langsam ... verwundert ... spähend auf die weiße Frau zu, die auf dem Liegestuhl lag. "Was ist *das*?" fragte er den Schulleiter und die beiden Dolmetscher. „Das", antworteten sie und waren froh, einen Eindruck hinterlassen zu können, „ *das* ist eine WEISSE FRAU aus der großen Rasse der Wa-ingrezi . Ihr Ehemann ist der große Häuptling, der Balozi der Wa-ingrezi an der Küste." . Wir kommen jetzt aus dem Manyara- Land, geführt von Ihrem eigenen Volk, den Massai. Im Süden, in Nguru und Ugogo , herrscht Krieg, Krieg zwischen den Lajomba und den Weißen. Unser Balozi bringt seine Frau an die Küste, um sie zu vertreiben sie mit seinen eigenen Leuten; dann wird er zurückkehren und die Lajomba beenden .

„Gut", sagte der Massai-Kriegskapitän. „Wir haben von diesem Krieg gehört und werden dorthin gehen, um zu sehen, ob wir mitmachen können. Wir hassen die Lajomba ."

In diesem Moment herrschte Aufregung unter den dreihundert Kriegern, die abseits saßen. Es wurde durch die Annäherung von Brentham verursacht , der voller Besorgnis und Sorge um Lucy war. Leider gehörten seine eigenen Massai-Führer einem südlichen Clan der Massai an, der mit dieser nördlicheren, reineren Rasse keine besonders guten Beziehungen hatte. Es gab also einen Aufruhr wütender Worte, als jeder erkannte, dass der andere ein Feind war. Doch der Anführer, der neben Lucy gesessen hatte, erhob sich und sprach mit lauter Stimme – statt zu schreien – einen Befehl, und erneut setzten sich seine Krieger. Dann nahm er Lucys Hand, aber ganz sanft. Seine eigene Hand hatte gut geschnittene Nägel und war bis auf den roten Staub sauber. Er schlug ihren Ärmel ein wenig zurück (sie zitterte, versuchte aber zu lächeln). Nachdem er sich davon überzeugt hatte, dass der Arm noch weißer als die Hand war, warf er den Kopf zurück und lachte aus voller Kehle, während seine Augen vor Staunen über alles funkelten. Als er ihr Lächeln sah , blickte er sie mit einem so freundlichen Blick an, dass sie sich vollkommen beruhigt fühlte. Dann setzte er sich wieder hin, nahm Schnupftabak und formulierte gerade andere Fragen, als Roger auf ihn zukam. „Es ist alles gut, Meister", sagte der Häuptling hastig auf Suaheli.

„Na, du hältst ein ziemliches Gericht, Lucy", sagte Roger, innerlich ungemein erleichtert.

„Ja-ja. Aber ich werde *ziemlich* froh sein, wenn sie alle gehen."

Der Massai-Anführer stand auf und reichte Brentham die Hand . Letzterer nahm es und der Weiße und der Rote Mann sahen sich einen Moment lang in die Augen. Roger, der etwas über die Bräuche der Massai wusste – war er nicht tatsächlich nur drei oder vier Märsche von Szenen früherer Erkundungen? – schreckte nicht zurück, als der Massai-Hauptmann auf seine Kleidung und auf Lucys Kleid spuckte. Er wusste, dass es sich um eine freundliche Begrüßung handelte, um ihre guten Beziehungen zu besiegeln.

Danach herrschte eine ausgelassene, gute Kameradschaft, obwohl die Wanyamwezi- Träger sorgfältig darauf achteten, zusammenzuhalten, und halb nachlässig, ihre Gewehre zurückzuholen. Die dreihundert Massai stimmten darin überein, die Tatsache zu ignorieren, dass Rogers Führer einem einst feindseligen Clan angehört hatten. Und als sie von diesen Männern erfuhren, was für ein Jäger er war und was für ein treffsicherer Schütze, drängten sie ihm ihre Freundschaft und ihre rote Präsenz auf. Sie besuchten sein Zelt – sie waren stets streng ehrlich –, sie setzten sich auf sein Bett, und er musste danach auf Laken und Kissenbezug verzichten, denn wo immer sie saßen, hinterließ er nicht nur roten Staub, sondern verteilte auch einen Talggeschmack aus ihrer Lieblingssalbe , dem Hammelfett . Sie bestanden auf Blutsbrüderschaft und erklärten, sie würden den weißen Häuptling und seine Frau an die Küste begleiten.

Tatsächlich brachten sie ihn nicht weiter als bis zum Fuß von Meru. Dort begann mit Heftigkeit die Regenzeit anzubrechen. Dort ließen sie ihn also zurück und machten sich auf den Weg in das trockenere Steppenland und den Krieg im Süden mit seinen Plünderungsmöglichkeiten.

Roger sehnte sich zu dieser Zeit danach, Meru zu besteigen und seine verborgenen Wunder zu erkunden; und Lucy blickte voller Ehrfurcht auf die nun voll entfaltete Majestät des Kilimandscharo, der sich über der Wasserebene von Kahe mit seiner Kuppel aus Schnee und Eis und seinem kleineren Gipfel, dem Kimawenzi , erhebt .

Da ihnen jedoch die Vorräte fehlten, machten sie sich direkt auf den Weg zu einer neu gegründeten Evangelischen Missionsstation in einer Höhe von 1200 Fuß, wo man hoffte, dass Lucy für ein paar Tage Schutz vor den sintflutartigen Regenfällen finden würde und er selbst Neuigkeiten über die Ereignisse einholen würde an der Küste und schicken Träger nach Mvita mit Nachrichten, die an Unguja telegrafiert werden könnten.

Nach all ihren Abenteuern schien dies eine eher prosaische Phase der Reise zu sein, und Lucy war tatsächlich deprimiert, wieder einmal mit Landsleuten zusammen zu sein. Es waren drei Missionare – ein Ehepaar und ein Junggesellenpropagandist – auf dem Bahnhof der Evangelischen Mission, aber sie schienen nicht allzu überrascht über die Ankunft eines weißen Mannes und einer weißen Frau aus dem unbekannten Landesinneren. Sie nahmen Lucys zögerliche Erklärungen höflich, aber kühl auf, und obwohl sie ihr ein Zimmer für sich allein und gut zubereitete Mahlzeiten gaben, schienen sie ihrer Meinung nach absichtlich eine fast büßerhafte Fülle an Gottesdiensten und Gebeten angenommen zu haben.

Kapitän Brentham kampierte lieber im zwei Meilen entfernten Dorf des Häuptlings. Er hatte diesen freundlichen, alten, einäugigen Raufbold vor drei Jahren kennengelernt, als er die Zugänge zum großen Schneeberg erkundete und vorläufige Verträge abschloss, um den Deutschen zuvorzukommen. Er knirschte eher mit den Zähnen wegen der sich verändernden Szene. Seit seiner ersten Reise strömten Missionare, Großwildsportler und Konzessionsjäger in dieses wundervolle Land und hatten nicht den geringsten Respekt vor seinen ersten Pionieren. An der Stelle seines ersten Lagers befand sich bereits eine große und florierende Missionsstation; und als er bei der Unterbringung von Lucy dort die Missionare auf diese Tatsache aufmerksam gemacht hatte und dass er das Gelände für sie hergerichtet und tatsächlich gekauft hatte, sagten die anwesenden Bewohner lediglich mit geschürzten Lippen: „In der Tat?"; und Mrs. Missionary fügte steif hinzu: „Ja, wir haben vom Häuptling *gehört , dass Sie vor drei Jahren hier geblieben sind; aber wir ziehen es vor, nie auf Klatsch* über Weiße zu hören . Er ist so *oft bösartig* ."

Und so weiter zu den Taita Hills und zur Küste. Ein Gefühl der Flachheit, ein Auslaufen jeglicher Romantik in ihrem Abenteuer. Sie waren nicht mehr allein. Lucy besuchte Herrn Thomas auf der Ostafrikanischen Missionsstation in Taita . Er erschreckte sie, indem er fröhliche Fragen zu John, seinem alten Studienkollegen, stellte und annahm, dass John sie auf dieser *Safari begleitete* . Er hatte nichts von der Katastrophe gehört und erkundigte sich ziemlich dumm und neugierig nach den Motiven ihrer Reise. Weiter hinten hatten sie das Elend, die rote Maungu- Wüste mit ihrer Strecke von vierzig Meilen zwischen Wasser und Wasser zu durchqueren; aber das war kein „Abenteuer"; Und auf halbem Weg trafen sie auf die Karawane eines sehr reichen Engländers mit zwei Begleitern, die eine Brille trugen, der ihnen mittags Champagner und Sodawasser anbot, um ihren Durst zu lindern, und Lucy sagte, er sei nicht überrascht, dass sie mit einem umherreiste Er war der verirrte Konsul, da er immer behauptete, dass die Missionare in Afrika eine tolle Zeit hatten und sich ungewöhnlich gut geschlagen hätten, und er seinerseits machte ihr keinen Vorwurf. „Sammle Rosen, weißt du nicht – solange du kannst – oder war es, als du jung warst? Und jetzt bist du wohl auf dem Weg zurück zu meinem Mann?"

Der alte arabische Hafen von Mvita hat sich kaum verändert, seit Roger ihn das letzte Mal gesehen hatte; Obwohl es zu Aufregung kam, bereitete sich eine britische Chartered Company darauf vor, dies zu ihrem

Hauptquartier zu machen. Mittlerweile war sozusagen das britische Konsulat das Zentrum von Rang und Mode. Roger machte sich mit Lucy und Halima auf den Weg hierher, während er den Großteil seiner Karawane auf der anderen Seite des Wassers lagerte.

Sein Kollege, der Vizekonsul, war ein ehemaliger Marineoffizier, der die Marine für eine Weile aufgegeben hatte, um in den ostafrikanischen Konsulaten zu dienen, in der Vorstellung, dass dies wenig Büroarbeit, gute Bezahlung und jede Menge Schießereien mit sich brachte , variiert mit angenehmen *Safaris* auf Kosten der Regierung. Dieses besondere Beispiel seiner Art war von Roger selbst, als er amtierender Generalkonsul war, ziemlich scharf zu alltäglicheren Aufgaben und der Erstellung von Statistiken zurückgerufen worden. Jetzt war es also an der Zeit, sein eigenes Geld zurückzubekommen :

„ *Hallo* , alter Junge! *Wer hätte* das gedacht. Woher kommst du? Wir hatten dich alle für verloren aufgegeben – dachten, du wärst ‚Fanti‘ geworden, mit einer Missionarin ins ferne Landesinnere durchgebrannt und würdest eine gründen Imperium auf eigene Faust ...“

„Ich habe hierher gebracht“, unterbrach Roger mit ernster Miene, „ *Mrs. John Baines* “ (Lucy hatte sich mit Halima außer Hörweite auf die Veranda des Konsulats zurückgezogen) – „ *Mrs. John Baines* , deren Ehemann.“ Ich fürchte, sie wurde im Ulunga -Land getötet. Ich wäre Ihnen sehr dankbar, wenn Sie sie hier unterbringen könnten, bis wir einen Dau bekommen , der uns nach Unguja bringt ... Was mich betrifft ...“

„ *Tut mir wirklich leid, alter Junge. *Natürlich* kann ich Platz für *dich machen* ... dir *eine* Art Probetraining geben ... Du bist ein Mitmensch *und* du wirst es verstehen ... Aber die Tatsache Bin ich – ich bin nicht – ganz darauf vorbereitet – äh –, hier eine weiße Dame zu bewirten. Junggesellen-Etablissement, wissen Sie ... *Sie* Zweig? ... Ich wage zu behaupten, dass Sie genauso festgemacht haben – wo ist es? in Medina, Was?

Roger wandte sich wütend ab.

„Lucy! ... Frau Baines!“

„Ja, Kapitän Brentham .“

„Ich hole mir ein Boot und wir fahren rüber zur Missionsstation auf der anderen Seite der Bucht. Ich gehe davon aus, dass sie dort Platz für dich haben werden – tatsächlich müssen sie Platz *schaffen* –, bis unser Dau zum Ablegen bereit ist ...“

Dann wandte er sich an den Vizekonsul: „Seien Sie so freundlich, heute ein Telegramm an die Agentur in Unguja zu schicken, in dem Sie mitteilen, dass der HM-Konsul für Zangia heute Morgen mit Frau John Baines aus

Ulunga aus dem Landesinneren hier angekommen ist , und fügen Sie hinzu, dass ich das tun werde." Ich komme in Unguja an, um mich zu melden, sobald ich einen Dau chartern kann ; es sei denn, ein Kanonenboot kommt zuerst an. Mein Lager ist in Kisolutini . Sie können alle Briefe, die für mich dort eintreffen, weiterschicken ..."

„Na ja, aber ich sage…"

Zu Roger gesellte sich die verwunderte und enttäuschte Lucy, die große Vorliebe für das malerische Konsulat gefunden hatte, und schritt mit wütendem Gesicht und gerötet unter der Bräune hinaus.

Von der Agentur in Unguja erhielt er keine Antwort. Und ein paar Tage später schiffte er sich mit Lucy und Halima (die bereits zugestimmt hatten, die goanische Köchin zu heiraten), seinen Wanyamwezi- Trägern und einer ausgewählten Sammlung von Trophäen und mineralogischen Exemplaren in einem arabischen Dau zum Inselhafen Unguja ein. Diesmal – am 27. Dezember 1888 – machte sich Lucy zu viele Sorgen um ihre Zukunft, als dass sie bemerkt hätte oder sich darum gekümmert hätte, ob sich in den verrottenden Balken oder dem struppigen Strohdach Insekten befanden oder nicht.

In der Zwischenzeit waren feindliche Kräfte zu Rogers Nachteil am Werk. Hier ist ein Brief, den Frau Spencer Bazzard wahrscheinlich an Herrn Bennet Molyneux vom Auswärtigen Amt geschrieben hat. (Wie die meisten Briefe in diesem Buch basiert es auf meinen Schlussfolgerungen hinsichtlich der Art des Briefes, der unter den gegebenen Umständen geschrieben worden wäre, und nicht auf Textbeweisen):—

HBM-Konsulat für Zangia ,

Medinat-al- Barkah ,

23. *Dezember 1888.*

LIEBER HERR. MOLYNEUX,—

Ich hoffe, Sie nehmen mir meine Briefe nicht übel. Du antwortest ihnen nicht, aber dann habe ich dir gesagt, dass du es nicht tun sollst. Ich möchte Sie nicht langweilen oder Ihnen – trotz all Ihrer Arbeit – das Gefühl geben, dass Sie noch einen Brief an eine aufdringliche kleine Person im fernen Ostafrika schreiben müssten. Ich sagte einmal, ich solle ab und zu weiterschreiben, es sei denn, du befiehlst mir, damit aufzuhören. Da Sie es nicht getan haben – Nun ja! Hier ist ein weiteres Budget ostafrikanischer Nachrichten.

Wir hatten Alarums und Exkursionen, wie Shakespeare sagt. An dieser Adresse können Sie erkennen, dass ich mit meinem Mann auf dem Festland bin. Als Kapitän B. letzten September in der *Ewigkeit verschwand* , erhielt die Agentur in Unguja beunruhigende Geschichten darüber, was in seiner Abwesenheit geschah. Er hatte lediglich die Leitung einem indischen Angestellten überlassen, und indische Kaufleute und englische Missionare beschwerten sich darüber, dass sich niemand um ihre Geschäfte kümmern könne. Deshalb hielt Sir GD es für das Beste, Spence hierher zu schicken, um die Leitung zu übernehmen, und natürlich kam ich mit ihm, um ihm beim Dolmetschen zu helfen.

Wir fanden alles (vor einem Monat) in einem schrecklichen Durcheinander. Das Konsulat ist völlig dreckig, die Archive sind sowieso in Ordnung, und Spence befürchtet, dass in den Quittungen des Konsulats ein beträchtlicher Betrag fehlt oder dass der Angestellte mit seinen Konten durcheinander ist. Aber das alles werden Sie offiziell hören.

Unterdessen sind wir alle beunruhigt über das Verschwinden von Captain B. Er reiste letzten August von hier ab mit der Idee, die Missionare wissen zu lassen, dass die Gefahr eines arabischen Angriffs auf alle Weißen besteht, unabhängig von ihrer Nationalität, ob Deutsch oder Englisch. Er scheint die kurzen Anweisungen von Sir G. in die Erlaubnis übersetzt zu haben, einen ausgedehnten Rundgang durch das Landesinnere zu machen — zweifellos eine entzückende Sache, aber nicht, wenn man ein Konsulat zu betreuen hat. Er beunruhigte alle Missionare sehr und, wie es scheint, einigermaßen unnötig. Diejenigen, die ihre Stationen in Usagara und weiter südlich haben, sind sehr wütend auf ihn. Er traf Anfang September auf ihren Stationen ein und befahl ihnen, sich an die Küste zurückzuziehen — oder zumindest ihre Frauen und Kinder dorthin zu schicken, da die Araber möglicherweise sofort angreifen könnten. Und nachdem sie ihm gehorcht hatten , blieben die Angriffe aus! Einer der Missionarinnen befand sich offenbar in einem bestimmten Zustand, und die eilige Reise erschütterte sie so sehr, dass — wie soll ich es ausdrücken? — ihre Hoffnungen enttäuscht wurden.

Als nächstes erschien er an einem Ort namens Hangodi — einem Bericht der Einheimischen zufolge — und war dort so besorgt um die Sicherheit einer schönen Dame (der jungen Missionarin, die vor anderthalb Jahren mit ihm und mir ausreiste) — dass er sie mitnahm ist mit ihm davongekommen und scheint sich mit dieser fairen Anklage auf den Weg ins Unbekannte zu machen. Ziemlich romantisch, nicht wahr? In diesem Fall scheint seine Warnung vor einem bevorstehenden Angriff nur allzu begründet gewesen zu sein, wenn das, was den Deutschen berichtet wurde, wahr ist. Kurz nachdem er diesen Ort — Hangodi — verlassen hatte, wurde er offenbar angegriffen und zerstört und alle Missionare wurden getötet — außer natürlich der Dame, die mit ihm ging. Böswillige Menschen werden sich natürlich fragen, warum er nicht geblieben ist und die Station verteidigt hat.

Es sind nur noch zwei Tage bis Weihnachten, und ich kann mir die fröhlichen Vorbereitungen vorstellen, die in Spilsbury laufen – die Weihnachtslieder, die die Dorfkinder für den Weihnachtstag einstudieren , und den Weihnachtsbaum, den Mrs. Molyneux und Ihre Tochter sicher vorbereiten für ihre Belohnung.

Diese lächerlichen sentimentalen Deutschen stellen natürlich auch Weihnachtsbäume auf und üben Weihnachtslieder , die um sie herum gesungen werden, obwohl die Stadt auf der Landseite immer noch mehr oder weniger belagert ist. *Wer* und *was* war der gute König Wenzel und warum sollten wir zur Weihnachtszeit über ihn singen? Hier gibt es keine Bibliothek außer der in der französischen Mission, und in der wird nichts über Deutschland erwähnt.

Hier wird uns gesagt, dass ein gewisser Hauptmann Wissmann bald mit einer großen Truppe sudanesischer Soldaten eintreffen wird, um das Kommando zu übernehmen und die Araber zu erledigen.

Immer noch keine Neuigkeiten über Stanley, außer dass es sich um die wildesten und unwahrscheinlichsten Gerüchte handelt . Wenn er wirklich aus dem Herzen Afrikas hervorkommt , wird er – fürchte ich – nur in einen Hinterhalt der Araber geraten.

Mit unseren herzlichsten Grüßen und den besten Wünschen für das Jahr 1889,

Glauben Sie mir, lieber Herr Molyneux,

Dein,

EMILIA BAZZARD.

Roger und Lucy erreichten Unguja in ihrem arabischen Urlaub Ende Dezember, als sich die Europäer gerade von der Fülle der Weihnachtsfeierlichkeiten erholten und sich auf eine weitere Runde Neujahrsfeierlichkeiten vorbereiteten, in der Zwischenzeit jedoch etwas mürrisch und mürrisch. Die Ankunft des britischen Konsuls für Zangia kam nicht unerwartet, da die telegrafische Nachricht von seinem Auftauchen aus dem Landesinneren die britische Agentur bereits erreicht hatte. Am Nachmittag des 29. Dezember betrat er das Büro der Agentur und meldete sich bei Sir Godfrey Dewburn ...

„Ah! mein *Lieber* Brentham , *wie* geht es dir? *Was* für eine Zeit Sie sicher gehabt haben müssen! Wir haben dich alle für verloren gehalten oder gedacht, du wärst auf der Suche nach Stanley oder Emin oder auf dem Weg, den Mahdi anzugreifen. Nun: Und wie geht es der schönen Begleiterin Ihrer Reisen, Frau – Frau? ... ähm ...“

Brentham : „Mrs. John Baines? Sie ist, glaube ich, gerade bei Mr. Callaway. Ich habe ihr geraten, dorthin zu gehen, da er hier Agent für ihre Mission ist und wahrscheinlich genaue Neuigkeiten über – über – den Angriff haben würde auf der Station ihres Mannes ... und die Ergebnisse. Haben Sie etwas gehört, Sir?"

Sir Godfrey : „Nichts weiter als das Gerücht , dass es nach Ihrer Abreise angegriffen wurde und, glaube ich, alle Weißen getötet wurden …"

In diesem Moment kommt ein Angestellter herein und sagt: „Dies ist eine Notiz mit Beilage, Sir Godfrey, von Mr. Callaway." Sir Godfrey bittet Brentham, Platz zu nehmen, und überfliegt hastig eine sehr lange Mitteilung. Es vergehen fünf Minuten. Dann, während er noch liest, öffnet sich eine weitere Tür, die zum Wohnbereich der Agentur führt, und dort erscheint eine hübsche Frau mittleren Alters mit dem Stempel von Eleganz und Mode, gekleidet in eine angenehme Anpassung des Kleides einer Engländerin für die Tropen . Sie sagt: „Godfrey, mein Lieber, der Tee ist fertig und da du ihn weder kalt noch kalt magst , dachte ich, wenn ich selbst käme – aber ich sehe, du hast Besuch …"

„ Oh ! Ah ! Kommen Sie besser rein und trinken Sie Tee mit uns, und dann können wir über diese außergewöhnliche Mitteilung von Callaway sprechen. Sie hätte nicht passender kommen können. Offensichtlich muss sie von Ihrem Vater mitgebracht worden sein . Sie wurde von irgendeinem Araber heruntergeschickt, und das ist alles über den Angriff auf den Bahnhof, auf dem diese Missionarsfreunde von Ihnen lebten. Es scheint, dass nicht alle getötet wurden, zumindest zwei von ihnen ... obwohl ich glaube, dass der Ehemann Ihrer *Freundin* ... Aber kommen Sie mit und wir werden uns darüber unterhalten. Die Bazzards sind drüben in Ihrem Konsulat auf dem Festland, also sollten Sie, während Sie hier sind, besser ihre Quartiere in Besitz nehmen. Die goldhaarige Emily sagt, sie habe es in Apfel gelassen. Kuchenbestellung, als sie nach Medina aufbrach.... Auf diese Weise... möchtest du dir zuerst die Hände waschen? Du siehst aus wie der wilde Mann von Borneo, und das wundert mich nicht... *Muss* eine schreckliche Zeit gehabt haben .... Ich würde zuerst einen Whisky und eine Limonade und danach einen Tee vorschlagen ..."

Lucy las inzwischen Ann Andersons Brief aus einem früheren Kapitel. Man hatte sie noch einmal in das Schlafzimmer gebracht, das sie vor ihrer Heirat in Mr. Callaways Haus bewohnt hatte, und schauderte angesichts der darin verankerten Erinnerungen. Die liebe, gütige Mrs. Stott war weit weg im Happy Valley ... und sie konnte nie wieder Johns Stimme hören, die sie vom Hof unter den großen Feigenbäumen rief, auf die die Kutsche des Sultans wartete, um sie für eine Weile mitzunehmen fahren; oder sie machte einen anderen Vorschlag, den sie wahrscheinlich aus Verärgerung zurückwies.

Sie war von Reue erfüllt. Anns Aussage, dass er in seinen letzten Qualen, als er mit vergiftetem Blut starb, nur an sie gedacht und von *ihr gesprochen hatte* , ließ ihr Herz schmerzen, fast im wahrsten Sinne des Wortes – den Schmerz unvergossener Tränen über das Unwiderrufliche. Sie war ihm körperlich nicht untreu gewesen; aber im Geiste, im Verlangen, *ja* : vom Tag der Hochzeit an und nie mehr als vom Tag ihrer Abreise aus Hangodi . Sie wusste, dass sie damals gehofft hatte, dass dieser Weggang, dieses Verlassen von John, als die Gefahr nahte, irgendwie der Beginn ihrer Trennung von ihm sein und zu ihrer Vereinigung mit Roger führen könnte. Ihm hätte sie sich *jederzeit* während der langen *Safari hingegeben* ...

Doch obwohl ihr oberes Bewusstsein – das „Sprechen mit sich selbst" (was wir manchmal fast laut tun, als ob wir uns an ein Publikum wenden, das unsere Worte und Entschlüsse registriert) – behauptete, dass die *einzige* Wiedergutmachung, die sie leisten *konnte,* darin bestand, Roger *nie wieder zu sehen* – (was für eine Gnade, dass er sich besser benommen hatte als sie!) – ihre innerste Absicht war es, unter irgendeinem Vorwand in Unguja zu bleiben, in der schwachen Hoffnung, er könnte ... könnte ... „das Richtige tun" wie Ann es ausgedrückt hatte ... könnte sie heiraten. Wenn er das *nur* tun würde, wäre ihr gesamtes verbleibendes Leben *eine einzige lange Sühne* für John. Sie würde ihn und seine selbstlose Liebe zu einer oberflächlichen, undankbaren Frau *nie vergessen.*

Mr. Callaway hatte angedeutet, dass sie vielleicht gerne mit dem nächsten Dampfer nach Hause fahren würde: In einer Woche ging einer los – zurück nach England. Aber wie konnte sie zurückgehen ... und Mrs. Baines gegenübertreten ... und von ihren Eltern leben? John hatte wahrscheinlich kein Geld, um sie zu verlassen; Die Mission würde ihr nach einer so kurzen Zeit ihres Ehelebens sicherlich keine Rente gewähren ... warum sollte sie das tun? Die Stelle des Landesschullehrers in Aldermaston war schon vor langer Zeit besetzt. Und könnte sie dort überhaupt ihr Leben wieder aufnehmen? Nicht weit entfernt lag Engledene mit Lord und Lady Silchester . Lady Silchester fürchtete sie vage als eine Person, die sich über sie lustig machen könnte. – Sie muss von Kapitän Brentham etwas über sie gehört haben . Was – was – *was* sollte sie tun? Darauf bestehen, in Afrika zu bleiben und sich der Mission wieder anzuschließen? Und unter Ann arbeiten? Der Gedanke an die veränderten Umstände stieß sie ab. Wen würde es *jetzt interessieren* , wenn sie krank wäre? Sie hatte mehrere Krankheiten und viele Anfälle von Unwohlsein gehabt – und jetzt liefen ihr Tränen des Selbstmitleids über die Wangen. Und wie *gut* und *klaglos* – hier waren erstickte Schluchzer, Schluckauf, fast ein lautes Wehklagen dazwischen – der liebe John gewesen. Die Tassen Brühe, die er an ihr Bett gebracht hatte, die kleinen Mahlzeiten, um ihren Appetit anzuregen ... Und Roger? ... Die gleiche Fürsorge – das Interesse, *das er* gezeigt hatte, sogar für ihre Launen!

paar Sachen für die Reise kaufen – nur wo war das Geld?) Die Tür wurde von einer aufgeregten, liebenswürdigeren Halima aufgerissen, die „ *Yupo Bibi Balosi* ! Anakuita !" rief.

Eine angenehme, vornehme Stimme erklärte:

„Ich suche Mrs. Baines. Ist sie hier?"

Lucy kroch unter dem Moskitovorhang vom Bett hervor und stellte sich vor Lady Dewburn , die Frau des Generalkonsuls ...

Gebrochene Entschuldigungen ... Erklärungen – „Nur im Bett, wo man einigermaßen frei von Mücken sein kann ..."

Lady Dewburn ist eine hübsche, klug aussehende Frau mittleren Alters. Sie trägt zeitweise eine Einzelbrille, weil sie besser sehen kann und weil sie die Tochter eines Beamten ist. Aber obwohl sie eine gewisse Ehrfurcht hervorruft, ist sie in Wirklichkeit ein freundliches Wesen, das unwiderstehlich dazu getrieben ist, sich – sie hofft auf das Beste – in die Angelegenheiten anderer Menschen einzumischen, insbesondere hier draußen. Ihre Kinder sind entweder draußen auf der Welt oder gehen in England zur Schule, und auf dieser fieberhaft tropischen, herrlich schäbigen Insel langweilt sie sich außerordentlich. Am Tag zuvor hatte sie von Kapitän Brentham alles über Lucy gehört ...

Lady Dewburn : „Mein *armes* Kind! *Bitte* übersehen Sie alle Formalitäten und kommen Sie mit mir weg, *so wie Sie sind* . Ihre Frau hier – wenn Sie ihr vertrauen können – wird einpacken, was Sie haben – Sie können nicht *viel haben* , sollte ich denken , nach dieser *entsetzlichen* Reise an die Küste ... Komm mit mir weg ... Na ja, du musst kaum Kleidung zum Anziehen haben ! *Ich wundere mich* nicht, dass du im Bett liegen bleibst! Wir haben viele freie Zimmer – Tatsächlich sind Sir Godfrey und ich gerade allein. Kommen Sie und bleiben Sie bei uns, bis Sie sich umsehen und Ihre Pläne schmieden können. Mir kommt es so vor, als ob ich Sie zunächst einmal für eine Woche ins Bett bringen sollte. ..."

Lucys Annahme dieses Vorschlags der guten Fee löste sich von Worten in schluchzendes Schluchzen und krampfhaftes Betupfen der Augen und Nasenschnäuzen auf. Aber sie war praktisch genug, um ihr Sola Topi und ihren weißen Regenschirm zu finden, ihr Baumwollkleid etwas aufgeräumter aussehen zu lassen und der überaus ehrfürchtigen Halima ein paar Anweisungen auf Suaheli zu geben. Halima trug die ganze Zeit Lucys abendliches „Fichu" und war sich unbehaglich darüber im Klaren, dass sie durch unpassende Missachtung ihrer Dame in ein Verbrechen geraten war.

Lucy bemerkte nichts davon, sondern folgte Lady Dewburns sorgfältigen Schritten die Treppe aus Palmenbrettern hinunter in den Hof, wo Mr. Callaway – wirklich ein sehr anständiger Typ, der immerhin sein Bestes für Lucy getan hatte – sie erwartete. Er war persönlich erfreut und erleichtert darüber, dass die First Lady in Unguja seinen verlorenen kleinen Kunden unter ihre Fittiche genommen hatte. Nachdem sie sich mit hochgerafften Röcken ihren Weg durch enge, unappetitliche Gassen zwischen hohen, leeren Häusern bahnten, erreichten sie schließlich Ungujas einzige breite Straße. Hier stand eine hübsch ausgestattete Kutsche, und darin rollten sie zur Agentur.

KAPITEL XIV

LUCYS ZWEITE EHE

Von Sir Godfrey Dewburn , KCIE, an Herrn Bennet
Molyneux, Afrikaabteilung, Auswärtiges Amt.

HM Agency und Generalkonsulat,

    Unguja,

    März 1889.

LIEBER MOLYNEUX,—

Was Brentham betrifft , denke ich, dass ein privater Brief an Sie den Fall besser treffen könnte als ein Austausch von Telegrammen oder eine offizielle Depesche.

Ich verstehe durchaus, dass Ihr Ministerium über die Fragen verärgert ist, die letzten Monat im Parlament nach den Nachrichten über die Todesfälle auf der Missionsstation in Hangodi gestellt wurden . Aber ich kann nicht anders, als zu denken, dass das Ministerium geneigt ist, Brentham gegenüber zu hart vorzugehen , als ob es von einer anderen Seite als mir voreingenommen wäre. Ich muss zugeben, als ich zum ersten Mal hierherkam, habe ich mich ein wenig über seine Selbstsicherheit lustig gemacht, über seine Annahme, dass niemand irgendetwas über Ungujan-Angelegenheiten wüsste, was mit seinem eigenen Wissen vergleichbar wäre; und mir kam es so vor, als würde er eine Art Prahlerei über die Anzahl der Sprachen abliefern, die er erworben hatte, was im Gegensatz zu meiner Bekanntschaft – damals – mit nur drei (ich habe seitdem versucht, Suaheli zu lernen) unvorteilhaft war. Und so weiter und so weiter. Ich bewegte mich leichter und konnte mich besser orientieren, als ich ihn in seine eigentliche Sphäre, das Festland, geschickt hatte. Ich fand auch, dass seine Verachtung für die Bazzards etwas zu ausgeprägt war, obwohl ich später zugeben muss, dass meine Frau und ich festgestellt haben, dass ein wenig von Mrs. B. viel bewirken kann. Aber ich hasse es, unangenehme Dinge über irgendjemanden zu schreiben – ein Klima wie dieses entschuldigt Haarfärbemittel, Gesichtspuder, Gereiztheit und sogar ein mäßiges Maß an unerlaubter Liebe (behandeln Sie das nicht als offiziell!) ... Aber über Brentham : wenn er ihm gehört Die Mission an die Missionare, sie aufzufordern, vor der arabischen Gefahr aufzubrechen, *scheiterte* insofern, als an den meisten Orten keine Gefahr bestand. *Ihre* Befürchtungen und *meine* Anweisungen waren schuld daran, dass Brentham sich auf die wilde Jagd begeben hatte. Die Missionare in Usagara scheinen hart zu sein, weil sie nicht angegriffen wurden, sondern „ quittes pour la peur ". Aber das war kaum Brenthams Schuld.

Das Hangodi- Geschäft ist eine andere Sache. Meiner Meinung nach besteht kaum ein Zweifel daran, dass B. gegenüber Mrs. Baines ein wenig misstrauisch war – sie waren zusammen verreist, und es scheint, dass sie aus der Nähe seines Teils der Welt in Berkshire-Hampshire – Jolly District, in der Nähe der Carnarvons und des Jolly Districts stammt Silchesters .- Bist du jemals dort gewesen, um zu schießen? Aber Mrs. Baines war an einer dieser Entbindungen erkrankt, die Missionarsdamen – natürlich verheiratet – so regelmäßig erleiden , und ihr Mann scheint wirklich gewollt zu haben, dass seine Frau mit Brentham weggeht . Um alles in Ordnung zu bringen, schickte er gleichzeitig die andere Frau an ihrer Station weg, eine willensstarke Frau namens Jamblin . (Sie kommt in den Depeschen, die ich letzte Post nach Hause geschickt habe, sehr häufig vor.) Nun: Laut Brentham bestand diese Jamblin- Frau, nachdem sie ein paar Märsche gemacht und an einer anderen Missionsstation angehalten hatten, unbedingt darauf, *nach* Hangodi zurückzukehren , und bestand ebenfalls darauf, *dass er* Mrs. Baines an die Küste brachte. Er hätte nicht zustimmen sollen. Da war er schwach. Er hätte nach Hangodi zurückkehren und dabei helfen sollen, den Angriff abzuwehren – falls er kam, und dann hätte er sich weigern sollen, die Damen mitzunehmen, es sei denn, die Männer kamen auch. Stattdessen blieb Brentham , nachdem er einige Missionare gefunden hatte, nach denen er suchte, in ihrem Haus, bis ihn die Nachricht vom Angriff auf Hangodi und dem Tod von Mrs. Baines' Ehemann erreichte. Danach begab er sich auf dem Nordweg, dem einzigen, der ihm damals offenstand, kampflos zur Küste. Selbst auf dieser Route erlebten sie einige äußerst außergewöhnliche Abenteuer und verbrachten eine verdammt lange Zeit, bevor sie zurück in die Zivilisation kamen – wie wir uns im Gegensatz dazu nennen.

Ich weiß, dass die allgemeine Meinung unter den Missionaren für Mrs. Baines und infolgedessen für Brentham negativ ist . Aber Brentham schwört mir bei seiner Ehre – *und ich glaube ihm* –, dass zwischen ihnen nichts „falsch“ war. Jennie – meine Frau – sagt, er sei kerzengerade; Obwohl ich noch nie einen „Sterben“ gesehen habe, kann ich es nicht sagen. Auf jeden Fall hat Jennie, auf deren Urteil ich mich immer verlasse, große Sympathie für Brentham entwickelt . Das gilt auch für die junge Partei, mit der er sich eingelassen hat, diese Mrs. John Baines. Das arme Mädchen – sie sieht nicht in ihrem Alter aus – 26 – war hier in ihrem Missionsdepot gestrandet , und nachdem Jennie von ihr gehört hatte, ging sie auf ihre impulsive Art hinüber und brachte sie zur Agentur. Dadurch wurde dem örtlichen Klatsch ein Ende gesetzt, und so wurde ein seltenes Stückchen vorenthalten, das andernfalls wie ein echtes Stärkungsmittel für eine fiebrige Gemeinschaft gewirkt hätte. Nun sagt Jennie, dass zwischen ihnen zwar nie etwas anderes gewesen sei als das, was richtig und angemessen war, sie aber heiraten sollten, sobald sechs Monate nach dem Tod ihres ersten Mannes vergangen sind – den Berichten zufolge vermuten wir, dass dieser am 29. Oktober stattfand diese meisterhafte Person, die sich jetzt Ann Anderson nennt. Jennie musste den Vorschlag nur machen, und beide stimmten zu, sodass die standesamtliche Trauung – die einzige legale hier – für den 31. März angesetzt ist. Ob Erzdiakon Gravening außerdem zustimmen wird, sie in der Kathedrale zu trauen, kann ich nicht sagen. Er denkt darüber nach. Die Angelegenheit wurde durch Ihre Andeutung beschleunigt, dass der FO beabsichtigt, Brentham zurückzurufen . Wenn er zurückging und sie nicht heiratete, würde es mit Mrs. Baines schlecht laufen. (Ich habe wirklich Gefallen an ihr gefunden, und ich könnte mir vorstellen, dass sie ziemlich hübsch sein wird, wenn sie ein gutes Klima erreicht. Sie ist sehr ruhig und erzählt auf eine ruhige Art und Weise ziemlich unterhaltsam, was sie in ihrem Leben durchgemacht hat wilde Reise an die Küste.)

Nun: Wenn die Hochzeit vorbei ist, schlage ich vor, ihm die FO-Anweisung zu überbringen, zurückzukehren und Rechenschaft über sich abzulegen. Ich muss ihm gerade genug Zeit geben, zum Festland zu gehen und zu versuchen, die Dinge in seinem dortigen Konsulat zu regeln. Die Spencer Bazzards , die ihn im Stich gelassen haben, berichten, dass nach seiner Abreise ins Landesinnere im vergangenen September völliges Durcheinander herrschte, und beschuldigen seinen indischen Angestellten, Gelder des Konsulats veruntreut zu haben und, noch schlimmer, den Chiffriercode des Büros an die Deutschen verkauft zu haben. Wenn dies zutrifft, ist dies ein großes Ärgernis, da es uns dazu zwingt, überall Änderungen vorzunehmen. Zum Glück ist es nur Cipher Q.

Ich nehme an, Sie wissen, dass Kapitän Wissmann an der Spitze einer Truppe von über tausend ausgesuchten Männern in Medina angekommen ist, um den Arabern den letzten Schliff zu geben? Dort trafen ihn andere deutsche Offiziere mit weiteren Kontingenten – Zulus und Makua. Wissmanns Leute sind hauptsächlich Sudanesen. Ich nehme an, wir haben richtig gehandelt, indem wir es ihm ermöglicht haben, diese Truppe auf praktisch britischem Territorium aufzustellen – britisch oder portugiesisch? Ich persönlich mag Wissmann . Denn wenn wir – wie Brentham sagt – nicht den Mut gehabt hätten, ganz Ostafrika für uns zu nehmen, als wir zum ersten Mal von Bismarck herausgefordert wurden, wäre es besser, wenn der deutsche Anteil ordnungsgemäß kontrolliert würde und nicht in eine Situation zurückfiele Anarchie und Sklavenraub. Aber was uns in all diesen Angelegenheiten natürlich die Hände bindet, ist der starke Wunsch Frankreichs, die ägyptische Frage zu unserem Nachteil zur Sprache zu bringen . – Glauben Sie also nicht, dass ich dem Amt Unentschlossenheit vorgaukele. Die Franzosen hier machen mir mit ihren Intrigen das Leben zur Last....

* * * * *

Dein,

GODFREY DEWBURN.

*Von Lucy Brentham an Mrs. Albert Josling, Church
Farm, Aldermaston .*

Mbweni ,

Unguja,

2. *April 1889.*

LIEBE MUTTER,—

Ich gehe davon aus, dass Sie meinen Brief Anfang Januar geschrieben
haben, nachdem ich nach Unguja zurückgekehrt war. Die Nachricht muss
für Sie ein schrecklicher Schock gewesen sein. Und was es für Mrs. Baines
war, wage ich nicht *zu glauben* . Ich gehe davon aus, dass ich in ein oder zwei
Tagen eine Antwort von Ihnen erhalten werde, wenn die Post eintrifft. Aber
da morgen ein Dampfer ablegt, schreibe ich diesen Brief, um Ihnen andere
Neuigkeiten zu überbringen: Diesmal eine gute Nachricht, meine Liebe .

Brentham , den Konsul für das Festland, geheiratet . Aus meinen
Briefen wissen Sie alles über ihn. Es ist wahr, dass der arme John erst etwas
mehr als sechs Monate her ist, und einige Leute werden denken, dass es
danach viel zu früh ist, noch einmal zu heiraten, aber Sie und Vater werden
es verstehen. Roger geht bald nach Hause. – *Denk* darüber nach, liebe Mutter!
Wir gehen – oder sollte man sagen „wir kommen "? – NACH HAUSE. Ich
habe es in Großbuchstaben geschrieben. Seit wir von Johns Tod erfahren
haben, wollte er mich heiraten. Wir sind beide sicher, dass John es für das
Klügste hält, was er tun könnte, und sogar Ann Jamblin ist der Meinung.
Nun, als Roger vom Auswärtigen Amt zurückgerufen wurde, konnte er mich
kaum hier zurücklassen, und wenn er mich nicht gebeten hätte, ihn zu
heiraten , hätte ich nicht ganz alleine hier bleiben können, es sei denn, ich
wäre einer Missionsgesellschaft beigetreten. Und dazu hatte ich keine Lust.
Ich glaube nicht, dass ich für die Arbeit geeignet bin. Aber glaube nicht, dass
ich die Missionare *heruntermachen möchte* . Weit gefehlt, nach allem, was ich
gesehen habe. Die Missionsarbeit hat John ziemlich verändert. Es machte
ihn so *gut* und *selbstlos* . Und obwohl ich viele Gründe dafür habe, dass ich
über Ann Jamblin wütend und wütend bin. – Sie ist nicht tot, aber sie ist in
gewisser Weise mit diesem Ebenezer Anderson von unserer Mission
verheiratet Frau, die sie früher in Tilehurst war. Sie nennen sie hier –
zumindest die Lokalzeitung – Sie wird von einem Eurasier geleitet – Ich
werde Ihnen eines Tages sagen , was Eurasier bedeutet … Sie nennen sie
„Die Heldin von Hangodi ". Ich glaube, dass jemand in den englischen
Zeitungen über sie schreiben wird; und der deutsche Befehlshaber auf dem

Festland, Kapitän Wissmann , hat ihr seine Komplimente geschickt und gesagt, dass er eine tapfere Frau immer bewundern kann, egal welche Nationalität sie hat. Ist das nicht alles komisch, wenn wir daran denken, wie sie in der Schule war und wie gierig sie bei den Gebetstreffen war? Hier ist ein Missionarsehepaar – ich habe sie in meinen anderen Briefen erwähnt, Herr und Frau Stott. Sie können sich nicht *vorstellen*, wie gut sie für mich waren. Ich habe dir viel, viel, viel zu erzählen, wenn wir uns treffen. Aber ich muss schnell sein und diesen Brief zu Ende schreiben.

Nun ja: Letzten Mittwoch habe ich meinen geliebten Roger geheiratet, und wenn ich nicht ab und zu an den armen John denken würde, wäre ich die glücklichste Frau der Welt. Mutter, ich habe ihn *immer* geliebt, seit wir uns am ersten Morgen auf dem Dampfer trafen und er mir die Isle of Wight zeigte und sich dann die ganze Reise über so gut um mich gekümmert hat. Und er sagt, er habe sich gleichzeitig in mich verliebt. Ist das nicht *wunderbar*, wenn man an all die großartigen Damen denkt, die er gesehen hat, und viele von ihnen, da bin ich mir sicher, sind in ihn verliebt? Als ich ihn nach dem Grund fragte, küsste er mich nur und sagte, es lägen an meinen violetten Augen und meinem Ausdruck völliger Hilflosigkeit. Aber ich finde, es ist *zu heilig* , um darüber zu sprechen oder zu schreiben. Ich war dem armen John immer eine treue Ehefrau. Die Leute können denken und sagen, was sie wollen. Hier auf dem Festland gibt es eine schreckliche alte Katze , die auch mit mir gereist ist. Ich bin mir sicher, dass sie schreckliche Dinge über mich sagt und schreibt. Es ist nur Eifersucht. Aber selbst jetzt, Mutter, habe ich dir noch nicht das Schönste von allen erzählt! Ich habe gerade in meinem letzten Brief gesagt, dass ich bei der Frau des Generalkonsuls untergekommen bin. Es ist so passiert. Als wir zum ersten Mal von einem dieser schrecklichen arabischen Segelboote hier gelandet sind, die voller B-Flats sind, *aber* meiner Meinung nach – und Roger auch – es viel vernünftiger ist, direkt „Käfer“ zu nennen – als wir gelandet sind Roger sagte: „Gehen Sie besser zu Mr. Callaway und bleiben Sie zunächst dort, bis ich herausgefunden habe, was das Beste für Sie ist.“ Also ging ich hin und fühlte mich einfach *elend* . Ich wollte dir damals nicht sagen, wie viel, aus Angst, es könnte dich verärgern. Ich hatte wirklich fast das Gefühl, Selbstmord zu begehen, nur dass ich nie etwas so Schlimmes tun sollte. Aber da lag ich hinter meinem Moskitovorhang in einem Raum wie ein türkisches Bad und weinte, weinte *vor* mich hin über den armen John und dachte, ich würde Roger nie wieder sehen und was Mrs. Baines sagen würde, wenn ich ganz allein zurückkäme; Als hereinkam, kam Lady Dewburn , die Frau des Generalkonsuls – „mein Chef“ – wie Roger ihn nennt. Sie wollte, dass ich sofort mit ihr wegginge. Mutter, ich hatte nach dieser schrecklichen Reise kaum noch Kleidung; Das war einer der Gründe, warum ich mich schämte, auszugehen. Nun, sie brachte mich in ein schönes, kühles Schlafzimmer oben in ihrem Haus . – Es hat ein Flachdach und ich habe es immer genossen, aus meinem Zimmer zu gehen und auf das Meer und die Eingeborenen unten und die Schiffe und Palmen zu schauen. Sie ließ mir meine Mahlzeiten hochschicken und kam oft selbst vorbei, um sich zu erkundigen, und eine Woche lang beauftragte sie indische Schneider, Kleidung für mich zuzuschneiden und zu nähen. Als sie fertig waren , war ich wieder ganz gesund, und dann brachte sie mich herunter und stellte mich ihrem Mann vor, der der große Mann dieses Ortes ist. Früher *hat er* sich eher über mich lustig gemacht, mich gehänselt, wissen Sie, aber er war trotz allem freundlich. Mutter, wenn ich *ihre eigene Tochter* gewesen wäre, hätten sie mich nicht freundlicher behandeln können. Sie ließ sich nicht von mir danken und sagte, ich sei eine verzweifelte britische Untertanin und es sei ihre Pflicht. Und nachdem ich ungefähr sechs Wochen bei ihnen geblieben war und angefangen hatte zu sagen, ich solle meinen Lebensunterhalt verdienen oder nach Hause gehen, sagte sie: „Würdest du nicht lieber lieber Roger Brentham heiraten ?“ Und ich sagte: Er würde mich nie fragen, und wenn er es täte , würde ich ihm nur seine Karriere verderben. Und sie sagte: *Unsinn* . Und am nächsten Tag, als sie beide mit dem Auto losgefahren waren, kam Roger in das Zimmer, in dem ich mit Halima arbeitete (die seltsamerweise seine Köchin geheiratet hat!) und bat mich, seine Frau zu sein. Wie könnte ich etwas anderes als „Ja“ sagen? Ich weiß jetzt, dass ich an Schwindsucht oder so gestorben wäre, wenn er es nicht getan hätte. Aber natürlich sagte ich: „Das kann nicht sein, bis der arme John ein Jahr tot ist.“ Als ich dann an diesem Abend Lady Dewburn erzählte , sagte sie: „Unsinn! Ich sehe keinen Grund, warum es nicht Ende März sein sollte. Wenn Captain Brentham dann nach Hause muss, können Sie mit ihm zurückkehren.“ Also habe ich natürlich nachgegeben.

Ich fürchte, es wird viele Leute verärgern, besonders Mrs. Baines. Wie können wir es ihr beibringen?

Es gibt noch *tausend* andere Dinge, die ich Ihnen sagen kann, aber wenn ich diesen Brief jetzt nicht zu Ende bringe , schaffe ich es nicht, ihn in den Postsack der Agentur zu stecken, der meiner Meinung nach immer viel sicherer ist als die normale Post , und ich muss es nicht stempeln.

Also, in ein paar Wochen wirst du dich, liebe Mutter, wiedersehen

Dein eigenes

    LUCY.

PS Liebe Grüße an den Vater und die lieben Mädels. Sehen *Sie* , was Sie mit Mrs. Baines machen können. Sie tut mir *so* leid und ich würde ihr so gerne von John erzählen. Die Dinge wären vielleicht so anders gewesen, wenn mein kleines Baby nur gelebt hätte, John fühlte es *schrecklich* .

Privat und vertraulich.

HM Agency und Generalkonsulat,

Unguja,

2. *April*.

LIEBER BAZZARD,—

Ich nutze einen britischen Dampfer, der heute nach Medina fährt, um Ihnen diese eilige Nachricht zu schicken.

Ihr Kollege, Kapitän Brentham , heiratete am 31. März Frau John Baines, die Witwe des armen Kerls, der in Hangodi getötet wurde . Brentham wird wahrscheinlich in Kürze im Urlaub nach England zurückkehren (ich habe von Ihnen gehört, dass Sie bereit waren, Ihren Urlaub um ein paar Monate zu verschieben). Bevor er geht, habe ich ihn gebeten, mit Ihnen zusammenzuarbeiten, um die Angelegenheiten im Medina-Konsulat zufriedenstellend zu regeln, damit Sie offiziell seine Nachfolge antreten und dort amtierender Konsul sein können, bis es weitere Entwicklungen gibt. Ich bin Ihnen und Frau Bazzard sehr dankbar , dass Sie in die Bresche gesprungen sind, die durch diese schrecklichen Unruhen entstanden sind, die nicht nur im deutschen Hinterland aufgetreten sind, sondern jetzt auch in unserem beginnen – wir dürfen also nicht zu früh prahlen!

Brentham musste, wie Sie wissen, letzten September sehr eilig abreisen, und wenn es den Arabern gelungen wäre, die Stadt einzunehmen, wäre die Lage noch viel schlimmer geworden, als sie jetzt ist. Er sagt, wenn sich tatsächlich herausstellt, dass aufgrund der Unterschlagung des indischen Angestellten ein Bargelddefizit vorliegt – wenn er tatsächlich unterschlagen hat –, aber *was* ist aus ihm geworden? Wurde er getötet? – er ist bereit, es aus eigener Tasche wiedergutzumachen. (Ziemlich hart für ihn, da er nicht umhin konnte, diesem Mann das Kommando zu überlassen; aber wenn es sich um eine ernste Angelegenheit handelt, kann ich wie ein wohlwollender Schiedsrichter einspringen.) Der Verlust oder das Verschwinden der Bürochiffre ist eine ernste Angelegenheit – sehr –. Ich kann mir nicht vorstellen, welchen Nutzen es hätte, es von den Deutschen zurückzubekommen, denn wenn sie es überhaupt in ihrem Besitz gehabt hätten, hätten sie daraus wahrscheinlich alle Informationen gewonnen, die sie wollten *!*

Während Brentham in Medina ist, möchte ich, dass er ein Gespräch mit dem deutschen Kommandanten, Kapitän Wissmann , führt , da er ihm eine Nachricht von mir überbringen kann.

Ich hoffe, dass es Frau Bazzard gut geht? Sie hat auf jeden Fall gezeigt, dass sie dem Klima standhält. Aber wir dürfen sie nicht *zu* sehr auf die Probe stellen.

Die Erkenntnis ihres Trauerfalls hielt Callaway davon ab, in ihre Einsamkeit einzudringen, selbst durch eine Nachricht von Halima. Das sei eine Gnade, dachte sie – zunächst –, denn so gut es auch gemeint war, er kam ihr als „gewöhnlich" vor, nicht sehr attraktiv im Aussehen, mit rauer Stimme, überschwenglicher Frömmigkeit und schlechten Tischmanieren ... Aber Muss Halima so nachlässig gewesen sein? Halima war zuletzt so sehr in den Plan vertieft, die Köchin aus Goa zu heiraten, dass sie ihre Geliebte ohne Zögern vernachlässigte und ihre völlige Bereitschaft erklärte, in die römische Kirche einzutreten, wenn dieser Akt Antonio da Silva e Andrades letzte Skrupel, eine Negerin zu heiraten, beseitigen könnte. Sie verbrachte einen Großteil ihrer Zeit damit, ihr flauschiges Haar zu ölen und zu einer europäischen Frisur zu kämmen, und zögerte nicht, sich Details aus Lucys spärlicher Garderobe für ihre eigene Verzierung „auszuleihen". Als sie mit Lucys Mahlzeiten in das heiße ... *heiße* ... *heiße* Schlafzimmer mit seinen schrecklichen Insektenschwärmen kam, vor dem das eiserne Bettgestell mit dem heruntergelassenen Moskitovorhang fast der einzige Zufluchtsort war, trug sie – Halima – ein Schmollen zur Schau Gesicht. Offensichtlich würde sie im Unglück *nicht* bei Lucy bleiben ...

Auf die eine oder andere Weise machte sich Lucy Sorgen und sorgte dafür, dass sie krank wurde; Angst, auszugehen oder sich zu zeigen; Sie verabscheute das Leben in diesem von Ungeziefer verseuchten Schlafzimmer mit niedriger Decke, tagsüber heiß, nachts stickig, während sie in der schwärzesten Dunkelheit unter dem Moskitonetz lag und angesichts der Möglichkeiten jenseits des Bettes schauderte. Ratten tobten und quiekten und fielen gelegentlich von den Dachsparren in das durchhängende Moskitonetz; Zweifellos lauerten Skorpione in den Spalten der Dielen, um ihr in die Zehen zu stechen, wenn sie aus dem unerträglich heißen Bett stieg. Kakerlaken wechselten ihre Liebesflüge vom Fenster aus mit hektischen und listigen Versuchen ab, unter den Vorhang zu gelangen. Die Mücken hielten die ganze Nacht hindurch ein klangvolles, ununterbrochenes Summen aufrecht, empört darüber, dass ihr der Zugang zu ihrem Körper verwehrt wurde. Und die Einsamkeit! Halima sollte draußen auf dem Treppenabsatz schlafen; eine höfliche Vermutung, die Lucy nicht auf die Probe stellen wollte, damit die Nachforschungen nicht zu einem trotzigen Rückzug aus ihrem Dienst führen würden ... Ihr Dienst! Woher sollte Halimas Lohn kommen?

Es war zehn Uhr morgens – ungefähr. Lucy war aufgestanden, hatte sich hastig gewaschen und hastig das einzige saubere Baumwollkleid angezogen, das ihr noch geblieben war. (Sie muss wirklich eines Tages losfahren und ein

Mit freundlichen Grüßen ...

GODFREY DEWBURN.

Als dieser Brief Spencer Bazzard erreichte , brachte er ihn umgehend zu seiner Frau, die vor ihrem Frisiertisch saß und ein wenig von dem „Haarwuchsmittel" in die Haarwurzeln rieb, die auf eine ärgerliche Art und Weise dazu führten, dass kein Gold entsteht die Hautebene. Sie sagte, den Blick auf das Glas gerichtet: „Lesen Sie es laut vor." Er hat es getan. „Hurra", rief sie mit geordneter Freude, um die heikle Operation nicht zu stören – sie gingen an diesem Abend mit einem deutschen Funktionär essen – „Hurra! Das heißt, er ist gescheitert . Er geht bestimmt nach Hause, ziemlich schlecht." Farbe . Sie haben ihn gezwungen, sie zu heiraten, um die Missionare zu besänftigen. Aber er wird uns hier draußen nie wieder belästigen. Nun, wir werden bei der Aufklärung höflich zu ihm sein."

Von Kapitän Roger Brentham bis Lady Silchester.

Mbweni , Unguja,

2. *April 1889.*

LIEBE SIBYL,—

Ich glaube nicht, dass Sie eine Ahnung davon haben, was ich in letzter Zeit durchgemacht habe, sonst hätten Sie mir geschrieben, um mich zu erkundigen, Ihr Beileid auszusprechen oder mich zu ermutigen. Ich hatte regelmäßig einen „Ausrutscher" – erzähle dir nach und nach mehr darüber. Und eine wundervolle Reise ins Landesinnere, die einer Medaille der Royal Geographical Society würdig ist – erzählen Sie Ihnen eines Tages auch mehr *darüber* – und – fangen Sie nicht an – ich habe geheiratet!

Missionarin " heiraten sollte . Nun ja: Das habe ich getan. Ja, du hattest recht, du wahre Sibyl. Ich habe das liebe kleine Mädchen geheiratet – denn so kommt sie mir vor –, das ich vor drei Jahren nach Unguja begleitet habe und das ich selbst mit ihrem jungen Missionarsmann verheiratet habe, der zu einer Station im Landesinneren namens Hangodi ging . Es folgte eine tragische Zeit. Ich wage zu behaupten, dass die Zeitungen Ihnen alles darüber erzählt haben. Sie und ich wurden sozusagen weit im Landesinneren eingesperrt, und ich hätte nie gedacht, dass sie jedenfalls lebend an die Küste gelangen würde.

Nun ja: Ich hatte das Gefühl, dass es nach allem, was wir zusammen durchgemacht hatten, nur eines gab – das Richtige –, nämlich auch sehr in sie verliebt zu sein. Lady Dewburn (Sie wissen, wen ich meine) dachte genau das Gleiche; und Lady Dewburn ist, lassen Sie mich sagen, die *beste* Frau, die ich kenne. Ich werde *nie* vergessen, was sie für meine arme Lucy getan hat. Dewburn führte für uns die standesamtliche Trauung durch und gab nach der „kleinen und ruhigen" Trauung in der Kathedrale ein kleines und ruhiges Hochzeitsfrühstück. Mein alter Freund Gravening („der ehrwürdige Erzdiakon") war über die ganze Sache äußerst nett … war voll und ganz mit meiner Heirat mit Lucy einverstanden, trotz all der traurigen Umstände, und sagte, er würde den religiösen Teil regeln. Weil Sie wissen, was Frauen sind. Sie denken nie, dass sie richtig geheiratet haben, es sei denn, es ist in einer Kirche, oder wenn doch, dann ist das bei ihren Müttern nicht der Fall.

Ich weiß, dass ich einige schwierige Situationen überwinden muss, bevor ich mich an die Arbeit machen und mit voller Kraft weitermachen kann, aber ich schaue auf Sie und andere wahre Freunde, echte Kumpel – um mich durchzubringen. Der FO scheint mich und auch einen Teil der Missionswelt im Stich gelassen zu haben. Aber wenn sie die ganze Geschichte hören , werden sie sehen, dass ich einfach nur vom Unglück verfolgt war und alles getan habe, was ich hätte tun können. Unglücklicherweise ging während meines Aufenthalts im Landesinneren in meinem Konsulat alles kaputt, und zwei schreckliche Grenzgänger – die Bazzards , mehr über sie, wenn wir uns treffen – nutzen es bis zum Äußersten aus.

Ich fahre nach einer Woche Urlaub zurück aufs Festland, um im Konsulat alles in Ordnung zu bringen. Ich hoffe, ich packe Bazzard nicht an der Gurgel oder verliere die Beherrschung gegenüber seiner Frau aus Bayswater . Ich *darf* einfach nicht . Nun ja: Wenn ich das alles erledigt habe und die Bazzards richtig installiert gelassen habe, nehme ich mit Lucy den nächsten Dampfer zurück. Fast zwei Jahre bin ich hier draußen, und sechs Monate Urlaub bei voller Bezahlung stehen mir zu. Ich gehe offiziell nach Hause, um Bericht zu erstatten. Ich frage mich, ob sie mich zurückschicken werden? Auf jeden Fall erwarte ich von Ihnen, lieber Cousin und Freund, dass Sie mir helfen – nicht so sehr in konsularischen Angelegenheiten – ich habe das Gefühl, dass ich bei der allgemeinen Gerechtigkeit allein bestehen kann –, aber was die kleine Lucy betrifft . Der Status ihres Vaters und der meines Vaters unterscheiden sich, wenn man es genauer betrachtet, nicht sehr voneinander, außer dass Josling wahrscheinlich ein viel nützlicheres Mitglied der Gemeinschaft ist. Aber vielleicht braucht sie eine helfende Hand, wenn wir nach Hause kommen, wenn wir unterwegs gefragt werden. Mit ihrer außergewöhnlichen afrikanischen Erfahrung im Rücken wird es natürlich genauso interessant sein, sie kennenzulernen wie eine Lady Baker, eine Miss Gordon Cumming oder Isabella Bird …

Ich habe eine kurze Nachricht an die gute alte Maud und eine noch kürzere an den Pater geschrieben. Ziemlich hart für einen Mann, der sich nach nur zwei Tagen Flitterwochen hinsetzen und all diese Briefe verfassen muss, obwohl es sich in einem tropischen Paradies wie Mbweni befindet – aber mit einem Thermometer von etwa neunzig Grad im Schatten. Ich bin mir sicher, dass Maud Lucy mögen wird; Ich bin mir bei dir nicht so sicher. Du bist so großartig geworden. Was den Pater betrifft, so wird er uns kaum viel Aufmerksamkeit schenken, es sei denn, wir könnten zustimmen, in Silchester begraben und von ihm ausgegraben zu werden! Maud schrieb vor einiger Zeit, dass seine Vernachlässigung seiner kirchlichen Arbeit zur Ausgrabung römischer Stätten zu einem solchen Skandal geworden sei, dass sie einen Pfarrer für Farleigh engagieren mussten.

Und dass der Pfarrer zwei Monate lang nicht dort gewesen sei, bevor er ihr einen Heiratsantrag gemacht habe, abgelehnt worden sei und sich dann zu einer „kindlichen" Haltung bekennt.

Wie ist Silchester? Es ist schon ein Jahr her, seit ich einen Brief von Ihnen erhalten habe; Aber ich habe kürzlich in einer Zeitung gelesen, dass er an Grippe erkrankt war, aber „gute Fortschritte machte". Das liest sich immer bedrohlich.

Passt irgendwann im Mai auf mich auf. Ich hoffe, ich werde so willkommen sein wie die Blumen desselben. Ich bringe dir ein paar Leopardenfelle und eine afrikanische Rassel für Clitheroe mit nach Hause. So lange!

ROGER.

Eine Woche, nachdem diese Briefe in den Postsack des Konsulats gesteckt worden waren, hatte Roger seine Sachen gepackt und wartete auf ein Kanonenboot, das ihn zum Festland bringen sollte – wo er, frisch von einem Militärdienst, ein wichtiges Interview mit Kapitän Wissmann führen sollte Sieg über die Araber. Sir Godfrey verabschiedete sich von ihm und sagte: „Haben Sie heute Morgen bei Reuters nachgeschaut?"

Roger: „Nein! Was ist los?"

Sir Godfrey : „Ihr Freund Lord Silchester ist tot."

"Puh!" sagte Roger, oder so nah wie möglich an diesem herkömmlichen Ausruf der Überraschung und Spekulation darüber, was gewesen sein könnte ...

Kapitel XV

IN ENGLAND

Kapitän und Frau Brentham kamen Ende Mai 1889 aus Ostafrika in London an. Sie müssen sich Brentham mit einer Ersparnisreserve von etwa fünfhundert Pfund auf seinem Guthaben bei Cocks's und einem Gehalt in Höhe von siebenhundert Pfund vorstellen Jahr, das bis irgendwann im Oktober dauern wird . Nach langen Überlegungen und Diskussionen während der Reise haben sie sich für eine möblierte Wohnung im achten Stock von Hankey's Mansions, St. James's Park, entschieden, da sie eine bessere Adresse hätten – „in der Nähe der Regierungsbüros und der Clubs, wissen Sie?" Und wenn der Aufzug Tag und Nacht fährt, spielt es natürlich keine Rolle, ob man sich im ersten oder achten Stock befindet, ganz zu schweigen von der Aussicht." Lucy hatte schüchtern vorgeschlagen, dass das Pardew's Family Hotel in der Great Ormond Street für die Verwandten von Tante Ellen sehr günstig wäre, aber Roger entschied mit dem wehmütigen Snobismus seiner Klasse, dass es eher herablassend wäre, wenn man aus dem West-Central-Teil Londons stammte, als man wollten das Auswärtige Amt positiv beeindrucken ; Es war also Hankey's, mit viel Sonnenlicht, herrlicher Aussicht über den Park und das Kasernengelände mit seinen militärischen Herausforderungen und Geschreien.

Das Zimmer von Herrn Molyneux im Auswärtigen Amt.

„Ah, Brentham ! Ich dachte, du würdest bald auftauchen. Dewburn hat mir über dich geschrieben … Eine Zigarre? Da sind die Streichhölzer. Na ja. Schreckliches, was ich sagen kann, wenn ein Mann gerade erst angekommen ist, außer dir." Ich habe ein reguläres Wespennest unter den Unco - Guids aufgewühlt. Dieses verwirrte nonkonformistische Gewissen, das Stead erfunden oder geschaffen hat. In der letzten *Review of Reviews* gibt es einen offensichtlichen Hinweis auf Sie, und Labby's hat letzte Woche in der *Truth* einen sehr bissigen Artikel veröffentlicht . Ich versuche, durch Sie an die Ostafrikapolitik der Regierung heranzukommen. All das hat den alten Mann mächtig verärgert …"

Roger ist bestrebt , einen klaren und nicht zu ausführlichen Bericht über die gesamte Abfolge der Ereignisse zu geben, die zu seiner Hochzeit in Unguja führten. drückt den zu Recht empfundenen Zorn gegen die Mücken der Presse aus; bietet an, sie auszupeitschen oder vor Gericht zu bringen ...

Molyneux : „Mein *lieber* Freund, wovon redest du? Du *würdest* einfach für dich selbst sorgen und müsstest die Karriere aufgeben. Erstens ist das Auspeitschen von Pferden veraltet – verdammt niedrig jedenfalls – und zweitens gibt es nichts *Verleumderisches* in dem, was sie geschrieben haben –

nur allgemeine Anwendung, wissen Sie? Wenn Sie etwas unternehmen würden, würden Sie einfach das *i* und das *t ankreuzen* und ausgelacht werden. Und was sie sagen im Parlament, ich kann sie deswegen nicht vor Gericht bringen . Nein. Lassen Sie es besser sein. *Äußerst* bedauerlich. Ich wage zu sagen, dass es nicht Ihre Schuld ist. Dennoch denke ich, dass Sie vielleicht *etwas* vorsichtiger gewesen wären, was Sie sozusagen nicht getan haben Stecken Sie Ihren Kopf in die Schlinge. Ich stimme Dewburn *voll und ganz zu, dass Sie das Richtige* getan haben , als Sie sie geheiratet haben ...

„Nun, so viel dazu. Wie wäre es nun mit dieser fehlenden Chiffre? Ich bin mir nicht sicher, *ob* uns das nicht ein bisschen mehr aufregen würde als Ihr Treiben mit den Missionarinnen ...“

Roger: „Aber ich *habe nicht* weitergemacht – ich – ich – muss wirklich gegen diese Annahmen protestieren –“

Molyneux : „ *In* Ordnung. Behalten Sie Ihre Haare. Lassen Sie sich nicht mit Wachs behandeln. Ich rede nur zu Ihrem eigenen Besten. Aber erzählen Sie uns von dieser Chiffre.“

Roger (immer noch mit wütender Röte): „Was *soll ich* sagen? Ich komme in Medina an und erhalte die Anweisung, das dortige Konsulat in aller Eile neu zu organisieren. Es war niemand außer einem indischen Angestellten zuständig. Ich übernehme ihn einfach.“ . Ich habe meinen Code in den Safe gelegt, aber ich musste den Schlüssel beim Angestellten lassen, als ich sehr kurzfristig ins Landesinnere aufbrach, um diese verwirrten Missionare zu warnen ... Ich wünschte Gott, *ich* hätte dir keine Beachtung geschenkt Anweisungen“ („Ich *sage* , alter Junge, zieh es mild ... und pass auf, was du mit dieser Zigarrenasche machst .“ Roger geht zum Kamin und wirft die Zigarre hinein.) „Ich wünsche Gott „ fährt er fort, „ich hatte sie in Ruhe gelassen, um dem Ärger standzuhalten, falls die Araber tatsächlich *kämen* . Was ich jedoch sagen will, ist, dass ich mir nur vorgenommen habe, das zu tun, was mir gesagt wurde, und konnte nicht vorhersehen, wie.“ Es würde lange dauern. Ich bin erst letzten April in mein Konsulat zurückgekehrt. *Wie* kann ich herausfinden, was mit dem Angestellten oder der Chiffre oder dem Geld passiert ist? Ich habe das Defizit beglichen ... Woher weiß ich, was diese Bazzards sind? hatten Sie vor? Mrs. Bazzard –“

Molyneux (sein Verhalten ist unmerklich steifer und feierlicher geworden): „Ich denke, wir lassen die Bazzards außen vor. Auf jeden Fall sind sie nicht hier, um sich zu verteidigen. Wir müssen die ganze Angelegenheit zur Untersuchung an Dewburn weiterleiten . In der Zwischenzeit.“ Hier sind Sie im Urlaub und ich wage zu sagen, dass Sie dringend Ruhe brauchen. Mein Rat ist: Gehen Sie aufs Land ... Ihr Vater lebt auf dem Land, nicht wahr? (Roger nickt.) „Nun, geh runter und rustikal und nimm Mrs. Brentham mit. In ein oder zwei Wochen werden die Zeitungen und das Nonkonformistische Gewissen in vollem Gange sein und nach etwas anderem suchen. Was die Frage angeht, ob Sie zurückgehen sollten, Das müssen wir dem alten Mann überlassen. Vielleicht hält er einen Ortswechsel für ratsam. Hat es Sinn, Sie zu einem Junggesellenessen einzuladen? Meine Frau ist gerade nicht in der Stadt.

Roger (*sehr* unklug, da er darin eine Abneigung wittert, auch Lucy zu fragen): „Nein, danke. Ich denke, ich werde deinen Rat befolgen und aufs Land gehen. Undankbares Land – ich meine die Nation – meins ist!" Hier habe ich die wichtigsten Entdeckungen gemacht, über die ich keine Zeit hatte, darüber zu berichten, ich habe ... ich habe ..." (Das Gefühl ist zu viel für ihn. Nimmt Hut und Stock, verneigt sich vor Molyneux und verlässt seinen Zimmer.) Bei alledem hat er höchst dumm gehandelt. Wenn er zum Junggesellenessen zu Molyneux gegangen wäre – zum „guten alten Spavins " – wie ihn die Angestellten im Zimmer gegenüber nannten – und ein paar gute Geschichten und Jagdabenteuer erzählt hätte, hätte Molyneux, der wie die meisten Männer wirklich seine freundliche Seite hatte, Er hätte den alten Groll über seine aufdringliche Ernennung vergessen, hätte die verlorene Chiffre und die überstürzte Heirat viel wohlwollender beurteilt und Lord Wiltshire ein Memo geschrieben, das ihm eine einjährige Anstellung zu Hause und einen Neuanfang im Osten nahegelegt hätte Afrika. Mrs. Molyneux hätte Mrs. Brentham bei Hankey's besucht und Mrs. Brentham wäre von Molyneux als „eine verdammt gutaussehende Frau" bezeichnet worden – kein Wunder, dass sie den Kopf ein wenig verdreht hat – viel kann es nicht gewesen sein in Ostafrika zu sehen" – und Brenthams Schwierigkeiten waren vorbei; und das ganze Schicksal Ostafrikas hätte etwas anders verlaufen können. So wie es war, schrieb er zur Information des Unterstaatssekretärs ein solches Memo wie dieses: „Ich habe Brentham heute vom Zangia- Konsulat in Ostafrika gesehen gebeten, die unangenehmen Umstände seiner sehr langen Reise durch das Landesinnere mit der Dame, die jetzt seine Frau ist, zu erklären. Er protestierte mit großer Hitze gegen die Angriffe der Presse und die Haltung der Missionsgesellschaften. Ich wage zu behaupten, dass er ein bösartiger Mann ist , aber ich sollte auch sagen, dass er das ist, was wir in der Diplomatie „un mauvais" nennen Coucheur .' Schwierig zurechtzukommen, streitsüchtig mit Kollegen. Er konnte keinen Aufschluss über den Verlust seiner Chiffre geben. Mir schien nicht klar zu sein, welchen Ärger und welche Kosten es verursacht hat. Ihm steht eine Beurlaubung von sechs Monaten zu. Schlagen Sie vor, dass ihm, wenn das zu Ende geht, ein konsularischer Posten in Norwegen oder Algerien angeboten wird."

Roger rief bei 6A, Carlton House Terrace, an, aber der Diener, der die Tür öffnete, teilte ihm mit, dass Lady Silchester und der kleine Lord Silchester noch auf dem Land, in Engledene , seien und dass es unwahrscheinlich sei, dass Ihre Ladyschaft bis dahin wieder in der Stadt sein würde der Herbst, in tiefer Trauer. Roger kritzelte auf seine Karte (die zusammen mit anderen Visiten- und Höflichkeitsanfragekarten verschickt wurde):

„Wir freuen uns sehr, Sie zu sehen. Morgen geht es nach Church Farm, Aldermaston . – ROGER.“

Roger übergab seine errötende Frau, ziemlich overdressed (denn er hatte auf ein modisches Outfit bestanden), zu ihren Eltern in Aldermaston ; Er schüttelte seinem Schwiegervater, den er sofort mochte, herzlich die Hand, küsste (zu ihrer Verwirrung) seine Schwiegermutter und seine Schwägerinnen und ließ sich dann von seinem Schwiegervater fahren Er ging zum nächstgelegenen Bahnhof, von dem aus er einen Zug nach Basingstoke (nach Farleigh) nehmen konnte, und versprach, in vier Tagen zurückzukehren, nachdem er seinen Vater, seine Schwester und seine Brüder, einen von ihnen in Portsmouth, gesehen hatte. Als er tatsächlich zur Church Farm zurückkam, lag Lucy krank im Bett und sein Vater und seine Schwiegermutter sahen ernst und beschäftigt aus. Außerdem waren sie – wie Landleute so sind – etwas ermüdend zurückhaltend. *Was passiert ist ? Dies* , wie er es später zusammensetzte.

Als Mrs. Baines Ann Andersons Brief erhalten hatte – der, wie Sie sich erinnern werden, etwa am 30. November geschrieben, aber erst Anfang Januar aus Unguja abgeschickt wurde – erlitt sie einen schweren Schlag. Es ist wahr, dass die Mission sie nach Erhalt eines Telegramms von Callaway gewarnt hatte, ernste Nachrichten von Hangodi zu erwarten , aber sie hatte nicht viel darauf geachtet, so überzeugt war sie, dass Gott allen Schaden von ihrem Sohn abwenden musste. Aber der Brief – auch von Ann, die sie als Schwiegertochter willkommen geheißen hätte – war überzeugend, und nachdem sie ihn zweimal durchgelesen hatte, schloss sie sich in den ersten Stunden in ihrem gemeinsamen Schlafzimmer neben Mr. Baines ein großes Unbehagen – er konnte sich waschen und schlafen, wo er wollte. Sie hatte ihn durch das Schlüsselloch angeschrien, mit heiserer, erstickter Stimme, die er kaum als ihre erkannte, dass sein Sohn John tot sei, getötet von den „A-Rabs “, zweifellos mit der vollen Zustimmung dieser Schlampe von Lucy; und machte sich auf den Weg, um diese schreckliche Nachricht so gut es ging zu verdauen. Eliza war zutiefst von Mitleid und Mitgefühl über das Schicksal von Master John berührt und richtete für ihn eine Art Schlafraum im „ Liberty “ ein, in dem er seine Rechnungen erledigte …

Mrs. Baines verließ ihre Haftanstalt anderthalb Tage lang nicht. Als sie herauskam , war sie zwar gelassen, aber mit einem so schrecklichen Ausdruck in ihren Augen, dass niemand wagte, ihr Mitgefühl auszudrücken oder Ratschläge zu geben. Sie erteilte ihre Befehle mit möglichst wenigen Worten.

Sie machte sich an die Arbeit, um die tiefste Trauer auszudrücken, und ließ die Jalousien herunter, und sie mussten eine ganze Woche lang heruntergelassen bleiben. Während dieser Woche schrieb sie bei Kerzenlicht viele Briefe – für sie. Eliza, die sie aufgeben musste, denn Mrs. Baines scheute davor zurück, Freunde oder Bekannte zu treffen, bis die Woche um war, bemerkte, dass einige von ihnen recht vornehme Adressen trugen: das Mitglied von Reading, den Marquis von Wiltshire, den Herausgeber der *Review von Bewertungen ....*

Joslings auf der Church Farm besucht hatten ? Warum, weil der Müller von Aldermaston sah, wie die Brenthams am Bahnhof von Aldermaston ankamen, und Zeuge der Begrüßung durch Farmer Josling – einen so guten, aufrechten Mann – und seinen Schwiegersohn wurde – genau so ein anderer, nur ziemlich blass und dünn; und der Müller erzählte der alten Frau Bunsby vom Gemischtwarenladen in Theale; und Mrs. Bunsby , die dringend einen Vorrat an Ingwerbier brauchte, denn das Wetter wurde wärmer und Oxford-Studenten drängten ihre Wandertouren manchmal bis ins Kennet Valley – Mrs. Bunsby ging noch am selben Nachmittag zu *John Baines & Co., um eine Bestellung über vier Dutzend aufzugeben, und erwähnte die Tatsache, dass „die Witwe von Pore Master John" „mit einem* Nein " zu ihrem Haus zurückgekehrt sei .

Der Assistent, der die Bestellung für die Lieferung in der nächsten Runde registrierte, nachdem Mrs. Bunsby gegangen war, schlüpfte in Mr. Baines' „ Liberty " und flüsterte halb flüsternd die Nachricht von Lucys Rückkehr. Als bald darauf Mrs. Baines ins Esszimmer kam, um am Teetisch zu sitzen, empfand er – (er sah sehr gealtert – mein Astralkörper, der über der Szene schwebte, einen Anflug von Mitleid mit ihm; auf seine eigene langweilige Art er Er hatte seinen einzigen Sohn geliebt und war stolz auf ihn und arbeitete daran, ihm – eines Tages – Kompetenz zu verleihen. Er räusperte sich vorbereitend und sagte: „Ähm … Hrhm … Ähm … Lucy ist zurück." , Ich höre...."

"In der Tat?" antwortete seine Frau schnell. „Wo? Bridewell? Dort *sollte sie* sein …"

„Das wage ich zu behaupten, meine Liebe, aber sie ist auf der Church Farm, bei ihren Eltern, wissen Sie … Vielleicht könnte sie Ihnen etwas über John erzählen ? … "

„ Vielleicht könnte sie das. Aber ich werde nicht zulassen, dass ihr Name in *diesem* Haus erwähnt wird. *Verstehst du* ?"

Mr. Baines tat es und betrachtete diese Andeutung als endgültig.

Der nächste Tag war Sonntag. Frau Baines verbrachte einen Großteil des Tages damit (da sie beschlossen hatte, nicht in die Kapelle gehen zu können), im Gebetsraum ihres Schlafzimmers mit ihrem Schöpfer zu beten.

Einige der Gebete, die die verängstigte Eliza durch das Schlüsselloch hörte, klangen eher wie Beschwörungen, und die Schriftlesungen waren die Mahnpassage der Kleinen Propheten gegen Huren und leichte Frauen.

Nach zwei Tagen in Aldermaston hatte sich Lucy wieder einigermaßen erholt – sie fühlte sich in Hankey's Mansions ziemlich deprimiert und war durch die einwöchigen Einkäufe unter Tante Pardews verstohlener Anleitung und die eher zurückhaltenden Glückwünsche keineswegs erleichtert. Am Montagmorgen stand sie mit ihren Eltern und Clara vor dem wunderschönen alten Bauernhaus, atmete die Düfte des Mai ein und schwelgte mit dem Blick auf die Schönheit der Landschaft, an die sie sich in Afrika so oft erinnert hatte. Bauer Josling hatte wiederholt zum Ausdruck gebracht, wie sehr ihm das Aussehen, die Haltung und der Griff seines Schwiegersohns Freude bereiteten, und Frau Josling errötete immer noch und lachte bei der Erinnerung daran, dass er sie auf die Wange geküsst hatte. Sie konnten sich des befriedigenden Gefühls nicht erwehren, dass die zweite Ehe ihrer Tochter eine soziale Schicht darstellte, die ihres Aussehens, ihrer hervorragenden Bildung und ihrer Hoffnungen in sie würdig war ...

Clara ging weg, um einen Blick auf die Bienenstöcke zu werfen, und rief der Gruppe zu: „Hier kommt Mrs. Baines von der Straße herauf."

Instinktiv zogen sich die Eltern auf die Veranda des Hauses zurück und ließen ihre Tochter die ersten paar Minuten allein, um sich mit Mrs. Baines zu treffen, ohne dass andere Zuhörer der traurigen Geschichte zuhörten, die sie zu erzählen hatte. Lucy blieb, wie der von der Schlange faszinierte Vogel, wo sie war, ihre Finger spielten mit einem Stiefmütterchen, das sie gerade gepflückt hatte. Mrs. Baines, ganz in Schwarz, mit schwarzen Federn an einer großen Haube und schwarzen Handschuhen, ging langsam und bedächtig auf die verzauberte Lucy zu. Als sie in ihrer Nähe war, sagte sie: „ *Was ... hast ... du ... mit ... meinem ... Sohn gemacht? ...* "

„Oh! Ich ... ich ... hast du es nicht gehört?" stammelte Lucy.

„Ich *habe* gehört ... und ich habe viel *mehr erraten* , als ich gehört habe ... *Du ... du Hure – du Ehebrecherin – du – du Trottel!* ", brüllte Mrs. Baines, die auf Rache vorbereitet war und diese Szene in den letzten vierundzwanzig Stunden mit einem Wörterbuch geprobt. Und bevor Lucy antworten oder irgendjemand eingreifen konnte , hatte sie ihr zwei tolle Ohrfeigen verpasst, zuerst auf der einen und dann auf der anderen Seite.

Lucy fiel vorübergehend fassungslos auf das Stiefmütterchenbett. Mr. Josling, der zunächst seinen Ohren und Augen kaum trauen konnte, stürmte mit einem Brüllen wie ein Stier hinaus, packte Mrs. Baines an ihren eisernen Stützen, als ob sie nur ein Hauch wog, und rannte auf die andere Seite das Haus, in dem es einen großen Pferdetrog voller Wasser gab, in den der Kopf und die riesige Federhaube der wütenden Frau getaucht waren. Und wieder tauchte er ihren Kopf und die Haube ins Wasser, um ihr Zeit zu geben, zu Atem zu kommen. Dann stellte er sie auf die Füße und sagte: „ *So! Das wird* dein heißes Blut abkühlen. Das ist eine Vergeltung dafür, dass du meine Tochter halb getötet hast – du *verfluchte Tigerin, du ... Verschwinde* ! Oder ich' Ich werde die Hunde auf dich hetzen... Ich werde..."

„Vater, *mein Lieber* ", sagte Clara und weinte vor Mitleid und Wut über die unglückliche Lucy, doch sie achtete auf den Schein: „Vater, *mein Lieber, schrei nicht* so! Um Himmels willen, lass die alte Hexe gehen und locke sie nicht an." Jedermanns Aufmerksamkeit. Was auch immer *werden* die Nachbarn denken! Hier!" sagte sie und warf Mrs. Baines den Regenschirm hin, den sie im Moment des Angriffs mitgebracht und auf den Gartenweg geworfen hatte, „verschwinde mit dir, du böse alte Frau." Es ist eine Gnade, Vater hat dich nicht getötet, er ist so stark. Und wenn du meiner Schwester wirklich Schaden zugefügt hast, werden wir es dir bald sagen und dich vor Gericht bringen, du *böse alte , weinerliche Psalmen singende Methody* !"

Frau Baines sagte zu diesem Gegenangriff nichts. Sie saugte mit den Fingern das Wasser aus ihren Federn, setzte ihre flatternde Haube so gerade wie möglich, drückte sich das Wasser von den Schultern und versuchte, sich mit einem Taschentuch das Gesicht abzuwischen. und dann nahm sie all ihre Kraft und Entschlossenheit zusammen (denn in Wirklichkeit war sie sehr erschüttert und dem Zusammenbruch nahe), ging sie entschlossen an ihnen vorbei, ohne ein Wort zu sagen, ging langsam den Gartenweg entlang, bog nach rechts ab und schaffte es, nicht stehen zu bleiben Sie ging zurück zum Bahnhof, bis sie außer Sichtweite war. Sie waren ein wenig überwältigt von ihrer Würde.

Es wurde beschlossen – und Lucy, als sie sprechen konnte, flehte sie an, diesen negativen Kurs einzuschlagen –, Roger nicht zu schreiben und so weit wie möglich mit keinem Nachbarn über diese schmerzhafte Szene zu sprechen . Aber es vor dem Landklatsch zu bewahren, war eine Unmöglichkeit. Dies, das oder der andere Landdiener hatte es gesehen, von den Dachsparren einer renovierten Scheune, von den Ställen, vom Milchfenster aus; und so wurde die Behandlung, die die alte Mrs. Baines ihrer ehemaligen Schwiegertochter zuteil werden ließ, im Ausland bekannt und drang von der Küche und dem Stillzimmer des Engledene House bis in das Ankleidezimmer seiner Herrin. Ein vages Gerücht davon erreichte sogar die Afrika-Abteilung des Auswärtigen Amtes und Molyneux zuckte öffentlich mit den Schultern in Sir Mulberry Hawks Zimmer. Die Carnarvons in Highclere hörten von einem ihrer Pächter eine – eher humorvolle – Perversion davon und überlegten sich noch einmal, ob sie Brentham und Mrs. Brentham zu einer Wochenendparty einladen sollten, um ihnen von ihren außergewöhnlichen Erlebnissen zu erzählen. Der Pfarrer von Farleigh

Wallop erkannte, dass etwas Ähnliches geschehen war, das seine Überlegungen über die Gestaltung der Straßen in Calleva unterbrochen hatte Atrebatum , und als er mit Maud hinüberfuhr, um seine Schwiegertochter kennenzulernen – die inzwischen genesen war und dankbar war, dass die Trommel des am schlimmsten geschmatzten Ohrs nicht gespalten war –, war er lediglich kühl höflich und zeigte sehr wenig Interesse daran missionarische Fragen. Tatsächlich interessierte er sich nach 700 n. Chr. nicht mehr für christliche Missionen. Bis dahin hatte er seiner Meinung nach mehr oder weniger die Ideen des kaiserlichen Roms, der römischen Zivilisation, verbreitet.

Roger äußerte sich jedoch kaum zu dem Vorfall des Angriffs und fühlte sich in jeder Hinsicht am wenigsten geäußert, aber am schnellsten geheilt. Er lieh sich jedoch das Reitpferd seines Schwiegervaters und ritt eines Morgens früh nach Tilehurst. Er betrat die Designfabrik, als Mr. Baines gerade seinen Platz im Büro einnehmen und einen Blick auf die Bestellungen des Tages werfen wollte. „Oh, sei nicht beunruhigt!" sagte er zu Mr. Baines, der sich instinktiv zurückziehen wollte, da er die Identität seines Besuchers erriet. „Ich bin kein gewalttätiger Heide wie Ihre Frau. Setzen Sie sich und lassen Sie uns wie vernünftige Männer darüber reden."

Dann legte er Mr. Baines die Angelegenheit sehr klar vor.

Mrs. Baines, die von der halb ängstlichen, halb jubelnden Eliza gerufen wurde, hatte „sich in ihrem Schlafzimmer eingeschlossen, sie hat mich aufgefordert , die Polizei zu holen!"

„Dann bleib auch du", sagte Roger zu der erschrockenen Eliza, „bleib und höre, was ich zu sagen habe. Da deine Termagantin von einer Geliebten sich weigert zu kommen, sollst du meine Worte an sie wiederholen. Das bist du, wie meine Frau erzählt hat." Ich, eine alte und vertrauenswürdige Dienerin der Familie" (Eliza zügelte die Zügel und faltete den Saum ihrer Schürze.) „Wenn sie wieder bei Verstand ist, haben Sie vielleicht Gelegenheit, zu gegebener Zeit ein Wort zu Ihrer Geliebten zu sagen, auch wenn ihr Mann nicht den Mut dazu hat. Sagen Sie es ihr dann, wenn sie meine Frau jemals ärgert, verleumdet oder in irgendeiner Weise verärgert." Auf diese Weise werde ich nichts unversucht lassen, um sie zu bestrafen. Und wenn sie wieder auf der Church Farm oder anderswo auftaucht, mit der Absicht, meine Frau anzugreifen , werde ich ihr auf den Kopf schlagen wie der verrückte Hund, der sie ist. Jetzt können Sie uns verlassen. Aber Ich vertraue auch darauf, dass Sie als ehrenhafte Frau und als jemand, der den armen John Baines aufrichtig liebte und der niemals mit diesen hasserfüllten Sprüchen und Taten in Verbindung gebracht werden sollte, nicht außerhalb dieses Hauses über diese Angelegenheit reden."

Und Eliza tat es nicht. Sie war von Brenthams Anziehungskraft sehr beeindruckt . Das Interview mit Johns Vater endete sogar in einer Art Versöhnung. Von Brentham hörte er zum ersten Mal die ganze Geschichte, soweit bekannt, über die Umstände, die zum Angriff auf die Station führten, Johns Tod und Lucys Reise an die Küste; davon, wie ihr Baby gestorben war und wie krank sie gewesen war; der Stotts und der Hartnäckigkeit von Ann Jamblin . Roger verlängerte das Interview absichtlich. Es tat dem elenden Vater gut und hielt Mrs. Baines in ihrem Schlafzimmer gefangen, gerade wenn sie mit der Hausarbeit beschäftigt sein wollte.

Als Maud von einem Besuch bei den Joslings zurückkam , presste sie ihre Lippen zusammen und „ging zu" ihrem Vater, wie man ihm noch nie zuvor die Wahrheit gesagt hatte; Also provozierte Mrs. Baines, wenn sie Lucys guten Namen schadete und ihrem Nervensystem einen bösen Schock versetzte, auch in anderer Richtung Gutes. Eine solche Störung führt selten dazu, dass die Luft gereinigt und eine frischere Atmosphäre geschaffen wird. Maud machte ihrem Vater bittere Vorwürfe wegen seiner Unhöflichkeit gegenüber der Frau seines ältesten Sohnes; mit seiner allgemeinen Gleichgültigkeit gegenüber dem Wohlergehen seiner Kinder, seiner selbstsüchtigen Beschäftigung mit seiner archäologischen Arbeit, seiner Ungerechtigkeit ihnen gegenüber, indem er dafür Gelder verschwendete, die ihr Erbe hätten sein sollen. Sie stellte sogar eine Art Ultimatum: Die Subventionen für den Silchester- Ausgrabungsfonds müssen eingestellt werden; Der Pfarrer in Farleigh musste seinen Congé bekommen und der Pfarrer musste – immer noch arbeitsfähig – seine eigenen kirchlichen Pflichten erfüllen; *sonst* würde sie weggehen und ihren Lebensunterhalt als Sekretärin oder so etwas verdienen. Und sie bat Lucy sofort und auf seine Weisung, mindestens einen Monat bei Roger zu bleiben. Er gab nach. Maud hatte tiefere Pläne, die unter diesem oberflächlichen Zorn verborgen waren. Sie vermutete, dass Roger Schwierigkeiten mit dem Auswärtigen Amt hatte. Er war aus der indischen Armee ausgetreten. Es kann sein, dass er jederzeit eine neue Karriere starten muss und ein wenig Kapital für den Anfang haben möchte. Da ihr Vater ursprünglich ein wohlhabender Mann gewesen war und ihre Mutter mit einer beträchtlichen Mitgift zu ihm gekommen war, schätzte sie, dass mindestens zwölftausend Pfund zwischen den vieren aufgeteilt werden müssten. Wenn ihr Vater dadurch fast vollständig von seinem Einkommen – etwa fünfhundert pro Jahr – aus den beiden Pfründen Farleigh und Cliddesden abhängig wäre , wäre ihm das recht. Er hatte nicht das Recht, das Geld seiner Kinder – was tatsächlich der Fall war – für Ausgrabungsarbeiten zu verschwenden, die der Landkreis oder die Nation finanzieren sollte.

Ein wenig reuig und mehr als ein wenig rheumatisch – (außerdem erwies sich Roman Silchester als so erschreckend christlich und so wenig pompejanisch und heidnisch) – erklärte er sich jedenfalls bereit, die Angelegenheit zu untersuchen. Der Brief wurde an Lucy geschickt, und sie kam, inzwischen völlig gesund. In Maud fand sie die selbstlose Freundin und den guten Ratgeber, die sie schon lange brauchte. Alles, was sie von Roger bettelte und betete, war, dass er sie eine Zeit lang in Farleigh lassen möge und sie nicht erschreckte und ihre Nerven verärgerte, indem er von ihr verlangte, in die schicke Gesellschaft zu gehen, wo sie ständig auf Twitter war, aus Angst, befragt zu werden zu ihrer Geburt und Erziehung und den Umständen ihres Lebens in Afrika.

Roger stimmte eher reumütig zu. Maud würde sie nach und nach von ihrer Nervosität und ihrer Rustikalität heilen. In der Zwischenzeit würde er sich nun mit Sibyl befassen. Sibyl hatte seine Karte und seinen Anruf nicht beachtet; aber etwa drei Wochen später hatte sie Maud geschrieben und sich vorgestellt, dass sie nun aus einer Ohnmacht der Trauer erwacht sei und bereit sei, Roger für ein *paar* Minuten zu sehen, wenn er ihr *versprechen würde*, sich sanft zu bewegen und mit ruhiger Stimme zu sprechen, um *das am wenigsten* zu stören ihr. Da sie gezwungen war, sich klarer zu äußern, stimmte sie zu, ihn – und zwar nur ihn – an einem bestimmten Mittwochnachmittag um drei Uhr in Engledene zu sehen.

Er fand sie in einem kleinen Boudoir, das mit plissiertem lavendel-lila Kaschmir drapiert und für ein gedämpftes Licht abgeschirmt war. Sie war in Schwarz gekleidet und hatte noch nicht die Kühnheit, ihr Witwenkleid abzustreifen, geschweige denn eine durchsichtige, hauchdünne *Frisur*, den Anschein einer Witwenmütze. Königin Victoria war immer noch eine große Macht in der Gesellschaft und sorgte für Ordnung unter den Adligen. Wenn Sie zu mutig wären, könnten Sie vor Gericht verbannt werden, und wo wäre dann Ihr sozialer und politischer Einfluss?

„Fahren Sie hoch, oder besser noch, *heben Sie* – ich kann gerade nicht die *geringste* Erschütterung ertragen – diesen kleinen Sessel, Roger – den lila Samtsessel – und stellen Sie ihn nah genug an mich heran, damit ich ohne Anstrengung hören und sprechen kann; aber nicht *zu sehr* in der Nähe, weil ich bemerke, dass du eine sehr starke Aura hast. Ich habe gerade erst etwas über Auren gelernt und mir wird jetzt klar, *was für* einen Unterschied sie machen!... "

„In Ordnung", sagte Roger und befolgte diese Anweisungen, „aber was ist eine Aura? Liegt es am Geruch meiner Harris-Tweeds, oder bezweifeln Sie, dass ich heute Morgen ein Bad genommen habe?"

„Seien Sie nicht so vollkommen abscheulich ... und grob ... Früher waren Sie nie *grob*, was auch immer Sie waren – ich nehme an, das kommt daher, dass Sie eine Bauerntochter geheiratet haben; aber im Übrigen, was bin *ich*? Meine Güte Der arme, liebe Vater versucht mit aller Kraft, Bauer zu werden, nachdem er seine besten Jahre in der Armee verbracht hat. Ich habe nicht viel mit deiner „Aura" gemeint, außer vermutlich, dass ich, da ich erst vor Kurzem verwitwet bin, alle meine Beziehungen zu Männern habe - Besucher sollten ein wenig kühl sein. Aber ich rede nur Unsinn, um Zeit zu gewinnen und mich daran zu erinnern, was ich Ihnen sagen wollte. (Eine Pause.) ... „Roger! Ihr *schrecklicher* Brief aus diesem Gouging-Ort, der direkt nach dem Tod des armen Francis kam, *hat mich umgehauen* . Die Ärzte haben das natürlich alles Francis zugeschrieben ... das tue ich nicht Ich bestreite, dass mich sein Tod wirklich verärgert *hat* ... *Aber das* hatte ich in den letzten sechs Monaten jederzeit erwartet ... Die Ärzte sagten mir letzten Winter *definitiv* , dass sein Herz sehr krank sei und dass er sich nicht überanstrengen dürfe in irgendeiner Weise widersprechen oder argumentieren ... Aus *diesem* Grund habe ich auf die orangefarbenen Samtvorhänge und die allgemeine Renovierung des Esszimmers im Carlton House Terrace 6A verzichtet – was unglaublich schmuddelig ist. Ich werde es jetzt tun .... Es ist zu früh für Tee ... willst du nicht rauchen?" (Roger: „Danke.") „Nun, da ist alles auf diesem kleinen Tisch... Nein. Nicht diese, sie haben das Allerkleinste Geschmack von Opium ... Ich bin verpflichtet, *etwas* für meine Nerven zu tun ... Nun, zu Ihrem Gouging-Brief ... Ich meine zu Ihrer Ehe ... Mein *lieber* Roger! *Was für* ein *Fauxpas* ! Ich meine, wie *konntest* du?

„Könnte ich was?"

„ Deine und meine Hoffnungen *ruinieren ?*"

„Nun, ich habe gehofft, Lucy zu heiraten ... mindestens sechs Monate lang, bevor der Bund fürs Leben geschlossen wurde ... Seit dem Tod ihres Mannes. Also *meine* Hoffnungen wurden erfüllt. Und was Sie betrifft, ich habe Sie nie daran gehindert, Lord S. zu heiraten. Wo also die Ruine ins Spiel kommt, kann ich nicht sehen.

„Oh", jammerte Sibyl, „ *warum* um den heißen Brei reden? Du musst gewusst haben, dass ich immer gehofft habe, wenn dem armen Francis etwas zustoßen würde – und irgendetwas *hätte* durchaus passieren können –, schließlich könnten du oder ich einen Eisenbahnunfall haben oder ..." Brechen Sie uns beim Jagen den Hals. In diesem Fall *müssen Sie* gewusst haben, dass ich auf Sie *gezählt habe* ... ich meine, darauf, dass wir *endlich glücklich sind* ... Unterbrechen Sie nicht! ... Und denken Sie nur nach! Francis hat mich schrecklich geliebt. Ich *war wirklich vollkommen nett* zu ihm und habe meine Pflicht ihm gegenüber *in jeder Hinsicht erfüllt* . Seine Dankbarkeit für diesen Jungen ... für einen direkten Erben! ... Nun, nachdem Clithy geboren wurde, machte er sein Testament! ... Nicht Seien Sie albern ... und machen Sie keine Witze über Dinge, die ich fast als heilig betrachte ... Ich meine, *Franziskus* hat sein Testament neu gemacht und mir den alleinigen Vormund des Jungen und den alleinigen Verwalter überlassen, die alleinige alleinige Person für *alles* und die Herrin meines Lebens von Engledene und von 6A, bis Clithy volljährig wurde ... und eine Beteiligung von 10.000 Pfund pro Jahr, um sie zu unterhalten. Clithy hat auch das Haus in Silchester , das vermietet ist und das ich vermieten möchte, *bis* er volljährig wird. die Moore in Schottland *und* die Schießhütte. Natürlich hat er nach meinem Tod das Rückgaberecht für *alles* . Und natürlich hat er auch fünfzehntausend im Jahr, worüber ich kontrolliere, bis er einundzwanzig ist oder bis er heiratet ...

Überlegen Sie nur , was ich aus all dem für Sie hätte tun können – wenn Sie *gewartet hätten* ! Wenn Sie *nur* gewartet hätten! ... " (vergräbt ihr Gesicht in den malvenfarbenen Seidenkissen und weint ein wenig oder tut so, als ob) . (Roger rutscht auf seinem Stuhl herum. Eine exquisite kleine lilafarbene Sèvres- Uhr auf dem weißen Kaminsims tickt ... tickt ... tickt.)

Roger : „Schau her, Sibyl. Du bist völlig auf dem falschen Weg, glaub mir. Du hättest mich 1986 heiraten können. Ich war damals schon bereit und bildete mir ein, in dich verliebt zu sein. Aber wenn du es getan hättest, hätten wir es vielleicht nicht getan." Ich bin zurechtgekommen. Mit meinen siebenhundert Dollar im Jahr hätte ich Ihnen eine Umgebung wie diese nicht bieten können ..." (Und er schaut sich im Boudoir um, das in Weiß, Lavendel, Lila und Lila gehalten ist, mit seinen exquisiten Möbelstücken. seinen mit Samt bezogenen Sessel und das Tagesbett von Charles II sowie Kissenbezüge aus malvenfarbener Seide; und betrachtete auch die geschmeidige Gestalt der Frau, die in ihrem hauchdünnen schwarzen Kleid auf dem Tagesbett zusammengerollt war und deren Gesicht halb in den Seidenkissen vergraben war und ein trostloser Arm, der schlaff an ihrer Seite lag, und an den prächtigen Ringen aus Smaragden und Diamanten an den rosa Fingern.) „Du hattest *völlig* recht: Du hättest die Strapazen Afrikas *nie ertragen können. Ich sage es dir nach und nach.* "einige der Dinge, die Lucy und ich durchgemacht haben. (Bei dieser Andeutung der Kameradschaft mit Lucy schlugen die kleinen schwarzen Samtschuhe wütend auf den Rahmen des Tagesbetts.) „Ich weiß", fährt Roger fort, „nach deiner Heirat hast du immer geheimnisvolle Andeutungen gemacht, dass ich es könnte." Warte bis zu einem fernen Datum, an dem du frei warst; ich meine, nachdem Lord Silchester tot war. Aber welcher anständige Mann hätte dich beim Wort genommen? Nun, Silchester könnte jetzt durchaus am Leben sein. Er ist nicht an Altersschwäche gestorben. .."

Sibyl (mit gedämpfter Stimme): „N-nein; er ... er ... hat es nicht getan. Er – hat seine Stärke überschätzt. Er – er – oh, *wie* soll ich das sagen? Er wollte unbedingt einen spielen Große Rolle in öffentlichen Angelegenheiten ... aber er hatte all seine Energie verloren ..." (Setzt sich mit geröteten Wangen auf – verdammt gut aussehend, findet Roger.) „ *Nun* ! Was kann ich für Sie tun? Sie haben versagt Aber *ich* nehme an, Sie sind hierhergekommen, um mich zu bitten, Ihnen irgendwie zu helfen. Männer verschwenden ihre

Zeit im Allgemeinen nicht mit Nachmittagsbesuchen ohne Grund. Was ist das? Ich habe nirgendwo Einfluss, seit Francis gestorben ist." (ein Schluchzen). „ Es hat also keinen Sinn, *mich zu bitten* , an Lord Wiltshire oder an Spavins zu schreiben. Ich habe gehört, Sie sind bei der FO in Ungnade gefallen . Es ist nicht *meine* Schuld, oder? Es liegt alles daran, dass Sie den Frauen der Missionare nachjagen …" (Roger sieht mürrisch aus.) … „Heigh ho! Ich gehe davon aus, dass ich nach all dem Weinen und Herumwühlen zwischen den Kissen, um mein Weinen vor deinen zynischen Augen zu verbergen , besser in mein Zimmer gehe und mein Gesicht bade, bevor der Butler hereinkommt." der Tee … *Da!* Sie können zwei Jalousien hochziehen – wenn ich weg bin – meine Augen sind so rot – und Sie können sich einige meiner neuen Bücher ansehen, bis ich reinkomme, um den Tee zu kochen. Sie dürfen nicht Ich würde nicht *im Traum* daran denken, dorthin zu gehen, bevor wir Tee getrunken und unser Gespräch beendet haben.

„Ich nehme an", sagte Sibyl eine Viertelstunde später, als sie über Tee und Teekuchen und Pastetenfoie-Sandwiches und verschiedene Kuchenplätzchen diskutierten , „Sie wollten eigentlich fragen, ob ich Ihnen Ihre Lucypucy präsentieren würde." am Hofe. Aber, meine *Liebe* , ich werde ein Jahr lang trauern, und die Königin –"

„ *Mein Gott,* nein! So etwas ist mir nie in den Sinn gekommen. Es würde Lucy in Angst und Schrecken versetzen. Ich hoffe, dass ich vor Beginn der nächsten Saison wieder in Afrika sein werde – oder irgendwo anders. Soweit ich Lucy mit diesem Besuch in Verbindung gebracht habe, hätte ich es vielleicht vorgehabt bitte dich, dass ich sie eines Tages hierher bringen darf, und dass du freundlich zu ihr bist … ihr keine Angst zu machen, wie du es sehr gut tun könntest, indem du ständig so tust, als wärst du ihre beste Freundin …"

Sibylle : „Nun, ich werde dir sagen, was du tun sollst. Du darfst natürlich nicht vergessen, dass ich in Trauer bin … Wir müssen immer daran denken, was die Diener sagen werden … Und – ach! Habe es getan Ich sage es dir? Tante Christabel ist hier. Ich habe sie auf die längste Fahrt geschickt, die ich mir vorstellen kann, damit wir den Nachmittag alleine verbringen können; trotzdem bleibt sie hier, bis ich aus der tiefsten Trauer erwache … Übrigens Tschüss, sie ist *entsetzt* über deine Heirat, so wie sie früher über die Idee, dass du *mich heiratest, entsetzt war* … Nun, bring deine Lucy eines Tages Ende Juli vorbei und ich werde sie mir einfach ansehen. Und dann, im Herbst, sagen wir im Oktober, könnten Sie und sie, und wenn Sie möchten, natürlich auch Maurice und Geoffrey, zum Shooting hierher kommen. *Natürlich* werde ich keine regelmäßige Party veranstalten, aber es muss jemand kommen und die Fasane erschießen. Die Königin hatte nichts dagegen. Ich habe einen Mann gebeten – das habe ich vor Francis' Tod getan –, zu kommen. Vielleicht möchten Sie ihn treffen: einen Sir Willowby Patterne ... Ich wage zu behaupten, dass Sie von ihm gehört haben?"

Roger: „Ich habe nichts *Gutes* von ihm gehört ...“

seid ihr doch für Geschwätzige und Skandalmacher ! Ich finde ihn so amüsant, und jeder sagt, er sei ein großartiger Schütze ... Wir werden jedoch nur eine *kleine Party* veranstalten , und du und Lucy werden für Unterhaltung sorgen Ich werde absichtlich sehr selten gesehen werden und verraten, dass meine Cousins vorbeigekommen sind , *um mir* bei *meinen* Gästen zu helfen Ich werde mein Reiten wieder steigern, es sei denn, ich werde zum Invaliden. Könntest du nicht – manchmal – während du unten in diesem Teil der Welt bist – vorbeikommen und mit mir reiten? Ich kann dich „besteigen“. Du könntest reiten Der Kolben des armen Francis ... nicht auffällig, aber sehr stabil.

„Das werde ich, wenn ich aus der Stadt zurückkomme“, sagte Roger und verabschiedete sich, keineswegs unzufrieden mit seinem Nachmittag.

Zwei Tage später hielt er es für angebracht, nachzusehen, wie es im Auswärtigen Amt lief. Also ging er in die Stadt, zog sich bei Hankey's Stadtkleidung an (wo ihre Wohnung aufgrund von Lucys Abneigung gegen London zu einem weißen Elefanten wurde, also gab er sie auf), begab sich in die Downing Street und fragte nach einer Besichtigung Herr Bennet Molyneux. „Mr. Bennet Molyneux“, wurde ihm sofort gesagt, „es tut mir sehr leid, Sir, aber er ist heute Morgen sehr beschäftigt. Würden Sie ins Ministerium gehen und dort einen der jungen Herren sehen?“

Die Abteilung war ein großer, langer Raum mit einem Abstellraum am anderen Ende für die Unterbringung des Obersekretärs, einer Art Schulpräfekt, der für Ordnung unter den übermütigen Junioren sorgen musste und deshalb etwas abseits arbeiten musste ihnen. Als Brentham auf Ankündigung des Büroboten den Hauptraum betrat, erkannte er zwei alte Freunde und mehrere neue, naive Gesichter. Aus dem Kämmerchen tauchte auch ein Mann auf, den er drei Jahre zuvor als Junior gekannt hatte: ein angenehmer Herr mit landwirtschaftlichen und sportlichen Vorlieben, der wegen seiner gelegentlichen Vorwürfe und der Durchsetzung von Disziplin als „Snarley Yow oder der Hund“ bekannt war Teufel." Dann waren da noch „Rosie“ Walrond und Ted Parsons. (Die anderen spielen in dieser Erzählung keine Rolle: Sie dienten lediglich als Chor und als Loblieder auf die Witze der älteren Jungen. Sie waren alle nett anzusehen, alle wohlerzogen und alle gut gekleidet.) „Rosie“ Walrond war eine junger Mann – älter als er aussah – mit welligem flachsblondem Haar und spöttischen grauen Augen und einem äußerst zynischen Auftreten, das über einem überaus gütigen Herzen lag.

Walrond : „Hallo! Hier ist *Brentham* , der Retter der bedrängten Evangelisten . Wir haben einen Groll gegen dich. Du bist vor Monaten hierher gekommen und hast dich mit Spavins verschlossen und uns nie einen Blick geschenkt. Und wir wollten unbedingt alles darüber erfahren." das Elopement und seine Fortsetzung. Wir waren bereit, ein Hochzeitsgeschenk für einen Erzähler guter Geschichten zu abonnieren ..."

Dann fügte er hinzu: „Bewundern Sie meine Grotte?"

Brentham zu „Rosies" Schreibtisch. Seine Felsvorsprünge und Böschungen waren mit Felsproben übersät, auf die zerfetzte, braune und halb entzifferbare Etiketten geklebt waren.

„ *Meine Mineralienproben* ... aus" (er überprüfte sich) ... „aus Ostafrika! Dann haben Sie sie *nie* weitergeschickt?"

„Mein *lieber* Junge! Wohin sollte ich sie schicken? Die konsularischen Posttaschen – zwei davon – sind hier angekommen, adressiert an mich, aber es war kein Brief dabei oder eine Wegbeschreibung. Außerdem zwei Schädel, die, wie Sie sehen, schmücken unseren Kaminsims, und ich schlage vor, ihn auf Snarleys Kosten für unser Abteilungsessen in Silber anbringen zu lassen. In der Zwischenzeit habe ich meinen Schreibtisch trotz der Einwände des Büroreinigers wie eine Grotte eingerichtet ..."

Brentham : „Ich nehme an, der Brief mit den Anweisungen ist verloren gegangen. Ich habe Sie gebeten, die Steine an die School of Mines und die Schädel an das Naturhistorische Museum zu schicken. Ich werde sie jedoch sofort alle in einem Taxi abbringen."

„Aber *nicht die Schädel, bitte ich, gerade als wir von* Snarley , der die Schwarze Messe gelernt hat , in die Teufelsanbetung eingeweiht wurden ..."

„Ja, die Schädel auch. Sie sind am wichtigsten –"

„Aber *wir sind es auch* ", sagte Parsons.

Dann folgte eine halbe Stunde Gerede, aus der Roger keinerlei Informationen über sein eigenes wahrscheinliches Schicksal herausholte und zu schüchtern war, um direkt zu fragen, ob eine Entscheidung hinsichtlich seiner Rückkehr getroffen worden sei. Er nahm eine Einladung an, mit der Abteilung im Cheshire Cheese zu speisen und Arthur Broadmead zu treffen; Dann fuhr er zur School of Mines in der Jermyn Street, gab seine Steine ab und bat den Kurator nach Belieben um einen Bericht darüber. Danach Professor Flower und die Schädel; die von zwei Männern dieser hamitischen Rasse stammten, die das Happy Valley kolonisierten. Er hatte sie am Rande eines Dorfes herumliegend gefunden und die leichtfertige Erlaubnis der Dorfbewohner erhalten, sie mitzunehmen. Sie könnten dazu dienen, die Beziehungen dieses unpassenden Typs zu bestimmen.

Kapitel XVI

SIBYLE ALS SIRENE

Im August 1889 teilte Lucy Roger ihre Überzeugung mit, dass sie ein Kind bekommen würde.

„Aber das ist kein Grund, warum du nicht mit mir zu Sibyls Haus in Schottland kommen solltest. Du kannst kein Baby bekommen, bis – bis weit in den Winter hinein, und in der Zwischenzeit wird dich ein Aufenthalt in den Highlands stärken. Da Sibyl trauert, kann sie natürlich nur eine sehr kleine Hausparty veranstalten – nur zwei oder drei Männer wie ich, um die Auerhühner, Kaninchen und Hirsche zu schießen. Ich nehme nicht an, dass außer ihrer Tante und Ihnen noch andere Frauen da sein werden. " Lucy stimmte widerwillig zu.

Sie lebte wieder bei ihren Eltern, während Rogers Pläne so ungeklärt waren. Die Zimmer bei Hankey's waren aufgegeben worden, und auf seinen häufigen Reisen nach London – hauptsächlich im Auftrag von Sibyl – übernachtete er im Tante Pardew's Hotel in der Great Ormond Street, wo es ihm sehr angenehm war. Er hatte Lucy im Juli zweimal nach Engledene mitgenommen – einmal hatte er sie einen ganzen Nachmittag dort gelassen, *tête-à-tête* mit der immer noch trägen jungen Witwe. Bei dieser Gelegenheit war er absichtlich nach Tilehurst geritten, um Mr. Baines zu treffen, um ihm weitere Neuigkeiten über Ann Anderson und die Restaurierung der Hangodi-Station zu überbringen, die ihm Callaway aus Unguja übermittelt hatte , und darüber, was die Mission in Bezug auf ein Gedenkgrab zu tun vorschlug. Stein. Es reizte seinen Sinn für Humor , dass er seine Bekanntschaft mit Johns Vater vertiefen und so die Gefühle der Einheimischen gegen Lucy zerstreuen sollte: Seine Besuche dort jubelten nicht nur dem Hersteller von kohlensäurehaltigem Wasser zu, sondern erzürnten auch Mrs. Baines.

Sie war gezwungen, die ganze Zeit in ihrem Schlafzimmer eingesperrt zu bleiben, und das führte dazu, dass Eliza außer Kontrolle geriet.

Doch die Hoffnung auf eine Freundschaft zwischen seiner Frau und seiner einstigen Geliebten fand bislang kaum Ermutigung. Sibyl, die sich nicht mit Roger zerstreiten wollte, erklärte, sie *versuche*, Lucy zu mögen. Doch wenn andere Leute anwesend waren , brachte sie irgendwie ihre Rustikalität und Einfachheit zur Geltung, oder sie nahm eine gönnerhafte Art an, die selbst den nicht sehr scharfen Sinnen von Rogers Frau auffiel.

Der Besuch in der Glen Sporran Lodge hat ihre Beziehungen nicht verbessert. Lucy war in Sachen Kleidung keineswegs ohne Geschmack oder Urteilsvermögen, aber sie kannte die modernsten Moden überhaupt nicht. Sie hatte keine Ahnung, dass ein Aufenthalt in den Highlands – selbst im

Jahr 1889 – eine besondere Garderobe mit sich brachte: kurze Röcke mit Kilts und hochgeknöpfte Leggings, Stiefel oder Gamaschen für die Abenteuer des Tages – auf dem Weg zu den Waffen, beim Streifzug durch die Moore , Picknicks, wenn das nasse Wetter es zulässt, und alle Schichten, um viel Regen zu überstehen, ohne verlassen oder lächerlich zu wirken. Hängende Röcke und nasses Wetter waren unvereinbar; ebenso wie Segeln und ein Seidenkleid. Das ständige Sitzen drinnen in Stadtkleidung am Torffeuer und das Lesen von Romanen provozierte nicht nur bei Sibyl Sarkasmus, sondern auch bei der säuerlichen Zunge von Tante Christabel; der überhaupt nicht geneigt war, Lucy zu verschonen.

Was hatte dieser gutaussehende Roger, der eine *solche* Karriere vor sich hatte, im Sinn, dass er sich dieser Dorfschullehrerin hingeben sollte? Sie kümmerte sich auch nicht um Sibyls neue Leidenschaft für Roger; Ich hätte sie gerne weit auseinander gehalten. Die entfernte Cousine bestand nicht durch sie oder ihre Schwester, Mrs. Grayburn , sondern durch Rogers Mutter und Colonel Grayburn . Sibyl täte besser daran, nach Ablauf ihres Trauerjahres wieder in den Adelsstand einzuheiraten; und wenn sie einen klugen Mann als Agenten wollte – denn Landmakler vom Typ Mittelklasse-Gerichtsvollzieher waren auf allen *großen Anwesen* „ passés de mode" ... nun, da war Willowby , Willowby Patterne (ein Schwiegerneffe von Tante Christabel), der sich wirklich gut für die Stelle eignen könnte. Willowby war sehr wild gewesen, hatte viel von seinem eigenen Geld und dem seiner ungeeigneten Frau ausgegeben – sie wurden nie zusammen eingeladen. Aber er war ein erstklassiger Schütze, war mit dem Herzog von Ulster in Kanada gewesen, wusste viel über Blutvieh, hatte sich in der Landwirtschaft und Viehzucht versucht und würde Sibyl dabei helfen, ihre Hauspartys zu veranstalten und ein Auge darauf zu haben männliche Erziehung von James – Tante Christabel duldete Sibyls alberne Laune, dem kleinen Lord Silchester den Namen „Clitheroe" aufzuzwingen, nicht .

Lucy legte großen Wert auf Sparsamkeit und wollte Roger stets unnötige Ausgaben ersparen. Sie erinnerte sich, dass sie ohne Mitgift zu ihm gekommen war und dass seine Zukunft finanziell sehr ungewiss war. Damit sie ihn nicht beim Wort genommen hatte: „Geben Sie aus, was Sie wollen" in den Geschäften in der Sloane Street, als sie das letzte Mal zusammen in der Stadt waren. Sie hatte nur zwei Abendkleider nach Glen Sporran mitgebracht, eines davon aus schlichter schwarzer Seide. Nachdem sie dem Auge vertraut geworden waren, hatte Sibyl angeboten, einige ihrer *Kleider zu leihen* , aber sie hatte es auf eine Art und Weise getan, dass Lucys Stolz berührt war und sie mit einem ungewöhnlichen Funkeln in ihren Augen und einer Anziehungskraft des Kaninchens ablehnte der Hermelin. Sibyl ließ dann halb amüsiert diese Methode des Ärgers fallen und lobte Mrs. Brentham offen für ihre Einfachheit im Leben und ihren Respekt für die Sparsamkeit.

Das alles war für den spekulativen und spekulierenden Sir Willowby ziemlich amüsant Patterne , der zwei Wochen später als Roger und Lucy in Glen Sporran ankam. Er muss damals etwa dreißig gewesen sein. Wie sein Name vermuten lässt, stammte er von einem berühmten Baronet aus der Mitte des 19. Jahrhunderts ab. Sein Großvater (in Diplomatie) heiratete nach den Napoleonischen Kriegen, als Russen in Mode waren, eine russische Hofdame. Aber ich halte es für völlig ungerecht, diesem Bündnis die seltsame Ader der Grausamkeit zuzuschreiben, die sich durch seine Nachkommen zog und die bei Willowbys Vater durch die zeitgenössischen britischen Feldsportarten ausgelöscht wurde. Dieser Vater starb an dem giftigen Biss eines aufgespießten Dachses, und in Willowbys Fall gab es lange Zeit die Minderheit; So begann er mit einundzwanzig Jahren – bereits Subaltern bei der Garde – und hatte ein recht respektables Vermögen für die „Blauen". Er war in Eton ein bösartiger, beschwipster Junge gewesen und sein Zustand verbesserte sich auch mit zunehmendem Alter nicht. Was sich bei ihm zur Manie entwickelte, war die Liebe zum Töten. Er hatte einen kleinen Dienst im Sudan erlebt, empörte aber seine Offiziersbrüder durch seinen Jubel über die blutigeren Episoden in Scharmützeln (er hielt sich im Allgemeinen aus Gefechten heraus) und durch sein Interesse an Hinrichtungen und Auspeitschungen. Aufgrund des familiären Einflusses befand er sich für sehr kurze Zeit in der Suite eines reisenden Königshauses; Aber eine Episode im Garten eines Hotels in Lissabon, in der er mit einem Freund dabei beobachtet wurde, wie er mit zwei Bullterriern eine Katze zu Tode quälte – und dabei wie wild lachte – machte dieser Verabredung ein Ende. Er hatte einige Erfolge auf dem Rasen und im Hindernisrennen sowie beim Taubenschießen in Monte Carlo erzielt; hatte eine ganze Reihe vertrauensvoller Frauen verraten – darunter auch seine Frau; Dennoch erfreute sie sich in der Gesellschaft immer noch großer Beliebtheit, insbesondere in der Gesellschaft der reichen, müßigen Frauen, die auf der Suche nach Sensation ohne Skandal waren. Was ihn auszeichnete, abgesehen von seiner tadellosen Schneiderkunst und seinem schlechten Ruf, Frauen anzulocken, konnte ein Mann wie Brentham nicht verstehen. Sein Gesicht war dünn und er hatte diese tiefen, hässlichen Falten um den Mund, diese straffe Haut an den Schläfen und am Kiefer, die dünnen Lippen und das dünne Haar, die Adlernase und die dünnen, geschickten Hände, die mit Grausamkeit und Mitleidlosigkeit einhergehen. Aber dass ihm tatsächlich Frauen *nachliefen* , ließ sich nicht leugnen; Allerdings suchte seine Frau zu diesem Zeitpunkt schaudernd nach Gründen für eine Scheidung oder zumindest für eine Trennung, die einen männlichen Richter und Geschworenen zufriedenstellen würden.

Roger genoss das Schießen mit dem Gewehr und der Schrotflinte, und seine Abneigung gegenüber Willowby wurde ein wenig durch dessen widerwillige Bewunderung für seine Treffsicherheit gemildert. Ich weiß nicht mehr, ob man im August und September in Schottland mit Rute und Leine auf Lachs angelt, aber wenn ja , können Sie sicher sein, dass Kapitän Brentham , für den Feldsport aller Art zur Selbstverständlichkeit war, in dieser Richtung nicht weniger Können an den Tag legte. Darüber hinaus Willowby versuchte, höflich zu seinem stellvertretenden Gastgeber zu sein, weil ihn das Großwildschießen in Ostafrika sehr anzog und er dachte, Roger könnte ihn an den richtigen Ort, zur richtigen Jahreszeit und an die richtigen Fäden schicken, die er in die Hand nehmen musste.

Aber als der Sport des Tages vorbei war und sie gebadet und sich umgezogen hatten und sich auf einen lustigen Abend vorbereitet hatten, begann Roger nervös und empfindlich gegenüber Lucy zu werden: Manchmal wünschte er, sie würde den Mund nicht aufmachen; bei anderen sehnt man sich danach, dass sie im Gespräch etwas Brillanz zeigt. Ihre kleinen Naivitäten in der Sprache und den Redewendungen, die in Afrika oder einem bewundernden, idyllischen Publikum in Aldermaston oder einer nachsichtigen Schwägerin im Farleigh Vicarage so amüsant und sogar liebenswert wirkten, verkümmerten hier unter dem spöttischen Blick oder zu Dummheiten das gelangweilte Unverständnis von Sibyl und der kühle Brillenblick von Willowby Muster . Auch Sibyl wurde von Taubheit geplagt, als Lucy beim Frühstück ihre Erkundigungen nach ihrem Gesundheitszustand oder der Wetterlage wagte.

Aus Angst vor Königin Victoria dachte Sibyl daran, Freunde am Hof zu finden und gleichzeitig die „Kleinheit" und „Ruhe" ihrer Hausparty zu bezeugen, indem sie eine Dame aus dem königlichen Haushalt, die dienstfrei hatte, für eine Woche einlud mal nicht abgeneigt, auf Kosten anderer gut zu essen und sanft zu schlafen . Aber sie war auch beunruhigend (obwohl sie zweifellos eine Pyramide makelloser Keuschheit war). Sie trug eine Einzelbrille, durch die alles und jeder gescannt wurde. Zuerst war sie geneigt, sich sehr für Roger zu interessieren, bis sie zu dem Schluss kam, dass er vielleicht nicht nach Afrika zurückkehren würde . Sie hatte Freunde, die sich für die Unternehmungen von Cecil Rhodes einsetzten. Für sie war Afrika etwa so groß wie eine englische Grafschaft. Ein Mann in Ostafrika sollte jeden Moment auf dieses überaus entzückende Geschöpf Rhodes stoßen, ... „die liebe Königin interessiert sich *so sehr* für ihn" ... „gab es nebenbei Gold, wo Kapitän Brentham angestellt war." ?" Doch als sie erfuhr, dass Sibyls Cousin seinen Posten dort wahrscheinlich nicht wieder antreten würde und dass diese sehr langweilige, seltsam gekleidete Frau nicht Sibyls Sekretärin, sondern Rogers Frau, eine ehemalige Missionarin in Ostafrika, war, gab sie beide stillschweigend auf, da sie viel zu sehr außerhalb ihrer selbst lagen Der eigene Weg durch das Leben wird jemals wieder von Nutzen oder Interesse sein.

Ein weiterer Gast für kurze Zeit war Rev. Stacy Bream. Herr Bream war selbst in jenen fernen Tagen kein konventioneller Geistlicher und benahm sich auch nicht wie dieser. Er war der Inhaber einer königlichen Kapelle oder eines Kaplans irgendwo, ganz im Sinne einer königlichen Schenkung und im Allgemeinen an jemanden verliehen , der für eine kurze Zeit Bärenführer oder College-Tutor für einen Prinzen gewesen war, der gerade ein Scheinstudium absolvierte Oxford oder Cambridge. Um seinen eigenen Weg zu gehen, stürzte sich Mr. Bream für seine Gemeinde und seine Vertrauten mutig in die Welt, sogar in die Halbwelt. Er beichtete und entlastete die Hauptdarstellerinnen der Bühne, als sie die Zeit des reifen mittleren Alters erreichten, in der Ehemänner untreu und Liebhaber schüchtern wurden und die Dame selbst nur die geringste Angst vor einem Jenseits verspürte. Er meldete sich zum Heiraten, obwohl eine Wiederverheiratung zwar legal, aber nicht schmackhaft war – früher, als dass die armen Lieben in Sünde leben sollten. Er ging – ich würde sagen, sehr freundlich und rücksichtsvoll – mit schlimmen Fällen moralischen Verfalls um, die niemand sonst berühren würde. Er war ein bekannter First-Night-Schüler und seine Abendgarderobe war so fast geisteskrank, dass es einem verziehen hätte sein können, wenn man ihn nicht sofort im Gästeraum für einen Pfarrer entdeckt hätte, und er wäre der Erste gewesen, der einem entschuldigt hätte. Er ging immer dorthin, wo die Gesellschaft hinging, um sofort Erste Hilfe leisten zu können, wo die Moral auf einen Unfall gestoßen war. Er verließ rechtzeitig vor dem Auerhahn die Stadt, handhabte ab und zu ein Gewehr – recht geschickt – und spielte am Abend gern Glücksspiele, wenn der Einsatz nicht zu hoch war.

Bridge hatte Großbritannien damals noch nicht erreicht. Wo sie vor zehn Jahren Bridge gespielt hätten, spielten sie Baccarat, Unlimited Loo, Nap oder Poker. Lucy kannte nur „Papst Johanna" und hatte Angst davor, durch Karten Geld zu verlieren, und war nicht in der Lage, irgendein Kartenspiel zu beherrschen, nicht einmal Snip Snap Snorum . Rev. Stacy Bream – die, wie jeder Geistliche es tun könnte, anstelle eines geistlichen Leiters von Lady Silchester fungierte – nannte Lucy ein- oder zweimal „Meine liebe Tochter " und fand sie dann so uninteressant und unerklärlich, dass er mit dem Studium aufhörte sie nicht mehr.

So verstummte Lucy schließlich zu den Essenszeiten und nach den Mahlzeiten, aus Angst vor Brüskierungen, wenn sie sich auf das Gespräch zwischen Battledore und Federball einmischte oder ihre völlige Unwissenheit über die Sitten einer klugen Gesellschaft preisgab. Wenn die anderen an einem grünen Miniaturtisch Karten oder Roulette spielten, las sie in einer Ecke ein Buch oder schlich sich ins Bett, bevor die Zimmermädchen ihr Zimmer für die Nacht fertig gemacht hatten. Und nach und nach entwickelte sie die rote, feuchte Nase, die einer Frau eigen ist, die heimlich weint, und es gab weitere Veränderungen in ihrem guten Aussehen und ihrer Figur, die mit ihrem Zustand einhergingen. Und dann, eines Tages, Anfang September, kehrte Roger in sein Ankleidezimmer zurück, um ein Zigarettenetui zu holen und sich zu vergewissern, ob Lucy bereit für einen Ausflug war, und fand sie auf dem Sofa im Schlafzimmer, wo sie weinte. Sibyl hatte ihr provisorisches Kostüm – für einen Tag auf dem Segelboot – in einem kurzen Satz zusammengefasst … Dies zusätzlich dazu, dass sie ihre Existenz beim gestrigen Picknick-Mittagessen völlig außer Acht gelassen und sie beim späten Tee, der auf ihre Rückkehr folgte, ohne Tasse und Tee zurückgelassen hatte. „R-Ro-ger, oh lieber Roger, *lass* mich nach Hause gehen! Ich stehe hier nur *jedem* im Weg. Ich habe mich noch nie in meinem Leben so dumm gefühlt. *Ich kann mir nicht* vorstellen, was mit mir los ist – es ist das Gefühl Sie alle *verachten mich* – und – und – bemitleiden dich, weil du dich lächerlich gemacht hast. Lass mich nach Hause gehen zu Mutter – und Maud!… “

Roger stimmte sofort zu. Er fühlte sich voller Reue und Mitleid, versprach, sich ihr bald im Süden anzuschließen, begleitete sie bis nach Carlisle und arrangierte, dass die freundliche Maud sie in Euston treffen und nach Hause nach Aldermaston bringen sollte . Die anderen waren zu völlig desinteressiert an ihr, um seiner Erklärung mit ihren diskreten Anspielungen viel zuzuhören. Sie war langweilig und eine nasse Decke war nicht im Weg, und sie konnten sich nun hinsetzen, um sich zu amüsieren. Um den Schein der Trauer aufrechtzuerhalten, trug Sibyl Schwarz und blieb bei den meisten Vergnügungsausflügen fern; Stattdessen ging er allein mit Roger umher, um ihm die Besonderheiten des Anwesens zu zeigen und es ihm zu ermöglichen, Pläne für seine profitable Entwicklung zu formulieren.

Anfang Oktober sah Kapitän Brentham den jungen Lord Tarrington (Erbe der Grafschaft Pitchingham und Précis-Schriftsteller von Lord Wiltshire). Ihm wurde gesagt, dass Lord W. seinem Fall große Aufmerksamkeit geschenkt habe. Seine Lordschaft würdigte seine sorgfältige Arbeit, die er ein Jahr oder länger als amtierender Generalkonsul geleistet hatte, sehr, hielt es jedoch unter den gegebenen Umständen für besser, dass er nicht an den Ort seiner früheren Arbeit auf dem Festland zurückkehren sollte. Obwohl Kapitän Brentham kaum mehr als ein für einen Sonderdienst in Afrika ausgewählter Offizier gewesen war, würde HL ihn jedoch gerne für die Konsularposten in Bergen oder Baranquilla in Betracht ziehen .

„Ich nehme an, Sie wissen, wo Bergen ist?“ fügte Lord Tarrington hinzu . „Ein bisschen in der Nähe des Nordpols – oder ist es das Nordkap? Ich vermische immer beides. Aber es ist in *Norwegen, sehr* erfrischendes Klima, *schrecklich* gute Seefischerei und 350 Pfund im Jahr. Oder wenn Sie Hitze bevorzugen, gibt es Baranquilla .“ , Nordsüdamerika, *kein* gutes Klima, aber der letzte Mann hat es zwei Jahre lang ausgehalten, bevor er dem Gelbfieber erlag … und es sind 550 Pfund pro Jahr und zwei Jahre zählen für drei im

Dienst. Welches soll es sein? Machen Denken Sie bald darüber nach, denn viele Leute stehen auf der Warteliste – schnappen Sie sich eines von beiden.

Tarringtons Tonfall klang trotz seiner unverblümten Gutmütigkeit endgültig. Als Roger sah, wie seine Träume von einem afrikanischen Imperium in diesem schäbigen Raum verblassten, dessen Farbtöne durch zwanzig Jahre Nebel und Rauch in Gelb-Weiß- und Gelb-Braun-Töne getrübt waren, war er zunächst geneigt, hochmütig jeden Trost für den Verlust von Zangia abzulehnen . Aber ein verheirateter Mann und angehender Vater mit sehr geringen Mitteln kann sich den Luxus schlechter Laune nicht leisten. Also antwortete er höflich, dass er darüber nachdenken und Lord Tarrington Bescheid geben würde.

Als er den ersten Stock des Gebäudes verließ , kreuzte er den Weg des erhabenen Außenministers selbst, der wahrscheinlich um das Viereck herum zum Büro in Indien ging. In seinen tiefliegenden Augen war kein Ausdruck des Erkennens zu erkennen. Wie anders als vor zweieinhalb Jahren, als er von diesem Staatsmann als eine Autorität in Ostafrika gepriesen wurde, die weitaus hörenswerter sei als Mr. Bennet Molyneux, der jetzt in seinem Zimmer unten selbstgefällig die Tatsache notierte, dass das Konsulat in Zangia mit Seine siebenhundert Pfund pro Jahr sollten dem Schauspieler, Mr. Spencer Bazzard, angeboten werden .

Brentham fuhr an diesem Abend nach Reading und tat so, als würde ihm dieser endgültige Rückschlag überhaupt nichts ausmachen, und charterte ein Flugzeug und fuhr nach Engledene . Auf ein ziemlich spätes kleines Abendessen mit Sibyl und Tante Christabel folgte eine lange Beratung mit Sibyl in der Bibliothek.

Lady Silchesters Pläne waren schon lange fertig, doch während sie sprach, schien sie sie zu entwickeln. „Werden Sie mein Agent, Rodge -Podge, anstelle des alten Parkins . Er ist ein veralteter Dummkopf. Ich werde ihn entweder in den Ruhestand schicken oder, noch besser, ihn auf das Anwesen in Staffordshire schicken. Er hat das sehr gut gelassen." viel; es sollte das Doppelte seiner derzeitigen Mieten einbringen. Ich gebe Ihnen 700 Pfund im Jahr, und es wird auch alle möglichen legitimen Beutezüge geben. Sie können die Lodge in Englefield zum Wohnen haben. Ich werde es tun Für dich bereit. Lucy kann dort leben und die nächsten zehn Jahre weiterhin Kinder bekommen. Ich bin mir sicher, dass *ich* sie nicht zum Abendessen oder zu irgendetwas anderem einladen möchte, wenn sie nicht kommen möchte. Sie muss Ich mache keinen Knicks, wenn wir uns treffen, wenn es daran liegt, *dass* sie es nicht mag ...

„Aber du hast *große* Fähigkeiten, Roger. Du wurdest von Lord W. *schändlich behandelt ... Er hat immer versucht, mich zu brüskieren ... Ich* weiß nicht warum ... Ich sage dir *was* . Ich' Ich werde Sie *regieren* . Schließlich bin ich eine reiche Frau ... jetzt. Sie sollen ins Parlament kommen ... und eine große Imperialistin sein, denn das scheint in Mode zu kommen. Was ... *was* ... Wie schade, dass du so in Eile geheiratet hast! Und du siehst, es hat dir mit deinem nonkonformistischen Gewissen und diesen spießigen alten Dingern bei der FO nichts gebracht. Aber es nützt nichts, über verschüttete Milch zu weinen. *Ich werde* Karriere machen Du!" Und sie sah ihn mit leuchtenden Augen an und verriet ihr greifbares Geheimnis ...

„Das ist furchtbar nett von dir, Syb ", sagte Roger, ohne ihren Blick zu erwidern. „Aber denkst du, dass es anderen gegenüber fair ist? Warum nimmst du nicht deinen Vater mit –? Oder einen deiner Brüder?"

„ *Quatsch ! Dad würde auf den* Silchester- Anwesen genauso viel Chaos anrichten – nur in weitaus größerem Ausmaß – wie auf seinen 300 Acres in Aldermaston . Ich denke, wir schicken ihn zur Pflege nach Glen Sporran und ihn dazu bringen, das Anwesen in Aldermaston zu verkaufen . Ihm mit Krediten zu helfen ist, als würde man Geld hineinstecken – wohin schüttet man es, wenn es wegläuft? Ein Sieb? Und die beiden Jungen haben beide Jobs und sind noch dazu nicht allzu klug. Außerdem macht es keinen Spaß, mit Brüdern zusammenzuarbeiten, und ich werde mich mit Leib und Seele in die Entwicklung des Anwesens stürzen. Es wird ... es wird ... was sind zweieinhalb von einundzwanzig „Na ja, jedenfalls mehr als achtzehn Jahre bevor Clithy volljährig wird. In dieser Zeit werden wir den jährlichen Wert der Immobilie auf das Doppelte des jetzigen Wertes gesteigert haben, und nebenbei werden wir eine herrliche Zeit damit haben, Menschen zu beeinflussen." , wissen Sie nicht, eine neue Opposition im Parlament aufzubauen und uns bemerkbar zu machen ..."

„Na ja, auf jeden Fall ist es furchtbar nett von dir ... *furchtbar* ... irgendwie habe ich es nicht verdient ..."

„Das tust du nicht, nachdem du mich so über den Haufen geworfen hast. Aber bleib jetzt bei mir, durch dick und dünn, und" – sie hätte impulsiv hinzufügen wollen: „Oh, *Roger*, ich *liebe* dich, ich kann nicht." hilf ihm", und hat sich vielleicht mit einem Ausbruch hysterischer Tränen auf ein Sofa gestürzt, um all seine Skrupel zu zerstreuen, überlegte es sich aber schnell anders und fügte ziemlich zahm hinzu: „Und wir werden aus unserer Partnerschaft einen großen Erfolg machen. Und Jetzt müssen wir gehen und mit Tante Christabel Backgammon oder Bezique oder so etwas spielen, sonst kommt sie und steckt ihre Nase hier rein, um zu sehen, was wir vorhaben. Wie ermüdend die Alten sind! Das liegt nur daran, was die Königin das sagen würde Ich behalte sie hier. Sie denkt, dass du „gefährlich" für meinen Seelenfrieden bist, Roger. Aber wenn ich stattdessen Mutter hier hätte , wäre sie genauso langweilig, und Vater kann es nicht ertragen, von ihr und den beiden getrennt zu werden von ihnen wäre *undenkbar* .

Obwohl ihm ein Instinkt sagte, dass Roger Sibyls Plan niemals funktionieren würde, ohne seinen Seelenfrieden und seine ehelichen Beziehungen zu gefährden, spürte er bereits ihren Circe-Einfluss. Er nahm ihr Angebot an – jedenfalls für ein Jahr. Nach Ablauf dieser Zeit sollte es ihr und ihm freistehen, die Vereinbarung zu stornieren. Er beschloss, vorerst bei den Eltern seiner Frau unterzukommen und hin und her zu reiten, bis Lucy ihr Kind bekommen hatte. Im besten Fall hätte er ein Schlafzimmer im Lodge and the Parkinses – Mrs. Parkins jedenfalls sollte es nicht definitiv räumen, bis Lucy dort ein Haus einrichten konnte. Er schrieb höflich, aber kurz an Lord Tarrington und lehnte es ab, entweder nach Norwegen oder nach Kolumbien zu gehen, und gab „mit großem Bedauern" seinen Auftrag für Zangia auf .

Ungefähr zu dieser Zeit erhielt er zwei Briefe, die ihm viel zu denken gaben, die er aber im Hinterkopf verdrängte. Ich werde zuerst das Kürzeste nennen: —

An Kapitän Brentham , FRGS,
HBM-Konsul für Zangia .

Bergbauschule,

 Jermyn Street, SW

 5. *Oktober 1889.*

LIEBER HERR,-

Sie werden sich erinnern, dass ich letzten Juli hier angerufen habe, kurz bevor ich meinen Urlaub nahm.

Sie haben mir zur Untersuchung eine Reihe von Gesteinsproben und einige Sedimente von Seewasser aus Ostafrika hinterlassen.

Von den Gesteinsproben weisen mindestens sechs auf großes Interesse hin. Diese beiden mit der Aufschrift „ Iraku I" und „ Iraku II" sind so reich an Gold, dass Sie selbst ihre Bedeutung erkannt haben müssen – es sei denn, Sie verwechseln das Gold mit Eisenpyrit, eine Umkehrung der üblichen Täuschung, die im Allgemeinen umgekehrt ist . Bei dem Exemplar mit der Bezeichnung „ Marasha " handelt es sich einfach um Kohle – eher um Schieferkohle, wahrscheinlich um ein Oberflächenfragment. Es gibt zwei Exemplare, deren Etiketten leider fehlen oder nicht entzifferbar sind. Dabei handelt es sich um hartes, bläulich-grünes Serpentinengestein, das offensichtlich mit dem „blauen Boden" Südafrikas zusammenhängt und wahrscheinlich diamanthaltig ist. Ein fünftes Exemplar weist Hinweise auf Wolframit auf, und in drei weiteren Proben ist viel Glimmer zu finden. Das Seesediment wird von einem meiner Kollegen weiter untersucht. Er glaubt, dass dies ein Hinweis auf die Bildung von Phosphaten im Seegrund oder an den Ufern ist, die als Bestandteil chemischer Düngemittel für die Landwirtschaft von großer Bedeutung sein dürften. Diese Phosphate könnten in großen Mengen aus Vogelmist, genauer gesagt aus Guano, stammen.

Ich gehe davon aus, dass Sie die genauen geografischen Fundorte dieser Exemplare ordnungsgemäß registriert haben? Ansonsten sind sie sehr verlockend, denn sie deuten offensichtlich darauf hin, dass sie – wenn sie aus einer Region und nicht aus einem weiten Reisegebiet stammen – eines der reichsten Gebiete Afrikas sind.

Ihrem Wunsch entsprechend werde ich die Angelegenheit jedoch vertraulich behandeln. Wenn Sie mir jedoch jederzeit die genauen geografischen Informationen liefern können , die ich benötige, werde ich gerne einen Bericht über die Sammlung für die Petrographische Gesellschaft oder für vertrauliche Informationen der Regierung schreiben: je nachdem, was Sie bevorzugen.

Hochachtungsvoll,

DANIEL RUTTER.

Unguja,

26. *August 1889.*

LIEBER KAPITÄN BRENTHAM,—

Frau Stott und ich, wir danken Ihnen ganz herzlich für die freundliche Erinnerung an uns. Das großzügige Teegeschenk, das Sie uns gleich nach Ihrer Rückkehr nach England schickten, erreichte vor einiger Zeit unseren guten Freund Callaway und ich fand es hier und wartete auf uns, als ich aus dem Landesinneren ankam.

Kapitän Wissmann hatte eine wunderbare Reihe von Siegen über die Araber und Wangwana , die durch die gute Vorsehung Gottes den Weg zwischen Ugogo und der Küste frei machten. Etwas davon habe ich letzten April im Happy Valley gehört; Da uns also die Vorräte furchtbar ausgingen und wir das Gefühl hatten, dass „die Zeit für die Aussaat gekommen sei" und der Herr von uns verlangte, dass wir unsere Station in Burungi wieder eröffnen und sein Tabernakel fest an diesem herrlichen Ort – Manyara – „reif zur Ernte" – errichten sollten, Ich tastete mich vorsichtig das Tal hinauf und durch das Irangi -Land nach Burungi . Der Ort wurde nicht schlechter behandelt als bei Ihrer Abreise – Sie haben einen großen Eindruck auf die Wagogo gemacht – und als ihre Ältesten mich anflehten, die Station wieder aufzubauen , ließ ich einige unserer geschulten Arbeiter damit zurück. Außerdem hat uns Hauptmann Wissmann , den wir in der Nähe trafen, zwei deutsche Unteroffiziere zur Verfügung gestellt – gefügige und geschickte

Männer. Sie waren krank und hatten Verletzungen an den Beinen, und er sagte, es würde ihnen gut tun, eine Zeit lang ein ruhiges, sitzendes Leben zu führen. Er stellte ihnen außerdem eine Wache aus fünf sudanesischen Soldaten zur Verfügung, die die Station während des Wiederaufbaus bewachen sollte. Hier bin ich also an der Küste, schneide mit Mr. Callaway Garne und lege große Vorräte an, die ich für den Preis des Elfenbeins kaufen konnte, das Sie für uns geschossen haben.

Kapitän Brentham , Sie wissen nicht, was für eine Goldgrube des Reichtums das Happy Valley und die Klippen und Berge auf der Westseite (Iraku und Ilamba) sind. Ich bin Australier und bevor ich Christus fand, absolvierte ich eine Ausbildung zum Bergbauingenieur. Die Felsen im und um das Happy Valley sagen mir auf den ersten Blick mehr als einem gewöhnlichen Engländer. Ich nehme an, jemand Das werde ich früher oder später herausfinden müssen. Ich hätte es viel früher getan *Du* . Möglicherweise wird es von Großbritannien übernommen. Auf jeden Fall würden Sie verstehen, was ich meine, wenn Sie hierherkämen und nach Prospekten suchen würden. Was haben Sie mit den Proben gemacht, die Sie zur Analyse mitgenommen haben? Haben Sie sie auf dem Weg zur Küste verloren? Wenn das Happy Valley unter die Kontrolle der Deutschen kommen sollte, würden sie Ihnen vielleicht ein Zugeständnis machen. Dieser Kapitän Wissmann scheint Sie zu mögen, und er sagte, es sei weit entfernt von der Absicht seiner Regierung, englische Missionare oder englisches Kapital zu vertreiben. Er mag die englische Sprache sehr und spricht sehr gut Englisch.

Ich schreibe das nur, weil es hier heißt, dass Sie nicht als Konsul zurückkommen. Es tut mir leid. Warum kommst du dann nicht alleine raus? Ich habe Ihren Brief an Mrs. Stott geöffnet, der dem Tee beilag, und war *wirklich froh,* als ich hörte – und sie wird es auch sein –, dass Sie die arme Lucy Baines geheiratet haben. *Richtig froh* . Bringen Sie sie mit hierher, und Mrs. Stott wird sich um sie kümmern, während Sie Ihre Schürfrechte suchen und Ihre Ansprüche abstecken. Möglicherweise sind wir uns über das Werk des Herrn nicht einig. Der Herr hat sich Ihnen noch nicht so offenbart wie uns. Er wird es zu seiner Zeit tun. Aber Sie haben die Wurzel der Sache in sich. Ich habe noch nie einen Ungläubigen getroffen, der so ehrfürchtig und so liebevoll gegenüber dem Glauben anderer Menschen war ... Sie sind ein guter Mann, wenn Sie mir verzeihen, dass ich das sage. Ich weiß, Sie würden sich hier niemals in unsere Arbeit einmischen. Es geht *großartig voran* . Wir haben den Häuptling der Wambugwe und fünfzig seiner Männer im See von Manyara getauft , kurz bevor Sie gegangen sind, und bitte Gott, wir haben das ganze Tal vor dem Islam gerettet.

Mrs. Stott hatte immer eine erstklassige Meinung von Ihnen, auch wenn Sie nicht unserer religiösen Denkweise entsprachen. Sie ist sicher, dass

Sie sich immer für die Einheimischen einsetzen und ihre Rechte schützen werden. Ich hoffe, ich habe mir nicht die Freiheit genommen, diesen Brief zu schreiben. Wenn Sie selbst nicht herauskommen möchten, sollten wir darauf vertrauen, dass jeder, den Sie schicken, das Richtige tut und ihn herumführt. Ansonsten haben wir darauf geachtet, *nichts* über das Happy Valley zu sagen, und bisher haben uns weder Araber noch Deutsche belästigt.

Möge Gottes Segen auf Ihnen und Ihrer schwer geprüften Frau ruhen. Ich bin mir sicher, dass ihr noch glücklichere Tage bevorstehen.

Ihr aufrichtiger Freund – wenn Sie mir erlauben, das zu sagen.

JAMES EWART STOTT.

In Bezug auf den Bericht der School of Mines sandte Roger aus Gewissensgründen und weil es ihm immer gefiel, das Richtige zu tun, eine Zusammenfassung von Professor Rutters Analyse an den FO, in der er erklärte, dass er die betreffenden Exemplare auf seinem eigenen gefunden habe jüngste Tour durch das Innere Deutsch-Ostafrikas.

Als Antwort wurde der Unterstaatssekretär angewiesen, Kapitän Brentham für diese wertvollen Informationen zu danken.

In Wirklichkeit wurde beschlossen, den Bericht in eine Schublade zu stecken, schon gar nicht, um ihn öffentlich zu machen. Lassen Sie die Deutschen den Wert ihrer Gebiete selbst herausfinden. Wenn sie entdeckten, dass sie mehr abgebissen hatten, als sie kauen konnten, warum ... dann ...

Im Januar 1890 bekam Lucy einen Sohn. Roger war riesig erfreut. Als er Lucy eine Woche nach der Geburt fragte, ob sie einen Namen bevorzuge – den *ihres* Vaters, *den seines* Vaters, seinen eigenen –, sagte sie mit schwacher Stimme, aber mit einer gewissen Endgültigkeit im Akzent: „Lass ihn ‚John‘ heißen!" " Als er dann nicht antwortete, fügte sie hinzu: „John liebte mich und ich war seiner Liebe nicht würdig ..."

ich dich nicht ?" antwortete Roger mit einem Anflug von Gewissensbissen.

„Sie ist ein bisschen geistesabwesend , Sir", sagte die Krankenschwester. „Achten Sie nicht darauf, was sie sagt. Sie hat Ihren Namen verwechselt. Seit der Geburt des Babys schien sie mehrere Male mit einem John zu reden, aber sie dachte bestimmt an *Sie*. Sie möchte ganz ruhig bleiben ..."

Als Kapitän Brentham die Angelegenheiten der Silchester- Ländereien übernahm – was er definitiv im Oktober 1889 tat –, ging er sehr gründlich auf deren Zustand und ihre Entwicklungsmöglichkeiten ein. Er war natürlich kein ausgebildeter, professioneller Landmakler, weshalb seine klugen und originellen Ideen zur Steigerung des Wertes und der Produktivität von Land das Institute of Land Agents so verärgerten. Aber er verstand etwas von Vermessung und war es gewohnt, Länder nach Augenmaß zu bewerten, nach Böden zu urteilen, Mängel in der Landwirtschaft zu erkennen, durch sein jungenhaftes Leben in Farleigh und seine Erfahrungen in Indien und Afrika.

Lord Silchester hatte in seiner Vorliebe für Landschaftsschönheiten eine schöne, ungepflegte, herbstsehnsüchtige Wildnis einem möglichen Ziegelfeld vorgezogen, obwohl der Ton für einen Geologen geradezu danach schrie, in den Dienst des Menschen gestellt zu werden. Er mochte große Räume ohne Anzeichen menschlicher Behausung, die das Gedicht beeinträchtigen könnten. Obwohl Roger ein ausgeprägtes Gespür für das Schöne in der Natur hatte, verband ihn doch die Erkenntnis, dass viel Ödland im England der letzten Tage und sogar in Schottland eine Beleidigung und eine Versuchung zur Unzufriedenheit seitens der Natur darstellt landlos. Ein weiterer Charme kann der Landschaft durch die Handarbeit des Menschen verliehen werden, vorausgesetzt, das Haus ist geschmackvoll und solide gebaut, die Manufaktur – sogar die Ziegelöfen und Schornsteine – sind aus dem richtigen Material für die Nachbarschaft , von harmonischer Farbe und angemessenem Design.

Auf den Anwesen in Berkshire und Hampshire mussten die Wälder durchforstet werden, das Vieh brauchte Nachwuchs und eine bessere Zucht. Die Hummerfischerei in der Sporran Bay sollte unbedingt ausgebaut werden. Ein Teil der Hirsche in Schottland und in Engledene könnte mit Vorteil verkauft werden. Die Bauernpächter wollten generell aufrütteln. Einige von ihnen konnten es sich durchaus leisten, das Doppelte ihrer derzeitigen Miete zu zahlen und ihn, ohne die erhöhte Miete zahlen zu müssen, ihre Häuser, Scheunen, Getreidespeicher, Schweineställe und Kuhställe wieder aufbauen zu lassen. Allein der Wert des Milchgeschäfts könnte durch die Nähe zum milchhungrigen London verdreifacht werden. Bauer Josling, ein absolut überlegener Mann mit viel selbst gegebener Bildung, sollte ihm dabei helfen. Übrigens hatte er mit Sibyls Zustimmung seinem Schwiegervater die Farm auf Lebenszeit verpachtet, als Anerkennung für seine hervorragende Nutzung und seinen fortschrittlichen Einfluss auf die anderen Bauern.

Das aufregende Leben im Freien und das ständige Reiten, Jagen und Schießen haben seiner Gesundheit sehr gut getan. Er hatte noch nie so gut, so muskulös und robust ausgesehen wie im Alter von zweiunddreißig Jahren als Sibyls Faktotum. Das Schlimmste daran war, dass er in Sibyls Augen begehrenswerter denn je schien, wie sie mit ihrer entwaffnenden Offenheit zugab. „Wie schade, Roger, die albernen Gesetze dieses scheinheiligen Landes erlauben keine Polygamie. Wir sind gerade in der Blüte des Lebens, du und ich. Ich sehe viel besser aus als vor zehn Jahren – ich schaudere bei meinem Anblick alte Fotos – ich trug damals einen Pony und einen Zopf und viele Haare auf meinem Rücken und ein schrecklich affektiertes Gesicht, als ich in die Kamera blickte. Es ist ein Verbrechen gegen die Natur, dass wir nicht heiraten können. Wir sollten die schönsten Kinder haben und Mit Lucy könnten wir die Sache problemlos regeln. Sie ist nicht anspruchsvoll."

Roger lachte über diese Reden, aber sie bereiteten ihm ein wenig Unbehagen. Wäre Sibyl für ihn völlig fremd gewesen, wäre er vielleicht schon lange zuvor ihren List erlegen; Nur wenige Männer seiner Statur, seiner Zeit und seiner Hautfarbe waren Josephs. Aber die geringe Beziehung zwischen ihnen wirkte als Hindernis für die Begierde. Es ermöglichte eine Vertrautheit in der Sprache und Ansprache, die jede nähere Intimität seinem Sinn für Anstand zuwider machte ...

Zugegebenermaßen war Sibyl schamlos, als sie zusammen waren. Sie würde seine Gesichtszüge aufmerksam studieren; Bewundern Sie den Schwung seiner Wimpern, die Konturen seines Profils, sogar die nicht ganz klassische Hervorhebung der Wangenknochen, die männliche Drehung seines Schnurrbarts nach oben, das feste Kinn und die kräftigen weißen Zähne, das gut angesetzte Ohr und das kurzgeschnittene Haar in seinem Hinterkopf: Währenddessen tat sie so, als würde sie mit dem Stift in der Hand über seine Vorschläge nachdenken. Die Gedankenübertragung sagte ihm, was diese Prüfung bedeutete, und er errötete ein wenig vor Scham und wurde schroff – er sagte sich sogar: „Das *kann nicht so* weitergehen – ich wünschte, sie würde an etwas anderes denken ..." "

Er kümmerte sich zu dieser Zeit gewissenhaft um Lucy und sie war in dieser Phase in Rogers Leben wirklich glücklich. Im Frühjahr bezog sie ihren Wohnsitz in der Lodge in Englefield und richtete ein komfortables Zuhause für ihren hingebungsvollen Ehemann ein, der entschlossen zu sein schien, ihr zu zeigen, wie glücklich er mit seiner Ehe war. Maud aus Farleigh war ein ständiger Besucher, blieb wochenlang mit Lucy und Roger zusammen und fungierte als *trait d'union* mit Sibyl, die es Maud erlaubte, sie zu ärgern und zu beschimpfen, wie sie es mit keinem anderen tun würde. Sibyl verhielt sich recht höflich zu Lucy, störte sie nicht und ließ sie in Ruhe, bis auf eine gelegentliche Begrüßung und das Bekunden einer gewissen Neugier gegenüber dem kleinen John. „Du kannst ihn *John* nennen, so oft du willst, aber er ist auf jeden Fall Rogers Kind."

Clithy und seine Krankenschwester wurden oft in die Lodge geschickt, um bei Lucy zu sein; Sibyl geruhte zu sagen, dass ihr Einfluss auf Kinder gut sei und dass Clithy *ihr* gegenüber nie böse war . In ihrer spöttischen Stimmung nannte sie ihren kleinen Sohn „Der Prinz mit der Nase" und erklärte, er sei verzaubert. Für ein dreijähriges Kind hatte er eine übernatürlich große Nase, und wie sie zu Roger sagte, konnte es keinen Zweifel an seiner Vaterschaft geben. „Wie erfreut wäre Franziskus gewesen!

Er war immer so stolz auf die Stockentennase. Er sagte, sie ließe sich auf Bildern auf die Regierungszeit Karls I. zurückführen – Anna von Dänemark, die nach zehn Jahren Ehe eher launisch war, hatte eine Seite -slip – Sie wissen, was für ein *beschwipster* Hofstaat sie waren! – und gebar eine Tochter des Lord Chamberlain, der sich besonders aktiv an den Feierlichkeiten beteiligte. James übersah ihren Verstoß gegen die guten Manieren und gab schließlich das großnasige kleine Mädchen mit Silchester zur Frau Herrenhaus eines Favoriten , der das Haus Mallard gründete. Francis hätte dies in seine Memoiren aufnehmen wollen, aber er starb, der arme Schatz, und ließ sie zu drei Vierteln fertig zurück. Ich denke, *ich* werde sie aus Spaß fertigstellen. Helfen Sie mir? Mich?"

Ein Grund, warum Lucy in der Englefield Lodge träumerisch glücklich war, war, dass sie dort scheinbar an das Leben ihrer Kindheit anknüpfen wollte. Sie war so oft mit John Tilehurst durch die Bezirke von Engledene geschlendert , dass sie es nicht wagte, noch einmal dorthin zu gehen, aus Angst, Mrs. Barnes zu treffen. Aber manchmal ging sie denselben Weg, den sie an jenem Sonntag im Juni 1886 mit John eingeschlagen hatte. Sie saß auf dem Sitz im *The View* und ging in Erinnerung und mit einem traurigen kleinen Lächeln noch einmal ihre naiven und gereizten Fragen durch und Antworten auf diesem Sonntagsspaziergang. Wie hatte sie John von ihrem Wunsch erzählt, Löwen zu begegnen, und doch, als ein Löwe ihr Lager besuchte, welchen schrecklichen Schrecken hatte sie gezeigt! Hangodi ! Dieser Name wurde ihr zum ersten Mal im Engledene Park ausgesprochen, und sie erinnerte sich, dass John gesagt hatte, er bedeute „Der Ort des Feuerholzes".

Eines Tages kam Roger im Hundekarren vorbei, um sie mit dem alten Mr. Baines zu treffen – wie er nun genannt wurde. Sie vergossen beide ein paar Tränen, aber er sagte ihr mit mehr Aufrichtigkeit als sonst mit seiner heiseren Stimme, dass er sie von jeder Schuld an der Katastrophe, die seinen Sohn heimgesucht hatte, entlastete (Lucy selbst war sich nicht so sicher). „Mutter hat es furchtbar übel genommen, Lucy. Sie ist verrückt geworden, fürchte ich . Zuerst hat sie ein Schreiben an Lord Wiltshire geschrieben , ihn als Premierminister, nicht wahr?, um etwas zu geben Die Entlassung Ihres Mannes war die wahre Ursache für Johns Tod. Als nächstes würde sie unser Mitglied belästigen und wollte , dass ich im Unterhaus Fragen stelle , bis sie es schließlich aufgeben, sie zu beantworten . Dann machte sie Schluss zu der Missionsgesellschaft, der John angehörte, und beschimpfte sie mit den Worten : „Sie waren nicht im Geringsten vorsichtig genug mit dem kostbaren Leben." Nun, in diesem Frühling, gesegnet, wenn sie unsere Verbindung nicht abbricht ! Sie wird nicht zur Salem-Kapelle gehen; geht stattdessen in die Kirche ... St. Michael. Ich sollte mich nicht wundern, wenn sie Papistin geworden ist! ... Angenommen , Sie kennen *Ann's in England? In Reading und*

London machen sie viel Aufhebens um sie . Nennen Sie sie eine Heldin. Sie ist mit ihrem Mann zusammen – eher ein unausgegorener Kerl –, um uns zu sehen; aber ihr Gespräch mit Mutter nützt Mutter nicht viel, zum Teil, weil Ann nicht mitmachen wollte Sie misshandelt dich. Sie sagt zu Mutter: „Ich habe dir in diesem Brief gerade die klare Wahrheit gesagt." Ich werde kein einziges Wort hinzufügen oder wegnehmen, und Sie haben viel mehr hineingesteckt, als ich jemals gesagt habe. Überlassen Sie Lucy einfach Gottes Urteil. Jedenfalls liebte John sie und starb im Glauben, dass sie wahr sei; und ich behaupte, dass sie es war. „Afrika ist ein lustiges Land und man muss viel auf das Klima zurückführen." ... Ann wird nächsten Herbst mit drei weiteren Rekruten und viel Geld für die Missionsschule nach Afrika zurückkehren. Die alte Mrs. Doland hat nach ihm geschickt und ihm fünfhundert Pfund gegeben. Ich sage ihr, sie sollte zu dir kommen, bevor sie geht. Vielleicht wird sie das tun, vielleicht auch nicht. Ich habe ihm gesagt, dass du dein Baby „John" nennst, und die Tränen traten ihm regelmäßig in die Augen ..."

Roger gestand Maud, dass er sich im Frühling und Frühsommer 1890 etwas unruhig gefühlt habe. Afrika ging ihm irgendwie nicht mehr aus dem Kopf. Zuerst gab es die Aufregung um Stanley und die Rückkehr der Emin-Pascha-Hilfsexpedition – sicherlich eine der vergeblichen Heldentaten und mutigsten Unternehmungen in der Geschichte Afrikas. Dann kam das Abkommen mit Deutschland von 1890. Damit blieb das Happy Valley im Wesentlichen dort, wo es auf der Karte gelegen hatte – bisher noch nicht markiert –, aber nach ungefährer Breite und Länge völlig deutsch, wie Roger wusste. Aber die Diskussion über die Grenzen in Afrika löste bei ihm Ärger und Groll darüber aus, dass er „da raus" war. Sir Mulberry Hawk, der den Vertrag ausgehandelt hatte, hätte sich sicherlich in diesem und jenem Punkt an ihn wenden können, um Aufklärung zu erhalten? Obwohl er den afrikanischen Dienst verlassen hatte, gab es seine Berichte von 1884-5 und -6 sowie von 1887-9. Er verspürte den Drang, Broadmead aufzusuchen, das für angesehene Männer immer zugänglich war. Broadmead sagte, es sei eine schreckliche Schande – vielleicht trotz Molyneux –, aber jetzt dachten alle an die Pause ... London wurde furchtbar langweilig ... Er und Roger sollten sich im Frühherbst treffen. Broadmead würde vielleicht nach Engledene kommen und Sibyls Fasane schießen und über Afrika reden ... Wenn Roger sich immer noch nach Ostafrika sehnte, warum hat er sich dann nicht an „ Wully" gehalten? „MacNaughten ?" Er hatte irgendwo oben in den Highlands einen Schauplatz, nicht unermesslich weit von Glen Sporran entfernt.

„Wer war Wully ? Wusste Brentham das nicht ? Er hatte sein Leben als kleiner Lebensmittelhändler in einer schottischen Stadt begonnen und ging bankrott, weil er den Kleinbauern Kredite gewährte. Um sich vom Schicksal nicht besiegen zu lassen, ging er als Angestellter nach China und hatte in zwanzig Jahren ein beachtliches Vermögen gemacht. Freunde sagten aus Tee,

Feinde aus Opium, geschmuggelt nach Indien; wahrscheinliche Ursache war der große Kuli- Verkehr zwischen China und dem Rest der Welt, der ihn dazu veranlasste, eine Marine zu gründen Trampdampfer, um die Kulis zu transportieren, viele von ihnen nach Afrika. Dann knabberte er an Ostafrika und begann mit Missionsstationen, eine Art Sühne, wissen Sie nicht, für alles Unverschämte, das er getan hatte – so riefen die Leute in China immer an er „ MacNaughty – frech" – soll eine Mischlingsfamilie gehabt haben. Kein Wort der Wahrheit darin. Doch da war es, und er konnte Brenthams Erinnerung nicht mehr auffrischen. Brentham war in Ostafrika gewesen und muss alles über MacNaughten wissen Dort?... "

„Ja, ich weiß natürlich, er ist der Vorsitzende der Chartered Company of Ibea – Mvita , wissen Sie."

„Nun, sie werden ihre Operationen im Landesinneren auf die Victoria Nyanza ausdehnen und sie wollen einen grünen Mann als Gouverneur. Der Kerl da draußen ist derzeit – Allerdings kann jetzt nichts getan werden. Bis später ein Brief an ihn... Tata.

Während Roger unruhig war und uneingestandene Sehnsüchte nach seiner ersten Geliebten, Africa, hegte, strahlte Sibyl im Frühling und Sommer dieses besonders strahlenden Jahres 1890, ohne zu wissen, dass er jemals davon geträumt hatte, von ihren Circe-Mühsalen befreit zu werden. Ihre vorgeschriebene Trauer war also vorbei dass die „schreckliche alte Königin" keinen Grund haben könne, etwas dagegen einzuwenden, dass sie wie jede andere wohlhabende Adlige Gäste bewirte.

Roger hatte mit den Gütern Wunder vollbracht, und bald würden die Einnahmen, über die sie bis zur Volljährigkeit ihres Sohnes die Kontrolle behalten würde, um mindestens ein Drittel gesteigert werden. Aus geschäftlicher Sicht war ihre Wahl für ihn völlig gerechtfertigt. Ihr Puls beschleunigte sich und ihre Augen leuchteten überdurchschnittlich bei dem Gedanken, dass er eines Tages ihr Liebhaber sein könnte. Wenn nur diese lästige Lucy in einer ihrer Entbindungen sterben würde, wäre er vielleicht sogar ihr Ehemann. Natürlich würde sie jede Dummheit, die auch nur den geringsten Anlass zu einem Skandal geben könnte, sorgfältig vermeiden. Wenn sie das täte, könnte sie das Leben genauso angenehm nehmen wie Lady Ramsgate (die Lächerliche, genannt „ Popsy ") oder Lady Ann Vizor. Jeder kannte diesen Popsy Ramsgate hatte von ihrem Hofverwalter ein Kind bekommen und es auf der Farm behalten, und niemand dachte schlimmer von ihr. Ramsgate war tot. Der Börsenmakler von Lady Ann war offensichtlich ihr Liebhaber, aber er war ein sehr Gentleman, und niemand hätte es erraten, wenn man es ihm nicht ausdrücklich gesagt hätte.

Selbst wenn Roger frei wäre, war sie sich nicht sicher, ob sie ihn wirklich heiraten wollte. Sie würde dann ihren Titel oder zumindest ihre sozialen Rechte als Adlige verlieren. Und Roger als Ehemann könnte zu herrisch sein. Sie wollte es „königen", wie es eine reiche Frau mit Intelligenz und Geschmack damals tun würde. Nachdem ihre Trauer vorbei war, würde sie sofort damit beginnen, Partys in 6A, Carlton House Terrace, zu geben, die die von Suzanne Feenix weit in den Schatten stellen sollten. Sie würde einen Salon schaffen, der die jüngeren Generationen, die Rebellen der Konservativen Partei, anlocken sollte. Sie würde Lord Randolph wiederbeleben und sich mit Mary March zusammenschließen, die ein wunderbares *Gespür* dafür hatte, Millionäre zu betrügen. Sie und ein paar andere kluge Frauen – vielleicht die Tennants – sollten eine junge und intellektuelle Konservative Partei gründen – oder, wenn Sie so wollen, eine Unionistische Partei. Sie würden Choselwhit erreichen – vielleicht Rhodes, wenn er nach England käme.

Lord Wiltshire sollte den Tag bereuen, an dem er sie an einem Wochenende in Chapelmead brüskiert hatte – das letzte Mal, dass der arme Francis irgendwohin gegangen war – und sie bei zwei Empfängen im Foreign Office beschnitten hatte. Den Brinsleys sollte gezeigt werden, dass ihre Herrschaft vorbei war.

Zu ihren Eingeweihten – sie gründete tatsächlich die halblegendären „Souls" – sollten die klügsten Schriftsteller und die kühnsten Maler, die seltsamsten Dichter der Zeit gehören. Sie hätten ihre eigene Presse, wenn es nicht zu teuer wäre, aber Mary Marchs Millionäre könnten das schaffen ... war sie nicht auf einer von Marys Theaterpartys einem enorm reichen und bescheidenen Menschen namens Tooley vorgestellt worden? Lady Tarrington hatte ihn gefragt, ob ihm die Tooley Street gehörte, und das dumme Geschöpf hatte gesagt: „Bitte um Verzeihung, meine Dame?" Nun, Tooley sollte verzaubert werden – vielleicht eine Einladung nach Glen Sporran – und ihnen ihre Zeitung kaufen.

Und dann kam ihr die Idee, eine monatliche Rezension zu starten, die sie selbst redigieren würde und die die nackte Wahrheit sagen sollte. Keine Zimperlichkeiten ... Praed , der Architekt, sollte ihnen ein oder zwei seiner seltsamen Geschichten schicken ...

Was Mutter und Vater betrifft, würden sie mit ihren Banalitäten und altmodischen Ideen jeden Kreis verderben ... und die Geschichten des Vaters würden vom modernen jungen Mann oder der modernen jungen Frau nie bis zum Ende verfolgt werden. Sie würden ihren Kreis zerstören. Nein. Sie müssen im Land Halt machen. Bei meiner Mutter schien es zu einer inneren Beschwerde zu kommen – wahrscheinlich zu einer Verdauungsstörung oder etwas, das in Aix oder Homburg geheilt werden konnte –, und sie wirkte sehr engstirnig und hatte einen ängstlichen Blick. Sibyl würde Rogers Rat befolgen: Vaters dreihundert Acres aufkaufen; Es könnte zu einem höchst profitablen Milchviehbetrieb werden. Vater sollte als Mieter zu einer Nominalmiete weiterbleiben und einen Gerichtsvollzieher haben – vielleicht den jungen Harden, den Cricketspieler, der Lucys Schwester geheiratet hatte.

Sibyl beschloss, ihre Mutter auf eigene Kosten nach Aix zu schicken und Tante Christabel auf unbestimmte Zeit bei ihr zu behalten, solange sie eine Begleitperson brauchte.

Was ihre Schwestern betrifft: Gott sei Dank waren *sie* nicht mehr in ihren Händen. Sie hatten geheiratet und waren mit ihren Männern in diese gesegneten Kolonien gegangen, Clara nach Neuseeland und Juliet nach British Columbia. Mögen sie noch lange dort bleiben! Beziehungen waren – sofern sie nicht sehr distanziert waren – wie Vorwürfe oder schlechte Nachbildungen der eigenen Person. Sie haben einem die Originalität genommen....

Dies waren einige der Gedanken von Sibyl, als sie sich von Sophie die Haare bürsten ließ oder sich einer schwedischen Massage unter den festen, aber beruhigenden Händen einer blonden Riesin unterzog; beim Frühstück im Bett; oder eine lange Zugfahrt in einem Abteil der ersten Klasse mit defekter Lampe.

Es stand in diesem Jahr außer Frage, dass Lucy ihren Mann nach Glen Sporran begleitete. Sie war gerade dabei, ein weiteres Baby zu bekommen, und war fest davon überzeugt, dass sie nicht gehen wollte. Sibyl nahm diese Entscheidung äußerst freundlich auf; sagte, Lucy sei ziemlich weise, und schlug außerdem vor, dass sie Maud bei sich haben und sich im Engledene House um Sibyl kümmern sollte . Clitheroe sollte ebenfalls zurückgelassen werden. Sein Leben in den Highlands war eine lange Folge gefährlicher Erkältungen und es gab nicht genügend Unterkünfte für sein Gefolge an Krankenschwestern; zumal jeder, den man heutzutage fragte, ein Dienstmädchen oder einen Diener bei sich haben musste. Clithy hatte Lucy so liebgewonnen, dass Sibyl scherzhaft vorschlug, sie sollten die Babys wechseln. Sie hielt den kleinen John für einen perfekten Schatz – so wie Roger – warum hatte Lucy sie nicht anstelle von Maud als Patin ausgewählt? Zweifellos würde Clithy eher wie ein normaler Junge aufwachsen, wenn seine übrigen Gesichtszüge die Nase von Anna von Dänemark ausbalancieren würden ... In der Zwischenzeit war es ein großes Glück, dass die Dinge so waren, wie sie waren. Und Lucy würde ihr einen enormen Gefallen tun, indem sie sich um ihren Jungen kümmerte, während sie all diese schrecklichen Leute im Norden bewirtete.

Nicht, dass die Hausparty groß werden sollte. Es ging mit so viel Geld davon und die Leute waren nie dankbar. Da wäre nur Stacy Bream; der Ehrenwerte . Victoria Masham, die Trauzeugin – die alte Vicky Long- i '-the-tooth, nannte Sibyl sie hinter ihrem Rücken und hätte nie gedacht, dass dieser

Spitzname wiederholt werden und die Kosten für die Gastfreundschaft eines Monats ausgleichen könnte. *Ich muss* Vicky haben, um mit dem in Kontakt zu bleiben, was die alte Königin sagte und tat – und einen Akolythen von Stacy namens Reggie, irgendjemand im Kolonialamt – er konnte mit Vicky flirten – und verprügelt Arthur Broadmead. Dann – für ein oder zwei Tage – dieser unerträgliche Kerl, Elijah Tooley – „aber er ist so schrecklich, schrecklich reich und *könnte* nützlich sein." Natürlich würde Tante Christabel kommen, um für Ordnung zu sorgen, und Aggie Freebooter und Gertie Wentworth würden für die Hausparty sorgen. Aggie Freebooter war die Tochter der lästigen Lady Towcester – „eines von sechs Mädchen, meine Liebe" –, aber wenn sie nicht mehr im Blickfeld ihrer Mutter war, war sie köstlich freche und furchtbar mutig, und es machte ihr nichts aus, was man spielte; während Gertie Wentworth – oder der Honble . Gertrude – fünfunddreißig, viel Geld, gekleidet wie ein Mann, Whiskey und Zigarren, übernimmt die Bank beim Roulette und verliert alles außer ihrer Beherrschung.

„Na ja, jedenfalls", sagte Maud, „bin ich froh, Willowby Patterne ist *dieses Mal* nicht mit von der Partie ..."

„Meine Liebe!... ", sagte Sibyl mit einem Schrei. „Ich habe ihn nach diesem Krach in der City und diesem außergewöhnlichen Fall vor Gericht, der kompromittiert und vertuscht wurde, auf jeden Fall fallen gelassen. Er ist nach Ostafrika gereist. Hast du es nicht gehört?"

Maud hatte nichts davon gehört und sich kaum darum gekümmert, was mit dem verschwenderischen Baronet geschehen war. Aber Roger hatte es getan und war ein wenig unruhig, was sein geliebtes Happy Valley anging. Willowby Patterne mischt sich erneut mit einer sehr zwielichtigen Firma ein, um ein neues Mineralwasser zu übernehmen und auf den Markt zu bringen – ein Vorschlag von Bax Strangeways – und eine Sache der Verleumdung und einer Schlägerei, die außergerichtlich geklärt wurde ... und ein Verfahren seiner Frau auf Trennung anhängig ist; hatte sich plötzlich entschieden, „ peau" zu machen neuve " in Ostafrika. Er hatte einem seiner Betrüger, der gerade volljährig geworden war und einen Topf voll Geld besaß, den Nervenkitzel des Großwildschießens geschildert. Dieser junge Mann würde den hohen Kostenaufwand – 5.000 Pfund – und Willowby ertragen würde ihm alle Tricks antun. Und vielleicht würden sie Mineralien finden und eine Konzession bekommen ...

Während er in Schottland war, gelang es Roger mit Hilfe von Arthur Broadmead, ein Interview mit Sir William MacNaughten über die Entwicklungen in Ostafrika und die zukünftige Verwaltung des Unternehmens zu erhalten. Aber Sir William schien im Hinblick auf eine andere Frage vage und viel interessierter und eindeutiger zu sein: König

Salomos Tempel. Hatte sich Kapitän Brentham als Orientalist jemals mit diesem Problem beschäftigt, mit der Form und Struktur des Tempels, seiner Verzierung und der verborgenen Bedeutung der göttlichen Verordnungen? Nein, Captain Brentham hatte nicht ... aber ... ähm ... zweifellos war es sehr interessant und voller Bedeutung ... nur ... Ostafrika? ...

„Oh, Ostafrika – unsere Charta – Oh ja! Kommen Sie doch mal vorbei, wenn ich wieder in London bin. Kennen Sie meine Adresse dort? Westminster Palace Hotel?"

Die Glen Sporran-Party löste sich im Regen und den kühlen Winden der Tagundnachtgleiche auf; aber Roger blieb dort bei Sibyl und Tante Christabel: angeblich, um die Angelegenheiten des Anwesens und die Einrichtung der Hummerfischerei zu prüfen; in Wirklichkeit, weil seine Vorsätze sich alle aufgelöst hatten, bevor sie darauf bestanden hatte, ihre Tränen, ihre Drohungen, eine Szene zu machen. Circe triumphierte; putzte sich; wurde noch einmal fröhlich und elegant . Aber ihr elender Liebhaber kam sich tatsächlich wie ein Schwein vor. Tante Christabel, selbst die Dienerschaft schien zu erraten, was Sibyl glaubte, was vor dem Rest der Welt völlig geheim gehalten wurde.

Ein Monat Abwesenheit in Staffordshire und London und ein beschämter Besuch in der Engledene Lodge trugen dazu bei, seine Selbstachtung wiederherzustellen. Er besuchte Sir William in seinem Hotel und beschloss, das Thema des Gouverneursamts für Ostafrika anzusprechen, erwischte ihn jedoch. Dennoch kam zu seiner Freude eine Nachricht von Sir William ins Pardew's Hotel mit den Worten: „Kommen Sie morgen früh um neun zum Frühstück. Ich habe etwas sehr Interessantes mit Ihnen zu besprechen und sollte Ihre Meinung schätzen."

Er kam pünktlich an. Lady MacNaughten war da – eher essigartig und mit geschürzten Lippen. Sie servierte Tee und Kaffee mit einem sehr starken Glasgower Akzent. Die Materialien für das Frühstück waren – so dachte Roger – eher dürftig für so wohlhabende Leute, die es sich leisten konnten, diese große Zimmersuite Jahr für Jahr zu behalten. Da Ostafrika während des Frühstücks nicht erwähnt wurde, war es offensichtlich taktvoller, zu warten, bis das Thema vorgestellt wurde. Vielleicht zog es Sir William vor, Geschäfte nicht in Gegenwart seiner Frau zu besprechen. Schließlich trank er jedoch seine zweite Tasse Kaffee aus, wischte sich die Lippen ab und bedankte sich für „unsere großzügige Mahlzeit", an der sich Lady MacNaughten beteiligte; und bat dann Roger, ihn in sein Wohnzimmer zu begleiten.

Die Falttüren wurden von einem fleißigen Kellner hinter ihnen geöffnet und geschlossen; Auch das Fenster des Wohnzimmers mit Blick auf die beginnende Victoria Street war geschlossen, weil der Westwind kühl war.

Und dann drehte sich Sir William um und sagte mit großer Herzlichkeit, indem er auf ein Gerät aus Pappe und *Pappmaché* unter einer Glasvitrine zeigte:

„Da! *Das ist es*, was ich mit Ihnen besprechen wollte, die Sie den Osten so gut kennen: ein Modell des Tempels von König Salomo, angefertigt nach meinem eigenen Entwurf!"

* * * * *

Das Gouverneursamt der Mombasa-Konzession wurde kurz darauf Lady MacNaughtens Neffen übertragen.

Kapitel XVII

ZURÜCK ZUM GLÜCKLICHEN TAL

Seit seiner Rückkehr aus Schottland beschloss Roger, mit Sibyl zu brechen, sobald er die Wiederaufnahme einer afrikanischen Karriere vor sich sehen konnte. Nur mit dieser Entschlossenheit konnte er sich den offenen Augen seiner Frau und ihrem bedingungslosen Vertrauen in ihn stellen – oder Mauds eher fragendem Blick und gelegentlichen sardonischen Bemerkungen … „Dieser alte Fuchs, MacNaughten ", sagte er zu sich selbst, „hatte alles bestimmt." entlang, um den gutgemeinten Vorschlägen von Kandidaten aus den Außen-, Kolonial- und Indienämtern zu entgehen, und sobald er seine Baronetwürde (die mit den Neujahrsauszeichnungen einherging) erhalten hatte, eine eigene Linie zu verfolgen.

Silchester erkältete , seine Erkältung vernachlässigte und in der Woche vor Weihnachten 1890 an einer doppelten Lungenentzündung starb. Roger war zutiefst dankbar seinem archäologischen Elternteil dafür, dass er *vor* und nicht nach Weihnachten gestorben ist, denn dieser Tod, mit den geltenden Konventionen und Königin Victoria hinter den Konventionen, befreite ihn absolut von der Verpflichtung, an den aufwändigen Weihnachts- und Neujahrsfeierlichkeiten teilzunehmen, die Sibyl in Engledene angeordnet hatte . Sie hatte eine Reihe von Zimmern – Schlafzimmer, Wohnzimmer und Büro – in 6A, Carlton House Terrace, reserviert und wollte nicht mehr von seinem Aufenthalt im Pardew's Hotel hören, wenn er in London war, um mit ihr Geschäfte abzuwickeln. Es gab Zeiten, in denen er ernsthaft darüber nachdachte, sich selbst zu erschießen – und seltsamerweise hatte er Lucy in dieser Zeit episodischer Untreue nie besser geliebt oder ihr lächelndes Schweigen oder unwichtige, unanspruchsvolle Gespräche beruhigender gefunden.

Ihre bevorstehende Entbindung und der Tod seines Vaters bildeten zusammen eine Barriere der Zurückhaltung, die selbst Sibyl respektieren musste. Daher nutzte er diese Ruhepause, um eifrig an seinen Fluchtplänen vor der Zauberin zu arbeiten. Nachdem er gegangen war, lag ihm am meisten daran, dass niemand mit Recht sagen würde, dass er Lady Silchester im Stich gelassen, sie schlecht behandelt, die Dinge durcheinander gebracht und dann abgehauen sei.

Bereits im vergangenen Oktober hatte er seinen jüngeren Bruder Maurice, den Rechtsanwalt, als seinen Assistenten in das Nachlassamt geholt. Sibyl konnte niemanden anderen vorschlagen und sagte ihm, er könne die Vereinbarungen treffen, die ihm gefielen – wenn *nur* – wenn – *nur , dass er nicht grausam zu ihr* sein würde und nicht davon reden würde, am Ende des Probejahres zu gehen. Da er nicht völlig davon überzeugt war, dass Maurice für die Führungsposition geeignet sein würde, hatte er eine vorläufige Vereinbarung getroffen, wonach ein erstklassiger Mann Maurice ersetzen sollte, und wählte ihn auf Empfehlung des Institute of Land Agents aus ...

Daher sei so viel getan worden, um die Interessen des Arbeitgebers zu schützen.

Dann was sein eigenes betrifft. Die Verwaltung des Nachlasses seines Vaters sicherte schließlich jedem der vier Kinder von Rev. Ambrose Brentham einen Gesamtbetrag von 4.300 £ zu , einschließlich des Betrags, den sie kürzlich per Schenkungsurkunde erhalten hatten. Zusammen mit anderen Kleinigkeiten an Ersparnissen verfügte Roger über ein Kapital von 5.000 Pfund, auf das er zurückgreifen konnte.

Sobald Lucy im Januar (1891) ihre Kindheit weit hinter sich gelassen hatte, führte er mehrere lange und vertrauliche Gespräche mit Arthur Broadmead, dem Freund in der Not so vieler Männer, die in die Löcher ihres eigenen Grabens geraten waren und der durch Verlängerung Wiedergutmachung suchte Die Grenzen des Imperiums überschreiten und zwei Grashalme wachsen lassen, wo zuvor nur einer gewachsen war. Mehrere große anglo-deutsche Finanziers wurden in der Stadt gesehen . Die Proben und der Bericht der School of Mines blieben in ihren Händen: mit dem Ergebnis, dass ein kleines und ausgewähltes englisch-deutsches Syndikat gegründet wurde, um im nördlichen Teil Deutsch-Ostafrikas zu schürfen. In diesen Pool investierte Kapitän Brentham 2.000 Pfund und wurde drei Jahre lang zum Leiter des Unternehmens ernannt, mit einem guten Gehalt und sehr großem Ermessensspielraum hinsichtlich der Mittel und Methoden zur Entwicklung des Happy Valley.

Als nächstes teilte er Maud seine Pläne mit, und zu seiner Überraschung wurden sie mit herzlicher Zustimmung aufgenommen.

„Du hast *vollkommen* recht, Roger, ich bin sicher, dass du den Weg eingeschlagen hast, der höchstwahrscheinlich zu Glück und Reichtum führen wird. Lucy wird mit Sicherheit in deinen Plan einwilligen. Sie kann in England bleiben, bis ihr Baby entwöhnt ist –" Es war nett von euch beiden, es nach mir zu nennen – ich war mir so sicher, dass ihr es „Sibyl" nennen würdet! Dann kann sie beide Kinder bei ihren Großeltern in Aldermaston unterbringen und herauskommen und sich euch anschließen. Und außerdem: *Ich* werde auch kommen! Das würde ich *gerne tun* !"

Jetzt blieb noch – er konnte nicht sagen „nur geblieben", es war eine zu bedrohliche Krise – die letzte Szene mit Sibyl. Er dachte daran viele Nächte lang, in denen er nicht schlafen konnte, an vielen Morgen, als er mit ihr Immobiliengeschäfte erledigte und sie sich unnötigerweise über seine Schulter lehnte oder ihm heimlich ins Ohrläppchen kniff. Ein schriftlicher

Abschied und die anschließende sofortige Abreise wären grausam, und Sibyl könnte sich später an der wehrlos zurückgelassenen Lucy rächen ; oder auf Maurice. Außerdem gab es noch einige geschäftliche Punkte, die er mit ihr besprechen musste, bevor er ging; Geben Sie ihr auf jeden Fall die Möglichkeit, Fragen zu stellen und Antworten zu erhalten.

Also nahm er eines Morgens all seinen Mut zusammen und telegrafierte ihr, dass er sie am Nachmittag in London sehen wollte. Sie war bereit für die „kleine Jahreszeit", die auf Weihnachten folgt.

Er wurde in ihre Bibliothek in der Carlton House Terrace 6A geführt. Sie war vom Schlittschuhlaufen bei Princes zurückgekommen, hatte ein wundervolles Teekleid angezogen und lag auf einer langen Couch, über die ein prächtiges Tigerfell geworfen worden war. Auf einem kleinen maurischen Tisch mit Intarsien stand ein Teetablett.

Sibylle : „Haben Sie etwas Tee? Sagen Sie es ihm, bevor er hinausgeht" (bezogen auf den sich zurückziehenden Lakaien).

Roger : „Vielen Dank, nein. Ich habe Tee getrunken und habe dir viel zu erzählen. Ich möchte also keine Zeit verlieren." (Die Tür klickt zu.)

Sibylle : „Nun. Du bist sehr ernst. Stell dir einen Stuhl. Kommst du, um mir einen Monat Vorwarnung zu geben? Aber um das zu tun, solltest du stehen …"

Roger : „Genau dafür bin ich *gekommen* …"

Sibyl : „Roger! Machen *Sie keine* schrecklichen Witze. So niedrig – so – undankbar – wären Sie nicht …"

Roger : „Das ist sicher kein Akt der Niedrigkeit; und was die Undankbarkeit angeht, denke ich, dass ich, wenn ich weggehe, das Beste für *Sie tue* . Nein!" (Sie erhebt sich und schiebt den Teetisch beiseite, um sich auf das Drama vorzubereiten.) „Du musst mich erklären lassen – und *lass uns das in Ruhe* besprechen , nicht so, als würden wir eine Szene auf der Bühne spielen. Sibyl! Wirklich das Wenigste gesagt, am schnellsten gebessert. Wir sind in einer *unmöglichen* Lage … Ich gebe dir die Schuld." Ich selbst mehr als du..." (Sibyl: „Danke!") „Ich bin ein Idiot … ein *völliger* Idiot. Manchmal verabscheue ich mich selbst so sehr, dass ich mein Gesicht im Glas nicht sehen oder mein Gesicht treffen kann Die Augen meiner Frau. Ich gehe zurück nach Afrika … verlasse dein Leben … Du musst mich ganz vergessen … und einen anständigen Mann heiraten. (Seine Stimme klingt erstickt und er wendet sich ab, um sich zu erholen.)

Sibyl : „Mir scheint, dass du es bist, der inszeniert wird. Was hat das alles zu bedeuten? Hat Lucy herausgefunden, dass wir ein Liebespaar waren, und hat viel Aufhebens gemacht? ... Oder ist es Geld? Hast du Schulden gemacht? *Do.* "sei explizit!"

Roger: „Das ist nichts davon. Ich meine nur, dass ich mein Jahr bei dir, mein Probejahr, überstanden habe, und jetzt fordere ich meine Freiheit ein. Ich werde noch einmal versuchen, in Afrika Karriere zu machen ... und. .."

Sibylle (weiß vor Wut): „Na, *geh* nach Afrika! Ich möchte dich nie wieder sehen! *Geh* ! *Geh* ! *Geh* !" (Sie erhebt sich halb, als wollte sie ihn mit ihren Händen vertreiben, aber er erspart ihr die Mühe, nimmt Hut, Handschuhe und Stock, geht hinaus, schließt sanft die Tür der Bibliothek und verlässt das Haus.)

Am nächsten Tag hinterlässt er an der Tür eine Versandschachtel aus Blech und einen Brief mit dem dazugehörigen Schlüssel. In der Kiste befinden sich unter anderem der Schlüsselbund, den er für das Anwesen verwendet hat, sowie ein großes Bündel an Konten, Notizen und Vorschlägen für die unmittelbare Zukunft. In dem Brief, der dieser Box beiliegt, erzählt er Sibyl alles über die Vereinbarung, die er in ihrem Nachlassbüro getroffen hat, und rät ihr, seinen Bruder Maurice zu behalten, der Anzeichen ungewöhnlicher Fähigkeiten zeigt, Mr. Flower jedoch noch einige Zeit als Chefagent behalten muss , vorläufig für ein Jahr engagiert, der vom Institute of Land Agents wärmstens empfohlen wird. Beide sind inzwischen gut mit den Angelegenheiten des Silchester- Anwesens vertraut . Später, wenn ihr Kind alt genug ist, um in der Obhut der Großeltern zu bleiben, werden Lucy und Maud zu ihm nach Ostafrika kommen. Seine Adresse in London bis zu seiner Abreise nach Marseille am 28. Februar wird Pardew's Hotel sein ...

Er wird ihre Freundlichkeit nie vergessen ... *niemals* ... in einem kritischen Moment seines Lebens. Und er wird nicht „Auf Wiedersehen" sagen, denn wenn er sich in Afrika „gut gemacht" hat, wird er in den Urlaub zurückkehren und hoffen, dass das Anwesen floriert und Silchester zu einem kräftigen Jungen heranwächst.

Nach allem, was ich über Sibyl wusste, sollte ich sagen, dass sie den Abbruch ihrer Beziehung zunächst sehr ungern empfand ... „Qual, Wut, Verzweiflung" ... viel Auf und Ab in der Bibliothek ... Leidenschaftliche Briefe halb- geschrieben, dann in kleine Stücke gerissen und ins Feuer geworfen. Dann – denn sie war eine Sklavin ihres großen Haushalts und ihrer großartigen Lebensweise – betritt ihre Zofe Sophie die Bibliothek und erinnert My Lady daran, dass sie an diesem Abend in der italienischen Botschaft speisen soll. Also muss Sibyl sich frisieren, anziehen, mit Juwelen bestücken und in einem Brougham davonfahren lassen – ein bisschen zu spät, und das drängt sich ihr auf, denn sie hat gehört, dass man nie zu spät zu einer Einladung eines Botschafters kommen sollte, das ist so eine Art

Majestätsbeleidigung . Doch um den Anforderungen gerecht zu werden, die an sie gestellt werden, muss sie ihren Herzschmerz verdrängen und ihren Ruf für fröhliche Schönheit, gewagten Ausdruck und wachen Witz aufrechterhalten – sowohl auf Französisch als auch auf Englisch. Es gab dort einen König, vor dem sie einen Knicks machen und mit dem sie einen von Bosheit erfüllten Spott aushalten musste, der eine beträchtliche Konzentration des Gehirns erforderte; Denn auch wenn die Erwiderungen bei dem Chor, der das Duell verfolgte, weitere Gelächter hervorrufen müssen, dürfen sie doch frei von der geringsten Unverschämtheit sein.

Rogers abrupter Abschied blieb nur wie ein dumpfer Schmerz hinter ihrem lebhaften Bewusstsein des Triumphs, der berühmten Männer, mit Orden behängt, mit Bändern umwickelt; von Frauen, die mit Juwelen glitzern und sich in Seidenkleid kräuseln; eines Prinzen, der Sie mit einem Lächeln „verzaubern" oder mit einem Stirnrunzeln „verunstalten" könnte; von vielen Feinden, die als Freunde verborgen waren; von wunderbarer Musik und exquisitem Essen, auf das sie keinen Appetit hatte. Erst als sie ihre Garderobe wieder betrat, um sich auszuziehen, hatte sie wieder die nötige geistige Freiheit, um über Rogers Abschied nachzudenken und darüber, was das Leben für sie ohne seine ständige Begleitung bedeuten würde. Dann, da sie vorhersah, dass es sonst eine grässliche Nacht geben würde, in der sie die Dinge immer wieder in Gedanken umdrehte, erzählte sie Sophie, dass sie schlimme Neuralgien habe; Sie öffnete ein winziges Kästchen mit einem winzigen goldenen Schlüssel an ihrem Armreif, nahm das Material für ein Schlafmittel heraus, mischte es vorsichtig zusammen – sie war der letzte Mensch auf der Welt, der Selbstmord beging, und sei es auch nur aus Versehen –, schluckte die Dosis und eine halbe Stunde später geriet es in Vergessenheit.

Am nächsten Morgen erwachte sie mit den unvermeidlichen Kopfschmerzen, und der Herzschmerz kehrte zurück. Aber da war das Frühstückstablett, um ihre Gedanken abzulenken, und da waren die Morgenbriefe. Darunter befand sich eine Einladung zu einem Treffen mit einem orientalischen Potentaten in sehr erlesener Gesellschaft – eine Gelegenheit zur Zurschaustellung, nach der sie sich gesehnt hatte – und eine Einladung zu einem Abendessen mit dem Erzbischof von Canterbury und Mrs. Benson, nach der sie gesucht hatte, weil sie locken wollte die jungen Bensons in ihren Kreis der „Seelen".

Dann überlegte sie, während sie sich die Haare kämmen ließ, dass es vielleicht genauso gut sein könnte, dass der Bruch mit Roger stattgefunden hatte, bevor sie in irgendeiner Weise durch den Hauch des Skandals getrübt worden war. Die Leute hatten sie bereits über ihren gutaussehenden Landagenten geärgert. Sie würde so tun, als würde sie ihnen Staub in die Augen streuen, und schon gar nicht die Rolle der *Maîtresse spielen délaissée* .

Später am Morgen schrieb sie daher an Lucy, dass sie Rogers Rücktritt mit *tiefstem* Bedauern angenommen habe, sich aber nicht zwischen ihn und sein geliebtes Afrika stellen würde. Dennoch hoffte sie, dass Lucy nicht daran *denken würde*, die Lodge zu verlassen, bis sie völlig bei Kräften war. Sie teilte Rogers Nachfolger, Mr. Flower, auch mit, dass sie die Vereinbarung, die Kapitän Brentham getroffen hatte, bestätigt und ihn gebeten hatte, sie in der folgenden Woche zu besuchen.

Am Nachmittag dieses Tages erteilte sie die Anweisung „Nicht zu Hause" und beabsichtigte, sich in ihr Schlafzimmer zurückzuziehen und auszuweinen. Doch der völlige Genuss dieses Luxus wurde durch die Ankündigung ihrer Cousine Maud Brentham vereitelt. Mauds Name stand vor einiger Zeit auf der engeren Auswahlliste der Personen, auf die „Nicht zu Hause" nicht zutraf.

Eigentlich war Maud von dem ängstlichen Roger gebeten worden, anzurufen, um zu sehen, wie Sibyl „es aufnahm". Als Sibylle dies erahnte, empfing sie sie liebevoll; und beklagte sich nur über die übertriebene Brillanz der Botschafterparty am Abend zuvor und über die üble Haltung des Prinzen, die sie am folgenden Nachmittag in den Zustand einer Puppe verwandelt hatte, aus deren Nähten das Sägemehl austrat. Sie erzählte ganz ruhig von Rogers bevorstehender Abreise und der Regelung von Lucys Angelegenheiten nach seiner Abreise. „Warum können Sie und sie nicht von der Lodge in das Haus in Engledene umziehen und dort auf unbestimmte Zeit bleiben, bis Sie das Schiff nach Afrika und in goldene Freuden nehmen? Lucy ist ein Geschenk Gottes mit der armen, nervösen, mürrischen kleinen Clithy. Ich *muss* das verlassen Kind gibt es derzeit sehr gut. Er sieht sehr freche aus, wenn er nach London kommt. Und zu Ostern werde ich dieses Haus schließen und für eine lange Zeit auf Reisen gehen ..."

„Aber nicht nach Ostafrika, vertraue ich...?" sagte Maud mit einiger Besorgnis.

„Maud! Du bist eine *Kröte*!"

Als zwei sehr traurige Frauen an einem entsetzlich kalten und nebligen Morgen nach Victoria kamen, um sich von Roger zu verabschieden – der nach Paris-Marseille aufbrechen wollte, um sich seinem Dampfer anzuschließen –, gesellte sich zu ihnen eine dritte, begleitet von einem distanzierten Lakaien, der Tücher trug; und Bücher für Rogers Trost auf der Reise. Sibyl legte ihren Arm um Lucys Taille, als sie sich verabschiedeten; und nachdem Roger seine Frau – sehr zärtlich – und seine Schwester geküsst hatte, zögerte er eine Sekunde und küsste dann auch Sibyl.

* * * * *

Von Roger Brentham bis zu seiner Frau.

HBM-Agentur,

Unguja,

29. *März 1891.*

[Kurz vor dem zweiten Jahrestag unserer glücklichen Ehe. Kaum zwei Jahre verheiratet und schon zwei Kinder. Ich frage mich, wie es Baby Maud geht?]

LIEBSTE LUCE,—

Ich habe Ihnen ein Telegramm aus Port Said geschickt, in dem stand: „Bis jetzt ist alles in Ordnung." Ich hoffe, du hast es verstanden? Ich bin gestern mit dem französischen Dampfer hier angekommen.

Ich habe die Reise nach Paris und Marseille genossen. Aber nachdem wir diesen Hafen verlassen hatten, um in ein sehr stürmisches Mittelmeer zu fahren, erlebte ich eine schreckliche Zeit. Ich hätte alles gegeben, was ich besaß – außer dir –, um wieder in Engledene zu landen und all diese afrikanischen Pläne zunichte zu machen. Ich habe in den letzten zwei Jahren ein so erfülltes Leben geführt und das Beste von England genossen; und die Flachheit des Daseins auf einem altmodischen Dampfer wurde mir während der neuntägigen Reise zwischen Marseille und Port Said erdrückend bewusst. Solch eine Stille nach dem lauten Trubel des Londoner Lebens in Sibyls Kreis; oder sogar das fröhliche Treiben in Engledene, als wir den ersten Teil unserer Trauer um den armen alten Pater überwunden hatten. Es gab keine Zeitungen und keine Nachrichten – neun Tage völlig außerhalb der Welt. Niemand an Bord kannte ich und niemand, der jemals von mir gehört hatte. Es hat mir meine völlige Bedeutungslosigkeit vor Augen geführt! Als wir durch den Suezkanal fuhren, fühlte ich mich etwas besser. Der Klang des Arabischen regt mich immer zum Abenteuer an. Das kalte Wetter ließ uns im Roten Meer zurück. Die meiste Zeit verbrachte ich damit, Suaheli wieder aufzufrischen und mit ein paar Syrern, die an Bord waren, mein Arabisch wiederzubeleben. Aden hat mich erheblich aufgeheitert. Da waren wieder einmal die fröhlich lachenden Somalis, und ich engagierte vier kluge Jungs, die mich als Diener und Waffenträger auf die Jagd begleiten sollten. Mit ihren blitzenden Zähnen könntest du einen dunklen Durchgang erhellen! Als wir Unguja erreichten, verspürte ich zugegebenermaßen ein gewisses Unbehagen. Es ist so unangenehm, als Person ohne Status an einen Ort zurückzukehren, an dem man Beamter war. Aber wie Sie wissen, hatte ich einen Monat vor Beginn die Vorsichtsmaßnahme getroffen und Sir Godfrey Dewburn vertraulich über meine Pläne und Absichten geschrieben . Die Dewburns *hätte nicht freundlicher sein können* . Er schickte mir das Agenturboot mit einem der neuen Vizekonsuln entgegen, und hier bin ich bei der Agentur, als deren Gast, bis ich meine *Safari zusammenstellen* und ins Landesinnere abreisen kann. Lady Dewburn überhäuft mich mit Fragen über Sie und unsere Kinder ...

Die Dewburns erwarten eine Beförderung auf einen diplomatischen Posten – möglicherweise in Persien. Sie haben das Gefühl, dass ihre Arbeit hier erledigt ist, nachdem der englisch-deutsche Vertrag ratifiziert ist und Unguja ein britisches Protektorat ist. Der Vertrag hatte die beste Wirkung auf die deutsch-englischen Beziehungen hier und nebenbei auch auf meine Aussichten auf Zusammenarbeit. Ich soll Wissmann sehen , sobald ich in Medinat-al- Barkah gelandet bin . Eugene Schräder , der Allmächtige im englisch-deutschen Finanzwesen, hat ihm geschrieben. Ich habe kaum Zweifel, dass wir für unser Syndikat eine Konzession für das Happy Valley bekommen werden.

Die Landung in Medina wird etwas abseits der direkten Route nach Irangi liegen , aber ich werde durch das Nguru- Land reisen, das jetzt ziemlich befriedet und sicher ist, und versuchen, Hangodi auf dem Weg nach Ugogo zu nehmen . Welche Assoziationen wird der Anblick wieder in mir wecken, wenn ich es tue! Dieser Rastplatz unterhalb der großen Anhöhe, wo wir zusammen im Schatten Tee tranken, als ich dich mit Halima in deiner Machila traf , und du warst so verblüfft, dass du mich „Liebling" nanntest – das habe *ich* nicht vergessen! Und wenn ich von Halima spreche, fällt mir ein, dass sie Ihnen ihre vielen Salaams sendet. Andrade ist Köchin bei den Dewburns und Halima hat eine Funktion als Hausmädchen. Ich habe vereinbart, dass Andrade sich mir anschließen soll, wenn die Dewburns gehen; Wenn du also herauskommst, mein Schatz, wird Halima da sein, um dich und Maud zu bedienen.

Es wird ziemlich schrecklich sein, die Bazzards in Medina wiederzusehen. Sie sind vor kurzem von einem langen Urlaub in England zurückgekehrt – hauptsächlich an einem Badeort an der Ostküste, wo Bazzard , der eine Yacht nicht von einem Lastkahn unterscheidet, in den örtlichen Yachting Club gewählt wurde. Ich habe gehört, dass Frau B. zuversichtlich darauf wartet, dass ihr Mann die Nachfolge von Dewburn antritt , wenn dieser befördert wird; aber ich denke, dass es nicht die geringste Chance dafür gibt.

Die Stotts müssen inzwischen meinen Brief erhalten haben, in dem ich ihnen mitteile, dass ich unterwegs bin. Für eine Antwort blieb natürlich keine Zeit. Aber Callaway erzählt mir, dass die letzten Nachrichten von ihnen gut waren. Ich habe bereits ein ganzes Drittel meiner Wanyamwezi- „ Gläubigen " abgeholt, die seit Willowby in Unguja herumlungerten Patternes *Safari* hat sich ausgezahlt. Dieser Mann ist ein *Schurke* ! Er kam hierher und benutzte freiwillig meinen Namen und tat so, als hätte er sogar Briefe von mir, die er jedoch nie vorlegte. Deshalb erhielt er Gefälligkeiten und Zugeständnisse und sicherte sich meine ursprünglichen hundert Männer – oder was von ihnen übrig war. Seine Tour durch das Mvita- Hinterland war ein einziger langer, ekelerregender Weg des Gemetzels: Er und sein Begleiter – ein armer Jugendlicher, der oft an Ruhr litt und den Patterne brutal behandelte – müssen etwa dreimal so viel Wild getötet haben, wie sie als Nahrung oder Nahrung verwenden konnten Trophäen. Seine Verwüstungen schockierten sogar seine fleischfressenden Träger und verärgerten die Eingeborenen. Wissen Sie, ich glaube, er hatte nur eine Ahnung von der Existenz des Happy Valley – er folgte mir immer in Glen Sporran und warf einen aufmerksamen Blick auf meine Korrespondenz. Denn obwohl es sich angeblich nur um Großwildschlachtungen handelte, machten sie sich direkt auf den Weg zur *Südseite* des Kilimandscharo (anstatt sich an die britische Sphäre zu halten); und als die *Safari* Arusha erreichte, ya Er versuchte, Führer für „ Manyara " zu bekommen – die Träger schwören, er habe das Wort benutzt. Er befragte einige von ihnen ins Kreuzverhör, wo sie bei dir und mir gewesen seien. Glücklicherweise hatte er jedoch einen seltsamen Trick, der es ihm ermöglichte, sich bei allen einheimischen Stämmen, denen er begegnete, sowie bei seinen eigenen Trägern, die er grausam auspeitschte, Hass zu verschaffen. (Sie erzählen abscheuliche Geschichten über diese Auspeitschung, die ich nicht zu Papier bringen kann.) Als seine Karawane die Hänge des Meru passierte, stieß sie auf „unsere Massai", wie ich sie nenne. Und dann war es wie in einem der alten Märchen vom bösen Mädchen, das versuchte, dem guten Mädchen den Brunnen hinunter ins Märchenland zu folgen, und sich nicht an das Gegenzeichen erinnern konnte. Anstatt sich mit den Massai zu verstehen, verärgerte er sie auf irgendeine Weise, und schließlich wandten sie sich gegen ihn und zwangen seine *Safari*, zum Kilimandscharo zurückzukehren. Zumindest weigerten sich die Wanyamwezi- Träger, die Reise fortzusetzen, was auf dasselbe hinausläuft. Er ist nach England abgereist – das kann ich mit Freude sagen –, sonst wäre ich ihm möglicherweise in die Quere gekommen. Die beiden töteten genug Elfenbein, um die Kosten für das gesamte Outfit zu bezahlen. Deshalb schwört er, dass er wieder zurückkommt und dann eine große Gruppe bewaffneter Männer mitnimmt und die Massai vernichtet.

Jetzt muss ich diesen langen Brief beenden. Viele Grüße an die liebe alte Maud und meine respektvollsten Grüße an meinen Cousin und verstorbenen Arbeitgeber. Ich stellte fest, dass ihr Ruhm für Schönheit, Witz und Dominanz über die Gesellschaft sogar bis zu Unguja reichte … Tatsächlich zuckte ich ziemlich zusammen, als ich hier drei Monate alte illustrierte Zeitungen umblätterte und Bilder von ihr in wundervollen Kostümen oder – in der … sah Zeitschriften – als eine Art englische Schönheit … Wie weit weg scheint das alles! …

Dein liebender

RODGE.

Vom Gleichen zum Gleichen.

Deutsches Hauptquartier,

Medinat-al-Barka,

30. *April 1891.*

LIEBER,—

Sie werden ziemlich überrascht sein, dass ein Monat vergangen ist und ich meinem Ziel nicht näher gekommen bin! Aber erstens hatte ich starkes Fieber – im Moment ist alles in Ordnung – und zweitens konnte ich von Wissmann , der hier kaiserlicher Kommissar ist und sehr freundlich war, nicht drängen – und drittens sind die Regenfälle gerade so schrecklich, dass Überlandreisen üblich sind nahezu unmöglich, bis das Land ein wenig austrocknet. Aber sonst verliere ich meine Zeit nicht. Ich kläre gerade alles mit den Deutschen, und als nächstes muss ich nur noch zu einer Verständigung mit den Eingeborenen kommen. Die Grenzen unserer Konzession (zu der auch die Stotts gehören werden) umfassen das Happy Valley von der Wasserscheide zwischen Bubu und Kwou im Süden bis zur Böschung am nördlichen Ende des Sees und umfassen im Osten und Westen das gesamte Wasser -Schuppen des Lake Manyara , Iraku und Fiome . Sie sind also großzügig mit uns umgegangen.

Wissmann gefällt mir sehr gut. Er ist ein großartiger Mann, dem die Interessen der echten Einheimischen sehr am Herzen liegen. Unsere alten Freunde, die Stotts, haben einen positiven Eindruck auf ihn gemacht und sollen in meine Entwicklungspläne eingebunden werden. Wissmann bat mich von Anfang an, in seinem Hauptquartier unterzukommen, und behandelte mich wie einen Kollegen bei der Erschließung Afrikas. So blieb mir der unangenehme Aufenthalt in meinem ehemaligen Konsulat bei den Bazzards erspart .

Mrs. Bazzard war in ihren Freundschaftsbeteuerungen kränklich , völlig unaufrichtig, wie Sie wissen. Ich glaube, sie richtet ihre Feder jetzt auf Sir Godfrey, in der Hoffnung, ihn vielleicht zu *verdrängen* . Wenn man bedenkt, wie freundlich die Dewburns zu ihnen waren, ist es abscheulich zu sehen, wie sie versucht, ihn herabzusetzen ...

Aus dem Innenraum gibt es nicht viel Neues. Ich habe gehört, dass Ali- bin- Ferhani von den Deutschen für die Rettung des Hangodi- Bahnhofs belohnt wurde und dass Mbogo dort immer noch namentlich Chef ist, während die eigentliche Chefin des Bezirks Ann Anderson oder Mgozimke – „Der Mann-Frau" – ist Einheimische nennen sie.

Ich habe es eilig, die Post zu fangen...

Dein liebender

ROGER.

Vom Gleichen zum Gleichen.

Mwada ,

Das glückliche Tal,

28. *Juli 1891.*

MEINE LIEBE FRAU , –

ya heißt mweri – und das Ende des Happy Valley am – soweit ich das beurteilen kann – am 20. Juni. (Die Stotts haben keine Almanache und sind gegenüber Daten, Zeiten und Jahreszeiten völlig gleichgültig; sie leben unter einem Zauber, sagen sie mir, seit sie kamen hierher, wie die Legenden von Menschen, die ins Märchenland verschleppt wurden.) Ich traf Mr. Stott in Burungi , das jetzt wie ein blühender Bahnhof aussieht. Die Wagogo scheinen mir gegenüber dem Christentum ziemlich widerspenstig zu sein, aber die Stotts müssen dies als Depot für ihren Verkehr mit der Küste aufrechterhalten , und sie werden dabei von der deutschen Regierung unterstützt ... Stott und ich reisten zusammen durch den Irangi Land fast im Staat. Die Stotts erfreuen sich als „Medizinmänner" großer Beliebtheit. Sie haben Pockenepidemien gestoppt, indem sie die Menschen geimpft haben, haben ihnen gezeigt, wie sie die verheerenden Auswirkungen der wühlenden Flöhe eindämmen können, und sie setzen sich entschieden gegen Kindermorde ein, nachdem sie einen oder zwei führende Häuptlinge gefunden haben, die intelligent genug sind, um die Bedeutung dieser zu erkennen eine große Bevölkerung. Früher gab es, wie Sie sich vielleicht erinnern, solche Vorurteile gegenüber weiblichen Babys, dass sie oft außerhalb des Tembe den Hyänen ausgesetzt waren , und alle Kinder, die durch eine unregelmäßige Präsentation oder mit einem Zahn, der bereits durch das Zahnfleisch gedrungen war, auf die Welt kamen, ebenfalls Alle Zwillinge wurden entweder in den See geworfen oder den fleischfressenden Ameisen oder umherstreifenden Fleischfressern überlassen. (Hier gibt es eine merkwürdige Legende – sagt Stott –, dass diese unglücklichen Säuglinge manchmal von weiblichen Pavianen vom Chakma-Typ hochgehoben und von ihnen mit ihrem eigenen Nachwuchs gestillt wurden.)

Nun ja, wenn man bereits in dieser Gegend gelebt hat, kann man sich vorstellen, wie hoch die Kindersterblichkeitsrate war. Aber nachdem die örtlichen Häuptlinge die ganze Theorie aufgedeckt hatten, haben sie aus irgendeinem Grund einen Kreuzzug gegen Kindermord genehmigt. Die Wa-rangi wurden außerdem davon überzeugt, den Brauch aufzugeben, Frauen, die des Ehebruchs verdächtigt wurden, lebendig zu verbrennen. Ich wollte es Ihnen damals nicht sagen, aber als wir im November 1988 durch das Irangi- Land fuhren, töteten sie tatsächlich unglückliche Frauen auf diese Weise. Sie glauben, wenn ein Mann auf die Jagd geht und beim Werfen seines Speeres oder Assegai auf einen Elefanten einen schweren Fehler macht, liegt das daran, dass seine Frau ihm zu Hause untreu ist! Als er von der Jagd zurückkehrt, wird seine unglückliche Ehefrau gefesselt und an die Spitze eines großen Reisighaufens gefesselt.

Infolgedessen kamen in mehreren der Irangi- Dörfer auf unserem Weg das Bubu-Tal hinauf die Frauen, die Ehefrauen von Sportlern, in Abordnung heraus, um um den würdigen Stott zu tanzen, bis sie ihn ziemlich in Verlegenheit brachten; zumal die Tänze unfeiner Natur waren.

Die Stotts haben jetzt südöstlich des Hauptsees eine recht hübsche Station auf einer grasbewachsenen Anhöhe mit dem Mburu-Fluss im Süden und einem viel kleineren Salzsee im Osten. Das sieht unter der Sonne aus wie glitzerndes Eis und ist fast fest –? Salz-? Limonade. Seine Grenzen scheinen eine Art Salzlecke für das Wild zu sein, das wieder einmal wimmelnd und einzigartig zahm ist. Glücklicherweise gibt es keine Nashörner, und die zähen Elefanten und Büffel bevorzugen die bewaldeten Regionen weiter nördlich und westlich. Die Löwen, Leoparden und Chitas sind so mit Nahrung überfüllt, dass sie das Hausvieh und die Menschen in Ruhe lassen; und die unzähligen Zebras, Antilopen, Elenantilopen, Buschböcke, Giraffen, Warzenschweine und Strauße sind durchaus bereit, in Frieden mit der Menschheit zu leben. Sekretärvögel und Sattelstörche sind zahlreich und halten die Schlangen unter Kontrolle; Marabus und Geier fressen alles Aas und sogar den Dreck rund um die Dörfer der Eingeborenen – das Land scheint also gesund zu sein. Riesige Schwärme von Kranichen und Trappen kümmern sich um die Heuschrecken und Heuschrecken. Die Flamingos am Seeufer sind so zahlreich wie zu unserer Zeit....

Die Stotts-Station ist nach dem Vorbild der Eingeborenenhäuser des Bezirks gebaut: lange, durchgehende, einstöckige „ Tembes ", die ein hohles Quadrat bilden, in dem Rinder und Schafe nachts gehalten werden....

Aber was ich beschreiben möchte, ist das Land Iraku . Sie erinnern sich vielleicht, dass ich mit Stott dorthin ging, während wir auf Neuigkeiten vom armen John Barnes warteten. Ich war damals ungemein angetan davon. Aber jetzt, wo ich es genauer gesehen habe, bin ich begeistert. Nach allem, was ich über Abessinien gehört und gelesen habe, ähnelt es – ich kann nicht umhin zu sagen – ein wenig Abessinien, obwohl es nicht in so großen Höhen liegt. Seine Eingeborenen sind in Sprache und Typus tatsächlich mit denen Süd-Abessiniens verwandt. Ich würde die durchschnittliche Höhe auf fünftausend Fuß schätzen, mit Graten, Gipfeln und Kratern, die sieben oder achttausend Fuß erreichen; so dass die Temperatur nahezu perfekt ist – die Nächte sind immer kühl, um nicht zu sagen kalt. Es ist ein fruchtbares, fruchtbares Land mit Höhen und Tiefen, reich bewaldeten Tälern, vielen Bächen und grasbewachsenen Hochebenen wie den Berkshire Downs: tatsächlich ein sehr englisch aussehendes Land. Irgendwo hier, nicht weit von der Böschung und dem Happy Valley entfernt, werden wir unser Zuhause haben, Liebste, und hier werden du und Maud zu mir kommen, sobald du herauskommen kannst. Wie ich mich danach sehne . Es gibt Zeiten, in denen ich mich trotz der Stotts und ihrer Fröhlichkeit krank vor Melancholie und Einsamkeit fühle. Der Wechsel von diesem englischen Leben war zu abrupt. Sobald die kleine Maud entwöhnt ist und bei deiner Mutter bleiben kann, musst du packen und kommen. Meine Agenten in der Stadt, die Herren Troubridge , die Ihnen (hoffentlich) Ihr Taschengeld vierteljährlich zahlen, haben alle meine Anweisungen bezüglich Ihrer Überfahrt und der von Maud, Ihrer Ausrüstung usw. Sobald ich Sie beide hier rausholen kann, werde ich mich niederlassen zufrieden sein und ein Vermögen machen – das bezweifle ich nicht –, mit dem wir eines Tages in den Ruhestand gehen und für immer glücklich leben können.

Da ich inzwischen sehr ausführlich geschrieben habe, zeigen Sie diesen Brief nur Maud und sagen Sie Sibyl so wenig wie möglich darüber, damit sie meinem Schurken Patterne nicht meinen Bericht über das Happy Valley wiederholt . Sie sagt, dass sie ihn jetzt nie sieht, und das sollte sie auf keinen Fall tun, nach dem Ruf, den er in Ostafrika hinterlassen hat; aber höchstwahrscheinlich wird sie die Bekanntschaft wieder aufnehmen, und er ist der letzte Mensch, den ich in dieser Gegend treffen möchte ... Frau Stott sendet Ihnen natürlich alles Liebe und die freundlichsten Grüße. Ihre Begeisterung für ihren Schöpfer ist ungebrochen, denn seit sie im Oktober 1888 in diese Oase der Ruhe und Schönheit gestolpert sind, hatten sie bisher wunderbares Glück gehabt Küste würden sie sich – sagt sie – vollkommener Gesundheit erfreuen ...

Dein liebender

    ROGER.

Kapitel XVIII

FÜNF JAHRE SPÄTER

Roger Brentham lebt nun seit fünf Jahren hintereinander im Happy Valley; oder, um genau zu sein, in Magara, in einer natürlichen Festung, die von der Steilküste von Iraku aus auf sie herabblickt . Ein Großteil seiner Arbeit liegt jedoch in den Ebenen darunter, und er hat ein komfortables Rasthaus in der Nähe der Stotts-Station – aber nicht zu nahe, denn Kaya la Balalo [#] – wie sie es genannt haben – ist jetzt das Zentrum eines ansehnlichen Eingeborenendorfes, etwas zu laut, staubig und stinkend für anspruchsvolle Nerven und Nasen.

[#] „Die Stadt Gottes.“

In diesen fünf Jahren hat in und um das Happy Valley eine große Veränderung stattgefunden. Mit den Einheimischen wurde eine Landvereinbarung getroffen, die ordnungsgemäß in einer groben Vermessung und in unterzeichneten Dokumenten in Deutsch und Suaheli festgelegt wird. Die einheimischen Dörfer, Plantagen, Weideflächen und Reservate sind klar definiert, so dass sie außerhalb des Einflussbereichs weißer Eingriffe liegen können; Aber bei der Verabschiedung dieser Vereinbarung wurde ein gewisser gesunder Menschenverstand auf stark mineralisiertes Land gelegt, das noch nicht bewohnt ist und sich für eine gewinnbringende Ausbeutung eignet (wobei ein Teil des Gewinns an die einheimische Gemeinschaft geht) und auf die Lage europäischer Siedlungen, Bauernhöfe, Missionsstationen, Labore und Versuchsplantagen. Kurzum: Beide Parteien sind zufrieden. Es gibt genügend Sicherheit für die Investition von viel weißem Kapital in dieser Region mit unerschlossenem Reichtum; und die Neger sind hinsichtlich ihrer Häuser und zukünftigen Expansionsaussichten beruhigt. Sie waren kluge Verhandlungsführer und hatten die Stotts als ihre Fürsprecher. Die Nachricht von ihrer gerechten und sogar großzügigen Behandlung hat eine beträchtliche Einwanderung von Einheimischen angezogen, insbesondere aus den Nyamwezi-Ländern; Brenthams Wa-nyamwezi- Träger waren nützliche Rekrutierungsagenturen, und der Bezirk verfügt über gute Arbeitskräfte . Die einheimischen Häuptlinge üben grobe Gerechtigkeit zwischen Einheimischen und Einheimischen aus. Brentham und drei seiner deutschen Kollegen sowie Herr Ewart Stott sind im Auftrag der deutschen Regierung als Friedensrichter tätig, und es gibt einen deutschen Kommandanten an einem zentralen Posten im Irangi -Land, der einem Berufungsgericht vorsteht ihre Entscheidungen. Aber in der Regel haben diese Konzessionäre, die von Wissmann ursprünglich während seiner großen Befriedung Deutsch-Ostafrikas Vertrauen geweckt hatten, das Gebiet ihrer großen Konzession weitgehend frei verwaltet und innerhalb seiner Grenzen für Ordnung gesorgt. Mit der herzlichen Zusammenarbeit der einheimischen Häuptlinge fällt ihnen dies vergleichsweise leicht, und dabei war die Freundschaft zwischen Roger und den abgelegenen Massai-Stämmen, die die Blutsbrüderschaft von 1888 nicht vergessen haben, sehr nützlich. Das Happy Valley hat von Massai-Überfällen nichts zu befürchten und hat derzeit keine Feinde von außen.

Lucy und Maud schlossen sich Roger im Frühjahr 1892 an und nach vier Jahren glücklichen Lebens in dieser merkwürdig abgelegenen Region – so abgeschnitten von den afrikanischen Problemen, von Kriegen zwischen Arabern und Europäern, Überfällen von Stämmen auf Stämme, Aufständen gegen die Deutschen, Streitereien mit britischen Pionieren – bereiten sich nun auf die Rückkehr nach England vor. Lucy hat zwei weitere Kinder, eines wurde 1893 und das andere 1895 geboren. Sie möchte die beiden unbedingt nach Hause bringen und dort in Sicherheit bringen. Gleichzeitig sehnt sie sich danach, die beiden Älteren zu sehen, die sie seit über vier Jahren nicht mehr gesehen hat . Sie ist in der Tat eine Beute dieser geteilten Loyalität, die so oft das Glück der Ehefrauen von Männern getrübt hat, die in indischen oder afrikanischen Berufen beschäftigt waren: der Wunsch, mit ihren Ehemännern zusammen zu sein, und dennoch eine Sorge um deren Gesundheit und Erziehung Kinder in einer barbarischen Umgebung. Die Stotts glauben, dass sie diese Frage gelöst haben, indem sie sich von ihrem ältesten Kind trennten und ihre anderen Kinder die afrikanischen Risiken auf sich nehmen ließen und – falls sie überleben – nur mit einer afrikanischen Einstellung aufwachsen konnten. Sie sind wahre Kolonisten mit Absicht. Aber Siedler wie die Brenthams stellen sich immer einen Rückzug in ihr Heimatland und eine Englischausbildung für ihre Kinder vor.

Sie sind auf dem offenen Gelände hinter dem Garten ihres Hauses in Iraku versammelt , um sich von ihren deutschen Kollegen in der Konzession zu verabschieden: Herrn Treuherz Hildebrandt (dessen sentimentaler Vorname normalerweise unter dem Anfangsbuchstaben „T" verborgen ist) und Dr. Wolfgang Wiese. Hildebrandt ist der Bergbauingenieur, der den Mineralreichtum der an das Happy Valley angrenzenden Bergregion ermittelt; Dr. Wiese ist nicht nur im Notfall der Arzt und Chirurg der kleinen europäischen Gemeinschaft, sondern auch ein sehr kluger analytischer Chemiker, Botaniker, Zoologe und Gärtner, einer dieser vielseitigen Männer, die Deutschland vor dem Krieg so oft hervorgebracht hat trug in noch früheren Zeiten oft zur Öffnung des britischen Empire bei. Er ist eilig von seinem eine Meile entfernten Wohnsitz angekommen, um sich von der gnädigen Frau Brentham zu verabschieden . Wiese trägt eine Brille und einen Bart, ist ein wenig schüchtern gegenüber Fremden und neigt zur Melancholie, wenn er an die junge Frau denkt, die ihn etwa zu der Zeit, als

Lucy und Maud zu ihrem Mann und seinem Bruder kamen, nach Afrika begleitete. Sie hatte weniger Glück als sie und war an einem Anfall von Küstenfieber gestorben. Danach hatte er in dem angenehmen Zuhause, das Lucy und Maud geschaffen hatten, etwas Linderung seiner Einsamkeit gefunden, so dass er sie mit Zuneigung betrachtet und denkt, dass sie die allerbeste Sorte britischer Frauen sein müssen. Da in seinem Labor jedoch Arbeiten von entscheidender Bedeutung im Gange sind, erfolgt sein Abschied pünktlich und ist bald abgeschlossen.

Doch sein Kollege, der Bergbauingenieur Hildebrandt, bleibt länger, da er sich nur ungern von Maud Brentham trennen will . Er ist groß, einigermaßen gutaussehend, soldatisch, gut gebaut, ein fusselweißer Blonder mit violettgrauen Augen wie die von Lucy. Obwohl er aus Sachsen stammt, ist er eher der friesische Typ, im Kontrast zwischen seinen strohgelben Haaren (die allerdings größtenteils bis zu Stoppeln rasiert sind) und seinen dunkelgrauen Augen. Er hat den weiteren Reiz, dem viele Frauen erliegen würden, wenn sie (außerhalb der Geschäftszeiten) sehr musikalisch wären. In jenen Tagen, als es noch keine Grammophone gab , war er ein gern gesehener Gast der Musik, die in seinem Gehirn aufstieg und aus seinen Fingern strömte. Roger hatte es mit unendlicher Mühe geschafft, ein Bauernklavier deutscher Bauart zu importieren und auf einem Ochsenkarren zu befördern , und auf diesem Instrument entführte Hildebrandt seine Zuhörer mit seinen Walzern, Sonaten und Menuetten in andere Szenen — weit entfernt und vor langer Zeit , Märsche und Lieder ohne Worte, manchmal nach Gehör mit der Erinnerung dieses wunderbaren Musikers spielend; manchmal, wenn er es ernst nahm, aus dem enormen Vorrat an gedruckter Musik, den ihm ein sympathisches Unternehmen erlaubt hatte, ins Landesinnere zu transportieren.

Ein Jahr nach ihrem ersten Treffen hatte er Maud einen Heiratsantrag gemacht und diesen Heiratsantrag bei zwei weiteren Gelegenheiten erneuert. Aber sie hatte sich entschieden geweigert, obwohl sie sein gutes Aussehen und seine offene Männlichkeit schätzte und ihn fast für seine Musik liebte. Aber sie erklärte, der Altersunterschied — zwölf Jahre — sei ein unüberwindlicher Einwand; Zweitens wollte sie nicht heiraten, um immer bei Roger und Lucy und ihren Kindern leben zu können. Wenn sie sie im Stich ließen, würde sie eine eigene Karriere machen – eine neue Frau werden und sich für die Rechte der Frauen einsetzen. „Darüber hinaus würde mich nichts dazu bewegen, in Deutschland zu leben, obwohl ich keinen Zweifel daran habe, dass Sie Recht haben und es das schönste Land der Welt ist. Aber ich bin so daran interessiert, die Entwicklungen in England zu beobachten. Wenn wir Wenn wir mit Afrika fertig sind und unseren Stapel gemacht haben, werden wir uns zu Hause niederlassen und unser eigenes Land verbessern.“

„Na dann, wenn du mich heiratest, gehe ich und lebe mit dir in England …"

Aber Maud ist hartnäckig geblieben. Trotzdem haben sie sich im Laufe der Zeit und im gemeinsamen Kampf gegen die Ängste, Schwierigkeiten und Gefahren der afrikanischen Kolonisierung zu sehr guten Kameraden entwickelt. Maud und Roger und sogar Lucy sprechen alle bis zu einem gewissen Grad Deutsch, und die Deutschen der Konzession sprechen noch besser Englisch. Gespräche bestehen oft aus einem Gemisch beider Sprachen und viel Gelächter über die Fehler des anderen. Lucy trägt in puncto Talent nur sehr wenig zum allgemeinen Unterhaltungsbestand bei. Von Natur aus liebt sie Musik: Süße Melodien, tiefe Harmonien treiben ihr Tränen in die Augen; Schwule Melodien wecken in ihr den Wunsch zu tanzen; aber sie ist keine Musikerin und keine Tänzerin. Maud hat eine angenehme Altstimme und ist eine gute Begleiterin. Lucys Aquarellmalerei ist im Zeitalter des Universaltalents längst als sinnlos aufgegeben worden. Aber sie erstellt jetzt mit einigem Geschick und Können botanische Sammlungen unter der Anleitung von Dr. Wiese, dem sie in dieser Richtung wirklich hilft. Doch wenn man bedenkt, dass sie in den sechs Ehejahren vier gesunde Kinder zur Welt gebracht hat, kann niemand viel von ihr verlangen, was ihre künstlerischen Leistungen betrifft; Und als sie sich mit der oberflächlichen Hilfe von Halima – die selbst zwei braune Hybriden mit extravaganten portugiesischen Namen trägt – um die Bedürfnisse ihrer Sprösslinge gekümmert hat, hat sie deren Kleidung, die ihres Mannes und ihrer eigenen geflickt und im Allgemeinen die Hauswirtschaft geleitet, das spürt man Sie hat ihre Pflicht gegenüber der kleinen Gemeinschaft erfüllt. Obwohl sie nicht besonders geistreich, originell oder weise ist und keine große körperliche Anziehungskraft auf irgendjemanden außer ihrem Ehemann ausübt und manchmal dazu neigt, mit sanfter Melancholie zu schweigen, hat sie doch die Gabe, Menschen das Gefühl zu geben, zu Hause zu sein . Sie hat die Fähigkeit, den längsten Geschichten unermüdlich zuzuhören, und ist eine mitfühlende Vertraute für jeden, der in Schwierigkeiten steckt.

So verabschiedete sich Bergwerksingenieur Hildebrandt mit fast ebenso viel Gefühl von ihr, wie seine Stimme und sein Handgriff durchdrangen, als er sich von seiner Liebsten verabschiedete Kamerad : „ Meess Mowd " (Maud sagte immer, dass die Aussprache ihres Namens seiner Werbung jegliche Romantik raubte). Er sieht in der Tat so traurig über den Abschied von diesen beiden lieben Engländerinnen aus, dass Maud fast versucht ist, ihn zu küssen; nur dass er ihre Mütterlichkeit möglicherweise falsch verstanden hat.

Die beiden Kinder lachen und krähen am frühen Morgen – es ist kurz nach Sonnenaufgang – vor Aufregung über die beginnende *Safari* und den bevorstehenden Start. Der dreijährige Junge Ambrose ist nach seinem Großvater benannt; Das kleine Mädchen wurde auf Wunsch ihrer Mutter Sibyl genannt. Aller Wahrscheinlichkeit nach hatte Lucy nie auch nur den geringsten Verdacht gehabt, dass zwischen ihrem Mann und Lady Silchester mehr als nur eine verwandtschaftliche Zuneigung bestand : Es hätte so etwas wie Augenbeweise gebraucht, um sie an Rogers Treue zweifeln zu lassen. Zuerst hatte Sibyl sie erschreckt und gedemütigt, aber im letzten Jahr ihrer Zusammenarbeit in Engledene war sie kühl und freundlich gewesen und hatte so etwas wie Dankbarkeit für Lucys Fürsorge für ihren hässlichen, ärgerlichen kleinen Jungen gezeigt. Bevor Lucy aufgebrochen war, um zu ihrem Mann nach Ostafrika zurückzukehren, hatte Sibyl gesagt: „Ich gehe davon aus, dass du noch viel mehr Kinder haben wirst. Wenn du ein anderes Mädchen hast, nenne es bei meinem Namen. Ich möchte mit einem Kind von verbunden sein." Roger's. Versprochen? Also gut: Im Gegenzug werde ich ein Auge auf den kleinen John und die dicke Maud werfen, während du in Afrika bist. Tatsächlich kann ich nicht verstehen, warum sie nicht von Aldermaston hierher ziehen sollten , wenn deine eigenen Leute es satt haben und teilen Sie Clithys Kinderzimmer ... Kommen Sie auf jeden Fall zu Besuch hierher, und wenn sie sich streiten, wird es Clithy sehr gut tun. Seine Kindermädchen geben ihm zu viel Gefühl für seine eigene Bedeutung.

also zumindest etwas Angenehmes für sie, auf das sie sich freuen konnten, auch wenn Lucy beim Verlassen von Iraku Tränen in den Augen hatte . Sowohl die Engledene Lodge als auch die Church Farm stünden ihnen offen. Sibyl, ehrgeiziger als je zuvor, sich einen Namen zu machen, eine Rolle in der modernen Geschichte zu spielen, mit Lady Feenix zu konkurrieren , sich für Brüskierungen durch den Brinsley-Clan zu rächen, lebte viel in London und überließ Engledene der stillen Erziehung ihres einzigen Kindes. Als sie dorthin ging, tat sie dies, um sich auszuruhen und ihre Schönheit wiederherzustellen und mit Maurice Brentham eintönige Immobiliengeschäfte abzuwickeln . Abgesehen von den Schützenfesten im Herbst veranstaltete sie in Engledene nur sehr wenige Veranstaltungen . In Schottland und vor allem in London spielte sie die verschwenderische Gastgeberin und versuchte, die Kabinette zu untergraben und einen neuen Rekruten für die Opposition zu gewinnen.

Sie war jetzt vierunddreißig und sah im animierten Zustand nur sechsundzwanzig aus. Gerüchten zufolge wurden ihr mehrere Liebesbeziehungen zugeschrieben, die von England aus – an der Riviera, in Paris, in Rom – bis an die Grenzen der Indiskretion geführt worden sein sollen. Es war sogar verkündet worden, dass zwischen Lady Silchester und Sir Elijah Tooley „eine Hochzeit arrangiert worden sei, die in Kürze stattfinden würde" usw. – doch der Ankündigung wurde umgehend widersprochen, und einen Monat später ereignete sich der erste lautstarke Knall im Tooley Gebäude....

Es war merkwürdig, wie sich ihre Persönlichkeit über fünftausend Meilen Land und Meer bis nach Äquatorialafrika projizierte; Daher hätten Lucy und vielleicht Roger beide an sie denken sollen, als sie sich darauf vorbereiteten, ihr Zuhause in dieser abgelegenen Region zu verlassen. Lucy betrachtete Sibyl angenehm als jemanden, den sie nicht mehr fürchtete, weil sie nie den Wunsch hatte, sich als Rivalin in den Weg zu stellen oder ihre Überlegenheit in Frage zu stellen. Sibyl würde ihr ein vorübergehendes Zuhause in ihrem Heimatland anbieten, wo ihre Kinder überglücklich sein könnten und wo Roger – sogar – versucht sein könnte, sich ihr für ein paar Monate anzuschließen, bevor er sein anstrengendes Leben als Eroberer der Wildnis wieder aufnimmt. Roger hatte diese Hoffnung geweckt, um die Trauer über ihre bevorstehende Trennung zu lindern.

Er sollte seine Frau und seine Schwester bis nach Burungi begleiten ; Danach muss er in die Iraku- Hügel zurückkehren, um die Monate der Trockenzeit für große geplante Entwicklungen der Pflanzen- und Bergbauindustrie voll auszunutzen. Von Burungi , heute ein ziemlich wichtiges Verkehrszentrum , von wo aus gut ausgebaute Straßen mit Raststätten alle zwanzig Meilen in Richtung Küste führen, wurden Lucy und Maud und die kostbaren Kinder von den beiden deutschen Sergeanten zum Küstenhafen ihrer Einschiffung eskortiert. dessen Dienst Brentham von den Stotts übernommen hat. Ihre Reise könnte durch ein paar Ruhetage in Hangodi im Nguru- Land unterbrochen werden. Maud würde gerne den Schauplatz der Tragödie und von Lucys Einführung in das afrikanische Leben sehen. Lucy möchte dem Grab von John Baines einen gefühlvollen Besuch abstatten und ihre kurzen Erfahrungen als Ehefrau eines Missionars in reuiger Erinnerung noch einmal durchleben. Sie möchte sich in eine Zeit zurückversetzen, in der die Aussichten hoffnungslos schienen, und den weiten Horizont des Glücks erkennen, der sich nun vor ihr zu öffnen scheint.

Also – eine Stunde zu spät, mit all diesen letzten Gedanken, nachdenklichen Überlegungen und Abschiedsfeiern – Halima heult vor Kummer, weil sie zurückbleiben muss – beginnt die Karawane ihren ersten Tagesmarsch. Aufgrund ihrer empfindlichen Konstitution kann Lucy nicht viel reiten, deshalb reist sie mit ihrem Baby in einer Machila . Maud reitet auf einem Maskat- Esel und hofft, dass sie bei ihrer Rückkehr die Pferde bis dahin sicher durch den Tsetse-Gürtel in den Binnentransport gebracht haben ... „Bei einem Esel hat man so wenig Initiative, dass er nie etwas Unkonventionelles tun wird." Ambrosius, der für zu jung gehalten wird, um auf einem Esel zu reiten, wird seinem besonderen Vormund und Kumpel übergeben, einem großen Manyamwezi- Träger, der ihn auf seine breiten Schultern hebt. Aus dieser Höhe von zwei Metern überblickt er die

Landschaft, während die *Safari* voranschreitet. Ein deutscher Freund hatte ihm letztes Jahr zu Weihnachten eine Blechtrompete geschenkt, und mit lauten Tönen und Freudenschreien begrüßt er den Anblick eines Wildes, das in der Ferne auf ihn starrt.

Das hätte jeden Sportler der Karawane verärgert, wenn er darauf aus gewesen wäre, für den Pot oder die Trophäe zu töten. aber sein Vater lässt ihn dies ohne Tadel tun. Er hat nicht die Absicht, gegen seine eigenen Bestimmungen zum Schutz des Wildes zu verstoßen, und die Versorgung der Karawane mit Lebensmitteln von Station zu Station ist in diesen Tagen des Überflusses gewährleistet. Noch immer denkt Roger nachdenklich nach, während er durch die Breite des Happy Valley bergauf und bergab reitet und hinauf zu dem niedrigen Bergrücken und den Wasserscheiden, die seine Grenze und den Beginn des langen Abstiegs durch Irangi markieren , der in gewisser Hinsicht den Glamour von Das Happy Valley ist aufgrund der praktischen Notwendigkeit, seine Ressourcen zu entwickeln, bereits verkümmert. Obwohl es in Hekatomben keine absichtliche Großwildschlachtung wie auf der britischen Seite der Grenze gegeben hat, sieht man die Grant-Gazellen, die Hartebeests und Tsesebes , die Elenantilopen, Zebras und Impalas jetzt nie in der Nähe der Straße grasen. Sie ziehen sich jedes Jahr weiter in die unrentablen Ödlande abseits der ausgetretenen Pfade zurück, lärmend durch das Kommen und Gehen von Trägern, Soldaten, einheimischen Händlern oder Elfenbeinjägern. Letztere werden, wenn sie bis zu einem gewissen Grad kontrolliert werden, sogar dazu ermutigt, die Elefanten bis in die Nischen der Hügel und Wälder im Norden zu verfolgen; Nicht nur, um so viel Elfenbein wie möglich zu fangen und zu verkaufen, sondern weil der Elefant zu plötzlich auf die Zivilisation gestoßen ist. Er hat die mühsam errichteten Telegrafenmasten verächtlich niedergerissen und den Kupferdraht gerissen und verheddert. Dies ist in seinem heruntergekommenen Zustand eine zu große Versuchung für den Einheimischen, der es gewohnt ist, Kupferdraht als einen dekorativen Gegenstand von höchstem Wert zu betrachten ... so viele Ellen Kupferdraht würden eine Frau kaufen. Daher wurde ein Erlass erlassen, gegen den Roger selbst nicht protestieren konnte, wonach zwischen Burungi und Kondoa jeder, ob Eingeborener oder Europäer, so viele Elefanten töten darf, wie er will. Die einheimischen Hirten wiederum, an denen sie auf der Straße vorbeikommen und sich träge um die Rinder, Schafe und Ziegen kümmern, befinden sich nicht mehr in dem Zustand paradiesischer Nacktheit, der sie auf der ersten Reise von Roger und Lucy durch das Happy Valley kennzeichnete. Niemand hat ihnen ihre Nacktheit vorgeworfen: Ein Hinweis von Dame Fashion genügte. Die weißen Männer und die schwarzen Anhänger der weißen Männer wurden bekleidet, also müssen auch sie alte Uniformen, alte Mäntel, alte Hosen tragen, so etwas wie eine struppige Bedeckung ihrer bronzenen Körper.

Die Vulgarisierung Afrikas hat begonnen. Nie wieder wird es in dieser Region einen Zustand unberührter Natur geben, wie er sich zuerst den Brenthams zeigte . Aber als Ausgleich lenkt Roger Lucys Aufmerksamkeit auf die Telegrafenleitung, die nach den unhöflichen, elefantenhaften Protesten gerade wieder aufgebaut wird. Es ist auf dem Weg zu einem großen deutschen Militärposten, aber ein Zweig wird bald nach Iraku verlegt – sobald sie wieder in Berkshire ist – und *dann* werden er und sie in engem Kontakt stehen. Für ein paar Pfund wird es möglich sein, einander zu telegraphieren und innerhalb eines Tages – höchstens zwei Tage – die Antwort zu erhalten.

Es ist vier Jahre her, seit die Brenthams Burungi gesehen haben , denn Rogers Reisen haben sich inzwischen immer weiter in die geheimnisvolle – immer noch geheimnisvolle – Region zwischen dem Happy Valley und den Ufern des Victoria Nyanza ausgeweitet. Schon damals, als Roger dorthin ritt, um seine Frau und Maud auf ihrer Reise ins Landesinnere zu treffen – Mauds erste Begegnung mit dem echten Afrika –, war das verlassene Burungi von 1888 mit seiner Wildnis aus Dornenbüschen und Affenbrotbäumen, auf denen sich satte Geier niederließen, nicht mehr zu erkennen. seine lauernden Löwen und Hyänen, als sich der Abend verdunkelte, sein umherhuschendes, verstohlenes, diebisches Wagogo, die zerstörte Station der Stotts und kein anderes sichtbares Zeichen einer Besiedlung. Obwohl die Geier noch vor vier Jahren dort waren, ernährten sie sich von den Abfällen eines gut versorgten Marktplatzes, die Dornenbüsche waren als Brennholz verbrannt oder für Zäune zerschnitten worden, und eine Wellblechhütte auf den Stotts Obwohl es in der Sonne schrecklich heiß war, bot das Gelände Schutz und Sicherheit für die Geschäfte. Jetzt gab es auf dem Missionsgelände in der Nähe des Flusses Backsteinhäuser und eine Reihe von Grashütten. Es gab halbfertige Regierungsgebäude im Bau und viele Zelte für die Unterbringung eines Stabes von Militärbeamten und ständig salutierenden weißen Zivilisten. Eine Reihe bekleideter Wagogo, die in ihren Gewändern besonders gemein aussahen – obwohl sie ohne sie geschmeidige und anmutige Wilde waren –, legten unter der lärmenden Anweisung eines weißen Pionier-Sergeanten eine leichte Decauville -Eisenbahn nieder.

Burungi vorerst nicht weniger hässlich gemacht, und Roger hasste den Anblick des Ortes. Nach einer langen Besprechung mit den beiden zivil sprechenden deutschen Unteroffizieren, die ein Jahr zuvor wirklich dankbar gewesen waren, die militärische Laufbahn gegen eine Anstellung bei seiner Kompanie eingetauscht zu haben, erlebte er die Qual des Abschieds – eine Qual, die er nicht durch Ausgeben verlängern wollte die Nacht an diesem lauten, unangenehmen Ort. Er drückte seine Umarmungen von Frau und Kindern – letztere verwirrt und heulend vor dem vagen Bewußtsein des Trauerfalls – sein Händeringen mit Maud, seine Anweisungen, bei jeder

Gelegenheit zu telegraphieren, bis sie an Bord waren, und die Kosten zu begleichen – auf zwei Stunden; Danach ritt er, obwohl nur noch zwei Stunden Tageslicht übrig waren, zurück zu ihrem Lager in der vergangenen Nacht. Er wusste, dass weiteres Verweilen dazu führen könnte, dass er beschloss, diese beiden lieben Frauen und plappernden Babys den ganzen Weg bis zur Küste zu begleiten vielleicht bis nach England.

Und für ihr künftiges Wohlergehen war es von entscheidender Bedeutung, dass er dort blieb, wo er war, und keinen Urlaub in Anspruch nahm, bis bestimmte Ergebnisse erzielt und bestimmte Beweise für leicht auszubeutenden Reichtum erbracht worden waren.

Aber es war ein melancholischer Roger, der sechs Tage später zurück in das schöne Amphitheater in den Hügeln von Iraku ritt , wo er sein Zuhause gefunden hatte. Sein Maskat- Esel zeigte Anzeichen dafür, dass er hart geritten worden war; Seine Träger behaupteten, dass der Meister, der normalerweise so rücksichtsvoll gegenüber ihrer Müdigkeit war und so fröhlich auf der Marschlinie unterwegs war, sie unbarmherzig vorangetrieben hatte, scheinbar schlaflose Nächte verbracht hatte und seine Lagermahlzeiten mit schlechtem Appetit eingenommen hatte. Roger selbst hatte das Gefühl, dass ein paar weitere Abschiede wie dieser sein irdisches Leben unerträglich machen würden. Oh , dass in dem albernen Chorgesang, den die Stotts mit Vergnügen ihre Schüler singen ließen, etwas Wahres *steckte : „Hier treffen wir uns, um uns nicht mehr zu trennen , nicht mehr zu trennen* , nicht mehr zu *trennen !"* Er hätte Lucy gegenüber standhaft sein und sie bitten sollen, zu bleiben, bis er selbst bereit war zu gehen. Und doch, wann *würde* er bereit sein zu gehen, während Phantom Fortune immer auf ihn wartete, ohne den letzten Schatz preiszugeben?

Etwas in Lucys Gesicht hielt ihn davon ab, darauf zu bestehen, dass sie bleiben sollte. Dr. Wiese hatte auf eine zunehmende Anämie hingewiesen , die überprüft werden sollte. Ihr vorherrschendes Gefühl war die Angst, dass sie die kostbaren Kinder, die ihr hier in der Wildnis geboren wurden, verlieren und von denen, die sie zurückgelassen hatte, vergessen werden könnte. Er darf die Sache nicht zu tragisch nehmen. Wenn Hildebrandt weiterhin diese zufriedenstellenden Ergebnisse erhält und das goldhaltige Riff in ausreichender Entfernung zur Westgrenze des Konzessionsgebiets verfolgen könnte; oder wenn er andererseits die Matrix der Diamanten und nicht nur diese winzigen Brillanten im Kies der Gebirgsbäche finden könnte, wären ihre größten Zweifel und Schwierigkeiten beseitigt und er könnte zu einem Urlaub in der Heimat aufbrechen.

Die Rückkehr in sein Haus linderte seinen Trauerfall. Es war so eng mit der Anwesenheit seiner Frau, seiner Schwester und seiner Babys verbunden. Die Nachmittagssonne stand hinter ihm; Bald würde es unter die blaue Bergmauer fallen, die als Schutzwall für den Ort diente, den er für seine europäische Siedlung ausgewählt hatte. Wie oft hatten er und Lucy hier im blauen Schatten gestanden und hinter dem Schatten der Böschung in den sonnendurchfluteten Osten geblickt, in Richtung des Happy Valley! Dies war so kurz vor dem Tag, an dem sie dreihundert der dreihundertfünfundsechzig Tage des Jahres so gerne miterlebt hatten. Im Norden erstreckte sich der kobaltblaue See mit seinem unregelmäßigen, errötenden Rand aus Flamingoschwärmen. Südöstlich des Sees, hinter üppigen Sümpfen und grünen Plantagen, lagen die Umbugwe- Dörfer und die große Station der Stotts – kleine Punkte, Gruppen und Bleistifte in Braun und Weiß. Der weißeste Fleck war die neue Kapelle der Stotts. Er war vor einem Monat bei der Eröffnungszeremonie anwesend gewesen – um Frau Stott zu gratulieren. Jenseits von See und Dörfern sammelten sich gewaltige Bergmassen, die nordöstlich in der schneebedeckten Pyramide von Meru endeten – an diesem klaren Abend – in der übernatürlichen Schneekuppel von Kibô . Was für eine Aussicht! Und doch würde er dafür bereitwillig den Blick über das südliche Berkshire vom Hügel Farleigh Wallop aus eintauschen.

Er betrat sein Haus. Die Anwesenheit von Lucy und Maud schien materiell, nein: lediglich spirituell zu sein. Er schaute in ihre Zimmer. Sie waren vor ihrer Abreise sorgfältig aufgeräumt worden und zeigten kaum Anzeichen von Packen und Weggehen. Lucy war eine gute Hausfrau, überlegte er, und sie vermutete wahrscheinlich, dass er in ihrer Abwesenheit vielleicht Gäste, Kollegen, die aus geschäftlichen Gründen kamen, und Regierungsbeamte bewirten wollte. Damit ihr Zimmer und das seiner Schwester bezugsfertig waren. Das Kinderzimmer war etwas trostloser. Die Spielsachen waren an Halimas Kinder verschenkt worden. Wenn Ambrose und Sibyl jemals zurückkämen – und wie unwahrscheinlich, dass sie das tun würden! –, wären sie weit über die Liebe zu Spielzeug hinausgewachsen. Maud hatte die meisten ihrer Lieder auf dem Klavier liegen lassen. In England könnte sie neuere bekommen. Die Vasen waren mit frischen Blumen aus Busch und Garten gefüllt. Halima hatte sie dort hingelegt, getreu den Anweisungen ihrer Herrin.

Halima rief ihn nun zum Tee auf die Veranda. Der Tisch wurde mit der Sorgfalt gedeckt, die Lucy ihm zukommen ließ. Andrade, der Koch, hatte einen schönen Kuchen gebacken und sogar etwas versucht, das einem Muffin ähnelte – eine Art Kompromiss zwischen einem Muffin und einem Teekuchen, aufgrund einer Verwechslung von Mauds Anweisungen. Rogers Augen füllten sich mit Tränen. Halima ging mit einem Messingtablett weg und antwortete mit zwei lauten Schluchzern in ihrer oberflächlichen Trauer. Doch ein paar Jahre zuvor war sie bereit gewesen, ihre Herrin in Not im Stich zu lassen, als sie in Mr. Callaways zwielichtigem Zustand gestrandet war Depot in Unguja. Seine Augen folgten ihrer beleibten Gestalt, die prächtig in rote indische Baumwolle gehüllt war, mit tolerantem Wohlwollen. Es gab viel Humbug über all diese Schwarzen, aber es war freundlicher Humbug. Er war dankbar für dieses Verständnis seines Kummers, für diesen Versuch, den Anweisungen seiner Frau nachzukommen, die Annehmlichkeiten und kleinen Eleganz ihres Zuhauses auch nach ihrer Abwesenheit fortzuführen.

Dann kamen die zahmen Kronenkraniche unter die Veranda, um mit Brot und Kuchen gefüttert zu werden, wie Maud sie ermutigt hatte. Sein schwarzbrauner englischer Terrier, der während seiner Abwesenheit aus Sicherheitsgründen im Quartier des Kochs eingesperrt war, war freigelassen worden und stürmte nun die Stufen hinauf und stürmte über die Veranda, bis er seine gesenkte Hand berührte und eine lange Salve abfeuerte von eifrigem Freudengebell und Wimmern hysterischer Verzweiflung und Erleichterung über die Abwesenheit und Rückkehr des Meisters ...

Am Abend nach dem Abendessen kamen Wiese, Hildebrandt und Riemer (Plantagenleiter), um dem Herrn Direktor ihre Aufwartung zu machen und ihm einen informellen Bericht über alles zu geben, was während seiner Abwesenheit geschehen war. Sie sagten taktvoll wenig über seinen Trauerfall, obwohl Hildebrandt beim Anblick von Mauds Musik auf dem Klavier einige theatralische Seufzer ausstieß. Aber sie hatten auf Deutsch und Englisch viel Interessantes und Ermutigendes zu sagen . So saßen sie bis spät in die Nacht zusammen und redeten und diskutierten. Andrade schickte ihnen ein spontanes Abendessen, Wein und Bier wurden in der Mäßigung getrunken, die ihre damalige Seltenheit aufgrund von Transportschwierigkeiten erforderte, und als sie schließlich um ein Uhr morgens unter dem Firmament leuchtender Sterne mit zitronengelben Laternen aufbrachen Um ihnen den Weg zurück zu ihrem jeweiligen Quartier zu ebnen, begab sich der Graswitwer in einer resignierteren Stimmung auf seine Couch. In den nächsten Monaten würde es große Taten und große Taten geben, um ihnen allen ein Vermögen zu bescheren.

Vierzehn Tage später erhielt ein schneller Läufer aus Kondoa eine telegrafische Nachricht von Saadani :

Gut hier angekommen. Morgen geht es nach Unguja. Gott segne dich . — LUCY MAUD.

Danach folgten lange Inspektionsfahrten, gelegentlich eine einwöchige Abwesenheit von zu Hause, um Möglichkeiten in abgelegenen Teilen des Konzessionsgebiets zu studieren, Konferenzen mit den Stotts abzuhalten und dem in Kondoa kommandierenden deutschen Offizier Fälle und Möglichkeiten von besonderer Schwierigkeit vorzulegen . Seine Gespräche mit den Stotts hatten mehrere Ziele: Sie sollten die Stotts dazu drängen, das Vertrauen aller einheimischen Stämme – Bantu, Hamitic, Nilotic – des Konzessionsgebiets zu gewinnen und herauszufinden, inwieweit ihren

Interessen durch die vollständige Ausbeutung gedient werden könnte den tierischen, pflanzlichen und mineralischen Reichtum dieses Teils Ostafrikas. „Wenn wir die Eingeborenen nicht mitnehmen", pflegte er zu sagen, „muss dieses Unterfangen irgendwann scheitern und scheitern; denn so prahlen wir auch mit dem Klima, die harte Handarbeit kann nicht von weißen Männern verrichtet werden: Wir müssen darauf zurückgreifen." die Eingeborenen. Nun ist die Hälfte der Männer-Eingeborenen in dieser Gegend malerisch anzusehen, hat eine anmutige Figur und all das; aber sie scheuen harte Arbeit. Sie räkeln sich lieber in der Sonne oder laufen Frauen hinterher. Können Sie nicht welche sagen? Habt ihr Ehrgeiz in sie hineingesteckt? Bringt ihr ihnen etwas bei außer diesen faulen Hymnen und Gebeten, die für sie bedeutungslos sind?"

„Aber das tun wir", sagte Frau Stott. „Ich glaube, Sie haben unsere Schule seit zwei Jahren nicht mehr besichtigt. Sie scheinen das Hymnensingen im Kopf zu haben. Unsere von uns übersetzten Hymnen sind kein Blödsinn und die Einheimischen singen sie gerne …"

„Ich bezweifle nicht, dass sie es tun, obwohl ich nicht sehe, wozu es nützt. Weder sie noch die Gebete hindern den Allmächtigen daran, Heuschreckenschwärme auszusenden … Oder besser gesagt, diese Appelle und dieses übermäßige Lob stimulieren das nicht." Göttliche Macht, *etwas* zu tun , um die unzähligen Plagen Afrikas zu lindern. Es ist immer der arme Mann – und vor allem der arme *Weiße* –, der sein Gehirn und seinen Körper bis zur Erschöpfung anstrengen muss, um das wiedergutzumachen, was die Natur perverserweise falsch macht. Hier bin ich und versuche es die Heuschreckenplage auf unseren Tabakplantagen einzudämmen, indem wir die Domestizierung des Kronenkranichs fördern. Doch die Eingeborenen werden sich für diese Idee nicht interessieren, obwohl die Kronenkraniche sich selbst ernähren und charmante Manieren haben. Können Sie diese Angelegenheit nicht weiter vorantreiben? Ihre Schulen? Könnten Sie nicht eine Predigt über die Verwendung des Kronenkranichs halten?"

Bei einer anderen Gelegenheit stellte er den Ewart Stotts eine weitere Schwierigkeit vor. „Sehen Sie her! Ich werde Sie wieder ins Vertrauen ziehen. Ich möchte, dass Sie mir einen Assistenten suchen, jemanden aus Ihren eigenen Verwandten in Australien, der kurzfristig hierherkommt und einen Vertrag über drei Jahre abschließt – sogar ich Ich brauche zwei Männer, von denen einer sich mit Stenografie und Maschinenschreiben auskennt und die meine Sekretärin sein könnten. Ich kenne niemanden in England, der nicht entweder ein Rotter oder ein potenzieller Rotter ist oder noch keinen Job hat. Da ist meiner Bruder Geoffrey, aber er ist jetzt Kommandeur bei der Marine, kommt gut zurecht und würde einfach nicht auf die Idee kommen, den Dienst aufzugeben, um hierher zu kommen. Mein anderer Bruder eignet sich gut als Landagent. Ich möchte etwas Australisches, jemanden wie Ich mag euch beide so gern wie möglich. Ich habe nichts gegen ein mäßiges Maß an Religion, solange es ihre Zeit an Wochentagen nicht verschwendet, und sie dürfen für meinen Geschmack nicht zu abstinent sein. Kein Whisky-Trinker muss sich bewerben ."

„Ich glaube, wir kennen die beiden, zumindest die wichtigste", sagte Mrs. Stott: „Mein Neffe Phil Ewart. Ich habe ihn nicht mehr gesehen, seit er ein Baby war, aber die Frau meines Bruders schreibt ihm." Hin und wieder kommt er zu mir und sagt, dass es ihm bei einem großen Schafzuchtbetrieb in Queensland sehr gut geht ..."

„Na dann, schauen Sie hier: Lassen Sie uns ein Telegramm entwerfen, das ich von der Küste aus verschicken kann. Ich garantiere ihm ein Jahresgehalt und, wenn er zufrieden ist, einen Dreijahresvertrag – 500 Pfund pro Jahr. Er kann wählen Jeder wahrscheinlich junge Kerl ... guter Charakter ... Abstinenzler ... dient als Angestellter ... 200 Pfund pro Jahr beginnen ... Nehmen Sie den Dampfer Australien-Durban und den deutschen Dampfer Durban- Saadani und so weiter im Landesinneren . Wenn ich sie bis November hierher bekomme, kann ich sie drei Monate lang testen, bevor ich nach Hause fahre ... Ich *muss* nächstes Jahr Urlaub machen und danach meine Frau mitbringen. Ich möchte dieses Geschäft nicht ohne verlassen Ich bin ein britischer Mann, der meine Interessen wahrnimmt und mir mitteilt, wie die Dinge laufen, während ich weg bin.

Also regelten sie die Angelegenheit untereinander. Dann sagte Frau Stott: „Ich habe einen lustigen Vorschlag zu machen. Vor einer Woche erhielt ich einen Brief von Ann Jamblin , der ... in Hangodi ... Ann Anderson war, ist sie jetzt. Sie hat Lucy dort vor fünf Wochen gesehen und war sehr gerührt darüber, dass sie sie angerufen hat. Sie sagt, dass sie eine besondere Vorliebe für Ihre lieben, süßen, hübschen Kinder hatte. Ihr eigenes kleines Mädchen ist sehr kränklich. Nun, jetzt fährt sie mit der alten Mrs. Doland fort , die großartig war Unterstützer ihrer Mission, ist gestorben und hat der Ostafrikanischen Mission nur 5.000 Pfund hinterlassen. Aus diesem und anderen Gründen denkt die Mission darüber nach, Hangodi aufzugeben , da es jetzt eine ziemlich isolierte Station ist und alle anderen in der britischen Sphäre liegen. .. Nun, um es ganz klar auszudrücken: Da Sie es kaum erwarten können, weg zu sein – oh, das weiß *ich* schon an der Art, wie Sie mit Ihren Gamaschen klopfen –, wie wäre es, wenn Ihre Konzession oder Sie oder jemand anders unsere Mission um 150 £ vorschießen würde für Auslagen – um schnell zu handeln, wissen Sie? Und wir schickten Ann und ihren Mann die Nachricht, dass sie sich uns anschließen sollten, sobald sie die eindeutige Befugnis hatten, Hangodi zu evakuieren . Ich glaube, dass die Bundesregierung den Sender kaufen wird. Wenn wir Ann und ihren Mann hierher bringen würden, würden die beiden unsere Hände mächtig stärken und dann könnten wir etwas von der weltlichen Belehrung geben, die

Ihnen so am Herzen liegt. Oder erfinden Sie es auf irgendeine Art und Weise. Stärken Sie hier das britische Element. Denn obwohl ich Ihren Ansichten über die Vorsehung kein bisschen treu bin und glaube, dass die Welt in sechs Tagen geschaffen wurde, wundere ich mich hin und wieder, dass Sie nicht für Ihre Kühnheit, um nicht zu sagen Gotteslästerung, niedergeschlagen werden, aber dennoch etwas sagt es mir, und wir arbeiten wirklich für die gleichen göttlichen Ziele ..."

Roger meinte, dass die Angelegenheit auf jeden Fall seine Aufmerksamkeit erfordern sollte. (Bevor er im folgenden Frühjahr nach England ging, waren Ann und Eb Mitglieder der Stott-Mission, und die Stotts konnten eine weitere Station und Schule im Iraku- Land eröffnen.)

Die Monate Herbst, Winter und Frühling vergingen wie im Flug. Roger gründete ein Gestüt im Happy Valley, wo er ein Dutzend erbeuteter Zebras ausfindig machen und mit Maska-Eseln kreuzen konnte ... vielleicht könnte ein handlicher, kräftiger Zebra-Maultier einige ihrer Transportschwierigkeiten in den Tse-Regionen lösen . Das ist eine Fliege. Er führte Kurzhornrinder aus Südafrika ein, um sich unter die einheimischen Ochsen zu mischen und die Milchversorgung zu verbessern. Er importierte aus Natal sechs Basuto-Ponys, zwei Hengste und vier Stuten. Er bestellte drei Sicherheitsfahrräder – die große neue Erfindung oder Kombination von Erfindungen. Er und seine deutschen Ingenieure, verstärkt durch einen klugen Schweizer, der von der deutschen Direktion entsandt wurde, widmeten sich besonders den Wasserfällen von Iraku , um sie für Turbinen zu nutzen und elektrisches Licht zu erzeugen. Diese Energie würde elektrische Dynamos speisen, wenn der Fortschritt des Eisenbahnbaus es ermöglichte, dass solch schwere Güter das Happy Valley erreichen könnten. Sie legten große Kaffeeplantagen an und experimentierten mit Tee und Chinin. Man hoffte, dass die Eingeborenen mit der Zeit alle diese Kulturen auf eigene Faust erlernen würden, so wie sie es mit der Kakaokultur an der Goldküste und in Deutsch-Kamerun getan hatten.

Der Tag seiner Abreise im zeitigen Frühjahr rückte immer näher. Die beiden Australier kamen an, bekamen Fieber, erholten sich und bewiesen schließlich, dass sie das Richtige tun, allen voran der junge Philip Ewart. Frau Stott sagte, sie würde dafür sorgen, dass er während der Abwesenheit des Direktors in England keinen Unfug treibe. Sie würde auch ein Auge auf das Haus der Brenthams und die Taten von Andrade und Halima als Hausmeister werfen.

Daher gab es für Roger kaum Grund zur Sorge, als er sich auf eine sechsmonatige Abwesenheit vorbereitete, abgesehen von den Gerüchten über die Machenschaften eines gewissen Stolzenberg , eines mysteriösen deutschen Jägers, der sich aus der britischen Sphäre in der Nähe des Nordens niedergelassen hatte -westlicher Abhang des Manyara -Sees , offenbar an der Grenze der Happy Valley-Konzession (Glückesthals). Konzession).

KAPITEL XIX

PROBLEME MIT STOLZENBERG

Damals könnte man – um eine Zeile der Heiligen Schrift zu parodieren – sagen: „Jedem Menschen ein oder zwei Krater"; Wenn Sie sich auf die Wildnis zwischen dem Kilimandscharo und den südlichen Rift Valleys beziehen und auf die seltsamen Abenteurer, die in den neunziger Jahren das ostafrikanische Landesinnere zwischen Baringo im Norden und dem Happy Valley im Süden über a Region mit erhöhtem Steppenland, isolierten Bergen von immenser Höhe und erloschenen Vulkanen. Einige dieser gesetzlosen Männer häuften beträchtlichen Reichtum an Elfenbein, Schafen und Rindern an. Sie wollten Festungen, in denen sie leben und ihre Beute oder die Beute ihrer Jagd lagern konnten, die Elefantenstoßzähne, die Nashornhörner, die Löwen- und Leopardenfelle, die schwarz-weißen Mäntel der langhaarigen Colobus-Affen, die Straußenfedern; sogar die grob gepökelten Häute der Rosenflamingos, die im Gefiederhandel zu einem Gegenstand großer Nachfrage wurden. Zu diesem Zweck standen die großen und kleinen Krater vermutlich erloschener Vulkane bereit; als hätte die Natur ihre Wünsche vorhergesehen. Die meisten davon waren im Inneren von der nahezu durchgehenden, kreisförmigen Wand des Kraters umgeben, die nur an einer Stelle durchbrochen war, wo die Lava oder heute ein Wasserstrahl (der Überlauf eines kleinen Kratersees) aus dem Kraterboden austrat. Hier war es mit aufgeschichteten Steinen leicht, die Lücke zu schließen und den Eingang ohne Artillerie gegen jeden wilden Feind zu halten. Diese Verteidigungsmaßnahmen wurden natürlich gegen die Massai vorbereitet und nicht mit der Absicht, sich einer weißen Regierung zu widersetzen, deren Eintreten zu dieser Zeit sehr problematisch schien: auf jeden Fall eine weiße Regierung, die eingreifen würde, um die Eingeborenen zu schützen, um das Töten von Elefanten zu verhindern, oder die Bewegungen von Rindern zwischen einem von der Krankheit befallenen Gebiet und einem Gebiet, in dem es noch nicht infizierte Herden und Herden gab, regulieren.

Zu einem dieser sehr roten Krater ritt Roger Brentham Ende März 1897 nach einer dreitägigen beschwerlichen Reise aus dem Süden hinauf. Er hielt seine kleine *Safari* aus bewaffneten Trägern und seinen vier somalischen Schützen auf einer ebenen Hochebene vor der Lücke in den Kraterwänden an; eine Lücke, die geschickt durch eine riesige Tür aus Eibenbrettern und eine Brücke aus Eibenstämmen geschlossen wurde, die über den mündenden Bach geworfen wurde, auf der Steine bis zu einer Höhe von zwanzig Fuß aufgetürmt waren. Es gab offensichtliche Anzeichen dafür, dass die Wände und Holzarbeiten Schießscharten für Schüsse hatten. Er rief mehrmals laut auf Suaheli und Deutsch, um eine Antwort zu veranlassen, und klopfte an die schwere Tür.

Plötzlich öffnete sich eine kleinere Tür innerhalb der großen Tür und ein mürrisch aussehender Negerriese trat heraus, wahrscheinlich ein Makua aus dem Süden. [Solche bieten sich zum Dienst in Unguja an.] „ Unatakáje ?“ fragte er auf Suaheli. „Ich möchte deinen Bwana sehen – ich kenne seinen ‚einheimischen‘ Namen nicht“, sagte Brentham , „aber bringe ihm einfach dieses ‚ Karata ‘ und er wird meinen Namen lesen und sagen, dass ich ihn sehen möchte. In der Zwischenzeit werde ich es tun.“ Schlagt hier ein Lager auf.

Der Makua-Torhüter oder Wächter kehrte zurück, und möglicherweise verging eine Stunde, bevor etwas weiteres geschah. Während dieser Zeit baute Brentham sein Zelt auf und sorgte dafür, dass seine Männer – sie waren sehr leicht unterwegs – ihre Schlafplätze darum aufschlugen.

Die kleine Tür wurde wieder geöffnet und ein bemerkenswert aussehender Mann von über zwei Metern Größe trat heraus, mit gewaltigem, zurückgebogenem Schnurrbart, einem Sombrero-Hut, Stiefeln und einer allgemein verwegenen Miene und einem sichtbaren Revolver in dem breiten Gürtel, der seine Hosen hielt. Er ging langsam auf Roger zu, der auf ihn zukam.

„Bist du gekommen, um mich zu besuchen?“ fragte er auf Englisch.

„Das habe ich“, sagte Roger; „Das heißt, wenn Sie Stolzenberg heißen ?“

„Es ist ... für heute – jedenfalls. Nun, hier bin ich. Du kommst, um mir zu sagen : ‚Es ist Ostersonntag und Christus ist auferstanden‘, wie es die Russen tun?“

„Warum, ist Ostersonntag? Mein Gott! Ich hatte keine Ahnung. Wenn ja, hätte ich vielleicht einen anderen Zeitpunkt gewählt. Aber da ich hier *bin* und da Sie hier *sind* – und ich glaube, Sie sind oft abwesend? – , sollte ich es sein Ich wäre dankbar, wenn wir uns unterhalten und zu einer Einigung kommen könnten, wissen Sie nicht?“ (In dem grimmigen Gesicht, das ihm in die Augen blickte, war keine erwidernde Freundlichkeit zu erkennen, das Gesicht eines vollkommen rücksichtslosen Mannes, Augen mit blutunterlaufenen weißen Augen, breiter Mund mit blassen, schlaffen Lippen, die starke, von Tabak befleckte Zähne zeigten, hervorstehende Wangenknochen, gesenkte Brauen usw massiver Kiefer und hier und da eine alte Duellnarbe .)

„Ein Unverständnis ?“ sagte er höhnisch. „Was ist mit? *Ich* Verstehe dich. Ich weiß, wer du bist, jetzt sehe ich deine Karte. Sie sind Kapitän Brentham . Einst waren Sie Konsul ... in ... Unguja. Dann rennst du mit der Frau des Missionars davon – und – du bist ... kein Konsul mehr. Du machst etwas Schockierendes, *nicht wahr* ? Es ist so leicht, Ihre Regierung zu schockieren – und jetzt von Wissmann – diesen Morphinsäufer – er gibt Ihnen ein Zugeständnis. Und ich nehme an, Sie kommen jetzt, um zu sagen, dass ich gegen Ihr Zugeständnis verstoße? Also gut, das *tue ich* , und ich kümmere mich überhaupt nicht um Sie oder um irgendeine Regierung, die Sie nennen wollen. Ich habe dies vor sechs, sieben Jahren zu meinem Zuhause gemacht, und jetzt kommt niemand mehr, um mich rauszuwerfen, es sei denn, sie bekämpfen mich zuerst.

„Ich bin nicht gekommen, um dich rauszuwerfen", sagte Roger. Stolzenberg lacht laut und verächtlich ... „Es ist nicht meine Aufgabe, das zu tun. Ich bin mit einer sehr kleinen Anhängerschaft gekommen, um Sie kennenzulernen, um selbst herauszufinden, wie Sie sind, und um zu sehen, ob es möglich ist, damit umzugehen." Sie ..." (Während er spricht, sieht er, dass durch die offene Tür der Festung eine große Anzahl bewaffneter schwarzer Männer herauskommt, gekleidet wie die Küstenbewohner – vielleicht hundert), „um mit Ihnen wie einem Weißen umzugehen." Mann könnte sich vielleicht mit einem anderen auseinandersetzen. Aber bevor ich Ihnen überhaupt unseren Fall – den Fall unserer Konzession – vortragen kann, beginnen Sie damit, mich zu beleidigen und eine Lügenerklärung über meine Frau abzugeben – und wahrscheinlich beabsichtigen Sie jetzt, mir mit einem Angriff mit Ihrem Askari zu drohen[#] – die ich sehe, versammeln sich hinter dir."

[#] Soldaten.

„Diese Männer", sagte Stolzenberg , blickte sich zu ihnen um und rief ihnen den Befehl zu, Platz zu nehmen, „sind nur da, um sicherzugehen. Ihr Briten seid immer auf den ein oder anderen Trick gefasst. Ich dachte nur, um euch zu zeigen, dass ich keinen Unsinn dulde." Was ich sage ... über Meeses ... Brentham , ich ... sage nur ... was Ihre ... eigenen Landsleute an der Küste sagen. Aber lassen Sie das durchgehen. Was ist das? Unverständnisvoll schlagen Sie mir eine Partnerschaft vor? Nun, ich bin für ein Geschäft offen. Was soll das sein? Welche Konditionen bieten Sie an?"

„Ich bin nicht hierher gekommen, um so etwas zu besprechen. Ich bin gekommen, um das zu sagen. Wenn Sie die Frage stellen, liegt dieser außergewöhnliche Ort – ich nehme an, es ist der Krater eines Vulkans? – nicht innerhalb unserer Grenzen. Sie sind es nicht Betreten unseres Grundstücks. Aber seit etwa neun Monaten haben wir viele Beschwerden über Sie oder Ihre Männer erhalten. Sie überfallen die Eingeborenen, nehmen das Masai-Rinder und treiben es offenbar in diese Festung. Sie entführen sogar die Iraku- Frauen. ..."

„Ich entführe *nicht* ... Sie kommen aus eigenem Vergnügen hierher ... es steht ihnen frei, zu gehen, wenn sie wollen. Aber sie mögen meine Männer viel lieber als ihre eigenen Ehemänner, die ihnen keinen Schmuck oder Perlen schenken können ... "

„Und schließlich", fuhr Roger fort, fast erstickt vor Anstrengung, mit ruhiger Stimme zu sprechen und nicht mit der Faust in das große Gesicht zu schlagen, das sich so drohend über seins beugt, „endlich haben Sie zwei unserer Prospektionsgruppen mit Gewalt vertrieben." das nördliche Ende des Sees und..."

„Diese Männer", schrie Stolzenberg ... „sie ... sie kommen nur, um meine Verteidigung auszuspionieren ... aber schauen Sie mal. Sie und ich sind große Dummköpfe – vielleicht bin ich ein größerer Dummkopf als Sie ..." Zuerst verliere ich die Beherrschung , ich sage Dinge über eine Dame , die vielleicht nicht wahr sind . (ein lautes Lachen). „ In Mombasa sagt man , ich sei der größte Faulpelz , der nicht aufgehängt ist. Das heißt – was sagen Sie ? Gerade eben. Die deutsche Regierung glaubt diesen Lügen und schickt meinen guten Freund weg. Und dann gibt es einen guten Engländer, den ich kenne, einen Adligen in Ihrem Land, einen Sir – Sir Wil-low-by Pat-terne. Sie werden es kaum glauben die Dinge, die sie über ihn sagen – immer hinter seinem Rücken ..."

„ Du kennst also Willowby „Patterne ", sagte Roger (sehr interessiert).

„Ich habe ihn ein- oder zweimal gesehen", antwortete Stolzenberg und wurde misstrauisch. „Aber du kommst wohl nicht hierher, um über ihn zu reden? Du bist gekommen, um meine Bekanntschaft zu machen. Nun, du hast es geschafft. Jetzt lässt du mich in Ruhe und ich werde dich in Ruhe lassen. Ich ... was du sagen? Ich werde Ihren Anruf nicht erwidern? Mein Streit mit den Massai geht Sie nichts *an* . Ich hätte – was sollen wir sagen? Ich hätte einen Rachefeldzug gegen die Massai. Als ich zum ersten Mal aus eigenem Antrieb nach Ostafrika kam Ich organisiere eine *Safari* und reise nach Kenia, um Elfenbein zu kaufen. Ich tue den Massai keinen Schaden, aber sie greifen mein Lager an, sie töten einen jungen deutschen Mann mit mir, meinen *sehr guten* Freund; sie töten die meisten meiner Männer – und siehe da! Sie versuchen, mich zu töten" (zieht das Hemd hoch und zeigt eine lange Narbe über den Rippen auf der linken Seite), „und sie töten meine Hunde. Erst als sie sehen, wie Kikuyu in einer großen Kriegsgruppe herunterkommt, hören sie auf zu stechen und verschwinden mit den meisten davon." meine Handelswaren. Die Kikuyu tragen mich in ihr Dorf und retten mir das Leben – seitdem bin ich immer ein guter Freund der Kikuyu gewesen . – Fragt ihr sie! Nun, jetzt bekomme ich mein eigenes Geld zurück. Immer wenn ich jetzt Massai sehe, schieße ich. Ich habe ihnen Todesangst eingeflößt ..."

„Das ist ein interessanter Teil der Biografie", sagte Brentham , „aber ich dachte, diese gesetzlosen Tage wären vorbei. Ich habe die Massai-Version

Ihrer Geschichte nicht gehört. Vielleicht hatten sie eine Ausrede. Auf jeden Fall waren sie es nicht." derselbe Clan wie die Massai hier, seit Jahren Freunde von mir; und Sie haben kein Recht, Krieg gegen sie zu führen. Außerhalb unserer Konzession ist das nicht *meine* Angelegenheit. Ihre Regierung –"

„Sag nicht *mein* „ Regierung ", brüllte Stolzenberg . „Es ist nicht meins." Ich verlange nicht danach! Ich bin meine eigene Regierung . Ich war in diesen Ländern, bevor jemals eine deutsche oder britische Regierung kam .

„Nun, die Regierung dieser Region, die Regierung, die das meiste Recht hat zu regieren ... Ich sage – Nein! Sie *müssen* mich anhören, bevor ich gehe – was Sie außerhalb unserer Konzession tun dürfen, liegt zwischen Ihnen und ihnen. Aber wenn Sie sich nach dieser Warnung in unsere Leute einmischen, die Leute innerhalb dieser Konzession, die ich verwalte und in der ich Richter bin, werden Sie gegen *mich* antreten , und ich werde Sie auf Anhieb erschießen, so wie Sie es mit den Massai tun. ..."

„Alles klar! Hast du was zu trinken, bevor du gehst?"

„Nein, das werde ich nicht", sagte Roger. Und er drehte sich zu seinen lauschenden Männern um und rief: „ Pigeni. " Kambi . Maneno Yamekwisha . Twende Damit sein Abschied nichts von seiner Abruptheit verlor, schritt er zu der Stelle, an der sein Maskat - Esel angebunden war, ließ ihn los, sprang in den Sattel und ritt langsam davon, bis er außer Sichtweite war, unterhalb der Lücke auf ebenem Boden. Dort wartete er, bis seine Männer mit ihren leichten Ladungen zu ihm zurückgekehrt waren. Die ersten, die eintrafen, waren die vier somalischen bewaffneten Männer. Sie hatten längst gelernt, Suaheli zu sprechen, und sie sagten lachend und erleichtert über das Palaver endete ohne Rückgriff auf Schusswaffen: „ Ulimshinda n / A maneno , Bwana mkubwa , ulimshinda , yule Mdachi . Walakini , Ukiondoka , Akasema watu wach. „ Simchuki , yule Mwingrezi ." Mwanaume ."[#]

[#] „Du hast ihn mit Worten besiegt, großer Meister, du hast ihn besiegt, diesen Deutschen. Aber als du gingst , sagte er zu seinem Volk: ‚Ich hasse ihn nicht, diesen Engländer. Er ist ein Mann.'"

Roger ritt davon und grübelte über diese Begegnung nach, oder besser gesagt, er ritt und ging durch ein äußerst raues Land, in dem es kaum einen einheimischen Pfad oder Anzeichen einer Besiedlung gab, ein Land, das zweifellos durch frühere Kriege und Überfälle von Stämmen auf Stämme entvölkert war: denn es war gut bewässert.

Die hohen Büschel der Euphorbien verliehen der roten Landschaft ein unheimliches Aussehen, denn ihre gegliederten Zweige wirkten wie eine Verbindung riesiger Skorpione, deren Körper sich trafen und deren stechende Schwänze in die Luft ragten; die fleischblättrigen Aloen von tiefem

Flaschengrün ragten blutrote Stängel blutroter röhrenförmiger Blüten empor; Auf der höheren Ebene gab es viele rostrote oder bleirote „glühende Schürhaken" – was die Eingeweihten Kniphofias nannten. Das Land deutete irgendwie auf Blut und Eisen hin; denn die alten und verblassten Euphorbien könnten aus rostigem Metall geschnitten worden sein, und Eisenerz drang offensichtlich in die Felsen ein.

Er dachte über die Gewalt nach, der Afrika immer ausgesetzt zu sein schien. Der Rechtsherrschaft in Ostafrika schien sowohl im britischen als auch im deutschen Raum die Herrschaft der Gesetzlosen vorausgegangen zu sein. Als Reisender und ehemaliger Beamter und als Einwohner der an die britische Sphäre angrenzenden Länder wusste er genug, um sich darüber im Klaren zu sein, dass das britische Hinterland zu diesem Zeitpunkt eine Beute von Deutschen und Briten, Österreichern, Amerikanern, Südafrikanern und sogar Südafrikanern war Goanesisch-indische Freibeuter, die weder den Gesetzen noch den Anordnungen der schwachen Chartered Company oder der schwachen jungen Protektoratsregierung Folge leisteten.

Einige dieser Gesetzlosen waren mit einem redseligen österreichischen Spinner und zwei russischen Anarchisten nach Ostafrika gekommen, die versuchten, in Südgalaland eine unmögliche Utopie zu gründen , die Kolonie der Freiheit – deren Hauptprinzip darin bestand, die weißen Menschen Mittel- und Osteuropas zu unterdrücken sollten hier tun und lassen, was sie wollten, und sich alles nehmen, was sie wollten, während die Eingeborenen Ostafrikas ihre Leibeigenen sein sollten. Die Eingeborenen dieses Teils Ostafrikas – die stolzen Galas –, die einen *guten* weißen Mann nicht einmal erkannten, als sie ihn sahen, oder ihm erlaubten, am Leben zu bleiben, besiedelten bald die Freiheiter , von denen viele (es gab dreihundert in …) alle) starben an Malaria. Der Überrest, der über den Tana entkam, wurde zur Geißel des inneren Ostafrikas; und ein schwacher Hauch ihrer Skrupellosigkeit ist immer noch vorhanden. Als Roger nachdenklich von Stolzenbergs roter Kraterfestung zu seinem Haus in Magara am Iraku-Steilhang zurückritt, waren noch etwa ein Dutzend dieser Pioniere der Zivilisation aktiv. Einige wenige hatten mittelmäßige Fähigkeiten erworben und waren nach Mitteleuropa zurückgekehrt, um den Kommunismus zugunsten von Staat und Kirche aufzugeben und respektable Ehen mit hochgeborenen Mädchen einzugehen . Die größeren Teufel, die insgesamt mit dem Brandmal Kains gebrandmarkt waren und übrig blieben, traten einer nach dem anderen entweder in die Dienste einer Kompanie, ohne allzu gewissenhafte Rücksicht auf die Vorgeschichte zu nehmen, oder starben einen blutigen und schrecklichen Tod. In der Zwischenzeit erschossen sie enorme Mengen Elefanten, ernannten sich zu Häuptlingen von Nomadenstämmen, gründeten Harems von zwanzig oder dreißig gekauften oder geraubten Jungfrauen (die die ganze Episode eher für einen Spaß hielten) und häuften große Herden von Rindern, Schafen, Ziegen und Massai-Estern an. Später, als die Dinge klarer, die Grenzen präziser, die Gesetze klarer formuliert und die Vorschriften – meine eigenen zum Beispiel – schikanöser wurden, verwandelten sie sich in Schmuggler und professionelle Gesetzesbrecher. Sie transportierten verbotenes Elfenbein weiblicher Elefanten aus britischem in deutsches Gebiet; Sie brachten aus der deutschen Sphäre Rinder mit, die möglicherweise von einer Krankheitserreger befallen waren, und durften daher kein britisches Territorium betreten. Sie entsorgten Nashornhörner, die über die spärliche Vergütung hinausgingen, die den Großwildschlachtern gewährt wurde; Sie betrieben einen regen Sklavenhandel, indem sie Hunderte von Arbeitern in Deutsch-Ostafrika rekrutierten und sie Hunderte von Meilen nach Britisch-Ostafrika transportierten und sie gegen Bezahlung an die vielen Vereine und Unternehmen abgaben, die den starken Arm und die geduldige Arbeit des schwarzen Mannes erforderten . und sie stellten das Gleichgewicht wieder her, indem sie unbemerkte Bezirke unter britischer Flagge überfielen und die Einwohner nach Deutsch-Ostafrika transportierten, um dort als Arbeiter unter militärischer Disziplin rekrutiert zu werden.

Einige von ihnen waren echte Schurken, zwei oder drei hatten die Blutgier eines Wahnsinnigen, wunderschöne Kreaturen zu töten, die wenig Nutzen hatten, wenn sie getötet wurden; oder sie erfreuten sich daran, den Eingeborenen Grausamkeiten anzutun, „um ihre Macht zu demonstrieren". So mancher unschuldige Regierungs- oder Firmenbeamte, der im Landesinneren unterwegs war, war überrascht über den Hass, der bei seiner Annäherung aufflammte, obwohl er sich keinerlei Unfreundlichkeit oder Ungerechtigkeit schuldig gemacht hatte. Der eine oder andere dieser herrenlosen Männer war die Ursache für den verräterischen Angriff auf seine Karawane oder für den Verlust seines Lebens bei einem Hinterhalt, der durch eine Militärexpedition kostspielig gerächt werden musste.

Doch wenn es den linken Flügel seiner Legion der Verdammten gab, der am Fuße des Galgens stand, gab es den rechten Flügel, angeführt von Sir Willowby Patterne , der mit der guten Gesellschaft in Kontakt blieb und sogar kommend und gehend am Tisch des Administrators oder bei Sir Bennet Molyneux zu Hause speiste. Ihnen wurde nichts nachgewiesen, was sie tatsächlich diskreditieren würde. Und Ostafrika war fünftausend Meilen von Mayfair entfernt.

Patterne , dessen erste Schießexpedition von 1890 bis 1891 mit dem gewonnenen Elfenbein einen recht kleinen Gewinn eingebracht hatte, schlug definitiv eine ostafrikanische Karriere ein. Er hatte zunächst versucht, sich mit der Inneneinrichtung des Territoriums der Chartered Company beauftragen zu lassen. Aber seine Direktoren waren wohlmeinende, kluge Männer und sein Ruf in der Heimat versperrte ihm den Weg. Dennoch konnte ihm als Baronet mit weitreichenden Beziehungen der Zugang zu dieser locker regierten Region, in die er alle zwei oder drei Jahre kam, nicht verwehrt werden. Nach seiner ersten Reise und den daraus resultierenden Gerichtsverfahren in Unguja war er nicht so dumm, seine grausame Behandlung seiner Träger und Diener fortzusetzen, sonst wäre er bald nicht mehr in der Lage gewesen, eine Karawane zu rekrutieren. Im Gegenteil, er zahlte gut und gewährte eine großzügige Essenszulage, und in gewissen Grenzen forderte er mit der Durchsetzung einer eher preußischen Disziplin den Respekt des Negers, der willkürliche Macht schätzt, wenn sie nicht mit Gemeinheit in Geldangelegenheiten einhergeht. Sein rücksichtsloses Abschlachten von Wild machte ihn sogar bei seinen Expeditionen beliebt, weil es den Männern einen Überschuss an Fleisch und Trophäen bescherte, die sie in Amulette verwandeln konnten.

Patterne wurde schließlich als unvermeidlicher Begleiter des Fortschritts der Zivilisation toleriert und erlangte die Staatsbürgerschaft in Britisch-Ostafrika, indem er eine vage „Konzession" in der Nähe der nordwestlichen Ecke der Kilimandscharo-Hänge am Rande der deutschen Grenze absteckte. Auf diese Weise und in dieser Nachbarschaft lernte er Adolf Stolzenberg kennen , dem er bei seinen Raubzügen gegen die Massai half; weniger durch direkte Beteiligung als durch die Ausstattung mit Waffen und Munition und durch die Beseitigung seines erbeuteten Viehs.

„Was wissen Sie über diese seltsame Persönlichkeit, Stolzenberg ?" fragte Roger seine beiden Freunde Hildebrandt und Wiese, als er von seinem Besuch im Roten Krater nach Magara zurückgekehrt war.

„Nur das, was wir die Leute sagen hören", antwortete Hildebrandt. „ Einige sagen, er sei nur ein südafrikanischer Deutscher, der in Südafrika schlecht singt und vor zehn, zwölf Jahren hierhergekommen ist , um sich den Denhardts anzuschließen . Ozzers sagen, er sei schon lange vorher aus Deutschland gekommen, wie Dr. Fischer, und das war er auch leiblicher Sohn unseres alten Kaisers Wilhelm I. Zuerst stellte ihn der Kaiser in die Armee und zahlte mehrmals seine Schulden und dann, wenn er tötete Als er einen Offizier im Duell mit einem Offizier besiegte, schickte er ihn nach Afrika und sagte: „Lass mich nie wieder dein Gesicht sehen." Aber vielleicht Zat ist nur eine Geschichte, die der Mensch selbst erfunden hat. Manchmal nutze ich ihn auf irgendeine Art und Weise für unsere Regierung. Ich wage zu behaupten , dass Ihre Regierung das Gleiche tun wird Ozzer Mann, den du so hasst, Vill -o-bee Patterne . Was für ein lustiger Name! Ihre englischen Namen sind manchmal lustiger zan unser!"

Der von Roger konsultierte deutsche Kommandant (der im April 1897 auf dem Weg zur Küste war, nachdem er alles hinter sich in Sicherheit gebracht hatte) äußerte sich gegenüber Stolzenberg eher unverbindlich . Das Gespräch fand auf Deutsch statt, unterbrochen von Phrasen auf Swahili seitens des Kommandanten, der stolz darauf war, sich ein paar Brocken dieser afrikanischen Sprache angeeignet zu haben. Über den Bewohner des Roten Kraters äußerte er sich eher unverbindlich. Er war ein „ derben Kerl" … „Simba yule, kabisa ", der Schrecken der Massai. Er hielt die Massai in diesem Viertel besetzt, während die Deutschen die Wa-hehe im Süden angriffen. Ihm muss etwas Spielraum eingeräumt werden … Der Kommandant würde dafür sorgen, dass er die Konzession nicht beeinträchtigt … vielleicht könnte er überredet werden, das Kommando über eine große irreguläre Streitmacht gegen die Wa-hehe zu übernehmen …

„„ *Divide et impera* ' sehen Sie? Em Glas Rheinwein , nicht so? Und Soda? Ein lang- trinken in der englischen Phrase...."

Es schien unpassend, dass diese Szene – der ziemlich steife deutsche Major, in strenger, weißer Militäruniform und einem belastenden Schwert, ein schwarzer Wachposten, nicht weit entfernt, mit einem Klatsch , Klatsch , Klatsch seiner bloßen Füße auf und ab ging, wie es vorgeschrieben war Anzahl der Schritte; ein schlicht eingerichteter, weiß getünchter Raum in einer quadratischen Festung mit prätentiösen Zinnen entlang der hohen weißen Wände; das Oleograph-Porträt Kaiser Wilhelms II.; der Lagertisch, der Rheinwein in Langhalsflaschen, die emaillierten Eisenbecher und die Sodasiphons; und das Klicken einer Schreibmaschine in der Nebenwohnung – sollten vor seiner geistigen Vision auftauchen, während er mit Lucy und Maud und den Schräder- Partnern auf einem Balkon im Strand saß und darauf wartete, dass Königin Victoria zu ihrem Jubiläums-Danksagungsfest in St. Paul's vorbeikam ! Warum sollte er dann an Adolf Stolzenberg denken ?

Er war nur ein Teil des afrikanischen Albtraums, den er am liebsten zusammenrollen und vergessen würde. Ein paar Wochen England hatten Afrika aus den Fugen geraten. Für die Erlösung eines winzigen Teils des deutschen Afrikas zu arbeiten, als solch gigantische Entwicklungen des britischen Afrikas in der Fantasie weitsichtiger Männer dämmerten, oder als eine noch wichtigere Entwicklung in seinem eigenen Land, im Fernen Osten, stattfand, in Amerika....

Was erinnerte ihn an den Roten Krater, an das finstere Gesicht und die kraftvolle Gestalt von Stolzenberg ? oder der deutsche Kommandant im Fort von Kondoa ? Wem gehörte das dünne, adlerartige, unverschämte Gesicht mit dem ausgelassenen Lächeln, das seinen Blick über den schmalen Strand richtete, das Gesicht eines großen Mannes in ultramodischer Kleidung, der inmitten einer Laube voller Gaiety-Mädchen mit vier oder fünf Extra- kluge junge Männer aus der Stadt – zweifellos Börsenmakler, Firmengründer oder die Anwälte von Firmengründern –? Es war Willowby Patterne, auf das er mehrere Minuten lang gestarrt hatte; und Sir Willowby grüßte ihn mit der manikürten Hand, die bei so vielen schönen Tieren den Abzug betätigt oder den Kiboko mit einer so geschickten Drehung angehoben hatte, um seine Peitsche auf die nackte Haut eines säumigen einheimischen Trägers zu legen ... .

Er musste seine Gedanken konzentrieren, bevor er die Begrüßung mit einer ernsten Verbeugung erwiderte – er musste sich daran erinnern, dass er diesem Mann einmal in einem schottischen Schießhaus als Halbmoderator zur Seite gestanden hatte; hasste ihn hauptsächlich aufgrund unbewiesener Beweise vom Hörensagen und vor allem aus Angst vor künftigen Übeltaten und nicht aufgrund von positivem Unrecht, das er sich selbst zufügte.

Dann richtete er seine Aufmerksamkeit noch einmal auf den vorbeiziehenden Festzug.

Thrum ... thrum ... thrum ... thrum ... zwischen den Ausbrüchen der Militärmusik marschierten die kaiserlichen Truppen stetig. Es gab die Auswahl der Regimenter der britischen Linie; Es gab Proben indischer Infanterie – bärtige Sikhs, grinsende Gurkhas, hübsche Panjabis – Das war doch sicher der junge Pearsall-Smith an der Spitze einer dieser Abteilungen? Er hatte davon gehört, dass er sich in den Nyasaland-Kriegen gegen die Araber hervorgetan hatte – und er zuckte zusammen, als er daran dachte, dass er an dieser Zeremonie nicht beteiligt war, er konnte auf keinen Fall hinweisen, dass er in letzter Zeit der Krone und dem Imperium gedient hatte – war es seine Schuld? Wenn er nach Norwegen oder Südamerika gegangen wäre, hätte er dann irgendetwas erreichen können, das ihn in die Prozession von heute hätte einbeziehen können? Was für eine großartige indische Kavallerie. Der indische Prinz, der sie anführte, hatte ihm als junger Adjutant von Sir Griffith Gaunt einmal ein Tigerschießen gegeben. Ah! Hier war Afrika in der Prozession – Hausas aus Nigeria, Sudanesen aus Ägypten; Diese gebräunten, gut sitzenden, ziemlich unverschämt aussehenden weißen Männer waren berittene Polizisten vom Kap, aus Bechuanaland, aus Natal.

Diese farbenfrohen Zuavenuniformen und die Gesichter der Christy-Minnesänger gehörten zu den westindischen Regimentern, die in so vielen westafrikanischen Kriegen mitgewirkt hatten. Und nun kam eine gut aufgestellte türkische Polizei aus Zypern, eine gut ausgebildete chinesische Polizei aus Hongkong; sogar ernst aussehende Dyaks aus Borneo, von denen man annahm, dass sie die Kopfjagd zugunsten der Polizeiarbeit in den Häfen von Borneo aufgegeben hatten.

Und Kutschen mit ständigen Beamten – in einem glaubte er Sir Bennet Molyneux zu erkennen, möglicherweise in der Person eines ausländischen Prinzen, eines deutschen oder russischen Großfürsten. Und die Staatsminister begrüßten die fröhliche Menge mit gut gelaunten Jubelrufen und ein paar ernst-komischen Stöhnen. Derjenige, der solch einen Jubelausbruch hervorrief, war der große Choselwhit , Josiah Choselwhit , Staatssekretär für die Kolonien, in Windsor-Uniform mit der üblichen Brille. Seine Gastgeber, die Schräders , stimmten ebenso wie die City- Männer gegenüber lebhaft in das Hurra ein; Choselwhit sollte Wasser in die Mühlen der Stadt gebracht haben und die Hauptstütze des Britischen Empire sein, in dem sowohl Deutsche als auch Briten so viel Geld verdienten ...

Und ... und ... und ... Endlich, nach vielen vorläufigen Prinzen und Prinzessinnen, Königin Victoria selbst; eine kleine Gestalt, in viel schwarze Kleidung gehüllt, aber mit hauchdünnem Weiß um das rosige Gesicht und gelbweißem Haar ... Sie ging sehr langsam – so kam es Roger vor – an ihren Fenstern vorbei. Die Schräder- Brüder stellten ihre internationale Loyalität deutlich zur Schau, so dass ihre Stimmen trotz des ohrenbetäubenden Lärms sogar von ihr gehört wurden . Sie richtete ihr etwas hochmütiges Profil und ihre klaren blauen Augen auf den Balkon mit seinen extravaganten Vorhängen und Symbolen, als suche sie nach einem ihr bekannten Gesicht , dem sie ein anerkennendes Lächeln schenken könnte; Als sie jedoch keine fand, richtete sie ihren Blick auf die Gaiety-Mädchen und die schreienden jungen Männer, die Patterne als ihren Gast eingeladen hatten . Zu diesen hübschen Schauspielerinnen, die echte Emotionen zeigten, richtete sie ein königliches Lächeln, was bei einer von ihnen echte Tränen auslöste. Dann starrte Roger auf die Rückseite ihrer Haube mit dem weißen Straußenfederbusch und war unlogisch enttäuscht darüber, dass es kein Lächeln für ihn gegeben hatte, der ihr so gerne gedient hätte, wenn ihre Minister es gelassen hätten.

Die Ameisenkönigin eines ungewöhnlich großen Ameisenhaufens auf diesem kleinen Ball aus Stein und Wasser hat sich auf den Weg gemacht, um dem Hauptgeist des Universums für ein paar zusätzliche Lebensjahre und die Kraft, Gutes zu tun, zu danken – zweifellos für eine Weile dieser Hauptgeist war trotz seiner unbegrenzten Intelligenz verärgert und beschäftigt darüber, wie die Dinge im Sternbild Orion liefen – eine Million Mal größer als das gesamte Sonnensystem; oder an den beschleunigten Strömen des Sternenstaubs in der Milchstraße oder an dem langsamen Fortschritt bei der Bildung einer Ansammlung von sechzig Riesenwelten durch den Andromeda-Nebel: Die Schräder- Partner spendeten in dem Raum hinter ihren beiden Fenstern sehr elegante Gastfreundschaft aufgenommen in einem Illustrierten-Zeitungsbüro im Strand. Sie waren im Wesentlichen praktische Männer, da sie Deutsche waren, jüdischer Abstammung waren und eine französische Ausbildung hatten. Sie hätten Roger und seine Frau und Schwester unterhalten können; ein großartiger Sänger – der Roger nicht „einordnen" konnte und ihm deshalb kalt gegenüberstand; eine großartige Schauspielerin, die ihre Blütezeit bereits hinter sich hat; ein großer Essayist, dessen geistiger Horizont durch Oxford und das Athenæum eingeschränkt wurde ; und verschiedene andere Gäste von Intellektualität und Vornehmheit: Sie hätten ihre Freunde und Bekannten im Piccadilly-Haus des einen und im Grosvenor Gardens-Haus des anderen beherbergen können; oder sie hätten für den gleichen Zweck ihre prächtigen Büros in der Stadt aufgeben können; aber der Blick auf die gesamte Prozession und insbesondere auf die Königin wäre nicht so nah und konzentriert gewesen wie aus den Fenstern im ersten Stock des Strands an seiner engsten Stelle. Als sie ihre Pläne zwei Monate im Voraus ausarbeiteten, spielten sie hier den großzügigen Gastgeber.

Die Zusammenstellung war äußerst erlesen; Die Weine von höchster Qualität verbreiteten den heimtückischsten Rausch, so dass man glaubte, man sei nur sein natürliches Ich, obwohl man die Ellbogen auf den Tisch stützte und sich wunderte, dass man bisher noch nie für einen großen Geist gehalten worden war. Die gefeierte Sängerin begann ihren heimlichen Kummer darüber zu vergessen, dass sie nicht vom Königshaus bewirtet wurde und nicht in einer dieser Kutschen mitgefahren war. Sie tröstete sich mit der Gewissheit, dass sie bei der Naval Review und der Garden Party dabei sein würde und die meisten ihrer Mitgäste wahrscheinlich nicht. Und schließlich, wenn man sich den Entertainern der Stadt beugen würde, könnte man es nicht viel besser machen als die Schräders , es sei denn, es wären die Rothschilds. Baron Schräder war das Oberhaupt der Familie und wurde von Napoleon III. zum Baron ernannt, was viel schicker war als ein deutscher Titel, der von einem kleinen deutschen Hof verliehen wurde. Die Schräders waren seit mehreren Generationen Dilettanten außerhalb des Geschäftslebens; Musiker mit einem bestimmten Talent; kluge Kenner der Cinque-Cento-Kunst; geheimnisvolle Ornithologen; Mitglieder des Rates der Zoologischen Gesellschaft; eines Jockey Clubs hier und eines Cercle d'Escrime dort. Aber um dieses Leben mit seinen vielen Facetten aufrechtzuerhalten, brauchten sie unbegrenztes Geld; und Roger Brentham versprach gerade, einer ihrer bemerkenswertesten Geldverdiener zu werden. Daher machte Herr Eugene Schräder , nach ein oder zwei eleganten Füllungen und Nippen an königlichen Namen, ganz informell seine gute Gesundheit und die seiner charmanten und hingebungsvollen Frau zum Ausdruck, und ... und ... er stammelte ein wenig über die Charakterisierung von Maud, die das am wenigsten freundliche Mitglied der Partei war und sich gegenüber der Schauspielerin, die ihre besten Jahre hinter sich hatte, ein wenig unverblümt gezeigt hatte, die nun dazu überging, geflüsterte Vertraulichkeiten über Misshandlungen in der Ehe zu verbreiten. „Aber unser Freund, Kapitän Brentham ... darf ich ohne Indiskretion sagen, dass er, wenn er alles gehabt hätte, was ihm gebührte, heute als Schauspieler und nicht als Zuschauer an der Prozession teilnehmen sollte? Obwohl unsere Gruppe verloren hätte einer seiner interessantesten Gäste ...“ (Der Essayist, dessen Nase vom Champagner und dem Château Yquem sehr rot geworden ist, sieht Roger hier zum ersten Mal mit konzentriertem Blick an: Ist es möglich, dass er etwas hätte tun können? (Bemerkenswert, außerhalb von Oxford und dem Athenæum?) „Unser Freund, Kapitän Brentham, war der erste, der den Weg der imperialen Expansion in Ostafrika ebnete; er bemüht sich nun, uns Deutschen zu zeigen, wie der Reichtum unserer ostafrikanischen Besitztümer entwickelt und genutzt werden sollte Die Märkte der Welt. Deutschland war nicht zu stolz, die Dienste eines Mannes – oder einer Frau" (er verneigte sich vor der Schauspielerin und Sängerin) mit Fähigkeiten in Anspruch zu nehmen. Ein Deutscher zu sein bedeutete in gewisser Weise, ein Weltbürger zu sein. Wenn sie die glorreichen Aufzeichnungen des Britischen Empire durchsuchten, würden sie feststellen, dass sie mit deutschen Namen übersät waren … Das britische Empire von heute stand deutschen Unternehmungen offen gegenüber; Sie würden im Gegenzug feststellen, dass das Deutsche Reich in Übersee bereit war, dem britischen Kolonial- und Verwaltungsgenie jede Gelegenheit zu bieten. Daher würde es in deutschen Kreisen Kapitän Brentham nicht übel nehmen, für die wirklich bemerkenswerten Entdeckungen, die er gemacht hatte, volles Lob zu erhalten – jedenfalls von seiner Firma …

„Sie dürfen die Anerkennung nicht vergessen, die Hildebrandt, Wiese und mehreren anderen Kollegen zusteht", fügte Brentham hinzu, der bestrebt war, das Richtige zu tun –

„Nur so – von euren deutschen Kollegen: Das ist so, wie es sein sollte. Aber das bringt mich zu dem Höhepunkt, zu dem ich geführt habe, ziemlich wortreich, fürchte ich. Liebe Freunde (seine Stimme zittert ein wenig vor ehrlicher Emotion), lasst uns einen trinken letzter Toast: *Auf die englisch-deutsche Zusammenarbeit*; auf die große Allianz unserer beiden Nationen, die auf der Verwandtschaft von Rasse und Sprache, einer gemeinsamen Liebe zur Wahrheit, einer gemeinsamen Hingabe an die Wissenschaft und ich möchte fast hinzufügen – einer gemeinsamen Dynastie gegründet sind." .. (Rest geht im Klatschen verloren).

Der Toast wurde allerdings etwas sparsam und geistesabwesend getrunken. Die Sängerin, Madame Violante (ihr verheirateter Name war Violet Mackintosh), hatte das Gefühl, einen Schluckauf gefährlich nahe zu haben (es waren die Eier der Regenpfeifer, sagte sie sich) und sie musste vielleicht heute Abend singen! Wie konnte sie so wütend sein? Die Schauspielerin hatte das Gefühl, dass sie einer völlig Fremden, einer Frau mittleren Alters, die jetzt wie die Frau eines Pfarrers aussah, etwas zu viel über ihren Mann gesagt hatte.

Platz Heine unter den modernen Dichtern und seine *Synthese von Lessings Dramen* nicht erwähnt hatten.

Dann löste sich die Gruppe auf, und die freundlichen Schräders schlugen vor, da jede Form der Beförderung völlig unerschwinglich sei, sie sollten die Kühnheit aufbringen (die Herren beschützen die Damen), durch das gemeine Volk zurückzugehen – das die Polizei als ungewöhnlich gut bezeichnet hatte – Naturbelassen und einfach ein bisschen fröhlich – in den Green Park und Zeuge der Rückkehr der lieben Königin zum Buckingham Palace.

Aber als der Jubiläums - Fiss - Fass -Aufruhr nachgelassen hatte und bevor sie nach Homburg und Aix gingen, ließen die Partner Roger kommen und sprachen mit sachlicher Großzügigkeit mit ihm. Er und seine Mitarbeiter hatten wertvolle Entdeckungen gemacht, die man fast als erstaunlich bezeichnen könnte. Das Kapital der Gesellschaft würde möglicherweise verzehnfacht werden – große Abonnements in Deutschland –, was bei den besten Leuten dieser Seite großes Interesse hervorruft. Seine ursprünglichen Syndikatsaktien entsprachen nun 50.000 Aktien der vergrößerten Gesellschaft, und da sie ein Pfund wert waren, warum wäre er, wenn er wüsste, 50.000 Pfund wert? Aber natürlich würde er so etwas nicht tun, bis seine Versprechen in Taten umgesetzt worden wären. In der Zwischenzeit waren sie bereit, sein Gehalt auf 3.000 Pfund im Jahr zu erhöhen – er müsste wahrscheinlich die deutschen Beamten erheblich bewirten – und einen Vertrag darüber abschließen zehn Jahre.... „Aber wenn ich groß unterhalten muss?" fragte er und scheute sich nicht, ein möglichst gutes Geschäft zu machen … „Mein lieber Kapitän Brentham ! Lassen Sie *das nicht* zwischen uns stehen … Es soll eine Bewirtungsvergütung von fünfhundert pro Jahr geben. Und das hoffen wir." Das wird Sie dazu veranlassen, Ihre bezaubernde Dame und Ihre Schwester, Miss Brentham , mitzunehmen . Ich versichere Ihnen, dass die Lobeshymnen, die unsere deutschen Freunde da draußen auf diese Damen geworfen haben, nicht wenig dazu beigetragen haben …"

„Das ist alles sehr nett von Ihnen. Aber ich möchte nicht glauben, dass ich allein für Entdeckungen belohnt werde, die in einigen Fällen ausschließlich auf … zurückzuführen sind."

„Sie werden feststellen, dass Ihre deutschen Kollegen bei Ihrer Rückkehr bei der allumfassenden Gehaltserhöhung nicht in Vergessenheit geraten sind … Und jetzt machen Sie einen *schönen* Urlaub und machen Sie sich gut vorbereitet für Ihre Rückkehr im Herbst … ."

Roger nahm sie beim Wort. Nachdem er und Lucy die Freuden des Elternseins in Berkshire genossen hatten , verbrachten er einen Monat mit Sibyl in Glen Sporran. Lucy hatte sich schon lange an Sibyl gewöhnt, daher löste die Aussicht auf den Besuch bei ihr keine Beunruhigung aus. Sie befolgte Mauds Rat hinsichtlich der Eignung des Outfits und der Anzahl der

Abendkleider und Teekleider. Sie war das einzige Mitglied der Gruppe, das weder Fahrrad fuhr noch Bridge spielte. Sibyl prahlte damit, täglich sechzig Meilen zurückzulegen, ohne mit der Wimper zu zucken; Aber Rev. Stacy Bream hätte sich fast umgebracht, als sie versuchte, ihre Kunststücke, bergab zu rollen und bergauf zu radeln, nachzuahmen .

Der Honble . Vicky Masham war schon früher dabei – etwas älter (sie hatte sich mittlerweile an Sibyls Spitznamen gewöhnt und hatte ihn verziehen, da Sibyl ihr geholfen hatte, ihre Überbrückungsschulden zu begleichen) –. Bei einem Fahrradunfall verletzte sie sich schwer am Knöchel und musste sich hinlegen. Lucy, die Einzige zu Hause, saß bei ihr, machte ausgefallene Arbeiten und erzählte sanft von ihren afrikanischen Erfahrungen. Der Honble . Victoria wurde sehr interessiert und bedauerte, dass Mrs. Brentham , die so geboren wurde, wie sie geboren wurde, ohne den Purpur und ihr Mann, der keine britische Karriere verfolgte, nicht auf die liebe Königin aufmerksam gemacht werden konnte ... Die Königin nahm das *Größte Interesse* an Afrika....

Lucy gab natürlich nach ein paar Unterrichtsstunden jeden Versuch auf, Bridge zu spielen (im Jahr 1897 debattierte man darüber, ob Radfahren, Bridge, die Bibel oder Staudenrabatten Großbritannien das größte Glück gebracht hätten: Wir sehen im späteren Leben, dass es das Fahrrad war). Sie hatte Angst vor den unterirdischen Kräften, die es erweckte und in den wütenden Augen um sie herum aufleuchtete, vor den Schicksalen, die mit dem Absturz von No Trumps verbunden waren, vor den schrecklichen Strafen, die mit einem Widerruf einhergingen, vor dem Schicksal, das an einer Finesse hing. Also lehnte sie es klugerweise ab, mitzuspielen, und redete – oder vielmehr hörte sie – demjenigen zu, der ausschaltete; oder wenn mehrere Tische besetzt waren, verteilte sie Getränke und Süßigkeiten sowie ein Sandwich zum Abendessen. Rev. Stacy Bream, ein wenig verärgert über ihr rivalisierendes Christentum, warf ihr einmal einen Blick zu, erinnerte sich daran, dass sie vor Jahren Sibyls Hintern gewesen war, und fragte Sibyl: „Wer waren ihre Leute, was war ihr Vater?"

„Einer der besten Landwirte in Berkshire", sagte Sibyl. „Meiner ist – oder war – denn ich musste ihn aufkaufen – einer der schlimmsten ... Was war übrigens *dein* Vater? Es ist mir noch nie in den Sinn gekommen, dich zu fragen ..."

Der Vater von Rev. Stacy war wirklich ein sehr drängender Agent für eine Firma von Dekorateuren und Tapetendesignern gewesen: Also antwortete er mit einem Seufzer: „Ein toller, *toller* Reisender , liebe Dame; Ich fürchte, ein Mann, der Farbe und Design mehr liebte als seine unsterbliche Seele ... Es liegt an dir, zu schneiden ..."

Aber Sibyl hatte ihre Hausparty in den Highlands nicht auf diese abgenutzten Kleinigkeiten beschränkt. Brassen hatten ihren Nutzen. Er würde da sein, um einen Gast zu belästigen, der bei der Schießerei erschossen werden könnte, und so vielleicht die Unannehmlichkeiten einer Untersuchung zu ersparen; und seine Geschichten über Menschen am Rande der Gesellschaft waren das Äquivalent und die Begleitung zu einem Mitternachtsgespräch – kurz bevor man die Kerze im Schlafzimmer nahm – von Pastetensandwiches und Kirschbrand. Vicky Masham hat dafür gesorgt, dass Sie bei Königin Victoria Recht hatten; Lucy war eine Erinnerung für sie, sich gegenüber Roger nicht lächerlich zu machen ... vielleicht lag in ihrer harten Natur auch ein wenig Dankbarkeit für das Gute, das ein Jahr in Lucys Gesellschaft für die Gesundheit und das Gemüt ihres kleinen Sohnes gewirkt hatte. Aber sie wollte – mit sechsunddreißig Jahren mehr denn je – eine politische Frau sein, etwas in der Welt bewirken, ihren Namen in die Geschichte eingehen, die Geschichte tatsächlich verändern oder prägen. Es war ihr, wie fünfzig anderen reifen, gutaussehenden, wohlsituierten und ehrgeizigen Frauen, in den Sinn gekommen, Cecil Rhodes zu heiraten; Aber der Jacobzoon- Überfall und noch mehr die eifrige Rivalität anderer Damen, die bei ihren Frontalangriffen auf den Koloss vollkommen schamlos waren, machten bald jede solche Idee zunichte ... reduzierten sie tatsächlich auf eine so lächerliche Unmöglichkeit, dass sie nur ihrem verschlossenen Tagebuch anvertraut wurde . Glücklicherweise hatte sie Sir Elijah Tooley ihr halbes Versprechen schon beim ersten Anzeichen entzogen, dass sein Reichtumsreservoir einen Riss hatte. Sonst – mit ein paar Millionen von seinem Geld ... und er hätte seine eigene Wohnung haben können, und sie hätte ihn daran gehindert, seine Schnurrbärte wachsen zu lassen ... sie hätte vielleicht ihre Welt auf den Kopf gestellt ... Dann da war Graf Balanoff , der russische Botschafter, ein Witwer ...

„Weißt du", sagte sie zu Roger in einem ihrer vielen vertraulichen Gespräche im Raucherzimmer – „er ist , richissime ' und wirklich ziemlich anständig, obwohl er sich die Haare färbt ... Goldminen in Sibirien." , türkisfarbene Minen im Kaukasus ... Er schien mich einmal unbedingt heiraten zu wollen ... Vicky Masham glaubt, dass es die Königin war, die dazwischengeschaltet hat. Wenn er mich gefragt hätte und ich zugesagt hätte, hätte ich es *getan* Ich habe mich in kürzester Zeit zur meistdiskutierten Frau in Europa entwickelt. Ich hätte ein Bündnis mit Russland ausgehandelt – immer eine Idee von mir – und den Kaiser für sein Kruger-Telegramm bezahlt – Warum, Roger, gibt es? Hast du es nicht *eilig* , mich zu heiraten? Ich habe zehntausend im Jahr fürs Leben; ich bin erst sechsunddreißig, was heutzutage sechsundzwanzig entspricht; ich habe eine prächtige Konstitution, meine Haare gehören mir und meine Zähne auch , meine Figur ist perfekt.... Ich könnte ein Künstlermodell für das „Tout Ensemble" sein. ... Und doch ... (eine Rauchpause).

„Und es ist nicht mehr so, dass die Wiederverheiratung von Frauen mit Titeln bei Hofe ein ‚mal vu‘ wäre … Da ist Lady Landolphia Birchall. Sie wird im Herbst erneut heiraten; dieses Mal mit einem ‚Buchmacher‘. – denn er ist eigentlich nichts weiter, obwohl er Wetten mit dem Prinzen annimmt . Und sie ist fünfzig geworden. Aber die Königin scheint das nicht zu stören …“

Aber um auf das Thema zurückzukommen, von dem dieser Exkurs ausging. Sibyl hatte vier große Imperialisten nach Glen Sporran gebeten, um Rogers Bekanntschaft zu machen: den Honble . Darcy Freebooter, Percy Bracket – Herausgeber des *Sentinel* – the Right Honble . J. Applebody Bland und Albert Greystock , Enkel des alten Lord Bewdly . Sie hätte Mr. Rudyard Kipling gerne gefangen genommen, aber er war perverserweise in die Vereinigten Staaten gegangen, eine Region, die außerhalb von Sibyls Berechnungen lag, da wir sie weder annektieren noch schützen konnten. Sie hatte sogar versucht, den großen Choselwhit in die Gesellschaft einzubeziehen , das geheimnisvolle Idol, vor dem und dessen unverbindlichem Brillenglas dann so viel imperialistischer Weihrauch verbrannt wurde. Aber er hatte kalt und in unauffälliger Handschrift geantwortet, dass er eine frühere Verlobung bereue.

„Es macht mir nichts aus, das zuzugeben, es ist *eher* eine Brüskierung“, sagte sie zu ihrem völlig gleichgültigen Cousin, „und es *ärgert* mich, weil er der kommende Mann ist. Auf *ihn* müssen wir achten, um die Unionisten, die Kaiserliche Partei, zu führen.“ ; nicht diese verweichlichten Brinsleys mit ihrer antiquierten Liebe zum Freihandel und zur Kirche von England … Ich bin gerade sehr „in“ mit Laura Sawbridge … Sie wissen schon, dieser klugen Schriftstellerin und Reisenden .“, sagt sie Sie kann Chocho *um ihren kleinen Finger drehen* . Er war es , der sie hinausgeschickt hat, um … (Ruhe flüsterte). Nun, verstehst du, was *das* bedeutet? Chocho hält sich bedeckt, aber er hat vor, sich mit dem alten Kruger zu arrangieren und das zu malen Transvaal-Rot……"

Ob irgendetwas anderes als Misstrauen und Ekel daraus resultierte, Roger Brentham in dieselben vier Wände, in dieselben Schießereien, Bridge-Wettbewerbe und Fahrradausflüge wie diese angesehenen Imperialisten zu bringen, ist kaum der Frage wert. Der Imperialismus ist tot, und ich als alter Imperialist bin sterbend, und die meisten der erwähnten Menschen sind nicht mehr von dieser Welt. Wahrscheinlich hielt Roger Darcy Freebooter für das, was alle jüngeren Söhne seines Stammes drei Jahrhunderte lang gewesen waren: Er wurde mit seinem Nachnamen beschrieben. Percy Bracket definierte er mental als ziemlich unwissend über das Imperium, das er unaufhörlich zum Aufschwung brachte (nicht ohne einen praktischen Zweck, denn er erwartete von den meisten Unternehmensgründern, dass sie ihm ein Paket eingezahlter Aktien geben oder ihn „im Erdgeschoss einlassen" würden). Der Rt. Ehrlich . Applebody Bland erinnerte Roger an Mr. Quale in *Bleak House* , dessen Mission es war, sich für die Mission aller anderen zu begeistern ... und erinnerte Lucy durch die Speichelstrahlen, die seine leicht zu provozierende Beredsamkeit begleiteten, an ihren besonderen afrikanischen Horror, das Spucken Kobra. Und Albert Greystock war zu gut für diese Welt. Er glaubte, dass jeder , der sich für die Erweiterung des britischen Empire einsetzte, ein Missionar der Zivilisation mit reiner Seele war, der weder Profitgier noch andere Interessen hatte. Er glaubte auch, dass es nichts mehr zu tun oder zu sagen gäbe, sobald ein rückständiges oder wildes Land auf der Landkarte rot angemalt worden sei. Da war es: gerettet, glücklich und dankbar zufrieden.

Diese Leute sagten der Reihe nach: „Es war *ungeheuerlich* " – ein Mann, der in sechs Jahren solch ermutigende Ergebnisse in einem Teil Afrikas erzielen konnte, der leider vorerst unter Deutschland stand, *muss* zur britischen Verwaltung zurückgebracht werden. *Choselwhit* muss gesehen werden, *Wiltshire* mit Knopflöchern, die *Rothschilds* stießen an und *Rhodes* kam vorbei ...

Schräders auch nur im Geringsten untreu zu werden . Er würde sich anschnallen, seinen Stapel machen, ihn auf die Bank legen; und *dann* vielleicht eingreifen, die Spreu verstreuen und die Körner des Imperialismus einsammeln. Und einer Sache war er sich absolut sicher – wenn er an seine treuen Somalis, seine fröhlichen Wanyamwezi , an die wohlerzogenen, männlichen Massai, die anmutigen Iraku und die gehorsamen Wambugwe dachte : Er würde dafür sorgen, dass die schwarzen und braunen Männer ernten würden vollen Vorteil für das Eindringen des Weißen in ihr Reich. Sie sollten eine Entschädigung für Störungen erhalten und eine Partnerschaft eingehen, nicht nur hinsichtlich der Arbeit und des Einsatzes, sondern auch hinsichtlich des Gewinns.

KAPITEL XX

DER Burenkrieg

Von Lady Silchester bis zu ihrem Cousin, Captain Roger Brentham .

Stellenbosch,

Kapkolonie,

25. *März 1900.*

LIEBER ROGER –

Landolphia Birchall abreiste (sie behielt ihren früheren Namen, als sie den Booky heiratete ... und *ganz richtig* – man weiß *nie* , wie eine zweite oder dritte Ehe verläuft sich herausstellen und jederzeit Ihren alten Namen zurückhaben möchten). Wir kamen hierher, um den Krieg aus nächster Nähe zu erleben und ein Krankenhaus und ein Genesungsheim für die kranken und verwundeten Offiziere und Soldaten einzurichten.

Ich kann Ihnen gar nicht sagen, wie *stolz* und *erfreut* ich war, dass Sie *das Richtige getan haben* . Leute – besonders dieser Horror, Willowby Patterne ... mein Lieber, er wird *kahl wie ein Ei* und hat einen *schrecklich* rosafarbenen Hals, alles wegen eines Fehlers bei einem Haarwuchsmittel, sagt er, aber ich sage, es ist ein bösartiges Leben – die Leute haben abscheuliche Dinge darüber gesagt Sie haben die letzten ein oder zwei Jahre für die Entwicklung Deutsch-Ostafrikas anstelle einer unserer eigenen Kolonien aufgewendet. Aber ich wusste – und habe es immer gesagt –, dass du mit dem Herzen am rechten Fleck warst und dass du , *sobald* du siehst, dass das alte England in einer schwierigen Situation ist, ihm zu Hilfe kommen würdest. Es gibt schließlich doch nichts Besseres als das eigene Land, oder? – „ *Mein* Land, ob richtig oder falsch!" – sagte einer der wenigen Ex-Kabinettsminister, der geradewegs kandidiert, letzten Dezember bei einem Treffen, das ich in Reading hatte. Ein unhöflicher Mann im Publikum rief: „Aber warum stellen Sie das nicht *in Ordnung* ? *Dann* sollten wir wissen, wo wir sind." Aber solche Erwiderungen müssen Sie von Leuten erwarten, die nichts von Außenpolitik wissen.

Ich frage mich, wie du entkommen bist? Ich nehme an, Lucy und Maud sind zurückgeblieben. Der Kaiser scheine uns gegenüber eher freundlich zu sein, sagen sie alle, und werde mit Samoa und weiteren Teilen Westafrikas Frieden schließen. Ich gehe also davon aus, dass Ihr Zugeständnis in Ordnung sein wird, während Sie weg sind, und die Deutschen werden der armen Lucy und Maud nichts Unfreundliches antun. Oder sind sie nach England zurückgekehrt? Es ist Frankreich, das seine Zähne zeigt, nicht Deutschland! Chocho hat ihr sehr zu Recht gesagt, sie solle „ ihre Manieren verbessern". Sie ist ein *Schwein ... sie kann es nicht verzeihen, dass wir Ägypten eingenommen und Marchand in* Fashoda zurückgewiesen haben .

Sogar Spanien hat die Chance genutzt, sich zu revanchieren. Es scheint, dass Lord Wiltshire sie während des Krieges mit den Vereinigten Staaten als eine verfallende Nation bezeichnete, und sie hat nach jeder britischen Niederlage durch ihre Presse gesagt: „Wer ist *jetzt* die verfallende Nation ?" Ich muss sagen, sie hatte einen Grund! Noch nie waren wir bitterer von unseren Generälen enttäuscht – bevor Lord Roberts herauskam: Sie machten sich auf den Weg – einige der lieben alten Traber, mit Krimschnurrhaaren, wenn Sie mir glauben – so erfreut wie Punch; und ihre albernen jungen ADCs brachten die Gepäckträger am Bahnhof Waterloo dazu, Etiketten auf ihr Gepäck zu kleben: „Nach Pretoria", „Nach Bloomfontain " (wird das so geschrieben?). Und das einzige Ergebnis dieser Prahlerei war natürlich, dass die alten Fußsoldaten , sobald sie dort ankamen, in einen Hinterhalt gerieten, sich und ihre Männer verirrten und von Führern getäuscht wurden, und die Soldaten völlig den Mut verloren und gefangen genommen wurden .

England im Dezember! Ich werde es *nie* vergessen! Ich konnte *nächtelang* nicht schlafen und Vicky Masham erzählte mir, dass der Gesundheitszustand der Königin einen solchen Schock erlitten habe, dass sie nie wieder ganz die Alte sein werde ...

Natürlich können wir jetzt wieder aufatmen. Da Sie vor Ort sind und ich wage zu sagen, mitten im Geschehen, brauche ich Ihnen nicht zu erzählen, wie die Dinge gelaufen sind, seit Bobs und K. von K. herausgekommen sind.

Nun, bei all dem, was in Südafrika vor sich geht, konnte man natürlich nicht erwarten, dass eine loyale Engländerin, die nicht durch häusliche Pflichten fest gebunden war, zu Hause blieb. Also schickte ich Clithy nach Eton – er ist jetzt fast dreizehn – und behielt seine Gouvernante bei, um ihn zu bemuttern, wenn er von der Schule kommt, und vertraute ihn auch der allgemeinen Obhut von Maurice an, den er mag. Übrigens habe ich den alten Flower jetzt in Rente geschickt oder ihn zumindest gegen eine Prämie losgeworden, und Maurice ist vollwertiger Agent, und ich habe Maurice geraten, Harden, den County-Cricketspieler Ihrer Frau, als Assistenten einzustellen Schwager! Also. Nachdem ich das alles getan und mir sozusagen die Lenden gegürtet hatte, meldete ich mich beim alten General de Gobyns im Kriegsministerium – so ein alter Liebling – er diente, glaube ich, bei Wellington – und kam mit Landolphia Birchall hierher, um die Aufsicht zu übernehmen Sie gehen in Krankenhäuser und betreuen Kranke und Verwundete, lesen ihnen vor, schreiben Briefe für sie nach Hause, wechseln ihre Verbände, wenn es nicht zu kompliziert ist – und so weiter. Es war zum Teil der Gedanke, dass du hier draußen warst, der mich dazu bewog, zu kommen. Vergessen Sie nicht, mich zu informieren, wenn Sie verwundet oder krank sind. Ich werde versuchen, zu Ihnen zu kommen oder Sie in eines meiner Krankenhäuser einweisen zu lassen. Das *wäre* lustig!

Landolphia ist eine lustige alte Party! Sie muss ziemlich fünfzig sein. Sie war so krank, als sie den Golf von Biskaya überquerte. Wegen des schändlichen Platzbedarfs der Stabsoffiziere auf dem Dampfer waren sie und ich in einer Kabine zusammengepfercht. Wo unsere Dienstmädchen untergebracht waren, weiß *ich* nicht – im Schürloch, glaube ich. Aber wir haben sie während der gesamten Reise kaum gesehen, und als wir landeten, gab Sophie mir sofort Bescheid, nur konnte sie keine Heimreise bekommen, also musste sie warten, bis ich mich zur Rückkehr entschloss. Natürlich konnte Landolphia mir unter diesen Umständen nichts vorenthalten – sie war *so* seekrank; wie sie sagte, fühlte sie sich nackt, Angesicht in Angesicht ihrem Schöpfer gegenüber. Also musste alles erklärt werden – ihre Make-up-Geheimnisse, ihre Peau -Tütchen d'espagne , ihre Kleiderverbesserer und eigenartigen Stäbchen und angepassten Schuhe. Ich nehme an (obwohl ich innerlich gelacht habe, bis es mir weh *tat* , sie sah so drollig aus, als sie in Stücke gerissen wurde), ich muss ihr in ihrem schlimmen Kummer gut getan haben, denn seitdem klammert sie sich an mich und sagt, wir seien Schwestern ohne Geheimnis zwischen uns. Schließlich war sie trotz all dieser Gebrechen und „Anpassungen" ein mutiges altes Ding, das jemals herauskam. Jetzt hält sie es für einen schrecklichen Spaß –

Nebenbei protestiert sie mit Tränen in den Augen, dass ihr dritter Ehemann *kein* Buchhalter ist, sondern ein *Trainer* , was, wie es scheint, eine weitaus höhere Berufung ist. Sie sagt auch, dass sie wegen ihrer Ehen nicht so hart beurteilt werden sollte. Der zweite Ehemann, Captain Birchall, lebte nur drei Monate mit ihr zusammen und brach sich dann bei einem Punkt-zu-Punkt-Hindernisrennen das Genick. Sie lebte zwanzig Jahre lang mit Augustus Gellibrand zusammen und heiratete ihren jetzigen alten Mann – Dawkins – eigentlich nur, weil sie wegen ihrer Rennschulden in einen solchen Streit geraten war und er sie beglichen hatte …

＊ ＊ ＊ ＊ ＊

Lassen Sie mich wissen, ob und wann dieser riesige Brief Sie erreicht!

Du bist ergeben

SIBYL.

Wie wir später sehen werden, gelangte diese offene Aussage erst fünf oder sechs Monate lang in Rogers Hände. Glücklicherweise hatte Sibyl ihm auch mehrere Ansichtskarten mit Fotos von sich und Lady Landolphia im Krankenschwesternkostüm geschickt, also einer Art Hybridkostüm zwischen Krankenschwester und Nonne. Diese erreichten ihn bei seinen

Agenten in Durban. Also schrieb er ihr von dort aus und war ziemlich erfreut darüber, dass sie sich auf demselben Subkontinent befand wie er. Es milderte leicht das akute Heimweh, unter dem er nach der ersten Landung in Natal litt.

Erneut fragte er sich, ob er das Richtige getan hatte, als er sich freiwillig für den Südafrikakrieg gemeldet hatte. Seine Agenten in Durban, Deutsche und Holländer, waren höchstens kühl höflich und es schien seitens der Behörden keine Eile zu geben, seine Dienste in Anspruch zu nehmen. Um zwei treue Diener zu haben, die sich um sein Gepäck kümmerten und ihn vielleicht im Wahlkampf begleiten würden – sie wären äußerst bewundernswerte Späher –, hatte er zwei seiner somalischen Waffenträger mit nach Durban gebracht. Nachdem er mit ihnen in Durban gelandet war und sich beim Militärhauptquartier als ehemaliger Hauptmann der indischen Armee gemeldet hatte, hatte er die allergrößte Mühe, für diese elenden Somalier, die sofort als solche klassifiziert wurden, Essen und Unterkunft zu besorgen von uns unwissenden Natalianern als „ganz normale Nigger“ ... obwohl er nicht verstehen konnte, warum „ganz normale Nigger“ so misshandelt werden sollten. Kein Hotel würde sie unterbringen oder füttern, außer in einer Art Schweinestall mit Schweinewasch als Nahrung, wo die Küchenkafirs wohnten . Sie gingen möglicherweise nicht in ein Geschäft und kauften Lebensmittel, oder besser gesagt, sie gingen hinein, aber niemand würde sie bedienen. Nach Einbruch der Dunkelheit müssen sie einen „Pass“ haben. Sie entkamen nur knapp dem Gefängnis, der Auspeitschung und dem Verschwinden für immer aus seiner Obhut, indem sie sich mit dem ganzen Stolz eines Muslims verteidigten, wenn man ihnen Handschellen anlegte, sie schubste und missachtete.

Roger hätte beinahe – aus diesem Grund und wegen der Mückenreservate von Durban, die damals „Hotels“ genannt wurden – den Rücken gekehrt und sich erneut nach Deutsch-Ostafrika begeben; Aber zum Glück kam ein Colonel vorbei, der weder unter Wellington gedient noch die Krim gesehen hatte, aber nicht älter als Roger – 42 – war und ihn in London gekannt hatte.

„Sie sind genau der Typ Mann, den wir wollen, mit Ihrem Wissen über den Busch und die Nigger ...“

„Nein, nennen Sie sie nicht so; es – es – ärgert mich nach den Jahren, in denen ich mit ihnen zusammengearbeitet habe ...“

„Nun, Neger, die hübschen Bantu, die tadellosen Äthiopier, wenn Sie so wollen ... Und Sie sollten ein Meister im Buschkampf sein. Wir werden eine Art berittene Infanterie aufstellen, nicht wahr? Du weißt schon. Du bist einfach der Mann, dem man einen kleinen Befehl gibt. Du brauchst mir nicht zu sagen, dass du nicht reiten kannst, dass du nicht alles aus deinem Reittier herausholen kannst, weil ich es besser weiß, oder dass du es nicht kannst Verwalten Sie Pferde, damit die Ihren Männern anvertrauten Pferde nicht in drei Wochen sterben. Haben Sie mir nicht einmal erzählt, dass Sie in GEA Basuto-Ponys gezüchtet haben? Nun, ich bin hier, dort und anderswo und kaufe Basuto-Ponys. Bleiben Sie einfach hier und holen Sie sich Ihre Uniform und Ausrüstung – hier, geben Sie diese Karte unserer Versorgungsabteilung – und melden Sie sich dann bei General Buller. Ich schreibe ihm ausführlich über Sie … Oh ja … Und was Ihre Nigs angeht. Ich meine Eure beiden hochkarätigen Fuzzie-Wuzzies . Natürlich beschäftigen wir keine Negersoldaten ... ' entgegen den Regeln. Aber wir engagieren Tausende als Laienmänner, Transportreiter, Pferdepfleger und alles andere. Ich werde es in Ordnung bringen Irgendwie nimmst du deine beiden Schwarzen mit. Sie scheinen zu wissen, was ich sage . Was für lustige Zähne. Sie sehen kräftig aus und sehen um einiges besser aus als einige der Johnnies, die man am Rand sieht, wenn Oom Paul auf der Flucht ist ...“

Im Laufe der Zeit wurde Roger, zuerst Brevet-Major für Tapferkeit in Aktion, dann ein vollwertiger Major – wenn es einen so einfachen Rang gibt, nicht mehr mit Adjektiven qualifiziert (aber ich weiß, dass er nach seinen Feldzügen in Transvaal immer als „Major“ bezeichnet wurde). „ Brentham , bis er zum Oberst ernannt wurde) – fand seinen Weg (immer begleitet von Yusuf Ali und Anshuro , seinen somalischen Batmen) in den östlichen Transvaal zu der Zeit, als Präsident Kruger und die anderen Mitglieder seiner Regierung Pretoria verließen, um zu den Portugiesen zu gehen Grenze.

Im August beteiligte er sich an einer Konzentration britischer Streitkräfte gegen zwei Burenkommandos im Nordosten von Transvaal. Dies führte zu einem technischen Sieg für die Briten, aber während die Flut der Schlacht nach Norden abdriftete und Pietersburg einnahm, blieben die Buren im Besitz des Ortes, an dem das erste Gefecht stattgefunden hatte. Und in einer plötzlichen Stille nach großem Lärm erkannte Roger, dass er im Schatten einiger Büsche in der Nähe eines kleinen Wasserstrahls lag , durch den Oberschenkel geschossen und völlig unfähig, sich aufzusetzen. Die Kugel oder die Kugeln hatten den fleischigen Teil des rechten Oberschenkels sauber durchschlagen und das Knie des linken Beins gestreift. Glücklicherweise hatten sie weder den Oberschenkelknochen gebrochen noch die große Arterie durchtrennt. Die Somalis, die die magische Fähigkeit besaßen, aufzutauchen, wenn sie am meisten gebraucht wurden, hatten sich als Erste-Hilfe-Leute als nützlich erwiesen und die Blutung gestoppt . Sie hockten nun neben ihrem ohnmächtigen Herrn auf dem Boden, fächelten ihm Luft zu, gaben ihm Wasser zu trinken und besprengten ihm gelegentlich Brust und Stirn mit Wasser, um die tödliche Ohnmacht abzuwehren ...

Ein Burenoberst kam vorbeigeritten und beobachtete den Schauplatz des Kampfes genau. Aus Mitleid nahm er den bewusstlosen Roger als seinen

Gefangenen in Anspruch und pfiff Tragetragen und eine Trage herbei, um ihn zur nächsten Umkleidestation zu tragen.

Hier wurde er von einem der zahlreichen deutschen Ärzte betreut, die sich freiwillig zum Dienst bei den Burenarmeen gemeldet hatten.

Von Major Roger Brentham , DSO, bis Lady Silchester .

Britisches Krankenhaus,

Unguja,

Novr . 27, 1900.

LIEBSTE SIBYLE,—

Ein Dampfer, der heute aus dem Süden kam, brachte mir Ihren Brief vom letzten März! Ich hatte mehrere Ihrer Postkarten erhalten, die Sie und Lady Landolphia in Schwesternuniform und mit einem schrecklichen Lächeln und glitzernden Zähnen zeigten, und wusste natürlich – ich meine, ich hörte, was Sie für unsere Männer in Südafrika taten. Der Brief wurde von meinen Agenten weitergeschickt; Ich gehe davon aus, dass es in der Militärzensur hängen geblieben ist, und ich muss sagen, ich gebe ihnen keine Vorwürfe! Ihre unbewusste Kritik an unserer Feldherrschaft war ziemlich scharf. Ich frage mich, ob ich es überhaupt verstanden habe. Aber besser spät als nie! Nachdem ich es ein drittes Mal gelesen habe, werde ich es verbrennen, denn es gibt ein klassisches Schlagwort, das ich nie vergesse: *Littera scripta manet* .

Den Londoner Zeitungen vom September entnehme ich, dass Sie nicht nur wieder in England – oder vielmehr Schottland – sind, sondern auch wie früher in Glen Sporran zu Gast sind. Und mit den gleichen alten Spielsachen spielen! Wie unermüdlich streben Sie nach Macht! Wie unermüdlich war ich von der gesellschaftlichen Routine, die mich ins Exil oder in den Mord treiben würde. Am Ende sollte ich die armen alten *Fantoches* töten – Vicky Long- i' -the-Tooth, Stacy Bream und die anderen – ich habe ihre Namen vergessen – den Right Honble . Herr, der wie eine Kobra spuckte – nur war es sehr freundlicher Speichel, überhaupt nicht giftig – und dieser moralische Enthusiast des Imperiums – Albert Something. Ich sehe aus derselben Zeitung, dass er jetzt Lord Bewdly ist und einige schöne Gedanken über die vom Burenkrieg erwarteten Ergebnisse geäußert hat ... Sie waren in Stellenbosched , und das aus gutem Grund, denn dort befanden sich Ihre Krankenhäuser und Genesungsheime (ich sehe, Übrigens, dieser Willowby Patterne , der in Driefontein einen furchtbaren Misserfolg hatte und sich im Allgemeinen schlecht benahm, wurde ebenfalls von K. of K. in Stellenbosched geschickt . Ich hoffe, Sie haben nicht mit ihm zusammengearbeitet?) ... Nun, wie ich schon sagte, Sie waren in

Stellenbosched und haben wenig davon gesehen die Schrecken des Krieges. Aber ich tat es, und ich wünschte oft, dieser Albert hätte bei mir sein und das Abbrennen der Gehöfte, das Abholzen der Obstbäume, die flüchtigen Frauen und kleinen Kinder, die gekleideten Burenjungen von elf und zwölf Jahren miterleben können wie ihre Väter und älteren Brüder in den Krieg ziehen und für ihre Heimat kämpfen. Ich sah einen dieser Jungen – zerzaustes gelbes Haar, schöne graue Augen – in einem viel zu großen Wildlederanzug am Straßenrand zum Sterben liegen, kurz nachdem wir das Haus seines Vaters niedergebrannt hatten. Ich glaube nicht, dass einer unserer Kerle wirklich vorhatte, ihn zu töten. Aber da war es; Er war durch die Lunge geschossen worden und schnappte nach Luft, wobei bei jedem Keuchen Blut aus seinem Mund strömte. Und doch versuchte er zu lächeln und sagte etwas auf Niederländisch über die Abwesenheit seines Vaters ... Auf mein Wort hin, ich hätte gern den Kaiser, den alten Krüger, – und – – [#] alle zusammen auf der Baustelle aufgereiht gehabt von diesem Bauernhof. Denn sie sind die vier Männer, die gemeinsam diesen unnötigsten Krieg geführt haben. Ich weiß, was viele unserer Tommys sagten, als sie hörten, dass Kimberley erleichtert war!

Aussagen von Roger fortzusetzen. – HHJ

Was mich betrifft, ich wurde kurz darauf mit zwei Kugeln durch meinen Oberschenkel aufgebahrt. Aber für Yusuf Ali und Anshuro , meine beiden Somalis; und ohne einen humanen Buren (Oberst van Rensselaer) wäre ich sicherlich gestorben. So wie es war, wurde die Blutung gestoppt und ein deutscher Arzt im Feldlazarett pflegte mich während einer schweren Blutvergiftung. Natürlich werde ich nie wieder derselbe Mann sein; aber ich habe immer noch das Gefühl, dass in mir ein großer Druck steckte. Bald nach meiner Einweisung in das Krankenhaus von Lydenburg evakuierten die Buren den Ort und im Laufe der Zeit wurde ich nach Durban transportiert und im Rang eines Majors aus der Armee entlassen. Da ich bereits ein DSO hatte, kann *ich mich* nicht beschweren. Ich würde jeden Tag für England gegen Englands Feinde kämpfen, aber – jedoch nicht mehr meckern. Hoffen wir, dass eine neue Ordnung der Dinge einsetzt. Ich würde mein DSO auf jeden Fall gerne in drei Teile teilen und Ali und Anshuro zwei gleiche Teile geben . Sie haben keine Ahnung, was diese somalischen Jungen in Sachen Hingabe, Fröhlichkeit und Scharfsinn waren! Und doch dienten sie mir nur für den gewöhnlichen Küstenlohn; Aber natürlich werde ich beiden eine stattliche Spende geben, wenn ihre Zeit abgelaufen ist.

Nun ja, hier bin ich wieder einmal in einem Krankenhaus. Ich muss mich hier ausruhen und mein Bein ganz gesund machen, bevor ich mich auf den Weg ins Landesinnere mache. Ich bin seit einem Monat hier, stehe in telegrafischem Kontakt mit Lucy und Maud und flehe sie an, nicht an die Küste zu kommen, um mich zu treffen. Ich fürchte, Lucy ist alles andere als stark; und Maud ist für die Weiterführung der Arbeit dort oben einfach unverzichtbar. Sie hat gezeigt, dass sie genauso gut ist wie ein Mann. Die beiden Australier, die ich dort untergebracht habe, haben ihr Bestes gegeben, aber mit den Deutschen kommen sie überhaupt nicht gut klar. Ihre Ausbildung war sehr dürftig – ich meine, was das Lernen von Büchern angeht –, sie beherrschen das Wissen der Siedler rühmlich gut – und natürlich weigern sie sich völlig, Deutsch zu verstehen und spotten offen darüber. Ihre wichtigste Empfehlung ist, dass sie absolut ehrlich sind....

Ich liege hier, wund und voller Sorge, dass meine schlimmste Wunde heilen kann. Mir wurde gesagt, dass ich dankbar sein sollte, dass ich mich so wunderbar erholt habe. Aber ich habe das Gefühl, dass ein Monat, in dem Lucy sich um mich gekümmert hat, und die belebende Atmosphäre von Iraku mich völlig aus der Fassung bringen würden; und meine bloße Anwesenheit in Magara machte all diesen Missverständnissen und Bitterkeiten ein Ende .

Die Schräders waren ziemlich entsetzt über meinen Ausflug nach Südafrika letztes Jahr; habe es aber im Großen und Ganzen sehr gut überstanden. Natürlich habe ich darauf bestanden, dass mir während meiner Abwesenheit ein Drittel meines Gehalts gekürzt wird. Ich behielt gerade genug Gehalt, um Lucy und Maud am Leben zu halten und den Haushalt zu ernähren ...

Die gesamte Haltung der Deutschen gegenüber diesem Krieg war merkwürdig, ebenso wie die Auswirkungen auf ihre Haltung mir gegenüber. Ich habe gehört, dass nach meiner Abreise in den Krieg ein energischer Schritt unternommen wurde, um mich von der Leitung zu verdrängen. Jetzt, wo ich verwundet zurückgekehrt bin und einen Major und einen DSO (der mir neulich verliehen wurde, weil ich Colonel Boshaert und dreihundert Mann und tausend Rinder in der Nähe von Lydenburg gefangen genommen habe – ich werde Ihnen eines Tages alles darüber erzählen), können sie nicht genug sagen zu meinen Gunsten . Fast droht mir ein Siegeszug nach Hause.... Lok aus Tanga, mit Palmwedeln bekränzt usw. Zum Glück bringt mich der Zug die halbe Strecke zurück, und für den Rest kann ich in einem Machila getragen werden .

Aber es besteht kaum ein Zweifel daran, dass die Masse der Deutschen hier draußen dachte, wir würden von den Buren zerquetscht werden und dass Germanien in die Fußstapfen Britanniens treten würde. Zweifellos hat der Kaiser in den letzten sechs Jahren in unruhigen Gewässern gefischt, versucht, Deutsch-Südwestafrika mit dem Burengebiet zu verbinden, und plant, Deutschland zur dominierenden Macht in Südafrika zu machen; oder jedenfalls der ehrliche Vermittler zwischen Buren und Briten ...

Warum die Niederländer und die Briten in Südafrika und anderswo genauso Öl und Wasser sein sollten, *kann ich mir nicht* vorstellen. Aber sie sind. Der Holländer in Afrika und Europa ist nur ein etwas schöner gebauter, besser aussehender Engländer oder Schotte; aber in der Sprache, der Mentalität und vor allem in einer merkwürdig harten Haltung gegenüber dem Neger ist er germanisch. Ganz Südafrika ist auf Deutschland ausgerichtet. Deshalb hat Rhodes den Kopf verloren.

Deine Zuneigung

ROGER.

PS: Wir sehen uns nächstes Jahr oder Jahr danach, sobald ich wieder alles wieder in Ordnung habe, wie es vor dem Krieg war, und es ist sicher, wegzukommen. Ich muss damit weitermachen, bis ich mit einer Kompetenz in den Ruhestand gehen kann.

KAPITEL XXI

Die Moral des glücklichen Tals

„Ich bin so froh, so *wirklich* froh, dass Sie fast wieder Sie selbst sind", sagte Mrs. Stott an einem strahlenden Morgen im Frühjahr 1901 zu Major Brentham , der sich seit vier Monaten in seinem Haus in Iraku aufhielt . Er sah tatsächlich so aus, als hätte er sein gutes Aussehen und seine Energie einigermaßen wiedererlangt, obwohl das rechte Bein immer noch steif war und viel Reiten oder Gehen Schmerzen bereitete.

„Es ermutigt mich, mich auf ein sehr unangenehmes Thema einzulassen, das ich mir aufgehoben habe, um es mit Ihnen zu besprechen. Wir können dem nicht mehr lange ausweichen; also – wenn Sie die Geduld haben –?"

„Ich habe immer Geduld mit Ihnen, Mrs. Stott. Es gibt wenige Menschen, die ich mehr respektiere ..."

„Vielen Dank. Dann werde ich eine Stunde oder mehr Ihrer Zeit in Anspruch nehmen, wenn Sie nicht sehr beschäftigt sind. Aber wie geht es Lucy?"

„Lucy geht es nicht gut; anämisch ", sagt Dr. Wiese. Ich sollte sie nach Hause schicken, aber sie weigert sich, ohne mich zu gehen, und ich kann erst nächstes Jahr gehen. Dr. Wiese besteht nicht darauf, dass sie vorher geht. Er ist es Ich probiere ein neues Tonikum aus, das blutbildend zu sein scheint; das sollte es auch sein, denn – obwohl ich es Lucy nicht sage – es besteht aus Blut – einer dieser neuen deutschen Erfindungen. Wiese sagt, wenn wir nur die Massai mögen würden und die Iraku : Tippen Sie auf die Adern unseres Viehs und trinken Sie das heiße Blut –"

„Ugh! Lass uns nicht darüber reden, es macht mich krank. Ich bin fast Vegetarier, weißt du. Könnten wir nicht in dein Arbeitszimmer gehen? Es ist köstlich hier auf der Veranda, aber ich will nicht." belauscht werden."

„Sicher: Komm hier entlang."

„Was für *wundervolle* Petunien das sind! Ich habe noch nie so leuchtende Farben gesehen . Ihr ganzer Garten ist eine Augenweide und ein Verdienst der Konzession ..."

„Da hast du *Recht* . Aber der Verdienst liegt bei Riemer, dem Plantagenmanager; er hat ein Auge darauf. Die Deutschen sind wunderbare Gärtner. Ich glaube nicht, dass wir diese Tatsache zu Hause ausreichend wertschätzen. Sie sind so gut wie die Niederländer." Nun denn, hier sind wir in meinem Heiligtum – ziemlich unordentlich, fürchte ich ... Nehmen Sie diesen Stuhl ..."

„Nein, es ist zu weit zurückgelehnt. Ich *mag* einen aufrechten Stuhl mit gerader Rückenlehne, wenn ich etwas sagen möchte. Meine Töchter sagen, ich sei wie eine Figur in einem von Dickens' Büchern, die sich niemals räkeln könnte. Sie sind wunderbare Leser und …" Erinnern Sie sich an alles, was sie gelesen haben …"

„Nun, was ist das Problem?"

„Es ist – es ist – diese – schreckliche – *sexuelle* Frage, auf die ich gekommen bin. Du weißt, was Ann Anderson ist – ich nenne sie lieber Ann Jamblin – ich mag die beiden „ Ans " zusammen nicht. Ann hat eine wunderbare Kraft für gut, eine Energie der Rechtschaffenheit, und sie ist nahezu sündenfrei, wie es nur eine Frau sein kann. Aber sie hat auch einen *solchen* Einblick in die Sündhaftigkeit anderer Menschen, dass sie einen Großteil ihrer Zeit damit verbringt, deren Fehlverhalten anzuprangern – zu viel, denke ich. Ich erzähle es Sie ist hier draußen, um die Schwarzen zu bekehren, und es ist besser, die Weißen vorerst in Ruhe zu lassen. Aber sie schenkt mir keine Beachtung – sagt, ihre Mission gelte allen Menschen. Sie lässt die Deutschen einfach nicht in Ruhe. Wir hatten schreckliches Manchmal gibt es Streit, wenn du weg warst, obwohl deine Schwester tat, was sie konnte, um die Dinge zu glätten. Ich gebe zu, einige von ihnen sind absolut böse. Da ist dieses Monster Stolzenberg – den die Massai „Der Schrecken" nennen – *Olduria* –. Nachdem er zu sich gekommen war letzten Oktober mit seinem Ruga-ruga den See überquert und alle Flamingos erschossen …"

"WAS?" brüllte Roger, sprang auf und zuckte dann zusammen… „Das habe ich noch nie gehört…!"

„Nein? Nun, setz dich. Du solltest dein Bein ausruhen. Lucy wollte nicht, dass du es erfährst. Sie dachte, es würde dich so aufregen – Und tatsächlich war es erschreckend schade … Aber das würdest du bald tun Mir ist aufgefallen, wie wenige davon noch übrig sind – selbst von hier aus an einem klaren Tag … Ich habe gehört, dass Stolzenberg eine riesige Lieferung ihres Gefieders an eine Firma geschickt hat, mit der er in Marseille handelt. Und er ist zu anderen Seen gefahren, um das Gleiche zu tun. Aber ich muss beim Punkt bleiben … Wo war ich? Oh ja! … Ann, die in unserer alten Station in Mwada lebt , war furchtbar verärgert, weil sie diese Vögel so sehr liebgewonnen hatte und darüber hinaus wütend war Stolzenbergs Ruga-Ruga entführt gelegentlich Frauen. Also schrieb sie ihm einen Brief, in dem sie ihm mitteilte, dass sie selbst eine Waffe zu ihm bringen würde, wenn er sich noch einmal in der Konzession zeigen würde. Sie verfluchte ihn feierlich und rief die göttliche Strafe auf sein Haupt herab. Unglücklicherweise – denn ich halte die ganze Sache für *äußerst* unklug – bezahlte sie einen Massai, der zum Tauschen vorbeikam, damit er den Brief in Stolzs Boma ablieferte. Der

Wächter am Tor ließ ihn hereinkommen und den Brief selbst abgeben, und Stolz, der ihn gelesen hatte, ließ dem Mann die linke Hand abhacken, band sie an seine rechte und sagte, das sei die Antwort an die englischen Missionare und so habe er es getan. Ich würde alle anderen zu ihm geschickten Boten behandeln ... Der arme Kerl kam eine Woche später in Mwada an, fast tot vor Blutverlust ... Natürlich haben die Massai erneut Rache an diesem Monster geschworen: aber was können sie tun? Aber das ist nicht unser größtes Problem. Bevor Sie gingen und während Sie weg waren, ging Ann auf die Sexfrage ein. Wissen Sie, wie sehr sie auf die Erhebung der einheimischen Frauen bedacht war? Du hast immer über ihr Amazonenkorps, ihr „Biggeru ", gelacht. Sie war noch nicht lange bei uns, als sie begann, sich für die jungen Frauen von Iraku zu interessieren ... Die der Wambugwe sind, ich muss gestehen, derzeit *hoffnungslos* ; Ich meine, was die Keuschheit betrifft. Arme Dinger! Sie sind von Kindheit an korrumpiert und erniedrigt. Aber es gibt etwas Überlegenes – etwas von einer anderen Rasse in Iraku und Fiome . Sie sagten einmal, sie seien teilweise Nachkommen einer Gala-Einwanderung vor langer Zeit?

„Nun, Ann, die unermüdlich ist, hat einen Kurs für diese jungen Frauen aus Iraku begonnen, bevor sie sechs Monate im Happy Valley war. Die Häuptlinge – ich *wage zu behaupten, dass Sie sich erinnern, mit einigen von* ihnen gesprochen zu haben? kleinen Töchtern. Sie brachte ihnen Kochen und Wäschewaschen, einfaches Nähen, Lesen und Schreiben bei. Und jetzt stellt sie fest, dass sie, nachdem sie ein oder zwei Jahre an unseren Schulen waren, wegziehen und mit weißen Männern zusammenleben ...! "

Roger : „Ich wage zu behaupten, dass sie es tun und eine viel bessere Zeit mit ihnen haben als mit ihren eigenen Männern. Aber was für weiße Männer? Deutsche, nehme ich an? ... "

Frau Stott : „Ah, *da* berühren Sie mein größtes Leid. Ja. Jeder Deutsche, den ich kenne, behält in dieser Konzession eine einheimische Frau, größtenteils aus unseren Klassen. Aber ich fürchte – ich fürchte – auch meinen Neffen Phil und den Angestellten Stallibrass – meine beiden australischen Jungs – sind nicht viel moralischer. Ihre Beziehungen zu den einheimischen Frauen halten einer Untersuchung nicht stand. Das ist noch nicht alles ... und ich habe kein Recht, hier als Ankläger zu stehen, wenn ich nicht für meine eigenen Rechenschaft ablegen kann Sohn, Edgar ... Erinnern Sie sich, dass Sie 1897 angeboten haben, ihn mit nach Hause zu nehmen und ihn für ein oder zwei Jahre auf eine englische Schule oder ein College schicken zu lassen? Ich wünschte ... ich wünschte ... wir hätten zugestimmt. Es war so nett von dir. Aber wir dachten damals, wenn Kinder in Australien zu gottesfürchtigen Männern und Frauen heranwachsen können, ohne die Hinterhöfe oder den Busch zu verlassen, warum nicht hier, wo das Klima gut ist? Dann dort war die Frage nach den Kosten..."

Roger: „Ich nehme an, er hat seine gesamte Ausbildung von Ihnen und seinem Vater erhalten?“

Frau Stott: „Ja, in der Tat. Das Wichtigste neben der Religion war, unseren Kindern das Lesen und Schreiben beizubringen und einfache Rechnungen zu erstellen. Alles, was sie außerdem wollten, war, die Bücher zu lesen, die wir bestellt hatten … Da bin ich mir sicher.“ Man kann nicht sagen, dass uns die Literatur gleichgültig war?“

Roger: „Nein – nicht von einer bestimmten Art … aber alles davon ist, soweit ich es gesehen habe, ziemlich altmodisch und gutmütig …“

Frau Stott: „Ich stimme nicht zu. Ich werde jedoch nicht aufhören, darüber zu streiten. Es spielt keine Rolle, da Edgar sich seit seinem zwölften oder dreizehnten Lebensjahr kaum noch für das Lesen interessiert hat. Seine Leidenschaft ist der *Sport* . Und dazu.“ Denken Sie daran, wie ich das Großwildschießen überlistet habe, als es für unsere Versorgung nicht unbedingt notwendig war! Natürlich ist James ein guter Schütze und ein kluger Jäger, und Edgar ging, nachdem er zwölf war, mit ihm aus. Er tötete Als er erst fünfzehn war, *war er ein Elefant mit seiner eigenen Waffe, und die* Stoßzähne brachten bis zu 60 Pfund ! (weint ein wenig). „ Kannst du *nicht sehen, wie es mich zum Schweigen bringt* ? Ann spricht davon, ein Mitglied auszuschließen, das Anstoß erregt, und sagt, ich solle meinen eigenen Sohn aus der Mission ausschließen, weil er ein lockeres Leben führt … Das kann ich nicht, und außerdem ist nichts bewiesen … Aber ich kann mich ihr nicht gut in ihrem Kreuzzug gegen … sie *wird* so klare Worte verwenden … gegen Unzucht und unreines Leben anschließen. Ich nehme an, wir müssen Edgar wegschicken … zurück nach Australien … Und dann habe ich große Angst um seine Zukunft. Gott sei Dank! Er ist bisher ein völliger Abstinenzler … Sollten wir eine junge Frau einladen, hierher für die Mission zu kommen, in der Hoffnung, dass er sie heiraten könnte? beruhigen?"

Roger: „Wäre keine schlechte Idee, wenn Sie dafür sorgen könnten, dass sie seine Fantasie annimmt. Ich habe Meister Edgar seit Monaten nicht mehr gesehen und auch nicht viel von ihm Notiz genommen, seit er auf Männergrundstück gekommen ist. Mir ist aufgefallen, dass er erwachsen geworden ist gutaussehender Junge…“

Mrs. Stott: „Das ist er tatsächlich! Es ist sein gutes Aussehen, das ihm eine Falle stellt … Die einheimischen Frauen rennen ihm so hinterher …“

Roger: „Arbeitet er für uns oder für die Mission?“

Mrs. Stott: „Er ist der Assistent seines Vaters in der Tischlerschule; aber er neigt zu sehr dazu, sich mit den Jungen herumzutreiben, die ihn als eine Art Helden betrachten. Natürlich spricht er ihre Sprache fast so, als wäre es für ihn selbstverständlich.“ Er. Seine wahre Vorliebe gilt der Naturgeschichte

... das ist die einzige Entschuldigung für seinen Sport. Wir verkaufen die Sammlungen, die er macht, an die Deutschen. Einer Ihrer Bergbauingenieure hat ihm das Fotografieren beigebracht. Er macht wundervolle Bilder von wildem Leben. Wir haben gepostet Einige gingen nach Hause zum *Graphic*, und mit dem Geld, das sie bezahlt hatten, schickte Edgar nach Unguja und kaufte sich eine Schnappschusskamera ... Halte ich Sie von Ihrer Arbeit ab?"

Roger : „Das sind Sie: Aber wir treffen uns heutzutage nicht mehr oft zu einem Gespräch. Lassen Sie uns diese Angelegenheit besprechen. Na?"

Mrs. Stott : „Nun, ich wollte gerade sagen, bei all dem wendet sich Edgars Geist von der Religion ab. Wir müssen hart arbeiten, um ihn dazu zu bringen, an unseren Gottesdiensten teilzunehmen ... Er schockierte neulich sogar seinen Vater, als er sagte: „ Ich hatte die Bibel satt ... Ich sage „sogar", weil mein lieber James, seit er diese Industrieschulen besucht hat, an denen Sie so interessiert waren, immer weniger spirituell gesinnt ist und sich immer mehr dafür interessiert materielle Dinge dieser Welt. Er gibt nur *vor*, sich um die Wiederkunft Christi zu kümmern ... nur um mir zu gefallen. Er interessiert sich viel mehr für seine neue Drehbank" ... (tupft sich die Augen und putzt sich die Nase). „Seine Gebete sind sehr abgedroschen geworden. Wenn meine Töchter nicht gewesen wären ..."

Roger: „Lass mich sehen: Du hast hier draußen zwei Töchter – hübsche Mädchen ... Sie müssen erwachsen werden ..."

Mrs. Stott : „Ja. Carrie ist fast neunzehn und Lulu ist sechzehn. Wir nannten sie „Luisa", nicht vom englischen Namen, sondern weil „Luisa" in Kagulu „Dunkelheit" bedeutet , und als sie geboren wurde, hatte sie dunkles Haar und dunkle Augen ... sie ist jetzt schöner ... Und der Weg schien uns damals dunkel ... Ich war damals sehr krank ... "

Roger : „Und dann ist der Älteste von allen zu Hause, ich meine in England...? "

Frau Stott: „Ja. Rosamund , benannt nach mir. Sie ist Lehrerin in Irland und für uns praktisch eine Fremde. Das ist einer der Sorgen unseres Lebens hier draußen. Nicht, dass wir nicht viele Segnungen hätten, die wir ausgleichen könnten." Es – ich bin sicher, die Art und Weise, wie wir im Happy Valley unsere Gesundheit bewahrt haben – Aber wir müssen unsere Kinder entweder nach England oder Australien schicken oder sie hierher bringen, mit vielen Nachteilen, es wäre schade, sie mitzubringen Rosamund weg von einer Karriere, in der es ihr sehr gut geht ..."

Roger: „Ganz recht. Nun, dann müssen wir uns nur noch mit Carrie als möglicher Ehefrau eines unserer jungen Männer auseinandersetzen ..."

Frau Stott: „Tatsächlich hat Riemer ihr vor ein paar Monaten einen Heiratsantrag gemacht. Aber Carrie ist sehr wählerisch; und außerdem würde sie keinen Deutschen heiraten …“

Roger: „Was für ein Unsinn! Inwiefern sind sie den Engländern oder Australiern unterlegen? Ich bin sicher, Riemer …“

Frau Stott (die Lippen zusammenziehend): „Nicht zu bedenken. Riemer ist ein bekennender Atheist …“

Roger: „Oh, natürlich, wenn die Religion dazwischenkommen sollte …“

Frau Stott: „Es ist nicht nur Religion, es gibt noch andere Dinge. Nein. Lassen Sie nicht zu, dass meine Töchter zur Diskussion stehen. Warum konnten die Deutschen hier nicht nette deutsche Mädchen nach Hause schicken, damit sie herauskamen und sie heirateten, oder?“ heiraten, wenn sie das nächste Mal in Urlaub gehen…?“

Roger: „Warum eigentlich nicht? Ich werde mit ihnen reden. Viel besser, sie sollten es tun. Aber dann wird nach und nach das passieren, was *Sie* nicht wollen. Die Deutschen werden weiße Frauen heiraten, haben.“ große Familien und verdrängen nach und nach die Neger und verwandeln es in ein Land der Weißen – es sei denn, das Klima und die bakteriellen Krankheiten verbieten es … Ich bin mir selbst nicht sicher, ob ich nicht eine Rassenmischung bevorzuge und dass die Amerikaner dafür sind „Beispielsweise sind sie nicht besser für Amerika geeignet, weil sie einen starken Anteil an indianischem Blut haben – ich nehme an, es würde Ihnen nicht gefallen, wenn die Deutschen ihre Konkubinen heiraten würden?“

Frau Stott: „Als Australierin habe ich Vorurteile gegenüber der Mischung der Rassen …“

Roger: „Nun, aber Dame Nature ist das nicht, auf ihre inkonsequente Art. Zuerst veranlasst sie die ursprünglichen menschlichen Vorfahren – Ihren Adam und Ihre Eva –, sich zu trennen und zu trennen und in Unterarten zu differenzieren, fast. Dann scheint es ihr leid zu tun, und tut alles, was sie kann, um sie wieder zusammenzubringen, und veranlasst den Weißen, um die ganze Welt zu reisen und sein Blut frei mit dem der anderen Rassen zu vermischen. Sie hat den Neger von seiner ursprünglichen Schwärze und Scheinhaftigkeit erlöst, indem sie weiße Einwanderer dorthin geschickt hat Afrika seit Tausenden von Jahren – Ägypter, Karthager, Römer, Griechen, Araber, Inder; Portugiesen, Holländer, Franzosen, Engländer; ganz zu schweigen von all den Mittelmeervölkern, die in prähistorischen Tagen nach Afrika vordrangen. Sie alle haben sich mit den Negern vermischt Sie haben ihre Zeit verloren und ihn rehumanisiert. Sie geben zu, dass Sie eine *Vorliebe* für das Iraku- Volk haben. Warum? Sogar für die Massai. Warum ziehen Sie sie wirklich dem durch und durch schwarzen Typ wie den Kindiga und Wambugwe vor? Weil sie einen Stamm haben von uraltem weißem Blut in ihren Adern. Das Gleiche gilt für das Suaheli. Wir mögen sie wegen der arabischen Beimischung. Und doch reden und schreiben wir viel Blödsinn darüber, dass wir den Mischling zwischen einem Europäer und einem Neger nicht mögen. Übrigens, da wir über dieses Thema reden, habe ich auf dem Gelände ein Mischlingskind gesehen oder nicht? von Schnitzler, diesem Bergbauingenieur, der so ein Freund von Edgar ist?"

Frau Stott : „Das haben Sie, zumindest hat Schnitzlers einheimische Frau vor zwei Jahren ein Kind von ihm bekommen. Und wenn Sie in der gesamten Siedlung nachsehen würden , könnten Sie drei weitere Mischlingskinder finden ... Sie machen kein Geheimnis daraus Es...."

Roger : „Warum *sollten* sie? Wenn sie diese Gewerkschaften eingehen müssen, ist es besser, sie durch die Geburt von Kindern zu heiligen. Ich muss sagen, das löst in meinen Augen die ganze Sache auf; die Deutschen ignorieren ihre Mischlingskinder nicht." , aber lassen Sie sie richtig zur Sprache bringen. Das ist besser als das, was Sie „im Verborgenen sündigen" nennen und über die Konsequenzen erröten – oder die Konsequenzen leugnen ... Diese *wahnsinnige* Frage sexueller Unregelmäßigkeiten, die jetzt den Fortschritt aller europäischen Kolonien zu behindern scheint , und um die Presse der Vereinigten Staaten und Englands zu füllen – schreiben sie in Australien immer darüber?"

Mrs. Stott : „Seltsamerweise bekommen wir nie australische Papiere. Ich weiß auch nicht, ob Phil das auch tut ... Ich gehöre viel mehr nach England oder nach Nordirland, wo alle meine Verwandten leben." ..."

Roger : „... Ich wünschte oft, der Allmächtige oder die Natur oder der Zufall – oder was auch immer es war, das uns aus lebloser Materie entwickelt hat – hätte diesen cleveren Trick der beiden Geschlechter nicht ausprobiert – ich nehme an, er begann vor hundert Millionen Jahren die Vereinigung zweier völlig unterschiedlicher Mikroben. Ich wünschte, es wäre uns gestattet worden, durch Risse, durch Knospung weiter zu wachsen. Unter den heutigen Weltproblemen ist es sicherlich das am schwierigsten zu lösende. Ich ärgere mich manchmal über das Christentum Es wird viel Aufhebens um die Keuschheit gemacht. Aber ich kann mir vorstellen, dass es aus der enormen Abneigung entstanden ist, die vor zweitausend Jahren im östlichen Mittelmeerraum gegen eine übermäßige sexuelle Zügellosigkeit stattfand: genau in jenen Ländern, in denen später die reinsten Lehren der Selbstbeherrschung gepredigt wurden Das christliche Ideal scheint sicherlich am ehesten dazu geeignet, einen guten Menschentyp zu fördern, aber es ist sehr schwer, ihm gerecht zu werden ... Doch welche Texte könntet ihr finden

– zugunsten der Keuschheit – ihr Missionare – , *wenn* ihr euch nur der Geschichte bewusst wäre des Negers und ging nicht nur zum Alten und Neuen Testament, um eine Predigt daran aufzuhängen. Der Neger befindet sich derzeit in einer unterlegenen Position, weil er seine geistige Energie durch übertriebenen sexuellen Genuss geschwächt hat – und seine Zahl begrenzt hat. Finden Sie das Happy Valley weniger verdorben als Nguru oder Ugogo ?"

Frau Stott: „Das glaube ich *nicht* . Wenn möglich, noch ein bisschen schlimmer! Ich versichere Ihnen, Major Brentham , als wir zum ersten Mal aus Australien ankamen, hatte ich *keine Ahnung, dass es* solche *Verderbtheit, solche Laster geben* könnte . Hier und da wurde darauf hingewiesen in der Bibel. Aber ich wusste nicht, was die Hinweise bedeuteten ..."

Roger : „Nun, da haben Sie es. *Das* ist eine Rechtfertigung dafür, dass Sie hier sind, wie auch in anderen Teilen Afrikas ... Wenn Sie und wir dem Neger nur *etwas anderes zum Nachdenken geben können* . Er ist wie unsere Arbeiterklasse Zuhause. Es ist das einzige Vergnügen, das er kennt. Schenken Sie ihm Bildung, Ehrgeiz, Sport, lohnende Arbeit, sogar ein Interesse an besserem Essen, an besseren Häusern, Bildern, Musik, Theatern ..." (Mrs. Stott schaudert.) „Nun, da sind Sie nun und machen im Theater eine Grimasse. Sie werden den Neger – oder den Europäer – nicht durch Gebete und Hymnen und das Lesen alter Schriften davon abhalten, sexuellen Wünschen nachzugeben: *das ist* sicher. Ich weiß, dass wir da unterschiedlicher Meinung sind , und du bist sicher schon erschöpft von diesem langen Gespräch. Da du schon so lange geblieben bist, bleibst du noch etwas länger und isst mit uns zu Mittag? Lucy hat heute Morgen nur gesagt, dass sie dich heutzutage nie sieht. Du kannst gehen und dich unterhalten zu ihr, während ich diese Berichte durchblättere. Sehen Sie, übrigens, sie geben Ihrem Esel Futter und bringen ihn sicher in den Stall. Neulich ist einer von uns verschwunden. Natürlich sagten sie, es sei ein Leopard –"

Beim Mittagessen. Das Esszimmer im Magara House ist eine ziemlich große Wohnung mit Wänden aus gut geglätteter Zementoberfläche in einem rosa Farbton, der durch die Beimischung von rotem Ocker zum Zement entsteht. An den Wänden hängen ein paar clevere Pastellstudien, die von einem talentierten deutschen Gärtner angefertigt wurden, der ein Gespür für Farbe und Design hat; es gibt Trophäen von Schilden und Speeren; es gibt eine Menge einheimischer Matten; und eine glatte Bodenfläche aus rotem *Chunam* -Gips, hergestellt von indischen Maurern von der Küste. In einer angenehmen Bucht mit Blick auf die vordere Veranda liegt zwischen den Fensterbänken ein prächtiges Löwenfell....

Ein Suaheli-Butler und Lakai, gekleidet in lange weiße *Kansus* , mit weißen „durchbrochenen" Schädelkappen und schwarzen, mit Gold bestickten *Visibao* [#], servieren das Mittagessen, das vom noch überlebenden Ehemann von Halima, dem Goaner, vortrefflich zubereitet wurde Andrade. Die Mahlzeit besteht aus Hühnerbrühe, gewürzt mit geriebener Kokosnuss und roten Chilischoten ; Curry-Garnelen (aus der Dose); Zickleinkoteletts und Kartoffelchips; Mango „Narr"; und eine *Macédoine de Fruits* – frische Ananas, Bananen, geschnittene Papaya und Orangen. [Ein wenig Rheinwein aromatisierte den Obstsalat und wurde mit Selterswasser zu Tisch serviert.] Dann in der Nische mit dem Löwenfell [das Türfenster öffnet sich zur Veranda mit den Petunienbeeten unten in karminrotem und violettem Glanz] Die Diener servieren türkischen Kaffee und Zigaretten. Mrs. Stott trinkt nur Selterswasser und lehnt eine Zigarette ab; genießt aber ihr Mittagessen in vollen Zügen und gratuliert Lucy zur Blumendekoration des Tisches ...

[#] Ärmellose Westen.

„Es ist Hamisi , unser Butler, der Ihr Lob verdient. Heutzutage werde ich so schnell müde, dass ich die Blumen nur noch selten mache, wie ich es früher getan habe. Ich mache das wieder wett, indem ich alle Reparaturen mache, die Maud mir überlassen wird, und alles schreibe." Briefe nach Hause. John und Maudie erwarten jeden Monat einen vollständigen Bericht über unsere Aktivitäten ... Und die liebe Schwester Maud, die hier ist, ist immer mit unseren Konten und Rogers Geschäftskorrespondenz und ihrer Geflügelzucht beschäftigt. Wissen Sie, als Roger in Südafrika war Sie hätte fast seinen Platz eingenommen!

„Oh, was das betrifft", sagt Maud, die einen ausgeprägten Sinn für Gerechtigkeit hat, „Sie müssen alle zugeben, dass Hildebrandt und Dr. Wiese beide gespielt haben. Ich werde *nie* vergessen, wie loyal sie Roger gegenüber waren ... sie hätten sein können." Engländer ... und das auch zu einer Zeit, als andere Deutsche hier draußen uns schief ansahen und dieser schreckliche Stolzenberg drohte, die Konzession zu überfallen und die Minen zu beschlagnahmen ..."

„Übrigens", sagt Roger, „Sie haben mir, keiner von Ihnen, nie von dem Flamingo-Unfall erzählt. Es gibt viele Dinge, die ich verzeihen könnte, aber das nicht. Es war eine meiner größten Freuden hier draußen, das zu sehen." Stotts und die Flamingos am Seeufer beobachten. Wenn ich zu der Zeit hier gewesen wäre , hätte ich dem Tier auf jeden Fall nachgehen und ihn erschießen sollen ..."

„Wir haben es Ihnen nicht gesagt, weil wir wollten, dass Sie gesund werden, und weil wir befürchteten, Sie könnten etwas Gewalttätiges tun, bevor Ihr Bein geheilt ist."

„Nun, da ich es weiß, werde ich auf jeden Fall eine starke Beschwerde beim deutschen Kommandanten in Kondoa einreichen ...“

„Ann Anderson hat ihn feierlich für seine Grausamkeit verflucht“, sagte Mrs. Stott. „ Das sagte sie in dem Brief, den sie ihm von dem armen Massai schickte, dem er die Hand abgehackt hatte. Ich denke übrigens, dass es sich besser lohnt, mit den Behörden darüber zu sprechen, als über das Flamingo-Massaker. Ich fürchte, Sie werden es nicht finden Viele der Deutschen dort sympathisieren mit Ihnen, obwohl ich zugeben muss, dass sie ein großer Verlust für die Landschaft sind. Aber Ann sagte in dem Brief: „Wenn der Mensch dich nicht bestraft, wird Gott es tun.“

„Natürlich“, sagte Roger, „es ist ein Skandal, wie die Deutschen dieses Monster tolerieren, nur weil *er* – *wie* Patterne – vermutlich nicht wieder aufgetaucht ist ? ... “

„Weiß nicht.“

„... Nur weil er am Rande der Zivilisation im Niemandsland lebt. Ich werde nächste Woche einen Ausritt auf einem der Basuto-Ponys versuchen, zuerst einmal deine alte Station Mwada besichtigen , Ann interviewen, sie daran erinnern. “ das Gleichnis vom Splitter und dem Balken, bitten Sie sie, langsam vorzugehen ... mit diesen Anschuldigungen moralischer Schwäche; und machen Sie sich eine Vorstellung von dem Schaden, der den Flamingos zugefügt wurde. Ich gehe davon aus, dass meine Beschwerden Gegenvorwürfe der Deutschen auf mich stoßen werden . Ich hörte neulich ein Knurren von einem Herrn Inspektor der einheimischen Schulen, dass Sie kein Deutsch unterrichtet hätten“ (an Mrs. Stott gerichtet), „nur Suaheli und ein wenig Englisch. Was könnten Sie in dieser Hinsicht tun? Das würde ich nicht wollen.“ Ich habe irgendeine Entschuldigung für die Einmischung in Sie ...“

"Oh!" sagte Mrs. Stott, deren Gesicht bei dem bloßen Gedanken blass wurde: „Nach all der *Zeit, Arbeit und Geld* – ein Großteil davon *Ihr* Geld –, die wir in die Missionsarbeit im Happy Valley gesteckt haben. Oh, *warum* wurde es nicht genommen.“ drüben bei den Engländern? ... Ich glaube, es würde *mir das Herz brechen* , es zu verlassen und unsere Arbeit von vorne zu beginnen. Wir haben die Leute so gern gehabt ...“

„Seien Sie nicht niedergeschlagen“, sagte Roger, „ich werde mich immer für sie einsetzen, solange ich hier bin, und ich habe nicht die Absicht, für längere Zeit hinzugehen – außer für einen Urlaub ...“ *Was für ein seltsames Geräusch ...?!...*"

Ein anhaltendes, fernes Grollen, wie das Geräusch, das eine große Lawine in den Alpen macht: Und bevor sie über seine Bedeutung spekulieren konnten, bebte der Boden unter ihren Füßen, das zweistöckige Haus schien hin und her zu schwanken und sich dann zu beruhigen mit einem erschütternden Knall. Feiner Staub fiel von der Decke; Trophäen in Form von Schilden und Speeren fielen klappernd herab, das Glas und das Porzellan auf dem Tisch klirrten, und die Fingerschalen gaben einen langen Musikton von sich. Draußen, nach einem Moment der Stille, krähten Hähne, Hühner jubelten, Gänse stießen kratzende Schreie aus, Pfauen hupten und schrien, Truthähne verschlangen und Kraniche warfen ihre Köpfe mit den goldenen Hauben zurück und stießen ihren hallenden Ruf aus.

„Ein Erdbeben", sagte Roger mit gleichmäßiger Stimme, denn Lucy sah aus, als würde sie ohnmächtig werden. „Ein *sehr kleines* Erdbeben; *nichts*, worüber man sich beunruhigen muss, auch wenn einem innerlich etwas übel wird. Das kommt nicht oft vor. Das ist erst das zweite, das ich in zehn Jahren erlebt habe. Sehen Sie, wir leben an der Grenze zu ..." Eine vulkanische Region. Hier, *Lucy*! Reiß dich zusammen. Einen Schluck Brandy trinken?...

„Besser? Lasst uns in die Luft gehen, auf die Veranda, und sehen, ob irgendwelche Schäden entstanden sind ... Ich hoffe, dass unsere Bergbaustollen dadurch nicht beeinträchtigt werden ..."

Berichte über Schäden durch das Erdbeben liegen jedoch nicht vor. Die Eingeborenen sagten, dass auf diese Erschütterungen manchmal Gas-, Rauch- und Dampfausbrüche aus dem einen oder anderen Krater im Norden folgten.

Eine Woche nach Mrs. Stotts Besuch ritt Roger, begleitet von Maud, um auf ihn aufzupassen und dafür zu sorgen, dass er sich nicht überanstrengte, hinunter ins Happy Valley zum Bahnhof Mwada . Hier interviewten sie die gefürchtete Ann, mittlerweile eine stämmige, grauhaarige Matrone mittleren Alters und praktisch ohne sexuellen Charme. Sie hatte schwarze Augen, die unter schwarzen Augenbrauen funkelten, einen blassen Teint und einen schmallippigen Mund mit nach unten gerichteten Mundwinkeln, wie der Mund von Königin Victoria, wenn sie unzufrieden war. Ann hörte in grimmigem Schweigen Major Brenthams zögernden Einwänden zu. Als er fertig war, antwortete sie, dass es mehr sei, als Fleisch und Blut ertragen könnten, dass sie ihre Zeit und das Geld der Mission damit verbringe, einheimische Mädchen zu christlichen Ehefrauen christlicher Eingeborener auszubilden, und sobald sie etwas Zivilisation kennengelernt hätten, seien sie es auch von Deutschen innerhalb und außerhalb der Konzession gesucht und geschnappt. Nicht darum war sie nach Afrika gekommen ...

„Ich *fühle* mit dir und werde sehen, was getan werden kann", sagte Brentham ; „Gleichzeitig müssen wir jedoch bedenken, dass wir uns nicht auf britischem Territorium befinden, wo sie weit von den Missionaren entfernt sind, sondern in *Deutsch-* Afrika. Die Deutschen haben die Arbeit von Herrn Stott in puncto Industrie sehr gut gewürdigt." Gehen Sie nicht hin und verderben Sie alles, indem Sie allzu bereit sind, diese – diese – Unregelmäßigkeiten anzuprangern! Die Dinge könnten sich mit der Zeit von selbst bessern. Es wäre ein schrecklicher Schlag für die Stotts, wenn man ihnen sagen würde, sie sollen gehen und die Arbeit aufgeben von so vielen Jahren..."

Ann würde jedoch nichts versprechen. Sie würde sprechen, wie der Geist es ihr befahl ... Im Moment war ihre Zeit mit der Missionsarbeit unter den Wambugwe beschäftigt , die die schlimmsten Heiden waren, *die* sie je getroffen hatte. „Nicht nur schrecklich verdorben – sie fressen die Leichen ihrer Toten!!! – sondern auch die schmutzigsten Neger, die ich je gesehen habe, und denen es *völlig* an Spiritualität mangelt."

„Na dann", sagte Roger, „ *da* hast du einige Jahre Arbeit vor dir. In der Zwischenzeit werde ich mit unseren deutschen Freunden reden ..."

„ *Freunde* , tatsächlich?" sagte Ann. „Sie sind *keine Freunde* von *mir*!"

Trotz ihrer Heftigkeit, mit der sie denunzierte, machte sie es sowohl Roger als auch Maud so bequem wie möglich an ihrem eher spartanischen Arbeitsplatz und wurde während des Abends mit Maud so glücklich, freundlich und sogar weinerlich, als sie über die kleine Welt von Reading und Basingstoke redete. Aldermaston und Englefield, an diesem Abend wurden die Gebete ausnahmsweise unterbrochen. Ihr Mann saß größtenteils schweigend da und hörte respektvoll zu. Es war offensichtlich, dass er tagsüber sehr hart an materiellen Dingen arbeitete, große Ehrfurcht vor seiner Frau hatte und seine Gabe des spontanen Gebets völlig verloren hatte. Ihre einzige Tochter war ein dünnes, kränkliches, wehmütiges kleines Mädchen von zehn Jahren, sehr schüchtern und lieber zu ihrem Vater als zu ihrer Mutter. Aber laut Ann war sie bereits eine gute Näherin und half im Nähunterricht. Die freundliche Maud schlug vor, sie eines Tages abzuholen und für einen einwöchigen Aufenthalt nach Magara zu bringen. Die Luft dort war so gut. Ann stimmte etwas widerstrebend zu.

Stolzenbergs Abschlachtung der Flamingos gab . Aber die Leichen waren offensichtlich aus dem See weggetragen worden, um sie zu häuten, und weil die Knochen wertvoll waren; und das einzige sichtbare Ergebnis der Razzia war das Fehlen erwachsener Vögel im rosafarbenen Gefieder. Von den früheren dichtgedrängten Reihen blieb nur noch eine dünne unterbrochene Reihe hässlicher, unreifer Flamingos übrig, schmutzigweiß im Gefieder und braun gestreift. Sie planschten schüchtern im dicken Wasser des Sees; und auch dies hatte viel von seiner früheren Schönheit verloren – obwohl Stolzenberg nicht für die langsame Austrocknung Ostafrikas verantwortlich war. Der See bestand gerade nicht mehr aus einer gleichmäßigen Kobaltschicht, die von einem grauweißen Saum aus Salz und Guano gesäumt war; es wurde auf zwei große Bereiche mit tiefem Wasser und grauem Schlamm dazwischen reduziert. Wie anders als das, was Roger im Glanz des Jahres 1888 gesehen hatte!

Abseits des Seeufers trafen sie auf einem Umweg durch die Ausläufer der Berge auf ein paar umherwandernde Massai, die auf dem Weg zum Handel an der Missionsstation waren. Sie begrüßten Roger mit freundschaftlichem Beifall und viel Spucken. Ohne Dolmetscher konnte er sie nicht verstehen, aber sie zeigten immer wieder nach Nordwesten und bezogen sich offenbar unter ihrem Namen *Oleduria ("Der Schrecken") auf den bösen* Stolzenberg ; und zugleich an „Gott" – *Engai* . Sie unterhielten sich mit dem zufriedenen Ton einer inzwischen geklärten Sache und machten sich auf den Weg, um die Chefin zu befragen, die ihr medizinischer Berater und potenzieller Bekehrer war.

„Vielleicht haben sie von Anns Brief gehört", sagte Roger, „und glauben, dass ihr Fluch nachlässt. Sehen Sie, wohin sie zeigten? ... Diese seltsame Wolke, die hoch in die Luft zu steigen scheint, steigt und fällt, als ob einer der Krater Anzeichen von Aktivität zeigen würde?"

Sobald er nach Magara zurückgekehrt war, verfasste Roger eine formelle Beschwerde gegen Stolzenberg , die an den kommandierenden Offizier in Irangi gerichtet war . Er schilderte die lange Geschichte der Missetaten des „Terrors" in den letzten zehn Jahren und forderte die deutsche Behörde zum Schutz des guten Namens des Imperiums auf, diesen Banditen zu verhaften und vor Gericht zu stellen. Wenn dies nicht geschehen würde, wäre er gezwungen, alle Fakten den deutschen Direktoren der Concessionaire Company vorzulegen, deren Mitarbeiter und Eigentum so sehr unter Stolzenbergs Raubzügen und Gewalt gelitten haben. Die Verstümmelung des Masai-Boten war ein konkreter Fall, was auch immer man von der Straftat bei der Tötung der Flamingos halten mag, Vögeln, deren Guano zu den Vermögenswerten der Konzession gehörte.

Vierzehn Tage später traf eine Streitmacht von einhundert Askari und zwei Zwölfpfünder-Gebirgsgeschützen in Wilhelmshöhe ein – wie die gesamte verstreute Siedlung der Konzession in den Iraku- Bergen genannt wurde (auf Wunsch der Schräders : Die Stotts kamen der Aussprache nie näher). als „ Williamshoe "). Die Truppe wurde von zwei elegant aussehenden deutschen Leutnants und einem weißen Feldwebel kommandiert. Die Leutnants, die Brentham als Herrn Major begrüßten, sagten, sie hätten auf seinen Befehl hin zu handeln. Er erhielt als Magistrat den Auftrag, sich zum Roten Krater zu begeben und Adolf Stolzenberg zu verhaften , sollte sich jedoch nicht an den Kämpfen beteiligen, wenn Gewalt angewendet werden sollte. Das war *ihre* Sache. Der Herr Oberst , der sie geschickt hatte, erinnerte sich, dass Major Brentham im Südafrikakrieg verwundet worden war, und hoffte, dass er für sich selbst sorgen würde;

Wenn sein Gesundheitszustand der Reise nicht gewachsen war, würde stattdessen der nächstgelegene deutsche Bezirkskommissar gehen. Aber Roger war trotz der Bitten seiner Frau und Mauds Warnungen bestrebt, die Sache zu Ende zu bringen. Außerdem konnte er als Führer dienen. So befand sich die Expedition im Laufe der Zeit auf dem grasbewachsenen Plateau vor der schweren Holztür und der Steinmauer. Eine Aufforderung, im Namen des Gesetzes zu öffnen, wurde vom Feldwebel gerufen, der eine gewaltige Stimme hatte. Es gab keine Antwort. Dann kamen die in Stellung gebrachten Geschütze zum Einsatz und zerschmetterten die Tür in Scherben. Einer der Leutnants und die halbe Truppe marschierten ein ... Eine halbe Stunde verging ... Dann erschien der Leutnant mit ziemlich verängstigtem Gesicht wieder.

„Wir können nur vermuten, dass Stolzenberg vor einiger Zeit geflohen ist oder dass seine Siedlung einfach von einer schrecklichen Vulkanaktion verschlungen wurde. Kommen Sie herein und sehen Sie es sich an!"

Roger und der Rest der Truppe folgten. Im Inneren des Roten Kraters, der einen Raum von etwa einer Meile Durchmesser umschloss, waren zunächst nur Wolken aus Schwefel zu sehen Dämpfe , die sie fast erstickten, als sie in ihre Richtung wehten; und Dampfwolken, wo der kleine Bach aus dem versteckten Teich am anderen Ende des Kraters in einen Hitzeabgrund fiel – –

Sie gingen vorsichtig vor; Der Wind nahm eine andere Wendung, und schließlich bemerkten die kühnsten Pioniere unter ihnen, wie der Boden abrupt über eine scharfe Kante in die Hölle abfiel – wie ein Dante es sich vorgestellt hätte. Die schwefelhaltigen Dämpfe trieben sie zurück. Die unvermeidliche Schlussfolgerung – die sich mit der Zeit bestätigte – war, dass sich der Krater unmittelbar unter Stolzenbergs Siedlung wieder geöffnet hatte . Häuser, Menschen und Vieh waren alle in die Eingeweide der Erde gestürzt worden, Hunderte Meter tief in einem glühenden Ofen. Die Menschen und Rinder, die sich zu diesem Zeitpunkt näher an den Kraterwänden befanden, waren möglicherweise durch die Gase erstickt und getötet worden. Tatsächlich sahen sie auf dem Weg nach draußen hier und da am Fuß der roten Mauern totes Vieh, das steif dalag, alle vier Beine in die Luft gereckt. Offensichtlich waren die neugierigen Massai nach dem Erdbeben von außen auf den Kraterrand geklettert und hatten genug gesehen, um zu vermuten, dass der Fluch der weißen Häuptlingsfrau angekommen war und der große Feind der Massai und seine mörderische Räuberbande plötzlich verschwunden waren zu einem schrecklichen Untergang.

KAPITEL XXII

ACHT JAHRE SIND VERGANGEN

Acht Jahre sind vergangen, seit Roger Brentham , halb betäubt von Schwefeldämpfen , aus dem Roten Krater taumelte; zufrieden mit großer Erleichterung und ohne Mitleid darüber, dass Stolzenberg und sein Überfall auf Ruga-Ruga ein verdientes Ende gefunden hatten.

Nachdem „The Terror" auf eine Weise ausgelöscht worden war, die Mrs. Anderson von der Ewart-Stott Industrial Mission einen enormen Prestigezuwachs bescherte, war die Happy Valley Concession für eine Zeit lang von jedem aktiven Feind befreit. Willowby Patterne , der sich wieder auf seinem Anwesen in Namanga niedergelassen hatte (nachdem er noch einmal das Scheidungsgericht durchlaufen hatte – dieses Mal auf Veranlassung einer verblendeten, aber entschlossenen amerikanischen Frau), war möglicherweise geneigt, in Gewässern zu fischen, die ihm selbst Sorgen bereiteten Sie wollten unbedingt an dem immensen Reichtum teilhaben, der jetzt aus der Region strömt, in der Roger ihm zuvorgekommen war. Doch mittlerweile war er durch das tragische Ende Stolzenbergs etwas ernüchtert . So widmete er sich acht Jahre lang der Jagd auf enorme Mengen Großwild in den kaum besiedelten Gebieten im nördlichen Deutsch-Ostafrika. Die Deutschen protestierten zeitweise gegen ihn wegen seiner Verstöße gegen ihre oberflächlichen Spielbestimmungen; Aber eine ebenso große Missachtung dieser Versuche, die Fauna zu retten, zeigten die deutschen Jäger. Willowby importierte und exportierte die meisten seiner Waren und Vorräte, alle seine Häute und sein Elfenbein über deutsche Eisenbahnstrecken, schickte sie zum Verkauf auf deutsche Märkte und achtete darauf, mit den deutschen Grenzbeamten gute Beziehungen zu pflegen. Seine unheilvollen Aktivitäten wurden also nicht wesentlich beeinträchtigt. Auch auf der britischen Seite der Grenze wurde er aus nicht näher genannten Gründen mit Nachsicht behandelt. Er war bei den ostafrikanischen Pflanzern beliebt, weil er die Einheimischen an ihrem Platz hielt und die „albernen" Beschränkungen des unbegrenzten „Sports" umging. Abgesehen von seinen ehelichen Affären, die immer wieder zu recht pikanten Skandalen führten, mangelte es ihm in England nicht an einem gewissen Ansehen. Er hatte dafür gesorgt, dass sein Ranchbesitz beträchtliche Gewinne aus der Jagd und der Viehzucht erwirtschaftete, und hatte so seine dringendsten Gläubiger besänftigt. Weitere große Summen verdiente er, indem er drei Monate lang in der Trockenzeit als Führer und Organisator von Großwildjagden für übermäßig reiche Amerikaner fungierte, die den Nervenkitzel genießen wollten, in das Braun dichter Antilopen- und Zebraherden zu schießen und dabei eine Chance zu bekommen einen Mähnenlöwen ohne allzu große Gefahr, oder auf ähnliche

Weise einen Elefanten mittlerer Größe zu Fall bringen (sie kauften „passende Stoßzähne" in Patternes Laden) oder ein Rekord-Nashorn (Pattern lieferte das „Rekord"-Horn; das arme Exemplar wurde getötet der Millionär den Andorobo- Fährtensuchern zum Essen gegeben wurde).

Nachdem er unter den Tausenden, die er wegen ihrer Häute und Hörner erlegte, zufällig mehrere neue Sorten oder Unterarten von Antilopen ans Licht brachte, galt er im Cromwell Road Museum als großer „Naturforscher"; und Rogers Zorn, wann immer sein Name erwähnt wurde – er rief so manches geistige Bild von leblosen, mit Knochenhaufen übersäten Prärieöden hervor, in denen einst ein wunderbarer und harmloser Zoologischer Garten tobte –, wurde auf Eifersucht auf Patternes Treffsicherheit zurückgeführt .

Zweimal in diesen acht Jahren war Roger in England gewesen. 1902 begleitete er seine Frau und seine Schwester nach Hause und blieb dort sechs Monate, um seine Kinder kennenzulernen. 1906 kehrten er und Maud, die in Lucys Abwesenheit für ihn in Magara den Haushalt führte, erneut für einen langen Urlaub zurück; und im darauffolgenden Jahr brachten sie Lucy für einen letzten Aufenthalt im Happy Valley mit – einen letzten Aufenthalt, weil Roger damit rechnete, sich 1909 aus der Leitung der Konzession zurückzuziehen. Dann würde er seine Anteile verkaufen und den Erlös übernehmen wohlhabend genug sein, Afrika jüngeren Männern zu überlassen und sich der Innenpolitik zu widmen. Nach 1909 war Lucy nicht mehr in ihren Zuneigungen zerrissen und sehnte sich danach, mit ihrem Mann zusammen zu sein, tatsächlich sehnte sie sich ohne ihn; Dennoch ist sie elend bei dem Gedanken, dass ihre Kinder außerhalb ihrer Fürsorge und Aufsicht aufwachsen.

John zeigte sich der prachtvollen und schillernden „Tante Sibylle" ergeben; und sogar Fat Maud (kein Dumpling mehr, aber durch dieses Adjektiv immer noch von den anderen Maud unterschieden, fünfunddreißig Jahre älter und schlanker) ... selbst Fat Maud zog Englefield als Wohnsitz der bescheideneren Church Farm in Aldermaston vor ; und nahm einen eher gönnerhaften Ton gegenüber der ruhigen, blassgesichtigen, trägen, schüchternen Mutter an, die so viele Jahre in der Wildnis Afrikas gelebt hatte, dass sie keine Ahnung von Freilauffahrrädern, Autos, Grammophonen, Two-Step-Tänzen hatte. Tischtennis, Hockey und Diabolo.

Während dieser acht Jahre hatten Mrs. Bazzards beharrliche Briefe an Sir Bennet Molyneux ihren Lohn. Ihr Spencer wurde aus dem von Malaria heimgesuchten, abgelegenen Ostafrika abtransportiert und zum Generalkonsul in Halikarnassos ernannt, um mit 900 Pfund im Jahr und Zulagen die richterlichen Aufgaben über ein Konsulargericht in Kleinasien zu leiten. Frau Bazzard sah einen glorreichen Frühherbst in ihrem Leben voraus, als Hauptdarstellerin in der Levante, mit einem gelegentlichen Kleid aus Paris, einer Prominenz in der levantinischen Gesellschaft, einem möglichen Besuch der königlichen Yacht in diesem altmodischen türkischen Hafen Herodot lebte und schrieb einst; und unweigerlich ein Ritterschlag im Ruhestand für die wiederbelebte Puppe, den Spencer, dem sie wirklich neue Füllung gegeben hatte. „Oh, diese *liebste* Mutter könnte leben" – in Bayswater wäre es nicht angebracht, sie in Halikarnassos zu haben – „ihre Tochter als ‚Lady Bazzard‘ zu bezeichnen !"

Sie hat schon lange aufgehört, großes Interesse an den Brenthams zu zeigen , nachdem Roger Brentham – mit dem sie 1887 einen ernsthaften und kompromittierenden Flirt gehabt zu haben glaubt und dies auch ihrem Spencer gegenüber manchmal andeutet, wenn er sich für ihre Flaggen interessiert – nicht mehr der Fall ist sein Name steht auf Listen von Beamten, die Spencer und einen Posten im Mittelmeerraum möglicherweise in die Quere kommen. Allerdings ärgert sie sich ab und zu ein wenig darüber, dass er nicht gesellschaftlich tot ist ... dass hochrangige Beamte ihn tatsächlich bemerken. Zum Beispiel konnten die Bazzards , als sie 1902 zu Hause waren, trotz aller Bemühungen keinen Platz in der Abtei bekommen, um die Krönung von König Edward zu sehen. Aber Roger beobachtete die Zeremonie von einem bescheidenen Winkel im Kirchenschiff aus; sah Sibyl in Hermelin, purpurrotem Samt und Straußenfedern, die mit einem Lächeln nach rechts und links ihren Bekannten zunickte und mit anderen Adligen und Adligen vor ihm an ihrem festgesetzten Platz vorbeiging; und verdankte seinen Sitz wahrscheinlich der Intervention der Afrikaabteilung des Auswärtigen Amtes oder einem Antrag des Präsidenten der Royal Geographical Society als Anerkennung, die einem angesehenen Entdecker zusteht.

Er hatte mittlerweile jeglichen Groll gegen das Auswärtige Amt vergessen und schaute von Zeit zu Zeit im Afrikaministerium vorbei, um mit „Rosy" Walrond zu plaudern – der vorschlug, nach Unguja zu gehen, um die Dinge zu klären, und hatte vor, mit ihm im Happy Valley zu bleiben und mit seinen eigenen ungläubigen Augen den Roten Krater und seinen bodenlosen Abgrund sowie die schönen Mädchen von Iraku zu sehen , die Mrs. Andersons Herzschmerz verursacht hatten. Oder mit Ted Parsons – kurz vor seiner Ernennung zum Generalkonsul in Neapel; oder der gute alte Snarley Yow, der sagte, er wünschte, er hätte es jetzt wie Roger gemacht: den FO und eine mögliche Rente von 700 Pfund pro Jahr aufgegeben und sich für eine afrikanische Konzession wie das Happy Valley entschieden – das passt ihm bis ins kleinste Detail.

Der bemerkenswerte Erfolg des Happy Valley – des einzigen Lichtblicks im „deutschen Osten", wo es nie einen einheimischen Aufschwung gab und von dem eine regelmäßige Produktion von Mineralien,

Edelmetallen und Edelsteinen kam; Kaffee, Fasern , Gummi, Baumwolle, Gerbrinde, Häute, Geflügel und Kartoffeln; Der stabile Stand seiner Pfund-Aktien bei vierzig Mark an den deutschen Börsen und die schnurrende Zustimmung der Schräders führten dazu, dass Roger zunehmend in britischen Kolonialkreisen außerhalb des Kolonialamts konsultiert wurde. Diplomaten interessierten sich für ihn und passten auf Partys ihre Monokel an, um ihn besser sehen zu können. Das Auswärtige Amt veröffentlichte als Weißbuch einen auf seinen Wunsch hin erstellten Bericht über das Big Game in Ostafrika und seine internationale Bedeutung. Sollte er ein Mittel zur Lösung der aufkommenden englisch-deutschen Rivalität sein, indem er eine Kombination von Anstrengungen zur Kolonisierung vorschlug? Die Schräders hofften es.

Mrs. Bazzard war wirklich verärgert, als sie eines Tages in der wöchentlichen Ausgabe der *Times sah* , dass am 25. März 1903 Major Roger Brentham , DSO, zusammen mit anderen Gästen, deren Namen ihr nichts bedeuteten, mit Lady Silchester speiste, um den rechten Herrn zu treffen . Josiah Choselwhit usw. usw.

Sibyl glaubte zu dieser Zeit noch, dass Chocho der kommende Mann sei, der Premierminister, der das britische Empire wieder in Ordnung bringen, eine kaiserliche Zollunion und eine von London aus geleitete Föderation herbeiführen und dem Rest der Welt gelassenen Widerstand entgegenbringen würde. Sie war eine der frühesten BMGs .[#] Roger gehörte der entgegengesetzten Schule an, einer Schule, die unter Denkern bestenfalls eine kühle Popularität erlangt. Er wollte sozusagen eine moralische Union zwischen dem britischen Empire, Deutschland und den Vereinigten Staaten herbeiführen, eine Bündelung ihrer Ressourcen; und Weltfrieden: um sicherzustellen, dass Frankreich einen Teil von Elsass-Lothringen zurückerhalten und Deutschland zu einer großen afrikanischen Macht heranwachsen sollte. Es gab viele Fehler in der deutschen Vorstellung davon, wie Negerafrika verwaltet werden sollte; aber die gleichen Fehler waren in Britisch-Afrika zu beobachten; Für beide Regime würden die gleichen Reformen gelten.

[#] *Sehen Sie sich* die Kolumnen der zeitgenössischen *Morning Post an* .

Aber Brentham hatte , obwohl er sich im Kampf mit den Buren um die Oberherrschaft über Südafrika hervorgetan hatte, die Politik des Raids missbilligt und dies zum Ausdruck gebracht und bissig über das Thema geschrieben. Seine Ansichten in einigen anderen Richtungen, insbesondere zum Freihandel mit Afrika, waren denen des Idol of the Midlands diametral entgegengesetzt; so dass Sibyls Versuch, sie in ihrem Vorstand zusammenzubringen, in der Hoffnung, dass das Kolonialamt den Fähigkeiten ihrer Cousine Raum geben könnte, von Anfang an scheiterte.

Chocho sagte sehr wenig zu Roger, und Roger, der alles andere als ein Selbstsüchtiger war, sagte sehr wenig zu Chocho.

Während dieser acht Jahre bewirtschaftete Lucys Vater, der fast siebzig war und es bereits überschritt, mit Elan und Freundlichkeit weiterhin die Landwirtschaft in Aldermaston und verlor immer weniger an Konservatismus. Lucys Mutter war gesund und munter, hatte apfelrote Wangen und war dem Herrn friedvoll dankbar, der alle Angelegenheiten ihrer Familie so gut geregelt hatte – egal, was anderen *Familien widerfuhr* : Vielleicht war es ihre Schuld. Lucys Schwester Clara, die Marden, den Cricketspieler, geheiratet hatte, baute Jahr für Jahr eine riesige Familie abwechselnder Jungen und Mädchen auf, und wie Sibyl sagte, wäre es interessant, sie zu ermutigen, so lange weiterzumachen, bis sie die Norm überwunden hatte, und dann stellen Sie sie mit ihren Nachkommen auf einer County Show aus. Ihr Mann erwies sich als stellvertretender Makler für das immer wertvoller werdende Anwesen in Silchester und ließ Cricket an die Wand gehen – oder nach Australien. Sein Chef, der Hauptagent Maurice Brentham , lebte viel in London und Staffordshire und überwachte die Angelegenheiten des Anwesens in diesen Richtungen; und er verwaltete sie so gut, dass der junge Silchester , als er erwachsen wurde, zu den reichsten unserer Altersgenossen gehörte und in der Lage war, mystische Opern zu schreiben und zu produzieren – wenn er wollte – oder ein ganzes russisches Ballett zu subventionieren – ohne die Kosten dafür zu spüren. Maurice hatte nie geheiratet. Seine Entschuldigung war die Produktivität Mit Mr. und Mrs. Marden, der ausreichenden Familie von Roger und den (bereits) sieben Kindern seines Bruders Captain Geoffrey Brentham war RN Geoffrey ein großartiger Zeuger: fast wie ein Held der griechischen Klassiker. Offenbar verbrachte er nur jeden fünfzehnten Monat zu Hause; Dennoch tat seine Frau – besonders in diesen acht Jahren – kaum mehr, als ein Kind auszuschlafen, zu stillen, kurz zu tragen und zu stillen; schwanger werden, ausschlafen, stillen und kurz anziehen. In der Zwischenzeit legte ihr Mann großen Wert auf die Schießkunst auf See und ärgerte sich über die Streitereien der Admirale. Frau Geoffrey war die Tochter eines Marinekaplans mit sehr ausgeprägten Ansichten zum Familiengebet und der unkritikierbaren Natur der Bibel; und aus ziemlich illusorischen Gründen gelangte sie zu dem Schluss, dass Roger und seine Missionarsfrau Maud und Sibyl – die ihrer Meinung nach der wahre Grund dafür war, dass Maurice nicht heiratete – alle ziemlich böse und nicht wissenswert waren: Glücklicherweise entbindet sie mich davon jede Sorge in ihren Angelegenheiten.

In ähnlicher Weise kann ich Sibyls Vater entledigen, indem ich sage, dass er 1905 an einem Blutgerinnsel starb und dass Sibyl nur oberflächliches Bedauern zeigte: Er war zu einem Langweiler allererster Güte geworden, besessen von der Überzeugung, wenn er nur das Kapital hinter sich gehabt hätte , seine Ideen über die Landwirtschaft hätten die britische Landwirtschaft revolutioniert. Sibyls Mutter, unerschütterlich in ihrer Verbundenheit mit ihrem Gatten, an den sie sich nur als den hübschen jungen Hauptmann erinnerte, der frisch aus tapferen Diensten bei der Niederschlagung der indischen Meuterei gedient hatte und der 1859 ihre Zuneigung gewonnen hatte, starb ebenfalls kurz nach ihrem Mann, wahrscheinlich an irgendeiner Form von Krebs. Tante Christabel – die Honble . Mrs. Jenkyns im Privatleben – ebenfalls in dieser Zeit gestorben, irgendwo in einer Unterkunft – Bath? Beide Todesfälle ereigneten sich zu einem ungünstigen Zeitpunkt, als große politische Parteien kurzfristig aufgeschoben werden mussten; und deshalb rang Sibyl nicht nur ein paar Tränen der Trauer und Reue ab – *War* sie zu beiden recht freundlich gewesen? Würde auch sie alt, langweilig, unliebsam und folglich ungeliebt sein? – aber auch Ausrufe des Ärgers über Menschen, die sich die schönsten Momente der Saison, in denen das Königshaus wieder einmal Interesse an Ihnen zeigte, zu ihren Liebsten ausgesucht haben Betten und sterben.

Der alte Mr. Baines, der Besitzer der Aerated Beverages Manufactory in Tilehurst, starb 1906 an Diabetes. Er hinterließ sein Geld – ein paar tausend Pfund – treuhänderisch John, dem ältesten Sohn von Captain und Mrs. Roger Brentham , vorbehaltlich einer Lebensinteresse für Mrs. Baines. Seine Ehefrau hatte, wie er es ausdrückte, seit dem Tod ihres Sohnes im Jahr 1888 ein Leben geführt. Sie war von der engstirnigsten Frömmigkeit zu einem wütenden Unglauben gegenüber allen Kirchen, Sekten und Glaubensbekenntnissen übergegangen. Die „Wut" kam hauptsächlich innerlich zum Ausdruck oder drückte sich durch ihre Feder in „offenen" Briefen an Geistliche, Philanthropen oder empörte Bezirkszeitschriften aus. Ansonsten bewahrte sie ein trappistisches Schweigen, vernachlässigte die Haushaltsführung und schadete dem Geschäft, indem sie Kunden abschreckte. Im Jahr 1901 begann sie schließlich, auf Märkten in Reading und anderen Menschenansammlungen (wie in ihren Briefen an den *Berks Observer* und die *Newbury Times*) mit lauter Stimme die Existenz eines Gottes zu leugnen; und dann zwang die öffentliche Meinung ihren Mann, sie in eine Anstalt einweisen zu lassen.

Seltsamerweise erhob sie wenig Widerstand gegen diese Maßnahme. Sie verlangte eine große Menge Bücher und bekam auch die Erlaubnis dazu, und mit Hilfe neuer Brillen wurde sie zu einer Allesfresserin. Sie machte wenig Ärger. Ihr Mann zahlte eine großzügige Zahlung an die Anstalt, aber da diese mit seinem Tod aufhörte und die Treuhänder ein schlechtes Gewissen an den Tag legten, kam der zuständige Arzt – nicht ohne Gewissen – auf die Idee, Mrs. Baines und … erneut zu untersuchen Sehen Sie, ob sie wirklich verrückt war. Infolgedessen erklärte er sie für wieder gesund . Sie äußerte sich nicht zu ihrer Freilassung, getreu ihrem Schweigegelübde, kaufte jedoch mit Hilfe ihrer Treuhänder ein kleines Häuschen an der Bath Road in der Nähe von Theale. Der Anblick des enormen Autoverkehrs und der Fahrradunfälle schien sie zu amüsieren. Roger besuchte Lucy während seines Urlaubs in England 1906–1907 auf Wunsch von Lucy, um sich zu vergewissern, dass sie ordnungsgemäß versorgt war. Sie empfing ihn in grimmigem Schweigen, bot ihm einen Windsor-Stuhl an und hörte schweigsam seinen stammelnden, entschuldigenden Fragen zu. Als er aufhörte zu sprechen, zog sie Löschpapier, Stift und Tinte zu sich und schrieb mit kühner Handschrift auf ein Blatt Notizpapier: „Das britische Volk ist *nicht* die zehn verlorenen Stämme Israels; es sind noch mehr Narren, wenn sie es wären. Ich stimme zu." mit dir über Religion. Ich verzeihe Lucy. Ich bin froh, dass der kleine John mein Geld hat, wenn ich sterbe, aber ich werde so lange wie möglich leben, um die Wahrheit herauszufinden. Komm nicht mehr."

Dann führte sie ihn zur Tür – es war im schockierenden Sommer 1907 – und deutete auf den grauen Himmel eines kalten, triefenden Julis und auf die zerstörten Heuernten auf einem angrenzenden Feld, auf den auf die Erde geschlagenen grünen Mais und auf eine … Zusammenstoß zwischen einem Motorradfahrer und einem Laufrad auf der Bath Road. Dann verzogen sich ihre langen, gefurchten Lippen zu einem schrecklichen Lächeln – ein Lächeln, das ihr toter Sohn vielleicht noch nie gesehen hatte –, ihre wütenden Augen und ihr krummer, erhobener Finger brachten eine spöttische Frage zum Ausdruck, ob es irgendeine Sorge der Vorsehung um das Wohlergehen der Menschheit gäbe.

Damit kehrte sie zu ihren Büchern und den Studien zurück, die sie so spät im Leben aufgenommen hatte. Möglicherweise lebt sie noch mit zweiundachtzig Jahren.

Während dieser acht Jahre hatte sich Lucys Gesundheitszustand nach einigen Schwankungen deutlich verbessert; und als ihr Mann sich im Herbst 1907 darauf vorbereitete, zu seiner letzten Besichtigung der Happy Valley-Konzession zurückzukehren, bestand sie darauf, ihn zu begleiten. Es würde weniger als zwei Jahre dauern; Maud kam auch; und die Kinder würden die meiste Zeit in der Schule verbringen. Eher mit Bedenken stimmte Roger zu. Vorausgesetzt, dass sie gesund blieb, wäre es in der Tat ein wunderbarer Abschluss des großen Abenteuers ihres Lebens. Sie würden ein letztes Mal die Schönheit von Iraku und dem Happy Valley genießen, ihre Kronenkraniche und Erbsenvögel, ihre zahmen Gazellen und Ducker, ihre urige Affenmenagerie; In ihrem wundervollen Blumengarten wuchs in Iraku alles: Orchideen und Reseda, Rosen und Lilien, Petunien und Pelargonien, *Strelitsia reginae* und *Disa uniflora .... Er würde seine finanzielle* Verbindung mit der Konzession beenden und sich als reicher Mann aus ihr zurückziehen und vielleicht eine schlafende Partnerschaft in ihren Angelegenheiten beibehalten: denn sie war mit seinen Herzenssträngen verstrickt.

Dann ist nach einem Cathay-Zyklus alles klar für Europa. Sie würden auf der einen oder anderen der Linien, die jetzt ins Landesinnere vordrangen, von Iraku zum nächstgelegenen Bahnhof fahren, sich die besten Kabinen auf den luxuriösen Dampfern der DOA-Linie sichern und so die Route ihrer ersten Reise zurückverfolgen, als die Liebe begann , aber als ihre Zukunft dunkel und ungewiss schien. Auf dieser Reise würden sie wieder ein Liebespaar sein, aber dieses Mal offen und ohne Scham, und Maud sollte so tun, als würde sie die Rolle einer grünäugigen Mrs. Bazzard spielen .

Der erste Teil dieses angenehmen Programms war erfüllt. Ein Jahr lang fuhr Roger von der Fabrik zur Mine, von der Kaffeeplantage zu den Feldern und Schuppen, auf denen Ananas angebaut, geschnitten und in Dosen abgefüllt wurden. Er machte gute Vorschläge über ihr Vieh, über den Krieg, den unaufhörlichen Krieg mit der Tse-Tse- Fliege, die – wie man befürchtete – ins Tal eindringen würde. Er sah mit Genugtuung seinen Erfolg bei der Kreuzung von Maskat- Esel- und Basuto-Pony-Stuten mit Zebrahengsten und betrachtete es als Beweis dafür, dass die daraus resultierenden Maultiere ein wertvoller Faktor im ostafrikanischen Transport werden könnten. Er besichtigte die neuen Straußenfarmen, die neuen Schmelzhütten und die primitiven Keramikfabriken, in denen einheimische Frauen hervorragende Töpferwaren für den Heimgebrauch herstellten. Er beschloss, in Ilamba weitere Goldexplorationen durchzuführen und im Westen von Iraku ein frisches Riff zu erschließen . Sie würden kein Geld mehr verschwenden, um nach der Matrix der Diamanten zu suchen – Diamanten könnten hängen bleiben, davon gab es in Deutsch-Südwestafrika reichlich.

Aber dieses Wolframit mit seinem Produkt Wolfram: *Das* hat sich gelohnt, beharrlich weiterzumachen. Es wurde immer mehr für die Anwendung von Elektrizität und für die neuesten Entwicklungen in der Metallurgie benötigt und allein schon die Konzession würde einen großen finanziellen Wert haben.

Zu Beginn des Jahres 1909 trübte sich ihr Glück, ihre Zufriedenheit und ihr Gefühl der Zukunftssicherheit. Erstens hatten die österreichische Annexion Bosniens und die damit einhergehende Missachtung Russlands durch den glänzend gepanzerten Kaiser britische Staatsmänner zu unverhüllten Reden im Stile Pecksniffs inspiriert; umso schwerer zu ertragen, da wir zu dieser Zeit damit beschäftigt waren, die Türkei aus Arabien zu vertreiben und die Teilung Persiens zu manipulieren. Dies verschlechterte erneut die Beziehungen zwischen Engländern und Deutschen. Damals war der Wert der Happy-Valley-Konzession, auf die Roger in seinen Depeschen an die Direktion in Leipzig hingewiesen hatte, zum Verständnis des

Allerhöchsten und des kaiserlichen Kabinetts gelangt. Diesen erhabenen Persönlichkeiten erschien es unpassend und schädlich für die Selbstständigkeit Deutschlands, dass ein so wichtiger Teil der wichtigsten Kolonie Deutschlands von einem Engländer verwaltet werden sollte und dass eine englische Industriemission eine Frau von so unermesslicher Kühnheit wie eine bestimmte enthalten sollte „Ann Anderson", die es gewagt hatte, einen Brief an den Allerhöchsten zu schreiben und sich über die sexuelle Zügellosigkeit der Deutschen in Ostafrika zu beschweren. Damit soll Schluss sein! Der Engländer muss gehen, die Industriemission muss durch eine unterwürfige römisch-katholische Lehrbruderschaft aus dem Rheinland ersetzt werden, die sich um ihre vorgeschriebene Aufgabe kümmert, den Negern den Umgang mit ihren Händen und in begrenztem Maße mit ihrem Gehirn beizubringen und nichts Deutsch zu nennen in Frage, am allerwenigsten die vom kaiserlichen Kolonialminister gebilligte Politik . Was die Schräders betrifft : Sie meinten es gut: Sie hatten versucht, die deutschen und die englischen Pferde nebeneinander zu reiten: ein kluger Zirkustrick, der aber nicht mehr mit den imperialen Zielen vereinbar war. Sie waren anständige Finanziers, aber sie waren zu international geworden, mit ihren Büros in Paris, London und Johannesburg sowie in Leipzig und Berlin....

Schräders mitgeteilt werden , die so beharrlich versucht hatten, die Unternehmungen des britischen Empire mit denen Deutschlands und Frankreichs zu koordinieren – Internationalisten vor der richtigen Zeit. Sie wussten natürlich, dass Major Brentham 1909 die Absicht hatte, seine örtliche Konzessionsleitung aufzugeben, aber sie hatten halb gehofft, dass er in Europa weitgehend dieselbe Funktion als Vorstandsmitglied hätte fortsetzen können. So wie es war, mussten sie ihn bitten, zu gehen, anstatt sich widerstrebend mit seiner Abreise abzufinden. Und ganz entschieden mussten sie verlangen, dass alle Beziehungen zwischen der Konzession und der Stott-Mission abgebrochen würden.

Von der kaiserlichen Autorität in Ostafrika erhielten die Ewart Stotts den knappen Befehl, die Angelegenheiten ihrer Mission abzuschließen und ihre Gebäude und Plantagen der Bruderschaft des Heliger Jesu von Bingen am Rhein zu übergeben. Sie erhielten eine Entschädigung für den tatsächlichen Einsatz ihres eigenen Geldes, und ihre Lehrer und Untergebenen erhielten den Gegenwert eines Jahresgehalts zu den geltenden Sätzen.

Dieses Edikt, gegen das keine Berufung eingelegt werden konnte, löste bei den Stotts größte Trauer und Bestürzung aus; und Ann Anderson die unbändigste Wut. Roger riet jedoch zur Resignation und Zurückhaltung bei der Äußerung. Lassen Sie sie die Entschädigung annehmen, alles aus den imperialen Behörden herausholen, was sie konnten, und in benachbarte britische Gebiete auswandern, wenn sie noch an der Missionsarbeit interessiert waren.

„Schließlich", sagte er, „ich gehe auch, und Sie müssen das Gefühl haben, selbst wenn Hildebrandt meine Nachfolge antreten sollte, wäre es für Sie schwierig, ohne meine Unterstützung hier zu bleiben. Hildebrandt – und Sie alle sagen, dass Sie seine Frau mögen." und dass sie mit Ihnen sympathisiert – verspricht mir, dass er, wenn er Erfolg als Manager hat, alles in seiner Macht Stehende für die Eingeborenen tun und sich bemühen wird , dass Ihre Politik von den katholischen Lehrern fortgeführt wird ... Gehen Sie nach Hause und ruhen Sie sich gut aus . Gehen Sie nach England und machen Sie eine Bestandsaufnahme dessen, was die Leute sagen und tun. Bitten Sie Ann, irgendwo in Berkshire eine Unterkunft für Sie zu nehmen ... sehen Sie das *Beste* von England ... Wenn Sie sich *dann* dazu entschließen, nach Ostafrika zurückzukehren, könnten Sie das tun Starten Sie eine weitere Industriemission auf britischem Territorium unter den Massai und Nandi, die den Menschen, die Sie jetzt verlassen, ziemlich ähnlich zu sein scheinen ..."

Ann jedoch machte ihren Abschied sensationell. Nachdem sie der Katholischen Mission die Schlüssel für den Bahnhof Mwada übergeben hatte, marschierte sie in die Mitte des Marktplatzes, auf einen Hügel mit Blick auf den See. und in Anwesenheit einer großen Menge von Massai und Wambugwe verfluchte sie den Kaiser feierlich auf Massai, Kimbugwe und Englisch. Es dauerte mehr als neun Jahre, bis der Fluch seine volle Wirkung entfaltete. Aber andererseits war der Kaiser eine viel wichtigere Persönlichkeit in der Geschichte Afrikas als der Bewohner des Roten Kraters, und der Teufel kämpfte zweifellos viel härter, um ihn zu retten.

Im Frühjahr 1909 wurde Lucy erneut von perniziöser Anämie befallen , und die Heilmittel von Dr. Wiese konnten die Übergriffe dieses Mal nicht aufhalten. „Es gibt nur eines", sagte er, melancholisch und ahnungsvoll angesichts der Abreise seiner englischen Freunde – „nur eines, um Mrs. Brentham vor dem Tod zu bewahren, und das ist, sie schnell aus Afrika auf eine Heimreise zu schicken." Dampfer. Die Seeluft kann die Erholung des Blutes anregen und ihr helfen, wieder zu Kräften zu kommen."

Roger bereitete sich daher eilig auf die Übergabe seiner Arbeit an Hildebrandt vor. Man hielt es für besser, die beiden Australier mitzunehmen, damit das Personal ausschließlich aus Deutschen bestand. Maud überwachte das Einpacken ihrer persönlichen Gegenstände. Teils aus Sympathie für die Hildebrandts , teils aus Abscheu vor der Zerstörung des Hauses, in dem er, Lucy und Maud so glücklich gewesen waren, beschloss Roger, den Hildebrandts seine Möbel und Einrichtungsgegenstände zu schenken und so wenig Gepäck wie möglich mitzunehmen möglich. Er tat dies fast in einer

Art Voraussicht, dass er eines Tages zurückkehren würde. Maud hatte das Gefühl, sich von den Kronenkranichen zu trennen. Zusammen mit dem Pfau sind sie die intelligentesten, neugierigsten und wohlerzogensten Haustiere, die die Vogelwelt hervorbringen kann.

Die Reise zum Küstenhafen, wo der Dampfer anlegen würde, war in einer dreitägigen Autofahrt bewältigt. Selbst für die sterbende und wenig beachtete Lucy stand dies in auffallendem Kontrast zu der drei- bis vierwöchigen Reise ins Landesinnere während ihres Noviziats; mit seinen erdrückenden Strapazen, Beschwerden und häufigen Gefahren. Keine Schädel und Skelette der jüngsten Raubzüge mehr, keine aufdringlichen Löwen mehr, keine Notwendigkeit mehr, sich unter Soldatenameisen zu stellen, keine Wasserknappheit und keine abscheulichen Gerüche; Kein mühsames Warten in der heißen Sonne oder im strömenden Regen, während ein instabiles Zelt umständlich aufgebaut und ein Feldbett zusammengestellt wurde. Als der Motor für die Nacht stehen blieb, wurde Lucy von freundlichen Händen wie im Traum auf eine saubere, süße, kühle Couch in einem anständigen Schlafzimmer gebracht. Als es Morgen war, nach einem Frühstück, das sie kaum zu schmecken schien, wurde sie in ein fliegendes Bett gelegt – wie der Motor schien – und so ging die Traumreise weiter, bis sie merkte, dass sie sich in einem Boot befand, und dann ins Boot gehoben wurde Luft in einem Bett und schließlich in einer kühlen Kabine zur Ruhe gebracht. Traumfiguren würden diese halbreale Umgebung durchqueren. John Baines schien manchmal an ihrem Bett zu stehen oder ihr in den Motor zu helfen; Maud wurde mit Ann verwechselt, aber sicherlich eine viel sanftere Ann? Da war Bruder Bayley, der darauf wartete, dass sie das Buch Exodus langsam durchlas, damit er es Satz für Satz ins Kagulu übersetzen konnte ...

Einmal auf dem großen Dampfer der Deutsch Ostafrikanischen Linie schien ein Hoffnungsschimmer zu sein. Ihnen waren Deckkabinen zugeteilt. Zwei deutsche Stabsoffiziere taten so, als würden sie sich auf der darunter liegenden Etage *genauso* wohl fühlen, und es wäre mir eine *Freude* , *bei der Genesung* von Mrs. Brentham behilflich zu sein . Sie war eine bedeutende Persönlichkeit in der Geschichte Ostafrikas ... Der Kapitän des Dampfers, selbst ein verheirateter Mann, verkörperte Freundlichkeit. Er durchbrach alle möglicherweise gegenteiligen Vorschriften und ließ einen Teil des Decks gegenüber ihren Kabinen abschirmen, damit keine anderen Passagiere diesen offenen, schattigen Salon passieren konnten , in dem die kranke Frau auf einer Couch lag Halbtraum, selbst in einem glücklichen Traum. Ihr Tagesbett oder Sofa war mit dem Deck verschraubt, damit es nicht durch Bewegungen des Schiffes beschädigt oder verschoben werden konnte. Hier konnte sie den ganzen Tag oder die ganze Nacht liegen; ihr Mann und ihre Schwägerin – eine solche formelle Bezeichnung hätte nicht auf Maud angewendet werden dürfen, sagte sie; „Schwester in aller Wahrheit" – konnte ihr Essen neben ihr einnehmen.

In Unguja kam der neue britische Agent Sir Edward Walrond vom Auswärtigen Amt an Bord, um sich von Brentham zu verabschieden , da dieser seine Frau nicht verlassen konnte. Er schien in Lucys Traum hinein und wieder herauszukommen – ein angenehm zynischer Mensch, der sein Mitgefühl mit Roger nur durch einen Handgriff zum Ausdruck brachte und den Gedanken weglachte, dass Mrs. Brentham nicht in Neapel landen und sich die Sehenswürdigkeiten dort ansehen könnte. mit Ted Parsons, der Sie herumführt – er wird in seiner Art *sehr* pompejanisch, wurde mir gesagt. ... Walrond schickt alle Früchte und Köstlichkeiten, die ihm einfallen, an Bord, die Mrs. Brenthams Appetit anregen könnten.

Erzdiakon Gravening, der sie mit John und dann mit Roger verheiratet hatte, kommt vorbei, um sie zu besuchen. Mittlerweile ist er ein ziemlich alter Mann, der Veteran der anglikanischen Mission, der immer da ist, egal, welche Missionsbischöfe kommen und gehen, der immer Bantusprachen aufschreibt und immer versucht, einen seiner eigenen geheimen Kummer zu töten. Er ist allein mit Lucy, kniet für ein paar Minuten an ihrem Bett nieder, nimmt ihre Hand, betet still und sagt laut: „Mein armes, armes Kind: Ich bete von ganzem Herzen, dass du diese Schwäche überwindest und leben kannst." geliebt von Ihren Kindern. Denken Sie manchmal, wenn es Ihnen in England gut geht und Sie glücklich sind, an den einsamen alten Mann, der Sie mit Ihrem guten Ehemann verheiratet hat. Ich habe immer gesagt, dass Brentham das Richtige getan hat.

Dann legt er ihr einige Blumen zwischen die Hände, die ihr die anglikanischen Schwestern geschickt haben. Lucy denkt in ihrem Traum, dass sie sie erneut mit Roger verheiraten würden, und lacht über die Absurdität, nicht zu wissen, dass sie seit – denn – es ist alles so verwirrend – oh, so viele Jahre …

Draußen auf dem offenen Meer stimuliert die frische, stürmische Luft des Monsuns das geschwächte Gehirn und den Körper wie ein Flackern und verursacht sogar eine gewisse Gereiztheit und Ungeduld, die bei ihrer Sanftheit selten vorkommt. „Roger! *Können* sie mich nicht *schnell* nach Hause bringen? Können sie das Schiff nicht schneller fahren lassen?... "

„Mein Liebling, es geht ihr prächtig; wir werden in vier Tagen in Aden sein. Aden! Erinnerst du dich an Aden? Wohin haben wir Emilia Bazzard mitgenommen, um diesen Tag zu verbringen, und haben die Zisternen gesehen? Ich möchte, dass du *jemals* kommst so viel besser in diesen vier Tagen, denn dann muss ich dich verlassen ..." Beeilt sich hinzuzufügen, während sie seine Hand fester hält: „Oh, nur für ein paar Stunden, während Maud meinen Platz einnimmt, weil ich es will Zahlen Sie unsere vier Somalis an Land aus. Wenn ich ihnen ihr gesamtes Geld für das Schiff geben würde, könnten sie es verspielen oder sich stehlen lassen. Erinnern Sie sich an die Somalis? Unsere alten Getreuen – sind seit – wie lange – bei uns? Achtzehn Jahre. Wunderbar ! Sie reisten mit uns von Magara herunter – oft trugen sie dich aus dem Motor oder ins Boot. Jeden Tag kommen sie, um deine Neuigkeiten zu holen."

Aber sie hört nicht zu... „Roger!"

"Ja, Liebes?"

„Ich möchte nicht in Neapel aussteigen, und ich möchte nicht, dass Sie oder Maud mich in Neapel zurücklassen: Ich möchte in diesem Dampfer immer weiterfahren, bis wir England erreichen ... Und, Roger! *Wenn* Ich sterbe, bevor wir dort ankommen. Wirf mich *nicht* ins Meer, wie man es normalerweise mit Menschen macht, die an Bord eines Schiffes sterben, mich mit nach England nehmen, mich nach Hause bringen, gewonnen Du nicht? Dann wird es mir nichts ausmachen, zu sterben. Irgendwann müssen wir alle sterben ... das macht alles so traurig ... Ich kann nicht glauben, dass die Liebe ein Ende haben kann, nicht die Liebe wie meines für dich; aber es ist schrecklich, daran zu denken, auf dem Meeresgrund zu liegen und du vielleicht in einem Grab am Ufer ..."

„Du darfst nicht so reden, sonst brichst du mir das Herz ... aber wenn es dich beruhigt, verspreche ich dir, dass du nach Hause gebracht wirst."

Dann kommt Maud – mit dem Schiffsarzt – und einer Krankenhauskrankenschwester, die für solche Fälle immer an Bord ist. Es wird eine Bluttransfusion geben und Roger entblößt seinen Arm ...

Danach folgt eine Pause, und sie schläft, schläft und wacht auf, träumt, dass sie bei ihren Kindern ist und sie nur „Tante Sibyl" nennen, träumt, dass sie wieder einmal bei Mr. Callaway ist und darauf wartet, zu erfahren, ob Roger sie heiraten wird ... .Mr. Callaway? Hat sie nicht gehört, wie Roger von jemandem an Bord nach ihm gefragt hat, und haben sie nicht geantwortet: „Vor Jahren an Schwarzwasserfieber gestorben"? Wir müssen alle früher oder später sterben, aber warum sollte es in ihrem Fall nicht später sein? So viel, wofür es sich zu leben lohnt!

Sie ist wieder wach und betrachtet das strahlende Sonnenlicht auf den tanzenden Wellen und die fliegenden Fische, die in mechanischen Parabeln aufsteigen und monoton werden. Irgendeine Gestalt steht derzeit zwischen ihr und diesem Glanz der Sonne auf dem Wasser ... Es ist der Kapitän des Schiffes, ein großer, stämmiger Mann mit einem kurzgeschnittenen, rotbraunen Bart und freundlichen blauen Augen. „ *Zô* ", sagt er mit einer Mischung aus Ernsthaftigkeit und Leichtigkeit, „das ist besser , viel *besser*. Eine ... leetle ... Farbe ... jetzt ... in ... der .. . Wangen ..." Aber seine gut gemeinte Ermutigung endet in erbärmlichem Schweigen vor ihrer ätherischen Schönheit und Jenseitigkeit. Mit dieser Infusion von Rogers Blut ist das müde Mittelalter aus ihrem Gesicht verschwunden. „Was für eine hübsche Frau muss sie einmal gewesen sein!" sagt er sich. Seine blauen Augen füllen sich mit Tränen, und er wendet sich ab und dankt seinem deutschen Gott, dass seine eigene Frau nicht im geringsten wahrscheinlich an Anämie sterben wird ...

Die Hitze und die Luftlosigkeit des Roten Meeres führen zu einem Rückgang der Vitalität ... Das arme kranke Gehirn, das nicht ausreichend mit rotem Blut versorgt wird, löst bei der sterbenden Frau sogar einen verdrießlichen Ton aus. „Oh, Roger! Ich habe dir das Leben verdorben! Du hast mich nur geheiratet, um das Richtige zu tun! Ich hätte ablehnen sollen ... Ich habe deine Karriere ruiniert", jammerte sie.

„ *Lucy* ! Wie kannst du so grausame Dinge sagen. Hier, trink das. Das wird dir Leben und Sinn geben. Habe ich dir nicht *immer und immer wieder gesagt* : Sind deine Kinder nicht ein Zeugnis unserer Liebe? Aber Da! Es ist grausam, mit einem Behinderten zu streiten. Ich werde Maud schicken, um mit dir Vernunft zu sprechen."

„Nein, bleib bei mir. Ich möchte jede Minute meines Lebens bei dir sein."

Sie fahren durch den Suezkanal, aber sie ist jetzt größtenteils unempfindlich gegenüber Szenenwechseln oder Geräuschen oder gegenüber irgendetwas anderem als der Abwesenheit von Roger an ihrer Seite. Die frischen Brisen des Mittelmeers beleben die Mentalität. „Mein armer Roger", sagt sie eines Tages, als die schneebedeckten Gipfel Kretas Hoffnung auf ein nahendes Europa machen, „ *wie* grau du geworden bist! Das ist mir noch nie aufgefallen. Grauer, als du in deinem Alter sein solltest." Und sie streichelt sein Haar mit einer abgemagerten Hand ...

„ Sag Maud – ich sehe sie jetzt nie, *du* bist immer bei mir, aber sag Maud, dass ich sie mehr liebe als irgendjemanden auf der Welt, außer dir. Besser als meine Kinder. *Sie* werden mich nicht vermissen. Afrika lag immer dazwischen." Trotzdem sende ich meinen Dank an Sibyl ... und die arme Mutter ... und sage Mrs. Baines, dass ich freundlich zu ihr gedacht habe ... ich war schuld ... Aber irgendetwas sagt mir, dass John es getan hat längst verstanden und vergeben....

„Und, Roger? Bist du da?" ...

„Immer hier, Liebling." ...

„Tu etwas für die Miss Calthorps – du weißt schon –, wo ich in der Schule war. Jemand hat mir gesagt, dass es ihnen schlecht geht. Sie müssen jetzt ziemlich alt sein."

„Für sie soll gesorgt werden."

Das Schiff passierte die Straße von Messina. Hinter ihnen im Südwesten der Ätna mit seiner Schneekrone. Weit entfernt im Nordwesten befand sich die Kette der Liparischen Inseln, blaue Pyramiden mit spektakulären gelb-violetten Rauchsäulen, die vor dem nahenden Sonnenuntergang aus ihren Kratern aufstiegen. Das Tyrrhenische Meer war inkarnadiniert unter den flachen Strahlen der untergehenden Sonne. Im Osten erhoben sich die grünen und zerfurchten Höhen von Aspromonte , grüngolden und violett im Licht des Sonnenuntergangs, gesprenkelt, vor allem am Meeresgrund, mit rosa-weißen Häusern und Kirchen, deren campaniliartige rosafarbene Finger nach oben zeigten. Lucys Augen blickten zum letzten Mal auf dieses herrliche Schauspiel irdischer Schönheit. Roger, immer noch ihre Hand haltend, lag halb auf ihrem Bett, ausgezehrter als sie, unrasiert, hohlwangig, abgemagert vom vergeblichen Aderlass, erschöpft vom Mangel an Schlaf und Appetitlosigkeit und der langen Nachtwache über seinen Tod Gattin. Er schlief jetzt tief und fest. Ihre Augen starrten einen Moment lang auf seine geschlossenen Augenlider; dann verschwanden Bewegung und Leben von ihnen.

* * * * *

In dieser traurigen Welt war es immer Mauds Aufgabe, sich um die einfachen Angelegenheiten des Geschäfts zu kümmern, während andere einer Trauer nachgaben, die keinen Trost kannte, oder einer Freude, die Formalitäten verschmähte. Sie war es also , die das Schiff in Neapel verließ, Rogers alten Freund, Ted Parsons, den Generalkonsul, aufsuchte, Telegramme in alle notwendigen Richtungen schickte und alle notwendigen Formulare und Zeremonien erfüllte. Ob es nun ein ungewöhnliches Zugeständnis war oder nicht, man war sich sofort einig, dass der Leichnam von Mrs. Brentham , eingeschlossen in einer „Hülle" – sie bekamen das Notwendige aus Neapel –, mit ihrem trauernden Ehemann und dem ihres Mannes weitergeführt werden sollte Schwester von Southampton. Dort wurden alle drei gelandet, und von dort aus fuhren sie auf sehr eintönige Weise mit der Südwest- und der Great-Western-Eisenbahn nach Reading, wo die beiden Lebenden in einem Hotel einquartierten, das so banal und veraltet war, dass es für einen Moment nicht mehr funktionierte Gefühl und erstarrten die Tränen in ihren Tränendrüsen; während die sterblichen Überreste der armen Lucy vorübergehend in einer Art *Chapelle ardente untergebracht wurden* , die vom Chefbestatter genutzt wurde, der die Dinge mit Stil erledigte. Kein Lebenszeichen von Sibyl. Offensichtlich war in Engledene niemand zu

Hause . Lucys Eltern und Lucys Kinder wurden kontaktiert und zu gegebener Zeit fand die Beerdigung in Aldermaston statt . Roger schickte die Nachricht – er erinnerte sich an Lucys Nachricht – sogar an Mrs. Baines in Theale; und zur großen Überraschung aller in der Nachbarschaft stolzierte Mrs. Baines in die Kirche und auf den Kirchhof, nahm an der Beerdigung teil und marschierte dann zum Bahnhof und so zurück nach Theale, wobei sie die Gastfreundschaft auf der Church Farm durch einfaches Schütteln der Glocke verweigerte hagerer grauer Kopf, über dessen Wangen jedoch die eine oder andere Träne gerinnt war.

Lucy kam schließlich auf dem Kirchhof von Aldermaston zur Ruhe , unter den Zweigen einer dieser prächtigen blauen Zedern des Parks , die sich über die Mauern aus sanften Ziegelsteinen erstrecken. Sie hatte diese Zedern in ihrem aufkeimenden Sinn für Schönheit so bewundert, als sie in der benachbarten Schule unterrichtete; und als sie die Mortimer Road auf und ab ging und überlegte, ob sie nach Afrika gehen sollte, um John Baines zu heiraten.

KAPITEL XXIII

DAS ENDE DER SIBYL

Nach Lucys Beerdigung wusste Roger drei Wochen lang kaum, was er tat oder wen er sah. Seine Jungen und Mädchen gingen wieder zur Schule und aufs College; Maud war damit beschäftigt, nach einem Zuhause zu suchen , einem Ort, dessen Unterhalt nicht zu teuer war, wo die Kinder in den Schulferien hinkommen könnten, wo Roger Ruhe, Isolation und die heilende Kraft des Landlebens finden könnte, wenn er von den Städten und Reisen müde war. Sie wollte für sie und ihn das alte Pfarrhaus in Farleigh Wallop erwerben. Der Pfarrer, der die Nachfolge seines Vaters angetreten hatte, lebte lieber dort, wo die Bevölkerung am dichtesten war, statt Archäologe zu sein , für den das heutige Leben eine ermüdende Tatsache war, die sich so wenig wie möglich von seinen Studien abhalten ließ. Daher wählte er im Rahmen seiner Seelsorge Cliddesden als das bevölkerungsreichste von den beiden Dörfern als seinen Wohnsitz und vermietete das Pfarrhaus in Farleigh, wann immer er einen Pächter finden konnte. Dies war natürlich das alte Zuhause der Brenthams und der Ort, an dem Maud bis zum Tod ihres Vaters gelebt hatte. Sie musste sich nicht nach Abfluss oder Wasser erkundigen. Sie kannte seine Reize und seine Schwächen; Als sie feststellte, dass es unbewohnt war, schloss sie bald eine Vereinbarung mit dem Pfarrer, es zu einer angemessenen Miete und mit einer gewissen Sicherheit der Miete zu übernehmen. Noch einmal dort zu leben wäre für sie und Roger – und auch für Maurice und Geoffrey, wenn er sie besuchen wollte – eine angenehme Verbindung von Vergangenheit und Gegenwart.

In der Zwischenzeit kehrte Roger von drei Wochen zielloser Wanderungen mit dem Fahrrad oder im Auto und von Besuchen bei Bankiers, Schneidern und dem Auswärtigen Amt in London zurück, um ein paar Tage mit Maurice in der Englefield Lodge zu verbringen.

Die erste Frage, die er seinem Bruder stellte, war: „Wo *um alles in der Welt* ist Sibyl?"

Maurice : „Ich wollte es dir vorher nicht sagen, Sibyl ist ziemlich angeschlagen, wie Geoffrey sagen würde. Silchester – Clithy , wie sie ihn immer nennen wird – ist letztes Jahr erwachsen geworden, wie du weißt. Sibyl schien ein bisschen zu sein Damals hatte sie ihre Farbe verloren und sah wirklich ungefähr in ihrem Alter aus – endlich. Aber sie hat sich gut geschlagen. Sie gab Feste auf den verschiedenen Grundstücken und nahm an den meisten von ihnen teil … Gab politische Dinnerpartys in London, um ihren Sohn vorzustellen zu so großen Töpfen, wie sie bekommen konnte, bevor er seinen Sitz im House of Lords einnahm. Sie war bei den Sitzungen der Treuhänder anwesend, um über ihre Treuhänderschaft Rechenschaft abzulegen. Sie gratulierten ihr – und mir – und Ihnen, im Nachhinein – über die Art und Weise, wie das Anwesen während der langen Minderheit verwaltet worden war; und sagte Meister Clithy , dass er außerordentlich glücklich sei, eine solche Mutter und solche Agenten zu haben. Er nahm das alles mit einer gewissen pompösen Duldung hin ... Wie Sie feststellen werden, hat er sich zu einem schrecklichen Idioten entwickelt und hält unglaublich viel von sich selbst. Ob ich bei ihm bleiben werde, weiß ich kaum. Ich habe ein bisschen gespart, habe nichts von meinem Anteil an Papas Geld ausgegeben und könnte jederzeit in die Bar zurückkehren. Vielleicht würde ich mit dir gehen , wenn du nach Afrika zurückkehren würdest, wenn du es erlauben würdest? Ich habe die Nase voll von England und der Büroarbeit....

„Aber was Sib betrifft ... Sie kam letzten Sommer hierher und gab *keine* Hausparty. Lebte ganz allein mit deinen Kindern. Sie betrachten Engledene mittlerweile als ihr Zuhause. Natürlich, wenn sie konnte Ich habe sie nicht aufgehängt , ich hatte sie hier. Nun, wie ich schon sagte, sie schien „unter dem Wetter" zu sein. Ein- oder zweimal, als ich lieber in eine Immobilienangelegenheit eingestiegen bin, dachte ich, sie hätte geweint. Es war nicht meine Aufgabe, nachzufragen, warum. Sie war kein leicht zu befragender Mensch und konnte einen mit der Zunge zur Rede stellen, wenn man den Eindruck hatte sich in Dinge einzumischen, die einen nichts angingen. Dann bekam ich letzten Oktober plötzlich eine Nachricht von ihr, dass sie in ein Pflegeheim gegangen sei, um sich einer Operation zu unterziehen, und dass ich mich nicht darum kümmern oder zu ihr kommen dürfe Erkundigen Sie sich, dass Ihre Kinder trotzdem von der Schule hierher kommen sollten, wenn sie zur Weihnachtszeit weg wäre, und ich sie als Gastgeberin vertreten sollte ...“

Roger : „Wozu diente die Operation? Das alles ist mir neu.“

Maurice : „Das habe ich vermutet. Sie hat mir das Versprechen abgenommen, dir nicht zu schreiben und es dir zu erzählen, oder Lucy ... sagte, es würde alles vorbei sein, lange bevor du zurück wärst, und sich als Aufregung um nichts herausstellen. Was es *war* , warum ich annehme, dass sie ein bestimmtes Lebensstadium erreicht hatte, in dem die meisten Frauen Komplikationen haben und zehn Prozent von ihnen operiert werden – Drüsen, Zysten, Tumore ...

„Die Operation fand statt – sie achtete sehr darauf, nichts in den Zeitungen zu erfahren – ich bezweifle, dass selbst Clithy irgendetwas wusste, bis sie längst vorbei war. Er reiste durch Russland, um die russischen Theater und ihre Arrangements bezüglich der Bühnenbilder zu studieren ...“ Nachdem sie sich erholt hatte, schickten die Ärzte sie nach Aix und dann nach St. Tropez an der Riviera ... Clithy schloss sich ihr dort an. Ich schickte ihr das Telegramm über ... über ... Lucys Tod. Ich wage zu behaupten, dass Sie das genau bemerkt haben Sie schickten beide prächtige Kränze zur Beerdigung. Clithy's kam von irgendwo in der Regent Street und hatte eine Karte darauf: „An meine liebe Tante Lucy.“ ... Nur menschliche Berührungen an ihm ... er hat deine Frau schrecklich gern ... hat immer gesagt, dass er sie viel mehr mochte als seine Mutter ... Aber er hätte es nicht so oft sagen müssen, obwohl Sibyl immer nur lachte . Ihr Kranz wurde hier aus den allerbesten Dingen gemacht, die wir in den Treibhäusern bekommen hatten ... nur weil Sibyl schrieb, dass Lucy es so liebte, in diesen Häusern spazieren zu gehen, und sich einbildete, sie wäre zurück in Afrika ... Aber das hatte ich ein Brief von ihr vor drei Tagen ...“ (Nimmt ihn heraus und liest: „ Sag Roger, er soll nicht davon träumen, hier rauszukommen, denn ich gehe einfach weg. Ich schreibe ihm in ein paar Tagen.“) „Da ! Jetzt wird sie dir bald alles über sich erzählen ...“

„Was ist mit *dir* ? Hast du schon irgendwelche Pläne gemacht?“

Roger : „Lucys Tod hat mein Leben in zwei Teile geteilt; ich muss das gesamte Programm ändern , das wir verwendet haben, um gemeinsam zu planen, sie, ich und Maud. Natürlich .“ Da sind die Kinder, an die man denken muss... Wo sind die Streichhölzer? Ich werde eine Pfeife anzünden und Ihnen meine Ideen erzählen ...“ (Ein Schweigen ... Puffs ...) ... „Ich habe mit dieser Happy Valley-Konzession nicht schlecht abgeschnitten. Ich habe meine Anteile daran verkauft – alle bis auf fünfhundert, und habe *sie behalten* , nur um eine Beteiligung zu behalten, wissen Sie nicht, holen Sie sich von Zeit zu Zeit die Berichte der Gesellschaft – ich habe meine Anteile für zwei Pfund pro Aktie an die verkauft Schräders ' Gruppe. Das bringt mich auf fast 75.000 Pfund. Ich habe außerdem nicht viel gespart ... habe dort draußen absichtlich gut gelebt und viel zu Gast gehabt und ... Lucy ... und Maud alles gegeben, was sie wollten, und musste für die Schule der kleinen „ Uns “ zu Hause aufkommen. Allerdings habe ich in diesem Moment etwa 75.000 Pfund auf meiner Bank und etwa zwölfhundert Pfund auf meinem Girokonto ausstehend ... Ich werde Maud zunächst einmal zehntausend Pfund *überweisen* . Ich denke, sie hat es *verdient* .

„Und dann muss ich ein neues Testament verfassen ... und ich möchte dich, alter Junge, bitten, einer der Testamentsvollstrecker zu sein. Willst du? Und vielleicht Geoff, den anderen. Schließlich ist es nicht Geoff, den wir nicht mögen , es ist dieses verdammte, fromme Reh-Kaninchen von seiner Frau. Allerdings ...

„Na dann, zu meinen Plänen. Ich schätze, ich sollte zu Hause in Farleigh bleiben – ich werde nach einer anständigen Wohnung in London Ausschau halten – und meine Kinder kennenlernen. Irgendwie kann ich das nicht ertragen. Sie sind erwachsen geworden. “ so außerhalb all meiner

Gedanken, Pläne und Interessen. Afrika ist ihnen völlig egal. John hat sich in Sandhurst lächerlich gemacht ... er hat gewettet, Kredite aufgenommen und sich verschuldet. Ich bin froh, dass er seine Mutter ist Ich wusste es nicht ... Nun, ich werde das alles klären, aber ich werde darauf bestehen, dass er für die indische Armee – das Stabskorps – antritt, genau wie ich ... Ein Mann, der über Fähigkeiten verfügt, könnte das nicht Ich habe eine bessere Ausbildung ... Er ist ein gutaussehender Junge, John – ich schätze, er hält mich für einen alten Mistkerl aus dem Hinterland ... Indien ist die Schule für ihn. Und was Ambrose betrifft, er muss nach Cambridge, wann Er verlässt Harrow, und ich werde versuchen , ihm eine Nominierung für den Konsulardienst zu verschaffen . Aber...“ (raucht und pustet).

„Nun, da sind da noch die beiden Mädchen. Die fette Maud – sie war wütend, weil ich den alten Namen wiederbelebt habe – sagt, dass ‚Tante Sibyl‘ vor langer Zeit zugestimmt hat, dass es dadurch kompromittiert werden sollte, dass man sie Fatima nennt ... Fatima ist das, soweit ich weiß Achtzehn, und die junge Sibyl ist vierzehn ... Im Moment wird sich Maud um sie kümmern, und ich werde sie hin und wieder für ein paar Wochen nach London schicken. Ich nehme an, dass sie das mit der Zeit wollen werden präsentiert. Ich wage zu behaupten, dass die alte Sibyl das tun wird, oder, wenn sie weg ist, Lady Dewburn . Übrigens, *sie* hat mir einen schrecklich süßen Brief über Lucy geschrieben ...“ (überlegt und raucht).

„Zu gegebener Zeit werden die Mädchen heiraten, und wenn sie den richtigen Ehemann finden, werde ich jedem einen Teil meines unrechtmäßig erworbenen Reichtums geben . So! Das habe ich geplant, und ich wage es zu sagen „ Und es wäre ganz anders gewesen, wenn meine geliebte Luce gelebt hätte. Ich hätte mich dann damit abfinden sollen, mich zu Hause niederzulassen. So wie es ist – ich werde ein bisschen reisen – Gehe nach Deutschland und versuche herauszufinden, was die Deutschen vorhaben ... Geh zurück nach Afrika, vielleicht ... *Ich* weiß es nicht ...“

Einige Tage nach diesem Gespräch erhielt Roger einen Brief von Sibyl:

Villa les Pins,

    Grimaud, bei St. Tropez,

    Var,

    12. Juni 1909.

LIEBER ROGER,—

Maurice wird Ihnen alle Neuigkeiten über mich mitgeteilt haben, mit Ausnahme dessen, was ich in diesem Brief hinzufügen werde.

Ich werde zum jetzigen Zeitpunkt nicht versuchen, Mitgefühl für Ihren Verlust auszudrücken. Mauds Telegramm aus Neapel wurde hierher an mich weitergeleitet und versetzte mich in eine schreckliche Situation. Ich habe Lucy oft geärgert: „Ich fürchte, ich bin allen gegenüber empfindlich." Warum? *Ich* weiß es nicht: Es hat etwas mit meinen inneren Organen zu tun, wage ich zu behaupten. Aber ich habe sie aufrichtig liebgewonnen, nachdem ich ihr gegenüber völlig abscheulich gewesen war, als wir uns das erste Mal trafen. Sie schien auf einem zu wachsen. Ich hätte mir gewünscht, dass sie immer in Englefield bliebe.

Hoch ho! Ich neige sehr dazu, über mich selbst zu jammern. Ich habe eine *schreckliche* Zeit durchgemacht ... Eines Tages , wenn ich überlebe, werde ich es dir sagen. Obwohl ich mich so *sehr darauf freue* , dich zu sehen, werde ich dieses Glück in der Zwischenzeit aufschieben und stattdessen mit Vicky Masham um die Welt reisen.

Die Ärzte scheinen der Meinung zu sein – ich wage zu sagen, das liegt nur daran, dass sie nichts anderes vorschlagen können –, dass ich wieder ziemlich stark werden würde, wenn ich etwa ein Jahr lang auf eine lange Seereise gehen würde – ich meine, ständig auf dem Meer unterwegs sein würde . Vielleicht werde ich es tun. Ich möchte mir jede Chance geben – es kommt mir *so dumm vor* , zu sterben, bevor man siebzig ist. Neulich kam mir auch der Gedanke, dass eine Frau zwanzig Jahre lang vom Britischen Empire geschwärmt hat und dennoch nie einen Teil davon außerhalb Großbritanniens gesehen hat, außer Kapstadt und Stellenbosch, und einmal, als wir von Jersey nach Jersey fuhren Dinant – war ziemlich albern. Also starten Vicky und ich nächsten Sonntag in einem P. und O. von Marseille nach Ceylon und danach nach Japan. Ich glaube nicht, dass Japan britisch ist, aber wir werden natürlich nicht pedantisch sein. Dann werden wir wohl Australien und Neuseeland „erledigen" – aber ich fürchte, Neuseeland ist doch ziemlich muffig , nicht wahr? Überaus würdig und so weiter, lebt aber hauptsächlich von Hammelfleisch und gedünstetem Tee. Es gibt jedoch Geysire und rosafarbene Terrassen, wenn Sie danach suchen. Dann wird es eine schöne Kreuzfahrt über den Pazifik geben, und Strandgänger und unglaublich große Austern, die eine sechsköpfige Familie speisen würden, und braune Menschen ohne Moral und schöne, geschwungene Formen und schließlich San Francisco und Kalifornien. Danach reicht jedoch das Übel des Tages aus. Vicky oder ich werden dich mit Postkarten bombardieren, die unsere Fortschritte aufzeichnen, und wenn – und wenn es mir *ganz* gut geht und ich nicht mehr wie eine dem Untergang geweihte Frau aussehe –, werde ich es dich wissen lassen, und, liebster Roger, den Rest werden wir weitergeben unser gemeinsames Leben oder zumindest nicht weit voneinander entfernt. Deine Kinder sollen die Kinder meines Alters sein....

Clithy ist hier, aber sobald ich nach Marseille aufbreche, macht er sich wieder auf den Weg nach Russland. Er hat mir versprochen, dich aufzusuchen, wenn er zurückkommt. Sie werden feststellen, dass sein Aussehen jetzt definitiv festgelegt ist. Leute seines Schlags sind so. Zwischen neunzehn und einundzwanzig nehmen sie ziemlich schnell die Figur, das Gesicht und den Stil an, unter denen sie für immer bekannt sein werden. Er wird Sie am meisten an Lord R. erinnern, obwohl ich Ihnen versichere, dass darin keine Anspielungen enthalten sind. Ich wage zu behaupten, dass die L—— entfernte Verwandte der Stockenten sind. Aber Clithy ist im Wesentlichen der aristokratische junge Adlige, der eine Quelle der Weisheit oder ein hohler Betrüger mit nichts im Inneren und einem tadellosen Äußeren sein kann. Er ist mir ein Rätsel. Und ich interessiere mich wenig für ihn. Die einzige Frau, von der ich je gehört habe, dass er auch nur annähernd einen freundlichen Blick hatte, war Lucy. Die Nase der Anna von Dänemark ist immer noch da, wellenförmig und mit einer Beule in der Mitte; aber der Rest des Gesichts ist erwachsener geworden und sein Haar hat ein schönes dunkles Kastanienbraun. – Nun , Sie werden ihn später sehen, warum also Zeit damit verschwenden, ihn zu beschreiben?

Was Vicky Masham betrifft ... Natürlich möchten Sie wissen, warum usw.

Nun: Vicky blieb nach dem Tod ihrer Schutzpatronin Victoria der Guten kaum mehr als ihre Rente von 500 Pfund im Jahr. Sie hätte zehntausend Pfund selbst haben sollen, aber – ich wage zu behaupten, dass Sie den Skandal in den Zeitungen gesehen haben? Sie und ihre Schwestern gaben einen Großteil ihrer Mittel auf, um ihren erschreckend bösen Bruder davor zu bewahren, wegen eines Schwindels ins Gefängnis zu gehen, der ... Noch einmal : Warum Worte verschwenden? Maurice könnte Ihnen alles darüber erzählen. Nun, als ich letzten Dezember nach Aix nach Südfrankreich kam, war ich *furchtbar* geschwächt und kämpfte mit einem gewissen Schrecken – einem viel *schlimmeren* Schrecken als dem, von dem Sie mir immer geschrieben haben, wer in einem Roten Krater lebte (eher ein angesehener). Adresse: „Der Rote Krater, Iraku ") und der auf direktem Weg in die Hölle gelangte. Ich kam unter anderem nach Monte Carlo und dachte, wenn ich einen Schleier tragen und eine blaue Brille tragen würde, würde mich niemand erkennen. In den Zimmern sah ich Victoria Masham, die sehr melancholisch aussah – und oh, so alt – und ganz allein. Mein Herz war berührt, ich sprach mit ihr und wir setzten uns auf die Terrasse. Ich erzählte ihr meine Probleme und sie erzählte mir ihre. Ergebnis: Ich habe ein Schnäppchen gemacht. Sie soll bei mir wohnen, bis wir unseren ersten Streit haben; Ich soll ihr Unterbringung, Unterkunft und Wäsche geben, alle möglichen Kosten bezahlen und ihr darüber hinaus ein kleines Taschengeld geben. Und wissen Sie, ich denke, es wird ein ziemlicher Erfolg! Wir hatten noch keinen Streit! Ich habe ihre Zähne von einem amerikanischen Zahnarzt in Cannes wunderschön bearbeiten lassen, daher trifft mein Spitzname nur bedingt zu – er war zu schlau, um dem neuen Zahnersatz nicht eine Prise Pferdegeschmack zu verleihen. Und ich habe sie dazu gebracht, eine ganz wundervolle „Verwandlung" zu kaufen – chez Nicole – rotbraun, mit grauen Strähnen . – Das würde man nie erraten. Sie hat ein gutes Geschäft gemacht, denn obwohl ich selbst einen erbärmlichen Appetit habe, habe ich einen guten Tisch, und auf mein Wort, wenn wir in den Kolonien ankommen, sollte ich mich nicht wundern, wenn sie eine Menge Vorschläge hätte. Sie redet nie über etwas anderes als Königin Victoria, aber ich finde das – irgendwie – furchtbar beruhigend – es versetzt mich in die glückliche alte Zeit zurück, als ich ein sorgloses Mädchen war, stolz auf meine heimliche Verlobung mit dir.

* * * * *

Lieber Roger. Ich habe *all* mein gutes Aussehen verloren. Deshalb möchte ich nicht, dass du mich siehst, bis ich sie wieder gesund habe – ein wenig. In der Zwischenzeit, liebste Freunde und Cousins, wenn Sie an *etwas glauben* , das retten kann – leider! Das tue *ich* nicht – bete zu ihm, dass er mich vor dem Schrecken rettet, der über mir schwebt – vor allem in den stillen Wachen der Nacht – und mich sicher von meiner Weltreise zurückbringt, mit mindestens weiteren zehn Lebensjahren vor mir.

Denken Sie daran, dass Engledene während meiner Abwesenheit Ihren Kindern zur Verfügung steht. Ich habe dem Obergärtner geschrieben, dass hin und wieder frische Blumen an Lucys Grab geschickt werden. Wann wirst du es ihm sagen? Lucy war *wirklich eine gute Frau* und ich glaube, sie hat mich verstanden und mir vergeben können ...

Immer deiner,

SIBYL.

Roger verbrachte den Rest des Jahres 1909 so, wie er es geplant hatte: Er kümmerte sich einigermaßen um seine Jungen und Mädchen und versuchte, sich für seine Kinder zu interessieren. Die Mädchen langweilten ihn mit ihrem Geschwätz über oberflächliche Dinge: Schulstreitigkeiten und Rivalitäten, Schulfreundschaften, Schulmädchen; ihr individueller Geschmack in Schokoladencremes und Karamell; ihr Schulsport; die Schauspieler, die sie – aus der Ferne – verehrten und deren Fotos sie sammelten; ihre Verachtung für diese dummen Ärsche, die Suffragetten – *sie* selbst würden *niemals* eine Stimme wollen! Die beiden Jungen waren mit ihrem Sandhurst- und Schuljungen-Slang nicht viel weniger oberflächlich – „top-hole, sir", „ripping", „ruddy", „ rotters ", „wir haben sie ein bisschen verrottet" – ihr Schuljunge Spiele von so großer Bedeutung; ihre Abneigung gegen alles Aufrichtige, Originelle, Warmherzige; ihre vorschnelle Kritik an großen Schriftstellern, ihre hektische Bewunderung für große Sportler, ihre religiöse Ehrfurcht vor Schnitt und Farbe , Stil und Form; Begeisterung im Allgemeinen für Dinge, die unwichtig sind, und Verachtung für Dinge, die wichtig sind.

War er in ihrem Alter auch so? War Sibyl die Ältere mit sechzehn so eine Gans gewesen wie Sibyl die Jüngere? War es die hohle Falschheit einer klassischen Erziehung, die trostlose Täuschung des Schulchristentums, die seine Jungen so zynisch und so grob in ihrem Geschmack gemacht hatte? Seine Kinder waren gut anzusehen, gutaussehend, gesund und körperlich wohlerzogen. Aber waren sie – waren ihre Zeitgenossen nicht ein bisschen herzlos? Vor allem diese hatten ihre Mutter völlig vergessen. Doch hätten sie sich doch sicherlich an Lucys unaufhörliche Zärtlichkeit und die vielen Opfer an Gesundheit und Bequemlichkeit erinnert, die sie für sie gebracht hatte?

In der damaligen Presse und in den angesagtesten Büchern und Theaterstücken sollte man dafür sorgen, dass alles den Freuden, Bedürfnissen, Launen und Erwartungen der Jugend, der kommenden Generation, Platz macht. Aber warum hatte kein Autor den Mut, auf das Desinteresse hinzuweisen, das Jugendliche unter einundzwanzig für die meisten Menschen mit reifem Geist zeigten? Achtzehnjährige Mädchen schrieben Romane ganz ohne Erfahrung und direkte Beobachtung des Lebens, lediglich auf der Grundlage ihrer verwaschenen Erinnerungen an Bücher, die von „Erwachsenen" geschrieben worden waren; Jungen von achtzehn Jahren veröffentlichten hämische Gedichte und Essays über grüne Käsesorten, für die man sie hätte verärgern und nicht belästigen sollen. Wie unendlich vorzuziehen war Roger, wenn er seine geheimen Gedanken in Worte fasste, die Gesellschaft von Freunden und Verwandten mittleren Alters aus seiner eigenen Zeit, deren Gehirnwindungen tatsächlich von traurigen und freudigen, scharfen und ungewöhnlichen Erfahrungen geprägt waren.

Tante Maud sagte, mit seiner Leber sei offensichtlich etwas nicht in Ordnung, und seine Söhne und Töchter stimmten mit einem Blickwechsel stillschweigend zu. Sie hatten sich ein wenig für ihre ineffiziente Mutter geschämt (obwohl sie es in seinen Anhörungen nie gewagt hatten, es auszusprechen). War das nicht eher *eine Infragrabung?* Lehrer und Missionar gewesen sein? Aber vor ihrem Vater hatten sie alle große Ehrfurcht, denn er galt zu seiner Zeit als gutaussehender Mann, hatte jetzt ein vornehmes Aussehen und wurde in den besten Kreisen als Entdecker, Großwildschütze, Naturforscher und Mann respektiert der einen Teil Afrikas bezahlen ließ. Aber wenn er sich auf ihr Niveau herabließ und versuchte, seine herausragende Stellung durch technische Reden über afrikanische Themen oder häusliche Probleme zu rechtfertigen , zeigten sie bald, dass sie ihn für langweilig hielten.

Sie sprachen herzlich von Tante Sibyl und jammerten über die Krankheit, die sie von ihrem Kreis fernhielt. Sie war ihr Ideal einer modernen, großartigen Dame. Ihre zynischen Reden appellierten an ihre eigene Überzeugungslosigkeit; Es gab nichts „Schlampiges" an Tante Sibyl.

Also flüchtete Roger, wann immer er konnte, aus seinem Heimatkreis und reiste durch Deutschland, Frankreich, Holland und Italien, um das Spiel der Außenpolitik zu studieren und herauszufinden, warum nach der unbeschwerten Meinung der meisten Menschen ein großer Krieg „unvermeidlich" war Lösung widersprüchlicher Ambitionen und ob es nicht möglich wäre, sie vollständig abzuwenden, wenn nur Großbritannien, Deutschland, die Vereinigten Staaten und Frankreich einen Bund zur Wahrung des Friedens bilden könnten.

Die Schräders machten in Deutschland viel aus ihm. Ziemlich schüchtern stellten sie sich gegen Potsdam auf und versuchten, in den süddeutschen Staaten – ihre elsässische Herkunft führte sie in diese Richtung – eine Meinung zu schaffen, die für eine Flotten- und Kolonialverständigung mit Großbritannien günstig war . Auf ihre Veranlassung hin hielt Roger 1910 eine Reihe von Vorträgen in West- und Süddeutschland, die als großer Erfolg galten, in Berlin jedoch eher verpönt waren. Er versprach, seinen Besuch und seine Vorträge im Herbst 1911 zu wiederholen.

In der Zwischenzeit war Sibyl im Frühherbst 1910 nach London zurückgekehrt. Es war natürlich die tote Jahreszeit, aber der Society dämmerte allmählich, dass sie nicht mehr vorhatte, Gäste zu bewirten. Sie wollte wahrscheinlich ein Buch über das Britische Empire schreiben; Andere sagten, sie sei ganz ernst geworden und würde sich der Religion widmen. Sie hatte offensichtlich ihre Gesundheit und zweifellos auch ihr Aussehen verloren.

Roger war herbeigeeilt, um sie in dem sehr verschlossenen Haus in Carlton House Terrace zu begrüßen. Hier saß sie, meist mit dem Rücken zum Licht. Er war darauf vorbereitet, sie völlig verändert vorzufinden. Was ihn am meisten beeindruckte, war die erbärmliche Dünnheit von Gesicht und Händen und die Formlosigkeit der Figur. Die neuen Modetrends in der Kleidung – gerade nach oben und unten geschnitten, keine Taille, eine der größten Revolutionen unserer Zeit – halfen ihr dabei, allerdings auf Kosten des weiblichen Charmes. Denn Roger hatte den altmodischen Männergeist, der seit etwa zwanzigtausend Jahren – begann er nicht in der Zeit der Aurignacien? – die Wölbung unterhalb der gut ausgestatteten weiblichen Büste und die Wölbung von der Taille bis zur Hüfte bewunderte.

„Ich bin froh, dass du so schnell gekommen bist", sagte Sibyl, „denn ich verlasse dieses düstere Herrenhaus und übergebe es Clithy . Ich kann es mir einfach nicht leisten, so weiterzumachen . "Engledene auch, und obwohl er sagt, dass er natürlich alles bezahlen wird und ich meine eigene Zimmersuite haben kann, habe ich irgendwie Lust auf eine gemütliche kleine Wohnung, die ich mit Maud oder Vicky Masham teilen könnte, wenn sie aus den USA zurückkommt. .. Ja, ich habe sie in Washington zurückgelassen und werde im Weißen Haus bleiben. Von dort kam ich alleine zurück, aber die mürrische Sophie kümmerte sich um mich. Eine Sache, die mich glauben lässt, Roger, dass ich *wirklich* krank und dem Untergang geweiht bin, ist, dass Sophie mir nicht mehr Bescheid gibt, wenn ihr eine Laune von mir missfällt. Ich bin mir sicher, dass sie sich jetzt sagt: „Das arme alte Mädchen wird nicht mehr lange bei uns sein. Bleib besser bei ihr, dann hinterlässt sie mir vielleicht etwas." Aber was Vicky betrifft, denn es ist wirklich eine gute Geschichte ... Nur werde ich – oder Sie vielleicht – zuerst zum Tee klingeln. Natürlich bleibst du? Du könntest es aus Anstand nicht ablehnen. – Wissen Sie, wir haben uns seit ... seit ... *drei Jahren* nicht mehr gesehen ? Wir schlucken beide scharfe Dinge herunter, die wir über das Aussehen des anderen sagen könnten, und beschließen beide, uns lieber die Zunge abzubeißen, als sie zu *sagen* , meine ich.") ... „Ich muss diese Rahmennahrung in Form von Sandwiches zu mir nehmen, und Sophie hat die Kunst gelernt, sie so verführerisch zuzubereiten, dass ich sie ohne Schwierigkeiten hinunterbekomme....

„Über Vicky. – Ziehen Sie Ihren Stuhl hoch; Sie müssen einem sterbenden Freund gegenüber nicht so kalt sein. Als in Kalifornien bekannt wurde, dass Vicky eine Trauzeugin der verstorbenen Königin Victoria gewesen war , meine Liebe, wären die Amerikaner beinahe getötet worden uns mit Freundlichkeit! Unsere Rollen waren vertauscht. *Sie* war die Dame von Rang und *ich* war ihre Reisebegleiterin. Sie wissen, dass die Amerikaner, insbesondere im Westen und Osten, Königin Victoria *verehren* , und Vickys Geschichten aus ihrem Privatleben hielten sie fest gebannt. Sie hatte das Gefühl, dass es in ihrer Position nicht richtig wäre, *öffentlich* über ihre verstorbene Geliebte zu reden, aber die Schwierigkeit war überwunden. – Trinkst du immer noch Tee ohne Zucker? Mir wurde gesagt, ich *solle* ihn nehmen – Nachdem sie sich mit Sitzungen im Salon, Eintrittskarten im Abonnement und kostenlosem Eintritt an der Tür durchgesetzt hatte, wurde Vicky mitten in Vickys Rede ein üppiger Tee serviert, der angeblich der Sorte Tee nachempfunden war, die die Königin in Osborne trank. Sie weigerte sich, ihn anzunehmen Sie hat keine direkte Bezahlung, also schickten sie ihr *teure* Schecks für ihre Reisekosten. Und jetzt wird sie ihre Vorträge über Königin Victoria als Mutter, Ehefrau und Königin in einem Buch niederlegen . – Auf die eine oder andere Weise wird sie fünf- oder sechstausend verdienen Pfund aus dem ganzen Geschäft. Und ich bin *wahnsinnig* froh. Es wird eine Art Vorsorge für ihr wirkliches Alter sein, wenn ich nicht mehr da bin – denn ich werde nicht viel übrig haben, und das meiste davon muss ich meinen Schwestern in den Kolonien und deiner Sibyl geben, und einige von mir Diener....

„Nun: Du hast *mir unendlich* viel zu erzählen . Tatsächlich verstehe ich wirklich nicht, warum wir jetzt getrennt werden sollten, außer wenn wir ins Bett gebracht werden. Du musst ein mentales Wrack sein, und ich bin ein physisches. ... Ich wurde in den Staaten furchtbar müde – es hat viel von dem Guten, das ich von den langen Dampferreisen mitgenommen habe, verdorben ... Wir sind einfach zwei eingesperrte Seelen in sehr ramponierten Käfigen. Die gesamte Vergoldung stammt von mir."

Silchester in den letzten Monaten des Jahres 1910 so oft wie möglich. Er und Maud halfen ihr dabei, genau die richtige Wohnung zu finden, in der sie keine Haushaltssorgen haben würde und in der sie eigentlich nur Sophie behalten musste Schau nach ihr. Sie alle verbrachten ein einigermaßen fröhliches Weihnachtsfest in Engledene , wo Lord Silchester zu ihnen gesellte und wo Fatima – Maud junior – ein so großes Interesse an seinen keltischen Opern und Reformen im Bühnenbild zeigte und vielleicht auch verspürte, dass der Eifer des Heiratsvermittlers zum Vorschein kam in Sibyls müde Augen; Sie drückte Rogers Hand und murmelte: „ Wäre es *nicht zu* herrlich...?"

In der ersten Hälfte des Jahres 1911 entdeckte die Geheimdienstabteilung des Kriegsministeriums, dass Major Brentham ein wirklich großer Experte für afrikanische Geographie und afrikanische Feldzüge war, und er arbeitete dort an Karten und gab ihnen darüber hinaus viele andere Informationen. Nach einiger Zeit wurde er zum Oberst ernannt , und wieder war die Rede davon, eine solche Verwaltungskapazität in unseren eigenen Herrschaftsgebieten einzusetzen.

Im Juni 1911 waren Sibyls Arzt und Chirurg mit ihren Fortschritten auf dem Weg der Genesung nicht ganz zufrieden und schlugen vor, dass ihr die Gewässer von Villette, einer Thermalstation im Osten Frankreichs in der Nähe der Vogesen, großen Nutzen bringen könnten. Also sagte sie zu Roger: „ *Du siehst* genauso krank aus, wie ich mich *fühle* . Es ist Malaria. Du hast das Schwarzwasserfieber nie ganz losgeworden. Komm später nach Villette. Maud und die Mädchen und Clithy könnten auch mitkommen. Das werde ich tun." Zunächst einmal einen Monat, allein bis auf Vicky. Ich werde der Heilung die größte Aufmerksamkeit widmen, und wenn Sie dann ankommen , kann ich mich vielleicht aufsetzen und aufmerksam werden und sogar ein wenig Auto fahren ..."

Dementsprechend verändert sich der Schauplatz dieser schwindenden Geschichte in Villette- ès -Vosges, einer *Ville d'eaux* im Osten Frankreichs, im August und September 1911. Deutschland hat allen Staatsmännern,

Soldaten und Seeleuten den Sommer verdorben, indem es die Franzosen herausgefordert hat Protektorat Marokkos in Agadir. Mitte August, nach der Rede von Herrn Lloyd George in der City und nach einer Reihe von „ Kratches " in deutschen Bankhäusern, wird angenommen, dass die kaiserliche Regierung zögert, den Krieg in voller Länge zu führen; aber Deutschland knurrt schrecklich, weil ihr klar wird, dass ihre finanziellen Vorkehrungen für einen Krieg von großem Ausmaß unvollständig sind und dass sie nicht auf die Flugzeuge vorbereitet ist, um mit den französischen Flugzeugen fertig zu werden .

Deshalb willigt sie in *ein Gespräch* ein, um die Bedingungen zu ermitteln, unter denen sie freigekauft, überredet werden kann, Agadir zu verlassen und einen Teil der Armee, die sie nach Elsass-Lothringen drängt, abzuziehen.

Villette- ès -Vosges eignet sich gut für die Arbeit der alten Diplomatie. Es ist zunächst einmal eine *Ville d'eaux* ; und im 18., 19. und frühen 20. Jahrhundert trafen sich Staatsmänner, die Verträge und Bündnisse aushandelten oder Probleme lösten, die einen Krieg drohten, gewöhnlich an einem belebten Ort in der Nähe ihrer Grenzen, wo sie unter dem Vorwand, „das Wasser zu nehmen", etwas transportieren konnten über ihre Gespräche untereinander und entwerfen Verschwörungs- oder Vereinbarungsprotokolle. Infolgedessen war Villette Ende August und Anfang September 1911 ungewöhnlich überfüllt: nicht nur von seiner gewohnten Klientel aus Invaliden mittleren Alters, die alle Arten von Krankheiten bekämpfen wollten, gegen die seine Quellen wirksam waren, sondern auch von ihren *Demoiselles-à- marier*, ihre schlaksigen Jungs und Brot- und-Butter-Mädchen mit Zöpfen, die Tennis und Krocket spielen und sich in die Kinos drängen, während ihre Eltern nippen, baden und sich einer Sous -*l'eau- Massage unterziehen* ; von bösen Spielern, offensichtlichen Abenteurern, zurückhaltenden Kokotten (die einen Monat Ruhe und eine Reduzierung ihrer Zahlen benötigen); und von europäischen Staatsmännern, die versuchen, wie Touristen auszusehen. Die deutschen Diplomaten haben sich so gekleidet und behütet, dass sie dem Franzosen der Karikatur ähneln; Die französischen Minister und Ex-Minister übertreffen den durchschnittlichen englischen Gentleman in auffälligen „Sport"-Kostümen. und es gibt Russen und Österreicher, die zu urig sind, um es in Worte zu fassen, *à pouffer de rire* , wie Sibyl sagt; mit solch weinenden Schnurrhaaren, solchen gegabelten Bärten, solchen Gehröcken am frühen Morgen und solchen hohen Hüten, wie man sie nur auf Bildern der Pariser Gesellschaft des Zweiten Kaiserreichs gesehen hat.

Diese Diplomaten versammeln sich im theatralisch schönen Park mit seinen Schwanenteichen, seinem kanalisierten Fluss, seinen Hainen und Bosketten, Pavillons, Teehäusern, Sommerhäusern, Chalets, Kiosken mit Zeitungen und anzüglichen Romanen, Open-Air-Orchestern und Krocket-

Rasen , und Tennisplätze. Oder wenn das Problem sehr schwerwiegend ist und aufgeregte Reden für umherstreifende Journalisten weder hörbar noch Gesten sichtbar sein sollten, schlendern sie zur Rennbahn oder zu den Golfplätzen.

Es ist der herrliche Sommer 1911, als es zwischen Anfang Juni und Ende September wenig regnete. Sollten Sie jedoch der Hitze überdrüssig werden oder es zu einem plötzlichen Schauer kommen, stehen Ihnen eine lange, kühle Passage mit verlockenden Geschäften, ein Grand Guignol und die nötigen Rückzugsorte – im großen Stil – für diejenigen zur Verfügung, die von der Kathartik kurzfristig betroffen sind Wirkung des Wassers, insbesondere der sehr starken *Quelle Salée* , die nie ohne Respekt erwähnt wird, außer dort, wo sie die Grundlage der Rabelais-Geschichten bildet. Die Heilquellen sind in Tempeln von großer architektonischer Schönheit untergebracht. Die Stadt des Vergnügens mit ihren acht oder neun Hotels erhebt sich auf Terrassen, die den Park überblicken – vor nicht allzu langer Zeit ein Wald, in dem im Winter Wölfe umherstreiften. New Villette enthält ein Theater, einen *Club des Étrangers* mit Spielräumen, einen *Salle de Lecture* , einen Konzertsaal und eine *Église Anglicane* und eine katholische Kirche, ein Postamt, Ärztehäuser und Labore sowie die notwendigen *Nutzfahrzeuge* und *Garagen* . Eine Meile entfernt liegt das echte Villette, eine gewöhnliche lothringische Stadt mit rein landwirtschaftlichen Interessen, die dem angrenzenden Kurort, der ihren Namen berühmt gemacht hat, sozusagen den Rücken kehrt.

In der Spielhalle gibt es eine große schwarze Anschlagtafel, an der neben lokalen Bekanntmachungen auch die *Havas*- Telegramme hängen. Hierher kommt während einer kritischen Woche eine Schar besorgter Leser. *Soll es Frieden oder Krieg sein* ? Wird sich Deutschland mit Französisch-Kongo zufrieden geben und Marokko aufgeben? Sollten wir heute Abend packen und losfahren, bevor Mutter ihre Kur beendet hat, *für den Fall, dass* die Mobilisierung die Züge durcheinander bringt? Wird mein Mann einberufen? *Was* wird mit meinem Jungen passieren?

Sibyl, die auf ihrem bequem geneigten Invalidenstuhl auf der Veranda des Pavilion des Déjeuners liegt, meint, die Deutschen müssten *perfekte Tiere sein* , um jeden auf diese Weise zu verärgern, und das überall an der Saharaküste, wo es nur ein paar schädliche Mauren gibt . Sie ist nicht für den Anarchismus, aber sie wünscht sich wirklich, *dass* jemand den Kaiser ermorden würde ...

Roger sieht ernst aus und spricht über die hoffnungslose Aufgabe, Deutschland zu verteidigen. „Es ist dieser ganze Wahnsinn für ‚Empires across the Seas'." Deutschland wird wütend, wenn unser Reich, das

Französische Reich, das Russische Reich jedes Jahr größer wird, während es überall an der Expansion gehindert wird – usw. usw.

Victoria Masham wagt die Vermutung: „ *Wenn nur* die liebe Königin am Leben wäre! Sie würde bald …"

Sibyl unterbricht: „Meine liebe Vicky, Sie müssen den Tatsachen ins Auge sehen. Königin Victoria wäre jetzt 92. Sie würde in diesem Alter nicht viel nützen … Sehen Sie! Da ist offensichtlich unser Außenminister … verkleidet mit Rauch Brille, aber man kann seine Nase nicht verwechseln. Ich finde, er sieht *so* gut aus … Und da ist der junge Hawk vom FO. Er wurde gerade nach Brüssel geschickt. Ich habe gehört, dass die Villierses morgen erwartet werden. Dieser Mann ist da Der Strohhut und die grillenden Flanellhemden sind Monsieur Viviani, und der hübsche alte Löwe mit der grauen Mähne ist Léon Bourgeois. Der Mann mit den engen Hosen, den man für einen „Buchmacher" halten würde, ist Graf Palastro – und seine ausgestopfte Figur ist unverkennbar im letzten Jahrhundert, mit Ofenrohrhut, zugeknöpftem Gehrock und spitzem Schnurrbart: das ist Polánoff vom russischen Außenministerium. Wir haben ihn gesehen, als wir in Japan waren … „Wo auch immer der Kadaver ist, dort." sind die Adler versammelt.""

Roger : „Ich nehme an, der Kadaver sind die unglücklichen Völker Europas?""

Sibyl : „Das nehme ich an. Vicky, meine Liebe. Geh heute Morgen frühstücken ins Hotel. Stört es dich? Maud hat die beiden Mädchen zu einem heftigen Sportwettkampf mitgenommen, und Clithy ist nach Domrémy gefahren ." (Zu Roger): „Er studiert Lokalkolorit für das Libretto einer Oper über Jeanne d'Arc. Sein großer *Clou* – wenn er es nur schaffen kann – ist die letzte Szene. Jeanne d'Arc, während sie an den Pfahl gefesselt und umzingelt ist." mit Flammen, singt eine Szene wie ein Feuerwerk. Clithy sagt, das wäre unter den gegebenen Umständen natürlich. Er denkt, wenn sie eine Art Asbest-Verschiebung für die Primadonna und die üblichen chemischen Flammen, die nicht viel brennen, erfinden könnten, könnte das der Fall sein arrangiert..." (Zu Vicky): „Ich möchte, dass Roger heute Morgen ganz für mich allein ist. Wir werden hier zusammen frühstücken, für den Fall, dass die Ereignisse ihn zu strengeren Aufgaben zwingen…" (Vicky stimmt mit einem zu Gute Gnade – in ihrer neuen Verwandlung, zu der ein *wenig* mehr Grau wurde hinzugefügt, sie sieht überraschend gut aus und jünger als Sibyl, obwohl sie zehn Jahre älter ist).

Eine Pause. Der Kellner deckt zwischen ihnen den Tisch für Rogers Déjeuner à la Fourchette. Er ist es gewohnt, Sibyls spezielle Diät zuzubereiten und kümmert sich auch darum. Er ist ein Mann mit freundlichem Gesicht, der zutiefst bedauert: „le peu de progrès que fait M'ame la Baronne …"

Sibyl: „Was für eine Szene für eine sterbende Frau!"

Roger: „Sibyl! *Sei nicht* so traurig …"

Sibyl: „Warum? Glaubst du, ich kenne meinen eigenen Zustand nicht so genau? Ich sterbe langsam an Krebs, was die Ärzte „un lent dépérissement " nennen. Ich gehe davon aus, dass Mutter später im Leben daran gestorben ist. Die Ärzte wären bereit, noch einmal zu operieren, wenn es eine Chance gäbe Monate, als mich dem Schock einer Operation auszusetzen, die mich sofort töten könnte. Ich *werde vielleicht* bis Oktober leben, denkt Dr. Périgord. Oder er drückt es freundlicher aus: „ Vers le mois ." d'Octobre nous saurons Oui Oder nicht, si la guérison de M'ame la Baronne s'effectuera . Les eaux de Villette opèrent parfois des Miracles: espérons toujours .' … Und so weiter.... Ich habe noch keine großen Schmerzen. Wenn es soweit ist, werden sie mich unter Morphium verschreiben. Ich werde hier bleiben, bis diese politische Krise vorbei ist oder das schöne Wetter zu brechen beginnt. Dann wird mich Clithy nach Calais und von Dover nach Engledene fahren . Engledene wird der beste Ort zum Sterben sein. Und *denken Sie* natürlich daran: Ich möchte in Aldermaston begraben werden , in der Nähe von Lucy – und in der Nähe des Ortes, an dem Sie eines Tages begraben werden –, es sei denn, Sie heiraten erneut, was Sie meiner Meinung nach kaum tun werden. Ich werde ein vollkommenes Recht haben, einen kleinen Platz auf dem Kirchhof von Aldermaston zu bewohnen , weil ich ein Gemeindemitglied bin. Ich habe die Farm gekauft, die mein Vater so lächerlich schlecht verwaltet hat und die du so wohlhabend gemacht hast. Ich habe es in meinem Testament meinem Bruder Gerry hinterlassen, als Entschädigung dafür, dass ich seit meiner Heirat keine Rücksicht auf ihn genommen habe ... Aber wie ich bereits sagte, *was für* eine Szene! Nicht einmal Ihr geliebtes Happy Valley könnte diese Blumen in den Urnen und Vasen und Rabatten und Parterres übertreffen – diese scharlachroten Geranien, scharlachroten Cannas, scharlachroten Salvias und die scharlachrote Lobelia cardinalis. Wir bauen sie in Engledene an , aber sie sind nichts Vergleichbares. *Und* das Heliotrop und Ageratum ... und diese blauen Salvias und orangefarbenen Calceolarias. Ich weiß, es ist ziemlich vulgär, aber der ganze Effekt ist großartig inszeniert; meinst du nicht auch?... .

„Und die Kleider der Frauen. Viele von ihnen sind natürlich Schaufensterpuppen, die nur für die Pariser Läden zur Schau gestellt werden. Und dann sieht man all die berühmten, wenn auch überbewerteten Menschen, von denen man so viel gehört hat, an ihnen vorbeigehen, als ob sie es wären waren gut gemachte Supers auf der Bühne. Und die Musik dieser alternativen Orchester... und so afrikanisches Sonnenlicht... und... *du* neben mir...."

Roger : „Schau her, wenn du so viel redest , wundere ich mich nicht, dass du schwächer statt stärker wirst. Iss dein Frühstück und trink deine Milch."

Sibylle : „Das werde ich. Aber ich *muss* mit dir reden. Ich werde bald für immer zum Schweigen gebracht werden ..."

Roger : „ *Ich* auch , wenn meine Zeit gekommen ist. Jeder wird es auch tun. Du gibst dir keine Chance, wenn du auf diese krankhafte Art redest. Die Ärzte liegen oft falsch. Erinnerst du dich an den Fall von Lady Waterford?"

Sibylle : „ Blanchie ?"

Roger : „Ja... Ein gutes Bad im Villette-Wasser kann all deine Probleme beseitigen und eines Tages wirst du vielleicht um mich weinen, während ich im Sterben liege und an der Bright-Krankheit leide."

Sibyl (nicht aufmerksam): „Roger! Glaubst du, dass es Krieg geben wird?"

Roger : „Diesmal nicht. Schauen Sie mal! Sehen Sie diese *Gardes Champêtres* in dieser grünen Uniform?"

Sibyl : „Dieser gutaussehende Mann mit dem blonden Schnurrbart?"

Roger : „Ja, und dieser hässlich aussehende Kerl mit der roten Nase. Nun ja, vor einer Woche verschwanden sie auf mysteriöse Weise, und ich fragte, was aus ihnen geworden sei. Mir wurde gesagt, sie hätten sich ... der Reserve angeschlossen, wissen Sie." Jetzt sind sie wieder zurück. *Das* zeigt, dass sich die Deutschen und die Franzosen geeinigt haben. Der Krieg ist *partie remise* – dieses Jahr –, aber er wird mit Sicherheit kommen, es sei denn, Deutschland kann sich beruhigen. Es bleibt abzuwarten, was es will und was wir können es sich leisten zu geben ..."

Eine Pause. Sibyl isst etwas und nippt an ihrer Milch. Roger beendet sein Frühstück und zündet sich eine Zigarette an.

Sibylle : „Glaubst du, dass es nach dem Tod *noch ein* Überleben geben kann?"

Roger : „Wie kann *ich* das sagen? Wer weiß *etwas* darüber? Nicht einmal Edison oder Marconi. Und sie kommen am nächsten ..."

Sibyl : „Ich meine natürlich unseren Verstand, unsere Intelligenz, unsere Liebe. Unsere armen kranken Körper lösen sich einfach auf und werden neu verteilt und wieder aufgearbeitet. Aber die *Persönlichkeit,* die wir in unserem Gehirn geschaffen haben?"... (nimmt eine Zigarette von Roger und raucht es). „Apropos Persönlichkeit, ist es nicht *außergewöhnlich* , wie *das* über unseren Magen beeinflusst werden kann, sozusagen chemisch? Du hast die Frau im dunkelgrünen Kleid gesehen, die mir gerade zugewinkt hat? Erkennst du sie?“ (Roger schüttelt den Kopf) ... „ *Das* ist Cecilia Bosworth, die Marquiseurin von Bosworth, die stolzeste Frau in den drei Königreichen – allein genug, um eine Revolution der Mittelklasse auszulösen. Der entfernte Vorfahre ihres Mannes war ein Nebeneffekt von die Plantagenets, ein natürlicher Sohn des „falschen flüchtigen Clarence“. Er ging in der Schlacht von Bosworth zu diesem Usurpator über – ich habe mich immer für Richard den Dritten eingesetzt –, diesem *Usurpator* , Heinrich dem Siebten, und wurde zum Earl of Bosworth ernannt, und danach machte Elizabeth seinen Enkel zum Marquis. Nun, Sogar Sie als afrikanischer Einsiedler *müssen* von der Unverschämtheit dieser Frau in der Gesellschaft gehört haben? Sie verspottete sogar die königliche Familie und sagte, ihr Ehemann – ein vollkommener Dummkopf – sei mehr Plantadge als sie und der rechtmäßige König ... Sie wollte Prinz Eddy soll ihre Tochter heiraten und dafür sorgen, dass die Dinge wieder in Ordnung kommen. (Eine Pause ... raucht) ...

„Nun, als sie vor sechs Wochen hierher kam, war niemand gut genug, sich mit ihr zu vertragen; sie ging umher und vergiftete uns alle. Mein Arzt sagte, es läge alles an der Leber und er würde sie bald heilen. Er verordnete ihr *La* .“ *Quelle: Salée* – und danach ein Stück Melone. Und, *meine Liebe* , sie hatte *Qualen* , glaube ich. Ich hörte sie immer *schreien,* wenn sie den Korridor entlangging ...

„Aber es hat sie geheilt. Sehen Sie, was für ein freundliches Nicken sie mir gerade gegeben hat? Und da ist sie und spricht mit diesen sehr hübschen Mädchen – und ihr Vater ist nur ein Fabrikant aus Leeds.

„Nun, wie lösen Sie *dieses* Problem?“

Roger : „Gib auf! ... Aber deinem Blick nach zu urteilen, würde ich sagen, dass *du* Fieber hast. Ich fahre dich zurück zum Hotel und rufe Sophie. Dann, wenn du brav bist und gehorsam sein und nach dem Frühstück ein Nickerchen machen, ich werde um drei kommen und dich und Vicky zu einer ganz sanften Motorfahrt mitnehmen ...“

Sibyl unterwirft sich. Der Kellner hilft mit dem Stuhl, bis er aus den Feinheiten der Annäherung an den Frühstückspavillon herauskommt. Roger zieht es durch die schwule Menge. Die Kirchenglocken aller Konfessionen läuten im Glockenspiel, entweder weil es Sonntag ist oder weil der Frieden – dieses Mal – durch einen Unterschriftenaustausch definitiv gesichert ist. Ein paar Leute heben ihre Hüte oder winken Sibylle zu, obwohl sie halb verkleidet ist und eine Rauchbrille und einen durchsichtigen Schleier trägt. und zahlreiche Männer nicken Oberst Brentham zu , der keuchend den Rollstuhl zur Veranda des Hotels zieht.

Hier gibt es eine Pause, während Sophie gerufen wird. Dann löst sich die kranke Frau vom Stuhl und von den Schals und geht langsam, unterstützt von Roger und ihrer Zofe, zu den Räumen im Erdgeschoss, wo eine Krankenschwester mit einer weißen Mütze sie empfängt.

Roger reiste Ende September nach Deutschland, als Sibyl von ihrem Sohn nach England zurückgebracht wurde. Er verbrachte sechs Wochen damit, den Deutschen Vorträge über die Zweckmäßigkeit eines weltweiten Beitritts zwischen Großbritannien und Frankreich zu halten. Seine Vorträge waren auf preußischem Territorium höflich verboten, was Süddeutschland umso mehr dazu veranlasste, ihm zuzuhören. Und als er Anfang November nach England aufbrach, versicherte er, dass im Frühjahr 1912 eine deutsche Repräsentantendeputation nach England kommen würde, um die englisch-deutsche Verständigung voranzutreiben.

Als er jedoch London erreichte, erfuhr er, dass Sibyl zwei Tage zuvor in Engledene gestorben war . In den letzten Wochen ihrer Qual hatte sie viel Morphium eingenommen. Bevor sie dieses Stadium erreichte, hatte sie Maud und Vicky gegenüber darauf bestanden, dass Roger sich *nicht* durch schlechte Berichte über ihren Zustand stören lassen dürfe, da er damit beschäftigt sei, das zu tun, was er für das Richtige hielt.

KAPITEL XXIV

ALLES ENDET IM GLÜCKLICHEN TAL

Oberst Brenthams Erwartungen, dass das Millennium durch die Anpassung kolonialer Ambitionen erreicht werden sollte, konnten nicht erfüllt werden. Am 28. Juni 1914 wurde der österreichisch-ungarische Thronfolger in der bosnischen Hauptstadt ermordet. Maurice Brentham , der seinen Bruder am selben Tag vor dem Travellers' Club traf, fragte ihn, was er von diesem Blitz aus heiterem Himmel halte …

„Ich denke sehr schlecht darüber", antwortete Roger. „Ob die Verschwörung in Serbien geplant wurde oder nicht, aus den Äußerungen und Possen des russischen Ministers in Belgrad geht klar hervor, dass Russland Serbien gegen Österreich aufhetzt und es als Maske benutzt, unter der Russland sich den deutsch-österreichischen Ambitionen entgegenstellen könnte auf der Balkanhalbinsel und versperrt den Weg nach Konstantinopel. Tatsächlich stellt sie die wesentlichen Ergebnisse unserer Vereinbarungen direkt in Frage …

„Nun, und wenn ja, was wird dann passieren?"

„Der Große Krieg, den wir abzuwenden versucht haben."

Als am 4. August der Krieg erklärt wurde, befand sich Brentham im Dilemma vieler seiner arbeitsfähigen, ungebundenen Landsleute: Welchen Dienst konnte er dem Britischen Empire in dieser Schicksalskrise erweisen? Wie die meisten von uns hatte er eine starke Vorliebe dafür, welche Art von Dienst er am besten leisten konnte. In seinem Fall ging es darum, so schnell wie möglich nach Ostafrika zu reisen und die Geschicke des Happy Valley zu überwachen. John war bereits mit seinem Regiment in Indien; Ambrose sollte am besten in Cambridge bleiben, es sei denn, es gäbe so etwas wie einen Universaldienst; Maud würde eine Arbeit im Krankenhaus aufnehmen und ihre Nichten könnten ihr helfen.

Daher bot er dem Staatssekretär für die Kolonien seine Dienste an. Wenn Afrika nicht aus dem Kriegsgebiet ferngehalten werden konnte – wie er zunächst gehofft hatte –, würden die Deutschen, wenn wir Deutsch-Ostafrika nicht besetzten, bald damit beginnen, in unsere angrenzenden Besitztümer einzudringen: Kurz gesagt, es würde ein schrecklicher Kampf bevorstehen um die Vorherrschaft auf dem dunklen Kontinent zwischen Großbritannien, Frankreich und Belgien auf der einen Seite und Deutschland auf der anderen Seite. In einem solchen Kampf sollten seine Qualitäten als Geograph, Linguist und als Person mit großem lokalen Einfluss im Ostafrika-Feldzug doch von Wert sein?

Das Kolonialamt antwortete kühl, dass es die gesamte Frage des Angriffs und der Verteidigung in Ostafrika dem Kriegsministerium übergeben habe. An einem sehr warmen Tag Ende August meldete er sich daher beim Kriegsministerium. Mit größter Mühe verschaffte er sich Zugang zum Kriegsminister, der damals mächtigsten Person des Königreichs. Er blickte diesen „Wüstenaugen" wie der Optik eines Harpyienadlers ins Gesicht und bot stotternd und geschwätzig seine Dienste an, die jedoch unter dem starren Blick und dem Schweigen allmählich nachließen. Als er innehielt, um zu einer Antwort einzuladen, warf der große Mann ein: „Wie alt sind Sie?"

„Sechsundfünfzig, Sir."

„ *Viel* zu alt... Konnte die Strapazen des Wahlkampfs nicht ertragen... Außerdem... alles mit dem indischen Kriegsministerium vereinbart... Es würde ihnen vielleicht nicht gefallen, dass ihre Geheimdienstabteilung... eingegriffen wird. ... Zweifellos ist ein Notfall seit langem vorhersehbar ... Kampagnenplan klar und deutlich ... Entschuldigung ... Wir müssen Sie woanders einsetzen ... Schicken Sie Ihnen Amerika ... oder rekrutieren Sie, p' Raps .... Schottland, Irland, Kanada. Lass es dich später wissen.... Guten Morgen...."

Roger, der befürchtete, wie ein kleines Rad oder Rädchen ohne Bedeutung in der Maschine hängenzubleiben, hielt sich bedeckt, überlegte, erkundigte sich und schmiedete seine Pläne, wobei er an nichts anderes dachte, als wie er das Happy Valley erreichen und retten könnte. Pässe und Visa waren noch immer von untergeordneter Bedeutung. Der direkte Weg nach Ostafrika war ihm versperrt; Die Kämpfe hatten bereits begonnen, was für die Briten ziemlich katastrophal war. Aber die Belgier bereiteten sich auf einen großen Kriegseinsatz gegen Deutsch-Ostafrika vor. Roger machte sich auf den Weg nach Antwerpen ... sah den belgischen Minister für den Kongo, sah den ernsten und höflichen jungen König ... erhielt die Erlaubnis, die auf Tanganjika versammelten belgischen Streitkräfte zu begleiten ...

Dann: Stellen Sie sich vor, wie er Ende 1914 die Mündung des Kongo erreicht hat ... ein wenig eingerostet für dieses Abenteuer in Äquatorialafrika. Niemand war bei ihm als Assistent, Diener, Kammerdiener. Sein Sohn John war bereits im vergangenen Juli zum Dienst im ersten Indianerkontingent eingeteilt worden, das im Kriegsfall über den Indischen Ozean geschickt werden sollte, um an dem missglückten Angriff auf Tanga teilzunehmen. Können Sie sich Brentham in diesen trostlosen Wochen des Wartens in Boma, der Hauptstadt des Kongos, vorstellen – Treibhaushitze, Mücken, Sand, dichter Wald, ranziger Geruch von Palmöl – unsagbar einsam und quälend fragend, „ob er das Richtige getan hat"? Hätte er nicht zu Hause bleiben und in Flandern kämpfen sollen? Sich um Ambrose gekümmert, auf

Befehle von Lord Kitchener gewartet? War er in seiner Bindung an das Happy Valley absolut zielstrebig? Hatte er den richtigen Weg gewählt, um am schnellsten dorthin zu gelangen?

Schließlich machten sie sich auf den Weg flussaufwärts, um mit dem Zug nach Stanley Pool zu fahren. Die belgischen Offiziere, mit denen er reiste, waren allesamt nette Kerle, *gute Kameraden* , intelligent und respektvoll gegenüber den Afrikakenntnissen dieses ernsten englischen Obersten; aber ein wenig verwirrt *quand Même* bei seinem Quijotri, ein wenig zurückhaltend. „Il parait Qu'il a vécu longtemps avec les Boches ", hörte er zufällig einen von ihnen in der Messe sagen, als er hineinschlenderte. Es schien Zweifel an seinem guten Glauben auszudrücken ... In Leopoldville begegnete er einem stattlich aussehenden Neger in vertrauter Kleidung Kostüm – langes weißes *Kanzu* , kleine weiße, durchbrochene Schädelkappe – und sprach auf Suaheli. Mit welcher Freude erkannte er, dass diese einst vertraute Sprache nur von denen geschätzt werden kann, die die Nostalgie Ostafrikas gekannt haben. Er sprach den Mann auf Kiswahili an wurde mit Respekt und Interesse begrüßt. Mit seinem Arbeitgeber wurde ein Handel abgeschlossen, und der Mann, Omari bin Brahimu , ursprünglich ein Rekrut für Stanley, trat in Brenthams Dienste, um ihn nach Ostafrika zu begleiten. Das halbe Elend des Abenteuers war nun vorbei . Hier war eine potentielle Krankenschwester im Krankheitsfall, ein tüchtiger Kammerdiener, ein Packer, Verwalter, bei Bedarf Koch, Waffenträger, Berater, Dolmetscher und allgegenwärtiger Helfer in Schwierigkeiten ...

Oberst Brentham zeigte den Belgiern bald, dass er nicht als Belastung, sondern als lästiger älterer Gast da war. Seine Kenntnisse der Bantu-Sprachen ermöglichten es ihm, sich ein paar Brocken von Bangala , der *Verkehrssprache* der kongolesischen Soldaten, anzueignen . Er arbeitete in Hemdsärmeln und in Fußballshorts bei jedem Notfall, wusste etwas über Dampflokomotiven, schoss nach dem Pot, trainierte Rekruten und kannte offenbar die Position und die Ressourcen der Deutschen genau. Als das immer größer werdende Verstärkungskontingent Stanley Falls erreichte, wurde er zum nettesten Engländer gewählt – *point de morgue, simple et instruit , ban garçon jusqu'au bout des angles* –, den sie je getroffen hatten. Zwischen Stanley Falls und Tanganjika war er sehr krank und wäre beinahe an Schwarzwasserfieber gestorben; aber dank Omaris Fürsorge schafften sie es und erreichten Ujiji, ein gelbes Gespenst , nachdem die Belgier in mehreren Aktionen auf dem See und an der Küste Tanganjika in Besitz genommen hatten. Ein von der britischen Admiralität durch Njassaland entsandtes Marinekontingent hatte ihnen wunderbar geholfen. Es war eine Freude, die zu Brenthams Genesung beitrug, die mutigen, fröhlichen und einfallsreichen britischen Marineoffiziere und ausgewählten Seeleute kennenzulernen. In gewisser Weise hat es seine eigene Position korrigiert. Er fühlte sich weniger wie ein einsamer Don Quijote, ein einsames Exemplar der britischen Verbündeten Belgiens.

Das Jahr 1915 war der Tiefpunkt seines Lebens gewesen. Von allen Nachrichten abgeschnitten – er sollte ein weiteres Jahr lang nicht erfahren, dass seine Söhne beide tot waren, John durch einen Kopfschuss auf einer Maisplantage außerhalb von Tanga und Ambrose, der sich einen Monat nach der Abreise seines Vaters gemeldet hatte, in Stücke gerissen durch eine Granate bei Ypern; nicht zu wissen, wie es seiner Schwester und seinen Töchtern ging; ob das britische Empire noch standhielt und was die Leute über sein eigenes Verschwinden sagten oder dachten. Er war oft krank, müde, einsam, hatte wenig zu lesen und seine Gedanken waren für ihn eine Qual; denn sie beschäftigten sich mit der Erinnerung an glücklichere Dinge. Manchmal wünschte er, er könnte im eintönigen Alltag die Wahnvorstellungen haben, die ihn in Träumen oder bei Fieberanfällen befallen; dass Lucy wieder an seiner Seite war, dass Sibyl neben ihm gesessen hatte, dass Maud oder Maurice oder Mrs. Stott in seine elende Palmenblatthütte gekommen waren.

Von Ujiji bis Tabora kämpfte er an der Seite der belgischen Negerarmee und fühlte sich mit jedem Schritt nach Osten immer heimischer. Er weinte fast vor Freude, als er sich wieder unter den Wanyamwezi befand und tatsächlich unter denen, die vortraten, um ihre Dienste gegen die Deutschen anzubieten, einige der Männer erkannte, die in vergangenen Tagen seine Soldatenträger gewesen waren.

In Tabora hörte er beunruhigende Neuigkeiten über das Happy Valley. Es wurde berichtet, dass die britisch-burische Armee unter General Smuts, die den Deutschen bereits die Südhänge des Kilimandscharo abgenommen hatte, im Begriff war, eine kühne Ablenkung zu starten – tatsächlich begonnen hatte. Angeführt von ein oder zwei englischen Jägern machten sie sich offenbar auf den Weg zum Manyara -See und zum Happy Valley, mit der Absicht, die Tanganjika-Eisenbahn in Ugogo zu unterbrechen und die deutschen Truppen im Küstengürtel zu umgehen. Es war ein kühner Plan, auf den nur ein großer General gekommen wäre. Die Geschichte, dachte er, muss wahr sein. Der Schlaganfall wurde unserer Strategie durch die Geographie des Landes auferlegt .....

Nach Tagen und Nächten der Meditation und vielen Diskussionen mit Wanyamwezi- Häuptlingen, Führern und entwaffneten Askari (die mit größter Bereitschaft ihre Loyalität von den Deutschen auf die Alliierten übertragen hatten) suchte Brentham den General auf, der die belgischen Streitkräfte in Tabora befehligte , und erläuterte seinen Plan und die Gründe für seinen Plan.

Die Sanktion wurde erteilt. Mit ordnungsgemäß ausgestatteten Papieren, die seine Identität und seine Position als Geheimdienstoffizier der belgischen Streitkräfte belegen, begann Roger an der Spitze von hundert ausgewählten Wanyamwezi , mit so wenig Gepäck wie möglich. Er fühlte sich jetzt auf jede Not, jede Entbehrung vorbereitet, wenn ihn eine bestimmte Anzahl von Marschtagen „nach Hause" zurückbringen würde, wie er es sich instinktiv ausmalte. Dennoch kaufte er für den Fall, dass die Kraft nachlassen sollte, zwei Esel für sich und Omari, der nun hauptsächlich die Rolle des Kochs ausfüllte und daher nicht von den Beinen getrieben werden durfte.

Dann stürzten sie sich in die unberührte Wildnis, den am wenigsten bekannten Teil Deutsch-Ostafrikas, zwischen dem nördlichen Unyamwezi und der Kraterregion an der Spitze des Manyara -Sees , wo die britischen Streitkräfte wahrscheinlich auf das Happy Valley stoßen würden. Oh, dass er rechtzeitig dort ankommen könnte, um die versehentliche oder unnötige Zerstörung unbezahlbarer Versuchsmaschinen und der Ergebnisse von Forschungen, die im allgemeinen Interesse der Welt durchgeführt werden, zu verhindern; und möglicherweise zwischen den harmlosen, verwirrten Eingeborenen und einem Soldatentum intervenieren, das sie möglicherweise nicht versteht! Zunächst reiste seine Karawane täglich dreißig Meilen in schwungvollen Schritten durch ein kultiviertes Land, ein Land mit guten Straßen, Rasthäusern und geordnetem Wohlstand. Von dort verlief es nach Nordosten und Osten in eine weglose, wenig besiedelte Region, ein Niemandsland, grenzenlose Ebenen und Hochebenen aus dünnem Gras, in seltenen Abständen mit Granitblöcken, Blöcken und aufrechten *Menhiren* aus nacktem Stein übersät, noch immer unentschlüsselte Hieroglyphen eines Kapitels der afrikanischen Geologie. Die trockenen Wasserläufe beherbergten Gruppen zerlumpter, dürrer, dünnstämmiger Hyphame-Palmen und seltsam aussehender Euphorbien. Das offene Land wimmelte von Wild – unzähligen Zebras, Herden gelber Kuhantilopen, rotbraunen Impalas, schwarzgürteligen, goldgelben, weißbauchigen Grant-Gazellen, Familiengruppen von zwanzig oder dreißig schwarz-weißen und grauen Straußen, blauen - Graue Gnus mit schwarzen Mähnen (fast so zahlreich wie die Zebras) und Scharen fleckiger Giraffen, die wie entlaufene Telegraphenmasten aussahen, als sie im gleichmäßigen Trab vor seiner Expedition flohen. Nashörner, größer als alles, was Roger je gesehen hatte, stürmten auf seine Karawane zu, aber eher aus müßigem Vergnügen als in böswilliger Absicht ... „Wie schade", dachte Roger, nachdem er diesen schnaubenden Massen erfolgreich ausgewichen war, „wir konnten sie nicht domestizieren." diese Monster und setzen ihre Stärke in der Kriegsführung ein? Ein Nashorn-Kavallerieregiment würde alle Drahtverflechtungen des Feindes wegtragen und sich als ebenso nützlich erweisen wie Panzerwagen .

Er blieb nur eine Stunde hier und eine Stunde dort stehen, um Fleisch für seine Karawane zu besorgen oder nebenbei einem allzu hartnäckigen Nashorn Ruhe zu gönnen, und marschierte weiter, bis seine Expedition ein von seinen Erinnerungen bedecktes Land erreichte – das Becken einer ehemaligen riesigen Wasserfläche, Nebengebäude Vielleicht zum Victoria Nyanza, der jetzt nur noch aus zerfurchten Flüssen und einem langen Salzsee besteht, dessen Ufer und Teile seiner Oberfläche von Salzkristallen im Sonnenschein glitzern und dessen Wasser überschwemmt ist von gelösten Salzen und Limonaden , ein milchiges Blau. In dieser Wildnis aus breiten Tälern und steilen Abhängen gab es Menschen, Stämme, die Roger bereits kannte, primitive Buschmann-Völker, die Sprachen voller Klicks sprachen, völlig nackt unterwegs waren, ohne Haustiere oder Landwirtschaft, nomadische Jäger mit Pfeil und Bogen, die auf der Flucht waren die Kultur von vor fünfzigtausend Jahren ins erwachte Afrika: wo weiße Nationen mit Benzin und Stahl, Flugzeugen und Panzerwagen um die Vorherrschaft kämpften .

Endlich erblickte er vertraute Bergrücken, gelangte in erinnerte Schluchten und edle Wälder und folgte Bächen mit frischem, kaltem Wasser. Es waren jetzt viele Zeichen der Handarbeit und der Energie des zivilisierten Menschen sichtbar. Gleichzeitig trafen sie auf die ersten Flüchtlinge, die aus Iraku flohen, bevor ein Krieg ausbrach, der so schrecklich war, dass es in den Legenden oder Vorstellungen des Schwarzen nichts Vergleichbares gab: fliegende Flöße in der Luft, die Bomben schleuderten, das Platzen von Granaten, der bleierne Hagel von Maschinengewehrfeuer.

Brenthams Ankunft am Tatort fiel mit einer Einstellung der Feindseligkeiten zusammen; Jedenfalls hörte er, als er durch die Bungalows, Fabriken und Gärten von Wilhelmshöhe eilte , kein Artilleriefeuer; Nichts war kriegerischer als das gelegentliche Knallen eines Gewehrs und ein paar Rufe. Die Straßen waren jedoch voller Flüchtlinge, die sich auf den Weg in den Wald machten. Einige von ihnen begrüßten ihn entzückt als den in *sein Königreich zurückkehrenden Bwanamkubwa* , einen aus einer Maschine hervortretenden Gott, der alles wieder in Ordnung bringen würde. Viele von ihnen blieben auf ihrer Flucht stehen, kehrten um und folgten seinen Männern. Sie liefen sogar neben seinem mürrischen Esel her, ungeachtet seiner Tritte, und bemühten sich, eine losgelöste Hand zu küssen, wobei sie ihn bei seinen einheimischen Namen nannten. Das Tempo des gereizten Hinterns wurde zum Trab, zum Galopp, jetzt waren sie auf gut ausgebauten Straßen. Roger warf einen Blick von einer Seite zur anderen und sah alte Gebäude, an die er sich erinnerte, und neue Bungalows und Fabriken, die er noch nie zuvor gesehen hatte. Mehrere brannten. Negersoldaten in britischen Khaki-Uniformen versuchten entweder, die Flammen einzudämmen, oder plünderten offen gesagt die Häuser. Mehrere blickten unentschlossen zu ihm auf. Er schien ein hochrangiger britischer Offizier zu sein, der jedoch nicht zu ihrem Regiment gehörte; einige salutierten; Eine hier und da gestellte Frage ergab, dass sie Suaheli verstanden.

Von ihnen erfuhr er, dass eine sehr große britische Streitmacht den Manyara -See von Nordosten aus von den großen Schneebergen aus erreicht hatte, geführt von mehreren Engländern, von denen einer der „Kleine Terror" (Kicho) genannt wurde kidogo), der eine eigene kleine Armee hatte, sehr wilde Männer, nicht in Uniform, „ washenzi wabaya ."[#] Dass die deutschen Männer des Happy Valley vor den Engländern zu einer großen deutschen Festung im Süden geflohen waren; dass der „Kleine Terror" jedoch angewiesen worden war, das Land westlich der Linie von zu durchsuchen und zu besetzen Marsch, und er war nun damit beschäftigt, die „ washenzi " zu bestrafen.

[#] Böse Wilde.

Roger, der kaum länger als eine Minute hier oder dort innehielt, um diese Informationen zu sammeln, ritt so schnell nach Osten, wie sein müder Esel nur dazu drängen konnte. Die absolut vertraute Landschaft veränderte sich im Laufe von sieben Jahren kaum. Die Straßen waren noch glatter und gepflegter, die Hecken aus Dracæna und scharlachrot blühenden Erythrina üppiger. Rund um die Bungalows befanden sich prächtige Blumengärten. Dort befand sich die ehemalige Missionsstation und Schule der Stotts. Daneben befand sich eine neue Kapelle mit üppiger gotischer Architektur.

Dr. Wieses Haus und Labor. Er hielt inne, stieg vom Esel ab und betrat den Vorgarten. Dort, um ihn zu begrüßen, lag Dr. Wiese selbst auf dem Rücken auf einem Bett aus scharlachroten Geranien, tot, in einer Lache aus erstarrendem Blut, und ein Schwarm Fliegen umschwirrte sein zerschmettertes Gesicht. Er konnte eine zerschlagene Tür, einen kaputten Verandapfosten und verstreute Papiere, Glasflaschen und Krimskrams sehen, die von einer Plünderung des Hauses übriggeblieben waren. Dies war ein zu ernster Vorfall, als dass man ihn ohne Untersuchung ignorieren könnte. Omari war inzwischen aufgetaucht. Und nicht weit hinter ihm waren die zurückkehrenden Flüchtlinge und seine Karawane aus Soldatenträgern. Er ging auf den Toten zu. Ja, es war Wiese, der langjährige Arztfreund, der sich so sehr darum bemüht hatte, Lucy vor einer heimtückischen Krankheit zu retten ... Schockierend ... ihn nach sieben Jahren so zu sehen! Wenn er *nur* gestern angekommen wäre, wäre es vielleicht nicht passiert. Er nahm den kürzesten Schnitt über Blumenbeete, vorbei an eingebrochenen Volieren, zertrampelten botanischen Gärten mit unzähligen Etiketten, bis zum Labor, wo Geschrei und Streit ausbrachen.

In diesem Gebäude befanden sich ein paar Nyasaland-Soldaten in Khaki und eine Reihe unheimlich aussehender Ruga-ruga , wie diejenigen, die einst in Stolzenbergs Diensten gestanden hatten. Auf der Suche nach Brandy wurden Flaschen zerschlagen, seltsame Dämpfe erfüllten die Luft, zweifellos wurde unwiederbringlicher Schaden angerichtet. Hier und da lagen, während sie nach Schätzen suchten, haufenweise geschlachtete Truthähne, Pfauen, Kronenkraniche und Perlhühner, die die plündernden Soldaten aus den umliegenden Geflügelhöfen und Volieren erbeutet hatten.

Roger, besessen von einer Wut, die ihn angesichts dieser dummen Zerstörung verwandelte, rief den Männern in Khaki und in Lumpen militärische Befehle zu. Mechanisch ließen sie ihre Beute fallen und schwiegen. Einige der Ruga-ruga erkannten ihn als den *Bwanamkubwa* , der einst hier regiert hatte und sich den „ Wadachi "[#] bei der Untersuchung des Todes und Verschwindens des „Terroristen" angeschlossen hatte. Von seiner Anwesenheit eingeschüchtert, gehorchten sie dem Befehl, das Gebäude zu verlassen und sich dort mit den Soldaten auf dem öffentlichen Platz von Magara zu versammeln, um auf weitere Befehle zu warten. Mit dem Revolver in der Hand und gut unterstützt von seinem entschlossen aussehenden Wanyamwezi sagte er: „Ich werde jeden Mann unter euch erschießen, den ich beim Plündern oder Zerstören erwische." Mürrisch schlichen sie davon.

[#] Deutsche.

Nach einer weiteren Meile Fahrt stand er vor seinem früheren Zuhause, sein Mund und sein Hals waren vor Angst trocken. Der formelle Garten vor dem Haus war wunderschön gepflegt und voller Blumen, die noch besser in Ordnung waren als zu seiner Zeit. Mit klopfendem Herzen ging er den Kieselweg hinauf, der zur Veranda und den Steinstufen führte. Oh, dass er alles noch einmal sehen sollte; und oh, dass Lucy mit ihrem anmutigen, eher trägen Gang durch die Fenstertüren herauskommen könnte, um ihre Arme um seinen Hals zu werfen und zu sagen: „Liebster, lieber, *lieber* Roger, endlich zurück!" Oder diese sogar treue Schwester, Maud – Wie ging es Maud? Er hatte nichts von ihr gehört, seit ihn vor fast zwei Jahren ein Brief in Stanley Pool erreichte ... diese schrecklichen Jahre des Schweigens, als er Zentralafrika durchquerte ...

Doch als er das Gerücht hörte , dass er sich näherte , war es weder seine lebende Schwester noch der Geist seiner toten Frau, der aus der offenen Tür auftauchte: Es war die unheimliche Gestalt von Willowby Muster : wie er selbst in Khaki: dünner, gelber, grauer, böser aussehend, als er ihn vor zehn oder zwölf Jahren gesehen hatte.

„Ich hatte eine Ahnung, dass wir uns hier treffen würden", sagte Patterne und versuchte mit zitternder Hand, eine unverschämte Brille in ein blutunterlaufenes Auge zu stecken. „Obwohl niemand wusste, was aus dir geworden ist, seit du zu Beginn des Krieges aus England geflüchtet bist.

Nein! ..." (während Roger voranschreitet) „... Bleib, wo du bist, sonst lasse ich dich sofort verhaften ... du ... deutscher ... *Spion*!" (Roger nimmt seinen Revolver aus der Lederhülle und sieht, dass er geladen und schussbereit ist.)

„Oh? Ich habe auch einen Revolver. Wenn du die geringste Bewegung machst, bis ich dir sage, dass du gehen sollst und wohin du gehen sollst, werde ich schießen."

Auf diese Drohung hin, deren allgemeine Bedeutung er versteht, tritt Omari bin Brahimu vor seinen Herrn und holt *seinen* Revolver hervor. Ich sehe das, Willowby Patterne ruft mit ziemlich zitternder Stimme: „ Njoôni , watu ." wangu , upesi ; Juhu Adui ! Upesi !"[#] Zwei Männer kommen aus dem Hinterzimmer, blicken von dem weißen Teufel, der auf der Veranda auf und ab geht, zu den Gestalten von Roger und Omari; dann stürzen sie sich mit einem Freudenschrei auf Roger – nicht um es zu tun Verhaften Sie ihn, wie Willowby zuerst vermutet, und zögern Sie daher zu schießen, küssen Sie ihm aber die Hand, knien Sie zu seinen Füßen und stoßen Sie unzusammenhängende Freudenschreie aus, während Omari seine Pistole fest auf den „Kleinen Schrecken" richtet. Sie sind zwei von Brentham Die somalischen Waffenträger von vor sieben Jahren, Yusuf Ali und Ashuro .

[#] „Kommt, meine Männer, schnell! Hier ist der Feind, schnell!"

Willowby , der sich danach sehnt, zu schießen und zu töten, sich aber nicht trauen darf, darauf zu warten, und beunruhigt ist, dass keiner seiner Ruga-Ruga seinem hektischen Pfeifen gehorcht, beschließt, einen Bolzen daraus zu machen und sie und die Nyasaland-Soldaten zu versammeln und so einen Angriff zu machen das schnelle Ende von Roger und den somalischen Verrätern. (Diese Männer waren auf seiner Station in Namanga angekommen , Mitläufer der großen und heterogenen britischen Streitmacht, die einen Weg durch die wenig bekannte Region zwischen Meru und dem Happy Valley suchte. Sie erzählten Patterne , dass sie einst in Iraku eingesetzt worden waren Er nahm die Konzession an und bot ihm an, ihm den Weg zu zeigen. Er glaubte, sie könnten für seine eigenen Zwecke nützlich sein, indem er die Dinge, nach denen er suchte, in die Hände bekommen würde, und hatte sie angenommen; und hier waren sie und grüßten seinen Rivalen und Feind wie einen Halbmenschen -Gott ... Wenn er nur die Chance hätte, an sie heranzukommen! *Er würde* ihnen mit einem Kiboko das Leben aus dem Leib schneiden !... .)

Während er zögerte, ob er würdevoll die Stufen hinuntergehen oder vom Geländer der Veranda in die Blumenbeete springen sollte, wurde seine Unentschlossenheit abrupt beendet. Hinter ihm schrie eine Frau, und er spürte, wie er von einem kräftigen Stoß kräftiger Arme die Steinstufen hinunter und fast bis zu der Gruppe von Roger, Omari und den beiden Somalis getrieben wurde. Diese hätten ihn vielleicht ergreifen können, aber eine deutsche Dame, Frau Hildebrandt, behinderte ihr Vorgehen. Sie schob Patterne kurzerhand in ein Petunienparterre, während auch sie Rogers Hände in einem rasenden Appell, einer hinreißenden Begrüßung, faltete. „Es ist Herr Brentham ! Ach lieber Gott! Er wird verstehen. Er wird unsere Rettung sein. Ach mein Mann! Ach meine kinder! Hilf ! Hilf !"

Patterne stand auf, rannte über Blumenbeete, durch oder über Dracæna- Hecken (da Rogers Männer das Gartentor blockierten), aus einem Gewirr von Gärten und Nebengebäuden, über das Grün, zum öffentlichen Platz und Marktplatz. Hier fand er Gruppen verwirrter, mürrischer King's African Rifles und seine eigene Ruga-Ruga . Er hatte eine Eskorte von fünfzig Negerschützen erhalten, als er drei Tage zuvor – auf eigenen Wunsch, nachdem er seinen Job als Führer beendet hatte – beauftragt worden war, Iraku und die europäische Siedlung Wilhelmshöhe zu „säubern" , wobei er behauptete, alles zu wissen Zoll des Bodens. Ihm war natürlich gesagt worden, dass es keine Plünderungen geben dürfe, solange kein Widerstand geleistet werde; dass allen deutschen Frauen und Kindern erlaubt werden sollte, in ihren Häusern zu bleiben, bis sie offiziell behandelt werden konnten, und dass alle deutschen Männer, die sich ergaben, menschlich als Kriegsgefangene behandelt und unter Eskorte zum nächstgelegenen britischen Lager marschiert werden sollten. Er hatte beschlossen, diese Anweisungen auf seine eigene Weise zu interpretieren, indem er Dr. Wiese tötete und Frau Hildebrandt terrorisierte, damit sie ihm die Informationen verschaffte, nach denen er suchte. Er beabsichtigte natürlich, sich zum Besitzer der Konzession zu machen, in der Hoffnung, nach dem Krieg als Eigentümer anerkannt zu werden. Es würde sicherlich mehrere Jahre der Verwirrung geben, in denen er hier herrschen und vielleicht den ganzen Reichtum erwerben könnte, den er wollte .....

Aber die Ankunft – fast die Auferstehung – von Roger Brentham hatte seine Pläne so durchkreuzt, dass er rot vor Augen stand. Er versammelte alle Männer, die er kriegen konnte, und stürmte plötzlich auf Magara House zu und schoss, schoss, schoss, bevor Rogers Gruppe sich in eine Verteidigungsposition begeben konnte . Er würde Roger zum Verräter und deutschen Spion erklären. Vorausgesetzt, er würde ihn töten, würde den *vollendeten Tatsachen* in dieser äußerst kritischen Zeit keine große Untersuchung folgen ...

Aber seine Ruga-Ruga reagierten nur langsam, da sie Roger als einen furchteinflößenden Krieger erkannt hatten. Und die regulären Truppen von Nyasaland weigerten sich rundweg, zum Angriff zu marschieren. Patterne war keiner ihrer regulären Offiziere, und sie bestanden darauf, dass ein englischer Oberst, nachdem er dieses Land in Besitz genommen hatte, alle wieder in die Hauptarmee eintreten und den Fall ihrem befehlshabenden Offizier vorlegen sollten. Also packte Patterne seine Lasten zusammen, weckte seine müden Träger (die den Halt genutzt hatten, um sich nach ihren schweren Entbehrungen mit Essen vollzustopfen) und machte sich auf den Weg talabwärts in Richtung der schnell vorrückenden Armeen. Er hatte das Gefühl, dass er nicht anhalten, essen oder schlafen konnte, bis er sich an dem Mann gerächt hatte, der ihn so hartnäckig zurückgehalten hatte; er würde ihn als Spion, als Verräter denunzieren ... vielleicht – oh Freude! – ihn vor ein Kriegsgericht stellen und erschießen lassen; Auf jeden Fall wurden sie aus Ostafrika gefesselt und marschiert.

Aber er erreichte nicht einmal das Hauptquartier der Armee, die jetzt in Irangi einmarschierte . Roger, der seine Absichten vorhersah, hatte schnell einen Bericht darüber geschrieben, wie er Patterne aus Magara House vertrieben hatte, hatte erklärt, wer er war, welchen Weg er eingeschlagen hatte und seine Absicht, die Leitung der Konzession zu behalten, bis ihm befohlen wurde, das Haus zu verlassen es durch die zuständige Behörde. Die Somalis sind doppelt so schnell unterwegs wie die von Patterne *Auf einer Safari* und mit ebenso großer Geheimhaltung wie Geschwindigkeit übergab er den Brief dem nächstgelegenen britischen Oberbefehlshaber. Einige sagen, dass sie auf dem Rückweg einen Schuss auf Patterne abfeuerten , als er anhielt, um einige seiner zurückgebliebenen Träger auszupeitschen; andere besagten, dass Patterne in Ufiome von Anhängern des Massai-Lagers der Hauptarmee aufgespießt wurde , die unter einigen seiner Überfälle in der Vergangenheit gelitten hatten oder die den Rachefeldzug, den sie mit seinem Verbündeten, dem Großen, geführt hatten, auf den „Kleinen Terror" übertrugen Schrecken des Roten Kraters. Auf jeden Fall „kam er elend um", wie es in den Geschichtsbüchern vor Wells zu lesen pflegte. Nachdem er das Happy Valley verlassen hatte, hörte man nie wieder von ihm. Seine Eskorte aus Nyasaland-Soldaten schloss sich still und heimlich wieder ihrem Regiment an, damals mitten im Gefecht bei Kondoa-Irangi ; und niemand kümmerte sich genug um Sir Willowby Muster, um Fragen zu stellen. Seine Ruga-ruga zerstreuten sich als Plünderer auf eigene Faust, bis sie scharf zusammengetrieben wurden und einige von ihnen wegen Plünderung erschossen wurden. Der „Kleine Schrecken" hörte auf einmal auf, Angst zu machen, und die Baronetz ging nach einjähriger Verzögerung und Todesvermutung auf einen entfernten Verwandten über, der der ehrwürdige Rektor einer öffentlichen Schule war.

In der Zwischenzeit brachte Roger dem Happy Valley nach und nach etwas von seinem früheren Frieden und seiner früheren Ruhe zurück. Er beherbergte dort die katholischen Missionare sowie die deutschen Frauen und Kinder, bis für ihren Abzug gesorgt werden konnte. Sein Vorgehen wurde von einem Burengeneral gebilligt und genehmigt, der einen Flügel der britischen Invasionsarmee befehligte, der durch einen dieser in diesem unglaublichen Krieg so häufigen Zufälle nicht nur eine große Rolle bei der

Eroberung Deutsch-Ostafrikas für das Reich spielte, das er selbst dauerhaft besaß gegen den er drei Jahre lang kämpfte, aber es stellte sich heraus, dass es sich um denselben van Rensselaer handelte, der Roger als Gefangenen aufgegriffen und ihm 1900 das Leben gerettet hatte.

Sobald das Happy Valley telegraphisch mit der Küste und mit England verbunden war, telegraphierte Roger seiner Schwester seinen Aufenthaltsort und seine Absicht, im Happy Valley zu bleiben, bis über sein politisches Schicksal entschieden sei. Im Gegenzug erfuhr er vom Tod seiner beiden Söhne und der Tatsache, dass seine beiden Töchter sich gedrängt fühlten, zu heiraten – Maud („Fatima"), Lord Silchester und Sibyl („Goosey"), einen verwundeten Offizier –, ohne die Nachricht abzuwarten von einem Vater, der vermutlich in Zentralafrika verloren gegangen ist.

Deshalb entschied Oberst Roger Brentham am Ende des Krieges, dass das England des Waffenstillstands, des Friedens und des Wiederaufbaus kein Land zum Leben für ihn sei, mit seinen Streiks im Kohlesektor, bei den Eisenbahnen, bei den Ingenieuren, bei den Polizeistreiks und bei den Taxifahrern Streiks, Streiks der Hafenarbeiter, Streiks der Bäcker, Streiks der Bühnenarbeiter und Streiks der Elektriker; seine irischen Gräueltaten und Repressalien; seine futuristische Kunst; seine mit Papier übersäten Autobahnen und Nebenwege und schönen Orte; seine flaschenwerfenden Chars-à-bancs; Motoren zur Menschenschlachtung; Albert Hall Siegesbälle; Jazztänze; Wettskandale; hohe Preise; und niedrige Standards der politischen Moral. Bei weitem vorzuziehen war das Happy Valley, wo die Beziehungen zwischen Schwarz, Weiß und Braun gut ausgeglichen waren und wo in aller Stille großer Reichtum zum proportionalen Gewinn aller an der Produktion Beteiligten produziert wurde; wo nicht nur allen Menschen Schutz gewährt wurde, sondern auch allen Tieren und Vögeln, die den menschlichen Interessen nicht direkt schadeten.

Nachdem er seine Position beim Colonial Office und den „feindlichen" Aktionären geregelt hatte, bat er seine Schwester Maud, sich ihm anzuschließen, und ersetzte die Stotts und Ann Anderson in ihren industriellen Missionsstationen.

Und im Happy Valley wird er vielleicht noch zehn Jahre bleiben, bis er zu einem wandelnden Kompendium von Informationen über die Vergangenheit und Gegenwart Ostafrikas wird.

Wenn er 72 und Maud 74 ist – ein Wunder, wenn es um die Resistenz gegen afrikanische Krankheitserreger geht –, ist es durchaus möglich, dass sie ihre Knochen nicht in einem afrikanischen Grab zurücklassen möchten. Sie können mit einem Aerobus nach Hendon fahren und von dort mit dem Auto nach Aldermaston und weiter nach Farleigh fahren. und nachdem er einen Blick auf ein verjüngtes England und ein befriedetes Irland geworfen hat, nachdem er die Intelligenz und Schönheit von Rogers Enkelkindern – insbesondere des Sohnes und Erben von Lord Silchester – beurteilt hat, könnte er sich in einer Jahreszeit ungewöhnlicher Erkältung und unbesiegbarer Grippe endlich in den Schatten der Zedernbäume zurückziehen Aldermaston- Kirchhof, wo die Überreste von Lucy und Sibyl auf sie warten.